广东当代金融史

中册

Contemporary
Finance:
A History of
Guangdong

许涤龙　主编

中国社会科学出版社

目 录

（中册）

第五章　广东保险业发展与保险监管实施 …………………（515）
　第一节　产寿险分业经营前保险体系的发展 ……………（515）
　第二节　产寿险分业经营后保险业的发展 ………………（561）
　第三节　新时期保险业的发展 ……………………………（608）

第六章　广东地方政府金融管理服务体系发展 ……………（640）
　第一节　广东地方金融管理服务体制发展与深化 ………（641）
　第二节　广东地方金融管理服务规划与政策演变 ………（660）
　第三节　广东地方金融服务经济社会发展 ………………（671）

第七章　广东新金融与类金融业态发展 ……………………（683）
　第一节　新金融与类金融业态发展概述 …………………（683）
　第二节　小额贷款行业发展 ………………………………（687）
　第三节　融资担保行业发展 ………………………………（695）
　第四节　融资租赁行业发展 ………………………………（704）
　第五节　典当行业发展 ……………………………………（716）

第六节 　 互联网金融与网贷行业发展 ……………………（725）
第七节 　 其他新金融与类金融业态发展 …………………（732）

第八章 　 广东金融功能区建设发展 ………………………（759）
第一节 　 国家级金融改革创新试验区建设发展 …………（759）
第二节 　 金融服务区建设发展 ……………………………（806）
第三节 　 金融街建设发展 …………………………………（836）
第四节 　 特色金融小镇建设发展 …………………………（867）

第九章 　 广东金融交易平台建设 …………………………（892）
第一节 　 股权类交易平台 …………………………………（892）
第二节 　 金融资产类交易平台 ……………………………（906）
第三节 　 综合性要素交易平台 ……………………………（931）
第四节 　 专业性要素交易平台 ……………………………（963）
第五节 　 其他要素交易平台 ………………………………（968）

第五章　广东保险业发展与保险监管实施

1978年12月，中共第十一届三中全会召开以后，全党开始认真地纠正"文化大革命""左倾"的错误。国内保险业务长达20年之久的停办，其损失是十分巨大而难以弥补的，在经济上中断了国内保险基金的积累，加重了国家财政的负担，还导致保险业伤了元气。改革开放后广东保险体系迅速建立，1979年4月国务院同意恢复保险业务后，广东保险业随即于1980年复业，为了适应经济体制改革和发展对外贸易、利用外资的需要，广东不断推动国内外保险业务的恢复与发展。至1996年保险业产险、寿险分业经营之前（即1978—1995年之间），随着广东保险体系的重建（中国人民保险公司的恢复）以及中国平安保险公司、中国太平洋保险公司的设立，广东保险事业迅猛发展。进入新时代，广东加快保险主体建设，加大保险行业的政策支持，出台多个地区性支持保险业发展的政策文件，推动保险事业在为国民经济和人民生活保驾护航中取得了创新发展。

第一节　产寿险分业经营前保险体系的发展

一　改革开放初期广东保险体系的重建
（一）改革开放后保险体系重建的政策引导

中共第十一届三中全会后，中国进入社会主义建设新的历史时期，为了适应经济体制改革和发展对外贸易、利用外资的需要，恢复和发展国内外保险业务已是势在必行。1979年2月，中国人民银行（以下简称"人民银行"）行长会议在北京召开，会议形成的《中国人民银行分行行长会议纪要》做出恢复国内保险业务的重大决策，4月国务院批准恢复办理国内保险，发展涉外保险，为此，人民银行发出《关于恢复国内保险业务和加强保险机构的通知》。①上述两个文件下达后，中国人民保险公司（以下简称"人保公司"）立即紧张地进行恢复国内保险业务和机构的筹备工作，一直延续下来的涉外保险业务随着改革开放新时期的到来，以进出口货运险为主的国际保险业务稳步增长，整个保险事业生机勃勃，呈现出多年未见的可喜景象，为全面恢复保险业务奠定了业务基础。

1979年11月19日，全国保险工作会议在北京召开，会议由人民银行副行长陈希愈主持，人保公司副总经理宋国华在会上作重要讲话和进行会议总结，会议结束那天国务院副总理薄一波接见了与会全体人员，并作了重要讲话。② 这次会议是中国国内保险业务停办20年重新复业后召开的第一次保险工作中的盛会，会议总结建国以来保险工作正反两个方面的历史经验，明确在新的历史条件下保险工作的方针和任务，研究保险工作如何为社会主义现代化建设服务的问题，并对1980年恢复国内保险业务的工作进行了具体部署，对人保公司进行重建并制定其发展规划

（二）中国人民保险公司的重建与恢复

1. 中国人民保险公司广东省分公司复办。1980年5月，人保公

---

① 《中国保险史》编审委员会：《中国保险史》，中国金融出版社1998年版，第427页。

② 《中国保险史》编审委员会：《中国保险史》，中国金融出版社1998年版，第430页。

司广州市分公司复办，8月，更名为中国人民保险公司广东省分公司（以下简称"人保公司省分公司"）。1979年4月25日，人民银行《关于恢复国内保险业务和加强保险机构的通知》确定，[①] 人保公司省分公司为处级建制，属中国人民银行广东省分行（以下简称"人民银行省分行"）领导。

1981年4月13日，人民银行《关于保险公司管理体制的通知》中，明确领导关系："各级保险公司受同级人民银行和上级保险公司双重领导，业务上以人保公司总公司领导为主，并实行独立核算。"1983年4月，经国务院办公厅批复同意人民银行《关于中国人民保险公司机构的请示》，将省、自治区、市的人保公司分公司升半格，高于处级单位，人保公司分公司内部可设处的建制。1984年5月，人保公司省分公司与人民银行省分行分设，并报经广东省人民政府（以下简称"省政府"）批准，成为正厅级经济实体。[②]

人保公司省分公司复办初期内部机构从简。1981年设管理科、会计科、国内业务科、出口业务科、进口业务科、综合业务科、船舶险科共7个科。

1984年5月，人保公司省分公司升格为正厅级后的下设处：办公室、国内业务处、国外业务处、人事教育处、调研处5个处。

2. 中国人民保险公司广州市分公司成立。1980年10月1日，人保公司广州市分公司成立，当时称"中国人民保险公司珠江分公司"。1982年10月，更名为人保公司广州市分公司。1985年5月，

[①]《广东省志》编纂委员会：《广东省志（1979—2000）·银行·证券·保险卷》，方志出版社2014年版，第480页。

[②]《广东省志》编纂委员会：《广东省志（1979—2000）·银行·证券·保险卷》，方志出版社2014年版，第480页。

更名为"人保公司广州分公司"。1996年，人保公司进行体制改革，实行分业经营，人保公司广州市分公司更名为中保财险广州分公司。1999年7月28日，更名为人保公司广州市分公司。①

2000年10月，人保公司再次进行机构改革，人保公司广州市分公司对内改为广东省分公司营业管理部，对外仍称人保公司广州市分公司。

1984年2月，人保公司广州市分公司定为副厅（局）级机构，业务在地方上归口广州市计划委员会管理，人事和保险业务属人保公司总公司、人保公司省分公司管理。

办公地址为1980年10月成立时在广州市越秀区沿江中路193号。1987年10月迁至广州市越秀区东风东路534号东风大厦5、6楼。1991年3月迁至广州市越秀区八旗二马路40号。

3. 中国人民保险公司深圳市分公司成立。1979年11月6日，经人民银行批准，人保公司深圳市支公司成立。办公地址在深圳市人民路44号。1984年2月8日，经人民银行省分行报人民银行批准，同意将人保公司深圳市支公司升为人保公司深圳市分公司（属市局级）。② 同年8月22日，人保公司发出《关于改革深圳特区保险工作问题的通知》，提出全面改革分公司现行的机构管理体制以及业务经营方式、财务管理和人事制度，把市分公司办成真正独立经营、自负盈亏的经济实体，以开创深圳市保险工作的新局面。同年10月11日，人民银行省分行对人保公司深圳市分公司内部机构

---

① 《广东省志》编纂委员会：《广东省志（1979—2000）·银行·证券·保险卷》，方志出版社2014年版，第482页。
② 《广东省志》编纂委员会：《广东省志（1979—2000）·银行·证券·保险卷》，方志出版社2014年版，第482页。

设置批复同意内部设置以下机构：办公室、人事部、计财部、业务一部、业务二部、业务三部、理赔部、再保部。办公室为副处级，其他各部为县科级。同年10月29日，中国人民银行深圳经济特区分行（以下简称"人民银行深圳分行"）批复同意设立人保公司宝安县支公司、蛇口办事处，将沙头角办事处升格为科级机构。

1984—1988年间，人保公司深圳市分公司内部机构经过多次调整，办公地址也于1986年迁往深圳市罗湖区宝安北路西湖宾馆9楼。

4. 中国人民保险公司深圳市分公司的计划单列与机构扩展。1979年11月6日人保公司深圳市支公司成立后隶属人保公司省分公司管理，1990年11月，人保公司深圳市分公司提出实行计划单列的请示，人保公司省分公司根据国务院1988年10月《关于深圳市在国家计划中实行单列的批复》，同意实行计划单列，按人保公司关于省分公司和计划单列市分公司工作职责划分的规定办理。人保公司于1990年12月27日批复，自1991年起，人保公司深圳市分公司实行计划单列。[①]

1988年3月，人保公司深圳市分公司组建中国人民保险公司深圳分公司寿险公司（以下简称"深圳人保寿险公司"），及其所属的上步、罗湖两个办事处，宝安县支公司建立10个镇级保险站。

1993年，在深圳人保寿险公司和人保公司各支公司人身险部的基础上，建立深圳人保寿险公司下属的营业一、二部以及罗湖、福田、上步、蛇口、宝安、龙岗6个支公司，设立福华、怡景、布吉、横岗4个寿险办事处。形成寿险分公司—支公司—办事处三级

[①] 《广东省志》编纂委员会：《广东省志（1979—2000）·银行·证券·保险卷》，方志出版社2014年版，第484页。

经营管理网络，年末人数达110人。

1994年6月，深圳人保寿险公司定为人保公司深圳市分公司的全资附属子公司，实行董事会领导下的总经理负责制。同年增设华侨城、沙头角2个支公司和华强、西乡、龙华、松岗4个办事处，营业部也分设3个业务部。1995年，又增设通心岭、平湖2个办事处。

1995年底，深圳人保寿险公司共有1个营业部、1个营销部、8个支公司、13个办事处，公司正式员工203人。当年保费收入51945万元，成为深圳市年保费收入最早突破5亿元的寿险公司，在全国人保公司系统18家寿险公司中也是第一个寿险业务收入过5亿元的单位。

1989—1995年，为适应深圳保险市场的激烈竞争，人保公司深圳市分公司的基层业务机构迅速扩展，支公司由3家增至10家（新增了沙河、南山、布吉、龙岗、松岗、罗湖、福田支公司），办事处由8家增至42家，其业务机构伸展到深圳市各区镇。分公司内部机构有过职能或称谓的调整，部分机构亦有增设和撤并，但大体相对稳定。

5. 中国人民保险公司其他地市级分公司的设立。人保公司省分公司系统有市级分公司20个（1991年人保公司深圳市分公司实行计划单列前为21个）。市级分公司成立时间稍有前后，但它们的发展变化过程大致相同，即1980年保险业务复办初期，归口当地人民银行管理；1984年从人民银行分出；1996年人保公司产、寿险分设，称中保财产保险有限公司（以下简称"中保财险"）；1999年中国人民保险（集团）公司撤销，又恢复原名人保公司。1988年东莞、中山、河源、汕尾、清远、阳江先后撤县设市，当地人保公司亦由县支公司升格为市分公司。1991年潮州撤县设市、1992年揭阳撤县设市、1995年云浮升级为地区级市，三地人保公司机构亦随之升级为市分公司。

二 产寿险分业经营前广东保险市场主体的发展

(一) 平安保险公司的设立

1. 平安保险公司成立。1985年10月，蛇口社会保险公司成立，初成立的社会保险公司在经营社会保险的同时，尝试扩大社会保险的范围，开发工伤保险。工伤保险属于商业保险范畴，蛇口社会保险公司经营工伤保险超出了经营范围，如若承保工伤保险则需另外申请牌照。蛇口社会保险公司作为香港招商局集团有限公司的下属机构，当时的负责人马明哲等想到中国第一家官办的保险机构（1885年成立的"仁济和"保险公司）就是香港招商局集团有限公司开办的，因此，开始构思成立一家新体制的保险公司。随后马明哲将此设想向香港招商局集团有限公司常务副董事长袁庚汇报，得到袁庚的赞赏和支持。[1] 后来又得到国务院财经小组副组长张劲夫和国务委员、人民银行行长陈慕华等的支持。[2]

1988年3月21日，人民银行正式批准成立平安保险公司。从此，在中国改革开放的最前沿——深圳经济特区蛇口工业区的招商路上，中国第一家股份制保险企业——平安保险公司诞生了。[3] 同

---

[1] 深圳市政协文化文史和学习委员会：《深圳四大支柱产业的崛起》，中国文史出版社2010年版，第229页。

[2] 《广东省志》编纂委员会：《广东省志（1979—2000）·银行·证券·保险卷》，方志出版社2014年版，第489页。

[3] 中国保险年鉴编辑部：《中国保险年鉴（1981—1997）》，中国保险年鉴社2001年版，第223页。

年5月27日，平安保险公司举行开业典礼，正式成立并对外营业，内设总经理办公室、管理本部、财务部、水险部、人身险部、资金运用部、国际业务部、人事部。营业地址设在深圳市南山区蛇口招商路招北小区6栋一楼。11月21日，平安保险公司在海南设立分公司。

1989年1月26日，平安保险公司在第一届二次董事会上提出立足深圳、辐射全国的发展计划。随后，在沿海地区设立大连分公司、深圳分公司、广州分公司、北京代表处、天津代理处等分支机构。

1991年2月，迁址至深圳市福田区红岭中路7号国投大厦二楼。4月16日，在美国特拉华州设立平安保险（美国）有限公司。

2. 平安保险公司的更名。1992年6月4日，人民银行正式批准平安保险公司冠以"中国"两字，中国平安保险公司（以下简称"中国平安"）成为一家真正的全国性的综合性保险公司，公司注册地为北京，总部设在深圳经济特区，[①] 从此，中国平安确立了"立足深圳、面向全国、走向世界"的基本发展态势。下设办公室、教育培训部、财务部、企划部、组织人事部、稽核监察部、电脑管理部、产险管理部、核赔部、产险核算部、核保部、再保险部、产险风险控制部、寿险核算部、寿险管理本部、营销部、精算资讯部、寿险培训部、寿险客服部、寿险核保核赔部、大楼服务公司、车险核保部、车险核赔部。

1993年6月，在深圳市福田区华强北路3号深纺大厦C座设立"二办"，一部分职能部门迁至该址办公。12月17日，美国摩根投

---

① 中国保险年鉴编辑部：《中国保险年鉴（1981—1997）》，中国保险年鉴社2001年版，第223页。

资银行和高盛有限合伙集团公司获准参股中国平安。

1995年2月17日，中国平安决定将除总公司综合管理部门外的所有经营单位和相应的职能部门按产险、寿险、证券、投资业务分别经营和管理。8月，中国平安迁到深圳市福田区八卦三路平安大厦办公。10月23日，在平安证券部的基础上成立平安证券有限公司，成为中国平安的一个全资附属子公司，开展各种证券业务。

1996年4月9日，人民银行同意中国平安收购中国工商银行珠江三角洲金融信托联合公司并更名为平安信托投资公司，成为中国平安另一个全资附属的子公司。[①] 与此同时，中国平安还扩大了公司在海外的分支机构，新设立中国平安伦敦代表处、新加坡代表处。在香港设立中国平安保险海外（控股）有限公司，代表公司管理在海外设立的分支机构。在国内，中国平安相继成立了深圳平安人寿保险公司，武汉、重庆、南京、青岛、杭州、北京、天津、福州、上海、长沙、合肥、沈阳、石家庄、成都、长春、昆明、乌鲁木齐、厦门、西安、哈尔滨、贵阳、太原、兰州等分公司和12个办事处。到1996年底，中国平安成为集产险、寿险、证券、信托投资、海外业务为一体的多元化、综合性股份制企业，并成为全国三大保险公司之一。

（二）中国太平洋保险公司的成立与发展

1. 中国太平洋保险公司广州分公司的设立。1986年，已停业28年的交通银行重新组建，并于1987年10月经国务院和人民银行批准，逐步在各地分支机构设立保险业务部门经营保险业务。经过三年多的业务拓展，到1991年初，交通银行已有31个分支行经营

[①] 《广东省志》编纂委员会：《广东省志（1979—2000）·银行·证券·保险卷》，方志出版社2014年版，第489页。

保险业务。为了适应中国金融体制改革和保险市场发展的需要，根据银行和保险分业经营的原则，人民银行批准交通银行在已经营保险业务的基础上新组建一家保险公司。新保险公司承接1943年交通银行投资建立的"太平洋保险股份有限公司"品牌，定名为"中国太平洋保险公司"（以下简称"太平洋保险"），并于1991年4月26日在上海正式开业。① 自此，交通银行系统的保险业务，划归太平洋保险统一管理。

太平洋保险广州分公司原是交通银行广州分行保险业务部。1989年7月31日，报经人民银行批准，并经人民银行广州分行批准设立交通银行广州分行保险业务部。同年9月，该保险业务部成立。

1991年7月25日，经太平洋保险批准，成立太平洋保险广州代理处。撤销交通银行广州分行保险业务部，于同年11月1日与交通银行广州分行分账。

1992年4月24日，经人民银行批准，成立太平洋保险广州分公司，撤销太平洋保险广州代理处。内设办公室、国内业务部、国外业务部、计划财务部、人事教育部、稽核监察室。8月18日，太平洋保险广州分公司正式开业。②

2000年12月5日，经中国保险监督管理委员会（简称"中国保监会"）批准，撤销太平洋保险广州分公司，设立中国太平洋财产保险股份有限公司广州分公司（以下简称"太平洋产险广州分公

---

① 中国保险年鉴编辑部：《中国保险年鉴（1981—1997）》，中国保险年鉴社2001年版，第184页。
② 《广东省志》编纂委员会：《广东省志（1979—2000）·银行·证券·保险卷》，方志出版社2014年版，第493页。

司")、中国太平洋人寿保险股份有限公司广州分公司。

1989年8月开业至1991年7月，太平洋保险广州分公司地址设在广州市越秀区广卫路广工大厦三楼。1991年8月迁到广州市越秀区东风东路东风酒店内（租房）。1992年9月18日迁到广州市越秀区东风西路195号。

2. 中国太平洋保险公司深圳分公司的设立。1991年12月18日，根据交通银行广州分行《关于同意深圳分行增设保险业务部的批复》，交通银行深圳分行成立保险业务部。1992年3月16日，成立"太平洋保险深圳代理处"，代理国内外各种财产保险、责任保险、人身保险、国内法定保险和经总公司批准开办的新险种。同年5月29日经人民银行深圳分行验收合格，正式对外营业。营业地址在深圳市福田区红荔路交通银行大厦4楼。同年11月24日，人民银行正式批复，同意成立太平洋保险深圳分公司。[①] 同年12月28日太平洋保险深圳分公司开业，内设办公室、人教部、计财部和业务部。1993年2月，增设证券部，设立南山办事处、宝安办事处，原有业务部分设为业务一部和业务二部；业务一部主要负责境外业务、经纪业务，业务二部主要负责国内产险、车险业务。1994年6月，成立业务管理部、监察稽核室。同年迁到深圳市福田区华强北路深纺大厦C座西6楼办公。

1994年4月7日，经批准成立太平洋保险深圳分公司南山支公司和龙岗支公司。4月27日，又设立宝安支公司。12月12日设立罗湖支公司和福田支公司。

1995年太平洋保险深圳分公司迁到深圳市福田区深南中路13

[①] 《广东省志》编纂委员会：《广东省志（1979—2000）·银行·证券·保险卷》，方志出版社2014年版，第494页。

号新城大厦西座10楼。3月1日，成立人身险部。7月24日，设立沙头角支公司。12月4日，人身险部成立寿险营销部，负责营销员的招聘、培训、管理及个人寿险业务的核保、契约管理工作，招聘首批佣金制业务员，全面开展人寿险营销业务。

1996年底到1997年初，太平洋保险深圳分公司对机构、人员和经营方式进行调整，撤销原业务管理部，成立理赔中心和核保部。将人身险部改设为寿险综合部、寿险计财部、寿险客户服务部、寿险团险部、寿险营销部、寿险培训部。保留办公室、人教部、计财部、监察稽核室、电脑部、营业部。

三　产寿险分业经营前广东财产保险发展情况

从1979年复办国内保险业务开始，全省1980年保费收入2700多万元，1983年突破1亿元，1984年1.7亿元，广东保险业务开始跃居全国省、市级机构之冠。[①] 广东省人保公司系统（以下简称"省人保公司系统）1988年保费超过10亿元，1991年超过20亿元，1992年超过30亿元。1995年，省人保公司系统承保国内外保险业务总金额达到1.8万多亿元，保费86.4亿元，连续12年居全国各省、市之冠。保险业务险种，由当初复办的几个，发展到包括财产险、责任险、农业险、人身险、涉外险、信用险等多样化，品种齐全的380多个险种。当年，参加国内财产保险的企业有6.3万家，参加机动车辆保险有191万辆，参加家庭财产保险有410万户，参加人身保险有2920多万人。1979—1995年16年间，省人保公司系统承保保险业务收入总额337亿元，先后为受灾事故损失的企

[①]《广东省志》编纂委员会：《广东省志（1979—2000）·银行·证券·保险卷》，方志出版社2014年版，第504页。

业、个人赔付经济损失153.7亿元，实现税收14.5亿元，积累财产险和人寿险准备金70多亿元，为国家创收非贸易外汇近7亿美元。①

广东开办的保险业务分二大类：财产保险和人身保险。到1996年产寿险分业经营之前，在广东开展财产保险业务的财产保险公司只有人保公司、中国平安和太平洋保险3家，他们同时经营人身保险业务。由于当时的保险监管机构人民银行对保险业务统计的各种分类和分项都没有做规定和规范，各保险公司均按自己开办的险种和自身需要来设定统计项目，深圳从1991年开始单列，其各统计项目与省又存在差异，由此，各公司提供的数据有些很难归并在一起。

广东保险机构开办的财产保险包括：企业财产保险，机动车辆保险、家庭财产保险、农业保险、货物运输和船舶保险、建筑安装工程保险和各类责任保险。

企业财产保险和车辆保险业务既是最早恢复办理的业务险种，同时又是一直支撑财产保险业务发展的主力险种。

（一）企业财产保险

企业财产保险（以下简称"企财险"）是保险业务最早恢复开办的险种，其承保范围包括：工业、企业、商业、国家机关、事业单位、社会团体的财产。

1980—1983年，在保险业务复办初期，由于保险停办多年，社会对保险的认识不多。根据这种情况，人保公司广东省各级分、支机构主要采取以下几种有效开展业务的方法。

---

① 《广东省志》编纂委员会：《广东省志（1979—2000）·银行·证券·保险卷》，方志出版社2014年版，第504页。

（1）主动向当地党政部门汇报工作，以实际案例宣传保险的经济补偿制度在救灾工作中的重要作用，引起各级党政对企业财产保险的重视与支持。

（2）配合人民银行管统划拨流动资金，争取信贷部门支持，要求贷款企业参加企财险，保证贷款安全。

（3）对县及县以下农村业务，依靠农业银行和信用社代理业务，动员乡镇企业、社队企业参加企财险。

1983年，博罗县遭洪水袭击，当时只有少数几家参加保险企业得到保险赔款，灾后迅速恢复生产。灾后，在当地保险公司提议下，县人民银行向县政府报告，提出"企业要取得银行贷款，应以投保企财险作为条件之一，以确保国家资金和银行信贷资金的安全"。县政府批准这个建议。

1982年5月，清远县和肇庆市等15个县（市）同时遭受严重洪水灾害，参加企财险的280多家保户得到保险经济赔偿1360多万元。

1982年，人保公司省分公司与广东省财政厅签订《关于对地方国营、集体企业财产保险代理地方办理协议书》。到1985年，人保公司省分公司根据上述协议，共上缴省财政5444万元，支持地方建设。[①]

1983年，全省共承保企财险达8982户，保险金额156亿元。1980—1983年，4年共赔付风、水、火各种灾害赔案1921宗，赔款3016万元。

1985年参加企财险企业有17025户，保额259亿元。承保湛江港务局、新会涤纶厂、沙角电厂、江门50万伏输电线路、新会和南

[①]《广东省志》编纂委员会：《广东省志（1979—2000）·银行·证券·保险卷》，方志出版社2014年版，第506页。

海变电站、虎门海底电缆等大型企业。① 1980—1985年，全省发生灾害事故4189宗，保险赔款5126万元。1985年7号、9号、16号台风使广东汕头、惠阳、海南等地受严重损失，保险赔款达2000多万元。

1987年，人保公司省分公司承保广东核电站、汕头感光材料厂、海南陆地石油勘探等大型企业。

1988—1989年，人保公司省分公司系统大力发展县及县以下农村业务，包括乡镇企业、供销系统、农垦系统、林业系统、渔业系统。至1989年底，共承保户数12610户，承保财产总额85.4亿元，保费收入2258万元。出险宗数为1741宗，支付赔款1187万元。根据农村企财险户数多、保额不大和分布广的特点，人保公司省分公司总结出开展农村企财险必须坚持多渠道、广代理这一行之有效的办法。1988年4月15日，平安保险公司承保第一笔财产保险业务是招商局蛇口工业区房地产公司，保额3072万元，收取保费4.4万元人民币。1988年人保公司深圳市分公司参照香港级差费率，依不同企业的危险程度实行不等的费率，业务有了新突破，到1988年底，三资企业承保率达到65%，比1987年提高30%。

1989年人保公司总公司印发新的《企业财产保险条款、特约条款、条款解释及费率表、工业级别表》，从当年7月1日开始执行。当年，人保公司广州市分公司试办企财险附加盗窃险业务。②

人保公司深圳市分公司采用国际惯用做法，增加财产重置价

---

① 《广东省志》编纂委员会：《广东省志（1979—2000）·银行·证券·保险卷》，方志出版社2014年版，第506页。
② 《广东省志》编纂委员会：《广东省志（1979—2000）·银行·证券·保险卷》，方志出版社2014年版，第507页。

值、自动恢复保额、资产增加、消防灭火费用、工程队附加费用等条款，为来深投资客商提供广泛的保险服务。1990年底，共有7174户企业在人保公司深圳市分公司投保企财险，比上年增加4%，占深圳市企业总户数的52.6%。

1990年，人保公司广州市分公司承保广州黄埔发电厂，收保费50万元。

1991年，人保公司总公司下发《企业财产保险业务规范管理要求》。当年省人保公司系统在企财险承保方式上重点做好足额承保和固定资产原值加成承保。当年，承保的中央企业与地方企业户数比上年增加432户，乡镇企业增加1465户，全省人保公司承保户数达6.6万户。

1992年，省人保公司系统继续做好大中型企业和乡镇企业的展业、续保工作，对固定资产要求按原值加成或重置价值承保，对流动资产按12个月加权平均承保，并开展各种附加险，如盗窃险、现金险、机器损坏险、营业中断险等。

1993年，广东连续遭受历史以来次数最多的严重自然灾害，霜冻、暴雨、冰雹和6次台风，省人保公司系统承保的保险财产损失11.8亿元。[①] 当年深圳大灾频频，有"6·16"特大水灾，"8·5"清水河仓储区安贸危险物品储存仓库爆炸，"9·26"特大水灾等，还有两架直升机坠海事故，人保公司深圳市分公司财产保险赔付率高达88.63%，赔款29562.85万元。同年6月，中国平安深圳分公司承保的深圳粤宝电子工业总公司水灾，赔付人民币995万元；9月，承保的富临大酒店水灾，赔付2499万港元。

---

① 《广东省志》编纂委员会：《广东省志（1979—2000）·银行·证券·保险卷》，方志出版社2014年版，第507页。

1995—1996年间，企财险在巩固已有业务的基础上稳步向大型企业扩张。人保公司深圳市分公司承保20亿元保额的"蛇口集装箱码头"、续保"大亚湾核电站"等大型项目；下属龙岗支公司承保龙岗区政府大楼，保额2.5亿元；成功承保三星集团、深圳超大集成电路等大型项目，续保深圳市移动通信局移动电话等保险业务。华安财产保险股份有限公司（以下简称"华安保险"）承保康佳集团股份有限公司财产一切险，保险金额人民币19亿元。中国平安深圳分公司承保保额11.8亿元的深圳市供电局财产保险综合险。

（二）机动车辆保险

1979年10月，广东省革命委员会发布《关于港澳出入境机动车辆交通管理的暂时规定》，规定港澳入境机动车辆必须分别向深圳、珠海市人保公司办妥机动车第三者责任保险，始予核发车辆牌证入境行驶，广东成为国内最先对机动车辆实行第三者强制保险的地区。[①] 1979年11月至1980年5月，人保公司深圳市支公司承保香港入境汽车481台，收保费31.5万元。

经省政府批准，自1982年7月1日起，广东实行机动车辆第三者责任保险。[②]

1983年，全省承保机动车为174744辆。其中汽车123633辆，摩托车26218辆，拖拉机24893辆。收保费3136万元，赔款1400万元，其中赔付第三者人身伤亡和财产损失金额1100万元，占赔款的78.6%。当年，拖拉机保险主要通过农机监理所和农机特约代

[①]《广东省志》编纂委员会：《广东省志（1979—2000）·银行·证券·保险卷》，方志出版社2014年版，第509页。

[②] 2006年7月1日《道路交通事故责任强制保险制度》（即交强险）实施之前，机动车辆第三者责任保险并未普及。

理站开展。

1986年，保费收入13460万元，超过企业财产保险，成为全省业务第一大险种。从开办业务的1982年至1986年省人保公司系统共处理机动车赔案13.8万宗，受伤的34063人、死亡的3736人，赔付金额近2亿元，存在赔付率高的问题。1986年赔付率达79%。当年6月1日起，开始执行人保公司总公司机动车及第三者责任新条款、新费率，扩大承保责任，实行综合性承保方法。

1989年，全省承保各种车辆713762辆（台），保费37975万元，赔款19497万元，保险金额211.8亿元。当年，省人保公司系统在承保业务上突出几项工作：一是提高车辆按重置价值承保比重；二是积极发展综合承保。在原来"一单多险"综合承保基础上，附加险种从原来的4个发展到17个，为保户提供更多选择，扩大服务领域。当年，投保综合险车辆达542871辆（台），占承保总数的76%。附加险总保费收入6800多万元。当年，保险汽车失窃出现大幅增加，达209辆，比上年增加147辆，支付赔款517万元。

1990年，保险车辆被盗严重。仅1—7月，全省被盗抢保险车辆695辆（台），为上年全年的3.3倍，损失达3100多万元。为此，人保公司省分公司要求各单位切实做好保险车辆防盗工作，一是保险车辆要安装经省公安部门认可的，有质量保证的防盗器（锁）；二是配合公安部门，对举报、追回被盗车辆有功人员给予奖励。

1991年，人保公司总公司下发《机动车辆保险业务规范管理规程》。当年省人保公司系统承保各种车辆101.8万台。

1992年，人保公司省分公司承保各种车辆132.52万台，比上年增加21.7万台，保费10.15亿元，赔案10.07万宗，赔款5.52

亿元。其中，承保汽车48.23万台；摩托车76.64万台，拖拉机7.65万台。业务特点：汽车、摩托车承保数稳步增长，汽车保额大幅增长，当年总保险金额达665.8亿元，比上年增加63.7%。附加险发展迅速，单附加险保费达2.06亿元，比上年增加60%，占总保费20%。当年，省人保公司系统与公安部门联合开展机动车防盗抢和侦破工作，成立防盗抢专项工作组进行调查研究并实施防盗窃斗争。通过推广防盗器安装，"逆反式破案法"和电脑检索车辆档案等手段，减少车辆损失。1992年，太平洋保险深圳分公司和中国平安深圳分公司开办机动车辆保险业务，打破人保公司一家独占市场的局面。同年9月4日，人保公司深圳市分公司设立车辆保险汽车配件中心，旨在降低成本增加效益。根据香港车主提议，新设《车辆关税责任保险》，对促进深港两地陆路运输的兴旺以及车辆险业务进入国际市场产生深远影响。[1] 11月，太平洋保险深圳分公司与深圳南方汽车贸易公司签订协议，在深圳首开汽车销售商代理保险业务。

1993年，全省被盗抢保险车辆1500多台，赔款3亿元。当年人保公司深圳市分公司成立了全国人保公司系统首家汽车配件报价中心，堵塞受损车辆修复漏洞。6月8日，太平洋保险深圳分公司推出机动车驾驶学员人身意外伤害保险、机动车辆行驶中断利润损失保险等险种。8月8日，由人保公司和中国平安、太平洋保险三家保险公司的深圳分公司组成车辆协调小组（即以后的深圳市保险同业公会机动车辆保险专业技术委员会），以行业的名义，针对深圳市高档车辆多、失窃多、香港入境车多的特点，单独制定了深圳

---

[1] 《广东省志》编纂委员会：《广东省志（1979—2000）·银行·证券·保险卷》，方志出版社2014年版，第510页。

市机动车辆保险条款并经保险监管机关核准，发各保险公司执行，将"失窃"责任从基本险中列出作为附加险，并将免赔额提高到30%。

1994年，人保公司省分公司承保车辆175.6万台，保险金额1701亿元，保费23.4亿元，赔案18.38万宗，赔款17.8亿元。当年失窃车辆日益增加，达8489台，赔付3.8亿元，赔款高居不下。为此，对车险费率及险种进行调整，分设出车辆全车失窃附加险。同时，积极配合广东省公安厅开展防盗窃、抢劫机动车辆犯罪活动的专项斗争。人保公司省分公司下发文件，要求各地人保公司配合当地公安部门侦查破案，追缴赃车，检查可疑车辆，整顿修理厂，兑现有功人员奖励。在这次专项斗争中，人保公司省分公司找回失窃车辆892台，减少赔款1.06亿元。

1995年，根据车辆损失险和盗抢险赔付高，且车辆配件价格高居不下情况，为加强保险车辆配件价格监管管理，压缩车辆定损水分、降低赔付，人保公司省分公司对承保和理赔进行调整。(1) 严格控制拖拉机承保。因广东省拖拉机危险性和出险率高。(2) 控制摩托车承保数量，因摩托车失窃道德危险较高，失窃后很难查证。(3) 成立汽车配件报价网络，沟通各地汽配件价格信息。(4) 从5月10日起执行机动车新费率、新条款，包括附加盗抢险条款，费率及特约条款。当年，人保公司省分公司承保机动车191.57万台，保费29.99亿元，赔款17.86亿元，处理赔案16.43万宗，查破骗赔案105宗，减少赔款876万元。

(三) 货物运输保险和船舶保险

货物运输保险（以下简称"货运险"）和船舶保险是人保公司省分公司开办的老险种。早在建国初期人保公司省分公司组建时就有了。就是在"文革"中，进出口货运险也没有停办过。[①] 到1980年复办国内保险业务时，国内货运险保费仅为1000元，而进出口货运险已达909.4万美元（国内货运险以人民币结算，进出口货运险以美元结算），按当时折算率为人民币1390万元，占当时人保公司省分公司总业务收入的50%。涉外船舶保险保费为472万美元，折合人民币720万元，占当年总保费的25.4%。但至2000年底，货运险和船舶险保费，仅占人保公司分公司全部业务的6.6%。这种情况说明：一是对老险种发展不够重视，二是体现了国内财产保险业务迅猛发展。

1979年底，深圳市的国内货运险业务恢复办理。1980年，人保公司深圳市支公司按照人民银行1979年9月及人保公司总公司分别颁发的《国内货物运输保险》和《国内货物运输保险基本费率表》开展业务。承保方式除接受上门业务外，主要对货物进出量大的单位采取预约和单位代理两种方式办理。

1980年，两伊战争爆发，由人保公司省分公司承保的"开平""阳春""牡丹江""嘉陵江"四艘货轮因遭炮击全损，[②] 赔款多达2000万美元，人保公司通过分保途径大部分都摊了回来。[③]

1981—1983年，人保公司省分公司出口货运险收保费2608万美元，处理货损索赔案7922宗，赔款1034万美元。1983年已承保

[①] 《广东省志》编纂委员会：《广东省志（1979—2000）·银行·证券·保险卷》，方志出版社2014年版，第513页。

[②] 《广东省志》编纂委员会：《广东省志（1979—2000）·银行·证券·保险卷》，方志出版社2014年版，第514页。

[③] 《中国保险史》编审委员会：《中国保险史》，中国金融出版社1998年版，第478页。

远洋货船143艘，收保费8222万美元。[①]

1982年，人保公司省分公司开始复办国内货运险业务。试办阶段，以上门业务为主，部分地方与公路、运输部门签订代理合约，办理预约保险业务。1987年，业务进入初级阶段，参照《国内水路、铁路货物运输保险条款》，在原有基础上做调整。1989年为发展阶段，根据业务需要，制定《广东省公路货物运输保险费率表（试行）》。

1984年，人保公司深圳市分公司先后与深圳市发展公司、经济发展中心、进出口服务公司等十多个单位签订代理保险合同。1987年，该人保公司深圳市分公司成立运输业务部，统一管理运输险业务。同年利用春秋两次中国进出口商品交易会时机，主动联系深圳市数十个贸易单位，积极发展代理网点，扩大服务范围，年底国内货物运输保费收入50.91万美元，比上年增长约500%。同年，人保公司深圳市分公司与深圳市港务管理局签订船舶保险代理合同，当年船舶险收入保费5.94万元。

1986年开始，人保公司省分公司采取多渠道、广代理办法建立国内货运险业务代理网点，与铁路、公路、船舶等货运部门订立货运险代理协议。在网点开展业务初期，派员暂驻站、港，帮助经办人员熟悉业务，介绍保险条款和实务操作。

1987年，进出口货运险业务收入1615万美元。当年，人保公司省分公司把船舶险业务重点放在国营航运企业，对船舶较多的国营企业实行统保时给予20%优惠。争取到广州远洋运输公司投保一切险，收保费802万美元，还承保42艘出口小型船舶及部分港澳船

[①]《广东省志》编纂委员会：《广东省志（1979—2000）·银行·证券·保险卷》，方志出版社2014年版，第514页。

队。1988年，平安保险公司开办船舶保险业务。1989年5月，承保的"穗救202"出险，赔付人民币520万元。

1989年，人保公司省分公司开始大力发展国内渔船保险。当年全省承保渔船1617艘，为上年度的2.4倍，保险金额1.8亿元，收保费382万元。全年赔案305宗，赔款119万元。开展渔船保险主要通过两个途径：（1）银行、信用社代办。渔民购买渔船大多需向银行、信用社贷款，为保证贷款安全，贷款部门都要求渔船参加保险。（2）管理部门即渔政、渔监代理，同时，对乡（镇）渔业管理区、渔业公司统保的，统保渔船在10艘以上的给予10%费率优惠。1991年，试办附加渔船机器损坏险、碰撞人员伤亡责任险，船舶雇主责任险等。

1993年，人保公司省分公司开始执行总公司统一的《国内水路、陆路货物运输保险条款》及费率。新条款分基本险和综合险。当年，人保公司省分公司以公路货运险业务带动公路联运保险，海陆空全方位业务发展规模在广东省形成。1994年，人保公司省分公司公路货运险保费收入2707万元，占全部货运险业务的17.5%，已结赔案450宗，赔付1062万元。1995年，人保公司省分公司国内货物运输保险保费1.697亿元，比上年增加17.2%。其中，铁路货运收入7057.9万元，公路3623万元，航空3719万元，水运2574.8万元。分别比上年增加9.6%、33.8%、36.8%、16.3%。已决赔案11178宗，赔付金额8256.3万元。

（四）家庭财产保险

人保公司省分公司早年开办的家庭财产保险（简称"家财险"），主要包括城市和农村家财险两大部分。城市家财险以承保室内财产为主，农村家财险以承保农户的房屋为主。

家财险是分散业务，逐家逐户承保，费人费事，成本高、效率低。为推动家财险发展，从1985年开始，人保公司省分公司推出家财险定额保单和统保做法，简化承保手续，一个企业或单位可以出一张总保单进行承保。同时将城市业务向农村业务发展，使业务有较大增长。① 当年1—10月，全省承保户数70多万户（比上年同期增加20倍），保费248万元。

1986年，全省参加家财险户数增加至138万户。阳山、蕉岭、乳源、始兴、南雄五个山区县家财险承保户数达到当地可保户数的近100%，韶关市承保户数达可保户数的41%。

1987年3—7月份，韶关、江门、惠阳、肇庆等9市30多个县先后遭受大暴雨、龙卷风、台风袭击，有3万多户参加家财险保户受损，损失近1000万元。

1989年起，执行《农村房屋保险条款》和新修订的《家庭财产保险条款》，同时不再执行《家庭财产定额保险条款》。当年，全省家财险承保户数达184万户，保费3461万元，其中农村房屋承保户数为117万户，保额25.2亿元，保费725万元。业务重点放在贫困地区、灾害较多地区农房统保上。人保公司韶关分公司取得当地党、政府部门支持，对家财险采取"统保"做法，成为全省第一个农村家财险统保市。根据韶关做法，全省先后有16个县实行农村房屋统保。

1990年，人民银行省分行批准人保公司省分公司上报《家庭财

---

① 《广东省志》编纂委员会：《广东省志（1979—2000）·银行·证券·保险卷》，方志出版社2014年版，第516页。

产两全长效保险条款》。① 家财两全长效险有一、三年期两种，向保户收取保险储金，将储金利息作保费，储金作业务收入，保险期满时返还给保户。至当年6月底，全省家财两全险承保户数达9.3万户，保额4238万元，保费7.7万元，保险储金101.4万元，赔案150宗，赔款11.7万元。根据广东经济发展情况，对家财险提出实行富裕地区高保障和贫困地区低保障相结合承保方式。人保公司广州市分公司在原有普通家财险基础上，推出《长期还本家庭财产保险》。将年年投保改为一次投保长期有效，扩大保险责任范围，简化投保手续，当年承保户数1.7万户。

1991年，大力推广和发展长期还本家财险，当年储金收入由上年的4000万元上升至1.4亿元。当年参加家财险户数为403.5万户。

1992年，全省家财两全长效险发展势头良好，1—8月业务收入1.88亿元（其中储金1.77亿元，保费1100万元）。全面推广统保工作，以村、镇、乡、县或企业作为统保单位，保费采取由单位、集体交或国家、集体、个人三合一方式，或个人直接交都可以。

1993年，人保公司广州市分公司试办家财险附加现金、金银首饰、有价证券盗窃险，然后逐步向全省推开。1993年，广东遭受严重自然灾害，当时山区和贫困地区承保的农房以泥砖瓦顶房为多，抗御自然灾害能力较差。仅始兴、南雄两县统保农房受损达27982间，梅州、汕头、江门、清远4市参加农房保险受损有17603间。当年农村家财险业务出现严重亏损。

---

① 《广东省志》编纂委员会：《广东省志（1979—2000）·银行·证券·保险卷》，方志出版社2014年版，第517页。

（五）农业保险

农业保险是一个高风险的险种，至 2000 年底，全省仅有人保公司省分公司开办该险种。①

1985 年 4 月，人保公司省分公司在中山、新会等地试办甘蔗风灾保险，农村种植保险开始试办。

1988 年 10 月，人保公司省分公司成立农险处。到 1996 年 10 月产、寿险分业经营时撤销农险处，保留农险科，划归财产险处管理。

1989 年 12 月，广东省财政厅与人保公司省分公司签订《关于代办广东省农业保险协议书》，②双方商定，同意由人保公司省分公司代办广东省农业保险业务，为期三年，包括广东省辖国营、集体、个体经营的种植业和养殖业保险业务。有关条款费率按人保公司总公司规定办理，并实行单独核算，要求农险按照"同舟共济、防赔结合、积极探索、稳步发展"的指导思想办理。1989 年的农业保险业务主要开展 3 个老险种，协议要求的承保业务为树木火灾保险承保 2500 万亩，甘蔗种植保险承保 40 万亩，养猪保险承保 36 万头。同时举办水稻、黄烟、鳗鱼新险种项目。在开办农业保险的模式上，要求各地探索"同舟共济"的新路子：（1）地方政府与保险公司共同协办；（2）保险公司代当地政府办；（3）农民、地方政府和保险公司三方联办；（4）组织农民互助合作社，向保险公司分保。在市场上，要求各人保公司市分公司设立农险科并配备 1—2 名

---

① 《广东省志》编纂委员会：《广东省志（1979—2000）·银行·证券·保险卷》，方志出版社 2014 年版，第 519 页。

② 《广东省志》编纂委员会：《广东省志（1979—2000）·银行·证券·保险卷》，方志出版社 2014 年版，第 519 页。

农险专职干部。

1990年，人保公司广州、深圳分公司设立农险部，肇庆、汕头、湛江、茂名、韶关、江门等市分公司设立农险科，四会、始兴、顺德、南海等县支公司设立农险股，全省人保公司系统省、市、县三级公司有专、兼职农险干部190人。当年农业保险保费收入2185.4万元，赔款支出1142.3万元，实现"收支平衡、略有结余"的经营目标。根据《代办广东省农业保险协议书》中关于积极探索与各级政府合办农险或在农村建立农村合作组织的精神，选择肇庆市鼎湖区（县级）为合作保险的试点，经过与鼎湖区人民政府反复协商论证、制定章程和签订协议，建立鼎湖区农业合作管理委员会，在该区开展农业保险。

1991年，为加快农业保险稳步发展，人保公司省分公司发文，要求市、县分支公司健全农险机构，配备农险干部，关心农险干部的工作和生活，对农险干部实行岗位津贴；要积极与党政部门共商发展农业保险大计，加强与银行、林业、农牧业等部门的合作；开展农业保险业务坚持"低保额、保成本和收支相抵、略有节余、以备大灾"的经营原则。强调承保时要注意风险，种植业保险要尽量采取大面积承保，或以乡镇、县"统保"的办法，养殖业保险要以国营、集体和集约性养殖场为主，对保疾病死亡责任的一定要设置观察期。当年，人保公司总公司决定对农业保险业务实行倾斜政策，实行单独建账、单独核算、单独运用资金。

1992年，根据广东省农业发展的特点，将农业保险的对象重点放在商业性农业、创汇农业，以及科技兴农的项目上，更好地为农业服务，为丰富城乡人民"菜篮子"服务。同时，为建立多层次的农业保险风险基金，各市、县保险公司可在当地政府同意下，以市、县为单位，对农业保险业务实行单独立账、自负盈亏，保险费留在当地使用。为使经营稳定，可采取市、县向人保公司省分公司分保，以确保"同舟共济"农业保险组织健康发展。

1993年业务险种主要有：林木、甘蔗风灾及火灾保险，香蕉、橡胶树风灾保险，烟草、果树种植保险，以及生猪、塘鱼、鸡、对虾、鳗鱼养殖保险，当年承保风险总金额达42.4亿元，收保险费1.77亿元。然而1993年是中华人民共和国成立后广东发生自然灾害次数最多，保险财产损失最严重的一年。这一年全省直接经济损失190多亿元。香蕉保险，共承保21.89万亩，全部受灾，赔款5882万元。承保甘蔗121万亩，受灾118万亩，赔款1512万元。承保对虾13.3万亩，鳗鱼0.98万亩，全部受损。顺德受18号台风影响，有6万亩鱼塘漫顶，鳗鱼大量流失，其中参加保险的8000亩，损失4000多万元。潮汕地区柑橘保险，受15号台风吹袭，有8.5万亩落果，损失3000多万元。严重的自然灾害给人保公司省分公司承保的各项种、养殖保险带来巨大的损失，当年农业保险赔付2.6亿元，赔付率近180%，亏损达0.83亿元。不仅当年农险业务收不抵支，也使人保公司省分公司自开办农业保险以来积累的农险基金不敷支出。[①]

由于农业保险实践中存在的"高风险、高赔付、高费用"的特点，从1994年开始，人保公司省分公司对农业保险业务进行调整，实行"量力而行、稳步发展"的方针。一是对险种结构进行调整，从总量上控制亏损险种，如农作物产量保险、鳗鱼死亡保险等；巩固效益好的险种，如林木、甘蔗、生猪等保险。二是做好签单前的

---

① 《广东省志》编纂委员会：《广东省志（1979—2000）·银行·证券·保险卷》，方志出版社2014年版，第520页。

调查工作，从严掌握承保条件，有选择地承保业务。三是积极开发新险种，增强农险发展的后劲和活力。肇庆、佛山、江门、茂名等地开展了农田水利保险，禽、畜、鱼饲料产品的质量及责任保险等。四是对出险频率高的险种采取比例赔付和限额赔付的办法，如养鸡保险、鳗鱼保险等。五是在费率管理上，对原有实行的费率按照多年开办的损失赔付作为主要依据进行重新修订。鳗鱼保险费率从原来的2.5%调为8%；生猪综合责任险费率从原来的每头5元调为每头10元。

1995年，继续调整农险业务的发展布局，优化险种结构，巩固和发展效益好的险种，改造和控制效益差的险种，停办长期亏损又难以改造的险种，继续把发展重点放在效益好的商品农业、创汇农业、科技兴农等"三高（高科技、高产值、高风险）农业"项目上。如养殖业保险中的鳗鱼、四大家鱼、各类优质鱼等水产养殖流失保险；生猪、家禽等自然灾害和意外事故保险；种植业保险中的甘蔗与香蕉风灾定额保险；林木火灾保险、橡胶树寒害保险；等等。通过调整业务布局和优化各种结构，既保持一定的业务规模，又提高经营的稳定性。顺德支公司为"三高农业"服务，业务发展迅速，当年保费收入500多万元，赔款160多万元，赔付率仅为32%，连续2年取得效益。

（六）责任保险

广东经营的责任保险险种有：公众责任保险、产品责任保险、雇主责任保险、职业责任保险等。深圳地处改革开放前沿地区，三资企业较多，责任险开办的时间比省内其他地方的要早，险种也较多。人保公司省分公司对责任险和建筑安装工程保险推出时间较晚。开始是为拓展企财险业务需要，以开拓新险种形式试办的。因此，两险种业务收入及相关数据均并入企财险业务中，并延续相当长时间。随着业务发展，1997年才将这两项业务单列进行统计。

2000年，人保公司省分公司经营的责任险保费收入1.95亿元。其中，公众责任险3516万元，产品责任险1365万元，雇主责任险12699万元，职业责任及其他1940万元。深圳市各保险公司实现责任险保费收入6920.65万元。①

1. 公众责任保险。20世纪80年代初，人保公司深圳市支公司开办公众责任保险。当时国内企业对责任保险比较陌生，以外资企业投保较多。1983年，公众责任保险的保费收入1.36万港元；1985年为2.75万美元；1986年，针对南海油田美国客户的要求，人保公司深圳市分公司精心设计了第三者综合责任险保险保单。在全年68.6万元的责任险保费收入中，公众责任险的保费占90%。1987年，人保公司深圳市分公司沙头角支公司，承保小梅沙旅游中心公众责任险，开始向国营企业发展公众责任险业务。

进入90年代，新的保险公司相继出现，公众责任险业务得到进一步发展，经济效益和社会效益不断提高。1991年，人保公司深圳市分公司公众责任险保费收入271.7万元。1995年1月，承保汕头长海、长潮、长浦电子有限公司32亿元的保险金额中均含有公众责任险。同年承保大亚湾核电站公众责任险，保费191万元。

2. 产品责任保险。1988年，广州、佛山、珠海等地人保公司开办冰箱漏电保护开关、电饭煲、电吹机、燃气热水器、压力锅、液化石油燃气炉和钢瓶等产品责任险。进入90年代，人保公司加强责任险的开发力度，产品责任险业务随之扩大。1993年，人保公司

---

① 《广东省志》编纂委员会：《广东省志（1979—2000）·银行·证券·保险卷》，方志出版社2014年版，第522页。

深圳市分公司承保华星科技有限公司《华星微机病毒免疫卡》，这是中国保险行业首次对计算信息产品安全进行保险，引起科学界和保险界人士的关注。[①] 1997年，人保公司深圳市分公司产品责任险保费收入125万元，赔付率为15%。1998年，人保公司省分公司产品责任险保费1236万元，赔付率为12.7%。人保公司顺德支公司结合当地特点，大力发展大型企业集团名优产品责任保险。人保公司潮州分公司利用当地小食较多特点，开展凉果食品责任险。

中国平安深圳分公司1992年开办产品责任险业务，至1998年底，该险种的保费收入达1479万元，占总保费的2.26%；太平洋保险深圳分公司从1992年开始经营产品责任险业务，先后推出产品质量保证险、饮料产品责任险、通信产品责任险、洗发水产品责任险等险种；华安保险从1997年3月开始办理产品责任险业务，至1998年末，保费收入4.57万元。

为贯彻执行《中华人民共和国建筑法》，深圳市住房和建设局报深圳市人民政府批准，从2000年8月1日起，在全市试行建设工程设计责任保险制度。[②] 2000年6月8日召开新闻发布会，明确由人保公司深圳市分公司负责办理这项业务。此举，在全国为首例。

3. 雇主责任保险。1981年5月31日，人保公司深圳市分公司与香港永利建筑公司签订两单雇主责任保险合同，共收保费2.88万港元，1983年，雇主责任险保费收入5.47万港元。1985年保费收入9.08万美元，赔款支出8968美元，赔付率为9.88%。1986

[①] 《广东省志》编纂委员会：《广东省志（1979—2000）·银行·证券·保险卷》，方志出版社2014年版，第523页。

[②] 《广东省志》编纂委员会：《广东省志（1979—2000）·银行·证券·保险卷》，方志出版社2014年版，第524页。

年，外资企业海达钻井公司向人保公司深圳市分公司投保平台财产"保赔险"，并要求把责任扩展到雇主责任险，在人保公司总公司的支持下，人保公司深圳市分公司满足了客户的要求。当年雇主责任险保费收入14.16万美元，赔款支出2.09万美元，赔付率14.76%。进入90年代，雇主责任险业务逐年发展。1991年保费收入666.3万元人民币，赔款支出303.97万元，赔付率46%；1992年保费收入1012.1万元人民币，赔款支出419.2万元，赔付率41.42%。1997年责任险保费收入3.131万元，其中雇主责任险保费收入占责任险的68%。1998年，人保公司省分公司大力发展雇主责任险，当年保费收入9744万元，赔付率82.9%。人保公司东莞分公司积极上门展业，承保大批"三资"企业，同时动员有大批干部及工作人员的乡镇管区投保雇主责任险。中山、佛山市人保公司由乡镇劳动站代办雇主责任险，将雇主责任险列入一揽保险，承保一大批工矿企业雇主责任险。

平安保险公司从1988年开始销售雇主责任险，2000年保费收入3679万元，平均赔付率66.50%。平安保险公司深圳分公司从1991年起开办雇主责任保险，至1998年此项业务的保费收入占该公司总保费的1%。1992年，太平洋保险深圳分公司开始经营雇主责任险业务，当年承保金额7365.5万元，保费收入81.45万元。华安保险于1996年10月办理雇主责任保险业务，首笔业务的保险金额为1.47亿元。

（七）建筑安装工程保险

1986年11月，人保公司深圳市分公司代人保公司总公司承保大亚湾核电站工程险业务，保额10.9亿美元。这是中国第一份核风险保单。该工程总投资40亿美元，1993年该项目建成后，又投保了财产险，承保金额17亿美元，主要为机损险、核物质损失险、核责任险。1987年，人保公司江门分公司承保江门外海大桥工程，保额近2亿美元。

1989年6月后国际国内形势发生变化，广深高速公路有限公司的外方投资方对国内政策有忧虑，要求工程保险的保险人人保公司省分公司承保投资风险，1989年12月人保公司省分公司签发了中国第一份政治风险保险单，年保险费为40万美元。当时政治风险保险单为创新型保险险种。

1992年3月，太平洋保险深圳分公司（筹）承保深圳市美视光电有限公司电厂安装工程险、运输险，收取保费27.1万元，为该公司第一笔保险业务。同年承保了海王集团公司的建筑工程险。这是太平洋保险深圳分公司开出的第一张建筑工程保险单。

1993年，人保公司深圳市分公司承保地王商业大厦、贤成大厦、高速公路等大项目的建筑工程险。1995年承保了深圳河一期工程的工程保险。

1996年7月，中国平安深圳分公司承保岭澳核电站建筑工程险，承保金额21亿美元，保险期限长达7年，为其历年最大的保单。①

四 产寿险分业经营前广东保险业的防灾防损与理赔
（一）保险防灾防损

1. 中国人民保险公司广东省分公司的保险防灾防损。为做好防灾工作，人保公司省分公司从1981年起，按实收保费一定比例提

---

① 《广东省志》编纂委员会：《广东省志（1979—2000）·银行·证券·保险卷》，方志出版社2014年版，第525页。

取防灾费。当时规定防灾费主要用于：（1）消防宣传、消防检查、购买消防器材和消防设备等；（2）交通费补助，帮助交通部门建立科学管理体系，减少交通事故及用于道路交通检查等；（3）建立防灾基金，用于突发性灾害及防汛、防洪等。

1982年，人保公司省分公司发文建立防灾检查报告制度，规定各市、县分支公司必须于每年7月30日和1月30日，填写《防灾检查报告表》上报省公司。要求把防灾工作列入工作议事日程，各市、县分支公司必须配备具有一定专业知识的专、兼职防灾人员。

1985年8月，乐昌县遭受特大洪水袭击。洪水到来前，当地保险公司人员兵分多路挨家挨户通报洪水汛情，动员、组织400多保户转移物资到安全地带，减少财产损失约200万元。同时配合公安"三防"部门对企业进行防灾检查，提出消除隐患的建议，促进各单位建立和健全安全管理制度，减少灾害损失，并积极参加受灾物资的抢救。

1987年4月14日，人保公司省分公司在国内业务处设置防灾科，自此防灾工作由专职机构办理。

1988年4月12日，人保公司省分公司制定并下发《企业财产保险防灾工作管理制度》《机动车辆保险防灾工作管理制度》《防灾档案》及灾害事故隐患整改通知书等表格。保险防灾的重点就在企财险和车辆险，这是针对防灾工作的重点而采取的措施。

1989年，加强对防灾费使用管理，规定防灾费使用范围为：（1）购赠消防器材和消防设备；（2）开展防火、防汛、防台风、防地震和预防交通事故等防灾安全活动；（3）召开防灾座谈会，组织防灾防损工作咨询、研讨和经验交流；（4）资助有关防灾部门（公安、消防、交通管理、"三防"、气象预报等）；（5）购买用于防灾防损的检测仪器、工具、设备和各种防灾资料；（6）资助有关防灾专职部门进行防灾防损科研工作；（7）培训防灾专业技术人员。

1990—1991年，防灾工作重点是：（1）广泛开展防灾宣传。深入各地农村乡镇，形式多样地组织"地震与保险"的宣传；（2）组织防灾检查。根据"夏、秋重点防汛、防风，冬春重点防火"的实际情况进行。人保公司省分公司还成立工作组前往佛山、顺德、三水、清远、英德、阳山、湛江、茂名、电白、阳江、肇庆、四会、广宁等市县检查防汛防灾情况，共检查企业1000多家，发现隐患513处，已整改368处，向重点保户发出做好防洪防涝防损工作通知书300多份；（3）1990年10月23日—11月23日，人保公司省分公司与广东省公安消防总队共同组成4个联合检查组，分别到惠州、深圳、东莞、韶关、湛江、汕头、梅州7个市10多个县检查，对29家重点保险企业作检查，发现火险隐患294处，提出整改292条，对亟须解决的重大问题发出整改通知书25份；（4）人保公司省分公司与广东省气象局签发合作通知，每月向各分支公司转发广州市气象中心台的长期天气预报，以及随时电报天气紧急情况，保障汛期安全；（5）1990年火灾频发，人保公司省分公司向保户推荐新产品超强灭火器。佛山分公司在召开该市50余家企业负责人的大会上，赠送该产品给与会者200余支；（6）推行安全生产承包责任制，集保险、企业主管部门、公安于一体，形成共同加强安全防范工作的一种好形式。

1992年，人保公司省分公司系统与公安部门联合开展机动车辆防盗和侦破工作。针对广东机动车被盗严重情况，与公安部门组成专项工作组，进行调查研究，实施反盗窃斗争。推广防盗器（锁）、安装电脑检索车辆档案等手段，减少保险车辆损失。并要求各市分公司必须配备专职防灾人员，支公司配备兼职防灾人员。

1993年，在广东连续遭受多次严重自然灾害，各级保险公司积极做好防灾工作。向重点保户发出防汛防涝通知书，要求保户及早做好防涝物资转移工作。仅2—3月份各地方分支公司共发出防汛通知书数万份，防灾整改意见书数百份。全省各级人保公司动员和帮助保户转移各种物资1000多万吨。人保公司省分公司会同广东省防汛防旱防风总指挥部办公室、中共广东省纪律检查委员会、广东省气象局、广东省水文总站等单位，抽调20人，分成4个组，分别对北江、西江、东江、韩江沿岸19市进行防汛工作大检查，发现隐患88处，提出整改意见107条。对重点保户建立防灾档案，对其财产、生产情况、防灾重点记录在案，对保户防灾工作进行分类指导。1993年广东盗抢机动车案件十分猖獗，全省仅被盗保险车辆就达3369台，比1992年增加5.2倍。失窃总金额约5亿元。人保公司省分公司采取一系列措施，追回被盗保险车辆162台，折合人民币5639万元，摩托车245台，折合人民币309万元。采取的措施主要有：（1）与广东省公安部门投资建成"被盗被抢机动车辆电子计算机管理系统"，将全省机动车辆和被盗被抢车辆的档案全部输入电脑，有效控制广东被盗车辆异地入户情况，为追缴赃车提供可靠去向；（2）资助广东省公安厅在广东通向外省主干线的28处设卡，并建立较为先进的通信网络，拦截了部分出省的被盗车辆；（3）市、县各级人保公司主动与当地公安部门配合行动，开展反盗窃专项斗争，在侦察、破案、追缴赃车，检查联系车辆，整顿修理厂，兑现奖励举报、追赃有功人员等方面密切合作。

1994年，针对广东省工商集贸市场火灾严重情况，人保公司省分公司组织消防、工商部门前往汕头、揭阳、惠州、佛山、江门、珠海市的各县进行检查,落实保险、消防、工商局联合签发的《关于工商集贸市场的防火规定》。当年人保公司举办保险防灾干部培训班,组织30多名工作人员专门学习,经考试合格,发给上岗证书。

1995年4月12日,转发人保公司总公司的《中国人民保险公司财产保险防灾防损工作规范》。人保公司省分公司按照该文件的要求,针对广东省财产险经营中影响较大的水灾风险及火灾风险,每年都制定相应的防灾预案及专项排查工作,坚持做好防灾防损工作。

(1) 保险标的验险工作。人保公司省分公司在承保现有专门的业务员和验险的人员进行现场的勘察工作,提交承保企业的《财产险风险调查表》至上级承保机构审核后,才能进行承保。东莞、佛山、顺德等分支公司成立防灾小组,以安全工程、化工类专业的员工为主导,进行全年的验标和排查工作。

(2) 防灾防损安全检查工作。对人保公司省分公司承保的企业,每年在汛期来临前夕,公司会派人前往水灾损失较为严重的沿海地市及粤北地区进行防灾工作的检查,一是检查人保公司系统的地市分公司防灾工作是否落到实处;二是协助被保险人进行灾前的防护工作,及时地疏通排水管道,加固防雨设施,强化企业自身的防灾能力。

针对电厂和石化等大型企业,人保公司省分公司每年会外聘电厂和石化方面的专家对此类大型企业进行专项的评估工作,及时掌握承保企业的现实风险状况,同时对公司承保的企业提供一项专业的风险防范服务工作。

(3) 防灾防损资料数据库和工作报告制度。每年人保公司省分公司会对暴雨、台风、火灾类案件进行数据统计和汇总工作,并建立年度的总结和分析。在大面积灾害发生时，各地市分公司也会在24小时内将灾害的数据汇总到省公司，由省公司进行汇总后上报总公司。在年初各地市分公司会提交一份全年防灾工作的预案，对地市分公司的防灾组织框架、人员安排、车辆配置和大灾处理方案进行部署，并在年末对全年的防灾工作进行总结和汇报。

（4）防灾防损安全技术研究、开发、咨询服务。人保公司省分公司同广东省气象局、广东省消防局、广东省地震局、广东省防汛防旱防风总指挥部办公室、广东省民政局建立了良好的合作机制，充分利用政府的公共资源提升人保公司省分公司的防灾能力。同时根据保险案例，向科研机构提出防灾技术的专项开发工作，例如建筑隔热层的防火技术研究，喷漆间的消防配置研究。

（5）防灾组织机构。人保公司省分公司、地市分公司均设立了防灾应急小组，统筹应对防灾防损工作，尤其在大灾来临时，总经理室成员，理赔线、产品线成员会第一时间赶往受灾区域展开现场抢险和查勘工作，帮助受灾的客户完成灾后的施救工作和理赔工作。

（6）防灾防损干部培训。人保公司省分公司非常重视防灾人员的培养和培训工作，从防灾队伍的组建初期，就选拔具备安全工程相关的毕业生，在公司内部打造了一支专业的防灾队伍。除人保公司总公司每年举行防灾防损培训工作外，人保公司省公司也会聘请消防官兵和公估公司、专家到公司进行专项的防灾防损培训工作，展开相关的风险排查技能培训工作，提升员工整体的防灾素质。同时，人保公司省分公司国际保险部、人保公司东莞分公司建立了专职的防灾队伍，通过在一线的查勘和现场经验，同各人保公司分公司展开相应的交流工作，着力打造各人保公司分公司自己的防灾专家和骨干。

（7）防灾费的使用管理。人保公司省分公司的防灾费用由财务部、理赔事业部进行归口管理。

（8）防灾防损工作的考核。防灾岗在年初会对全年的防灾工作内容进行细化安排，预定实施的时间和计划进度安排，在年底，人力资源和归属部门按照绩效合同的工作指标和内容实施专项考核。

2. 中国人民保险公司广州市分公司的保险防灾工作。人保公司广州市分公司自1981年复办以来，主动配合当地公安消防部门开展各种形式的防火宣传，如分发防火须知、制作幻灯片宣传防火，举办保险防灾知识有奖问答和消防运动会等。每年的重大节日（元旦、春节、劳动节、国庆节）及每年冬季开展防火大检查，发现隐患，及时向被保险企业提出口头或书面的整改意见，要求及时整改，消除隐患。

1986—1989年，人保公司广州市分公司多次在电视上播放防火的保险防灾知识，并深入重点企业及仓库进行检查。如每年春节，广州市民普遍燃放爆竹，人保公司广州市分公司会同广州市公安局消防处，节前出动防火宣传车，在市区、郊区向群众进行加强春节防火的宣传教育。

1989年，人保公司广州市分公司与广州市属14个工业局（总公司）保卫处签订《防灾工作承包协议书》，制定承包责任制的各项考核指标，年终考核，计分发奖。各工业局（总公司）又与所属企业对安全保卫工作实行"四级承包"（即主管局与厂、公司，厂、公司与车间，车间与班组，班组与个人）。这样将企业防火工作层层负责，落到实处。

1990年，人保公司广州市分公司将上述做法推广到19个市级主管局（总公司），收到明显效果。1991年，签订防火承包协议的单位又有所增加。

1995年1月，广州市公安局刑侦部门为人保公司广州市分公司追回被盗抢汽车120辆，摩托车135辆。

3. 深圳市保险防灾工作。1980年起，人保公司深圳市分公司设立专岗负责防灾工作。1988年平安保险公司和1992年太平洋保险分公司成立以后，防灾防损工作由一般性的预防检查，逐步做到经常化、规范化。1992年，平安保险公司制定了《产物保险基本工作程序》，把做好防灾防损列入承保规范内容。

1993年的"6·16"和"9·26"特大暴雨以及"8·5"危险品仓库大爆炸，造成数以亿元计的经济损失和人员伤亡的沉痛教训，引起了各保险公司的高度关注，认真总结经验，把防台风、防暴雨、防火灾、防盗抢车辆作为保险防灾的重点工作。① 当年，人保公司深圳市分公司印发《水与火的启示》画册，向社会各界宣传。1995年印发15万份《防火安全知识》并制定《财产保险防灾防损工作管理办法》《深圳人保防洪预案》《保险企业水灾、火灾安全检查登记制度》等，形成了承保前进行风险调查，承保后经常进行安全检查，对安全隐患提出整改意见，建立防灾档案，明确责任人，定期评估和考核防灾指标的管理体系。

1996年5月，太平洋保险深圳分公司发出《保险防灾防损工作暂行规定》。

各保险公司还利用各种宣传媒体（报纸、电视台、电台等）进行防灾防损宣传，与气象局、城市管理委员会办公室、"三防"指挥部等部门合作，推出防灾防损服务措施。

---

① 《广东省志》编纂委员会：《广东省志（1979—2000）·银行·证券·保险卷》，方志出版社2014年版，第540页。

针对深圳市机动车辆被盗抢严重的情况，人保公司深圳市分公司于1990年与深圳市公安局五处合作，组成"反盗车小组"，加强车辆侦破工作，追回失窃车50台，减少赔款225万元。从1993年起，人保公司深圳市分公司每年出资60万元，协助深圳市公安局在进出深圳特区的各通道沿线布点，设立"反盗抢机动车检查点"；1994年4月1日，与深圳市公安局联合发布《关于对提供检举盗抢机动车辆犯罪线索有功人员的奖励办法》（奖金额度1000元至1.5万元）；7月，向深圳市公安交通管理局捐赠价值人民币100万元的通信器材。自1994年至1998年人保公司深圳市分公司累计支付防灾费2131万元，用于防灾宣传及资助客户防灾设施、器材建设。

1994年和1995年，深圳市发生严重水灾，各保险公司采取相关的防灾防损措施，保险标的损失比前几年相对减少。1998年和1999年，为支持深圳市公安系统开展打击盗抢机动车辆行动，各财产保险公司共出资250万元，奖励先进公安集体和个人，使车辆被盗抢情况逐渐有所下降。

（二）中国人民保险公司的保险理赔

1993年广东遭受严重自然灾害，人保公司省分公司先后派出数十个工作小组，100多次分赴受灾现场，开展连续性查勘定损工作。在4、5月份水灾中，人保公司韶关分公司在灾后第二天上午，即组织50多人，分成多个定损小组，依靠当地政府，对企业、村庄逐个进行查勘，仅用4天时间，就完成对始兴、南雄两县受损农房27982间，受损企业27家，黄烟10多万亩，电站6座的查勘工作。对韶关市区受灾情况，仅用10天全部定损完毕，并预付企业20%的赔款。梅州、汕头、江门、清远等市人保公司以最快速度完成对405家企业、17603户农房、1757亩鱼塘损案的查勘工作。每次台风过后，人保公司各级分公司都第一时间赶赴受灾现场，按照迅速、准确、及时、合理的原则，尽快结案，兑现赔款，帮助受灾保户渡过难关，恢复生产。始兴、南雄的黄烟种植保险，人保公司始兴、南雄县支公司在灾后第二天即电付预付赔款80多万元，使烟农很快投入生产自救。当年，深圳市危险品仓库发生"8·5"重大爆炸事故，造成严重财产和人员伤亡。事故发生后，人保公司深圳市分公司马上召开紧急会议，成立"8·5"爆炸事故救灾理赔领导小组，组织力量迅速深入现场查勘、定损和施救，并坚持24小时值班服务，及时接受保户和受伤人员报案。

1980—1994年，人保公司省分公司共处理各种赔案246.5万宗，支付赔款120.2亿元。其中，非寿险赔款115.3亿元；1996—2000年，共处理财产保险赔案109.5万宗，赔款金额148.04亿元，占同期全省财产保险赔款数的86.53%。

（三）保险公司的理赔制度

人保公司从1979年12月复办国内保险业务之日起，就提出理赔工作的原则，要求各级员工严格遵守执行。人保公司省分公司在1998年重新修订该公司的业务规则，对理赔工作做专节的规定，这些规定是该公司多年来的工作总结。

理赔工作的原则：（1）坚持"主动、迅速、准确、合理"的理赔原则，严守理赔工作纪律和规章制度，重合同，守信用，严格按保险合同处理赔案，做到不惜赔，也不滥赔。认真维护保险双方的合法权益；（2）严格执行赔案上报审批制度。按《中国人民保险公司广东省分公司转授权书》规定，超过理赔权限的赔案须上报审批。涉及诉讼案件必须迅速报省公司请示处理方案；（3）理赔工作人员要廉洁自律，遵纪守法，严守秘密。经办人员未经授权不得对定损及赔偿作具体承诺。理赔工作要按理赔程序进行。不准无故拖延赔案办理时间，不准有意增加赔案水分，出卖公司的利益。严禁以赔谋私。理赔权限是由上级公司根据不同险种、不同时期、不同地区逐级确定，以文件下达。可因时因事而变动，不是一成不变。

1995年，深圳市各家保险公司在实行核保人制度的同时，实施了核赔人制度。核赔人是通过核赔人资格考试且经公司聘任，从事保险业务理赔案件审核并参与规范经营的专业技术管理人员。核赔人级别分为核赔员、核赔主任、核赔经理和高级核赔经理。主要职责是对险种条款及相关法规的解释，理赔案件的审核与签批；理赔纠纷的协调与处理；理赔调查及道德风险防范；理赔专业的指导与培训；理赔状况分析及信息反馈。这项制度的推行，将理赔工作垂直领导，分级授权，独立审核。

1995年1月，中国平安人寿保险股份有限公司（以下简称"平安人寿"）制定《人寿保险核赔人制度》。从1995年4月1日起，中国平安《产物保险核保/核赔员制度（试行）》开始实施。同年5月，人保公司深圳市分公司颁发《产险业务核保人、核赔人制度》，并通报了各营业部、支公司及办事处核保人108人与核赔人24人名单。与此同时，中国人民人寿保险股份有限公司出台《业务管理暂行办法》，对公司各级机构核保核赔权限及重大事故报告、重大赔案报批做出明文规定。1997年3月，太平洋保险深圳分公司成立理赔中心，负责该公司核赔业务管理。1997年4月间，华安保险开始推行核保人核赔人制度，并于1998年3月制定并颁发《核保人制度》。1998年9月1日，成立华安保险业务审定委员会。到1998年底，各家公司先后制定并完善了理赔管理规定，特殊赔案、通融赔案上报制度，赔案会审制度及理赔质量考核监督制度等。

五 产寿险分业经营前广东财产保险的重大理赔案例

1983年，东莞县太平灯泡厂洪灾报损4.68万元，其中钨丝一项报损3.9万元。人保公司业务员查勘发现疑点，将受损钨丝拿到广州灯泡厂检验，经鉴定大部分是过期失效的产品。最后结合查账核实，赔付1.9万元结案。

1990年10月2日，广州白云机场发生了中国有史以来最严重的一起劫机引发的重大事故。当日8时31分，一架由厦门飞往广州的波音737客机B-2510航班在广东省惠州地区上空遭歹徒劫持，胁迫飞往台湾，因油料不足，迫降广州白云机场。9时5分，飞机着地后向停着数架飞机的停机坪冲去，直接碰撞广州民航欲飞往上海的波音757客机和西南航空公司的一架波音707飞机，致使3架飞机全部损毁。厦航被劫持的客机上当即死亡81人（其中境外旅客28人），受伤21人，B-2812航班被撞后机上即死亡46人（其中境外旅客8人），受重伤11人。由于三架受损飞机都保了机身险和责任险，并且均向国际市场办理了分保，事故发生后，9000多万美元的损失赔款，从国外保险市场摊回了7500万美元。[①] 其中，波音757客机由人保公司广州市分公司承保，支付赔款5559.9万美元。[②]

1991年是广东省自然灾害较多的一年。汕头、汕尾、潮州、珠海、湛江、阳江等14个市先后遭受6号、7号、8号、11号、16号、19号6次台风（热带风暴）袭击。这年台风、洪水造成的保险

[①]《中国保险史》编审委员会：《中国保险史》，中国金融出版社1998年版，第478页。

[②]《广东省志》编纂委员会：《广东省志（1979—2000）·银行·证券·保险卷》，方志出版社2014年版，第544页。

财产损失是近10年来最大的一年，受灾的投保企业达5000多家，受灾的投保家庭达9.3万多户，受灾的投保农田作物近50万亩。台风造成的损失赔款总金额达1.7亿元，仅7号台风给汕头市投保的企业和家庭造成的损失就超过1亿元。

1992年11月24日，中国南方航空股份有限公司一架飞赴桂林的波音客机在阳朔上空粉碎性解体。机上罹难乘客中，有61名在人保公司广州市分公司承保航空人身意外险，在事发5天后，给付死难者家属318万元人民币，12万元外汇兑换券；给付8名机组人员家属40万元；赔偿空难飞机3600万美元。[①]

1993年8月5日，深圳清水河仓储区安贸危险物品储运公司仓库连续发生两次大爆炸，着火持续17小时，500多人受伤，18人死亡。事后，人保公司深圳市分公司向储运公司赔款1000万元，向肉联厂赔付100万元，向宿舍职工及居民赔款50万元。此次爆炸引起铭基食品公司冷藏库严重破坏，冰冻食物全部受损，香港民安保险有限公司深圳分公司赔付该项损失共计1780万港元。

表5.1　　　　　　广东保险业务的重要历史事件（1979—1995年）

序号	事件	时间	地点	简介	备注
1	第一份船舶保险赔案	1979年6月	广州市	"盐湖"轮油污染，赔款12969元	
2	第一个机动车第三者责任强制保险的规定	1979年10月	广东省	《关于港澳出入境机动车辆交通管理的暂时规定》发布	港澳入境车辆必须分别向深圳、珠海人民保险公司办妥机动车第三者责任保险

[①] 《广东省志》编纂委员会：《广东省志（1979—2000）·银行·证券·保险卷》，方志出版社2014年版，第544页。

续表

序号	事件	时间	地点	简介	备注
3	第一份车险赔案	1980年5月	广州市	赔款954.86元	1980年,中国人民保险广东省分公司汽车险第一宗赔案
4	第一份企财险赔案	1981年3月	广州市	赔款175950.79元	1981年,中国人民保险广东省分公司第一宗企财险赔案
5	全省实施机动车辆第三者责任保险	1982年7月	广东省	省人民政府批准	全国统一的"交强险"于2006年7月1日实施
6	第一份货运险赔案	1984年7月	广州市	赔款17983.27美元	
7	第一份其他险赔案	1985年1月	广州市	人身意外险,赔款72.25元	
8	第一份合资核电站保险	1987年8月	深圳市	大亚湾核电站	中国第一个合资核电站保险,中国人民保险公司承保
9	第一份外资高速公路保险	1989年12月	广州和深圳	广深高速公路,总投资13.4亿美元和7.04亿元人民币	中国第一条外资高速公路保险,中国人民保险广东省分公司承保
10	第一份政治风险保险	1989年12月	广州市	保险费40万美元/年	中国第一份政治风险保险,中国人民保险广东省分公司承保
11	中国历史上最大的航空险赔案	1990年10月	广州市	赔款5559.9万美元	10月2日三架飞机在广州白云机场相撞,不包括人身险赔偿
12	第一份家财险赔案	1992年2月	广州市	赔款1000元	
13	第一份责任险赔案	1993年4月	广州市	雇主责任险,赔款601.95元	

第二节　产寿险分业经营后保险业的发展

1995年10月23日，国务院批转人民银行《关于中国人民保险公司机构体制改革的报告》。[①] 1996年7月23日，人保公司改组为中国人民保险（集团）公司，下设中保财险、中保人寿保险有限公司（以下简称"中保人寿"）、中保再保险公司三个子公司，[②] 同年8月16日，经人民银行批复，撤销人保公司省分公司，同时成立中保财险广东分公司和中保人寿广东分公司。[③] 同年12月27日，两个分公司联合召开成立大会，产险、寿险正式分设，所属分支公司均于1997年内完成分设工作。

1998年10月7日，经国务院批准，撤销中国人民保险（集团）公司，三家子公司分别更名为中国人民保险公司、中国人寿保险公司（以下简称"中国人寿"）、中国再保险公司。其全国分支机构也都更名。1998年，根据国务院决定，原中国人民保险（集团）公司海外经营性机构划归中国保险股份有限公司（后归属中国太平保险集团有限责任公司），至此原人保公司机构一分为四，机构体制改革正式完成。至2011年，产寿险分业经营后的广东保险业务结构出现了积极变化，经济效益不断向好，加上广东中、外资保险主体的相继设立，促使保险市场结构不断完善，市场整体发展平稳向

---

① 1995年《中华人民共和国保险法》颁布，第92条规定"同一保险人不得同时兼营财产保险业务和人身保险业务"，即要求分业经营。

② 中国保险年鉴编辑部：《中国保险年鉴（1981—1997）》，中国保险年鉴社2001年版，第155页。

③ 《广东省志》编纂委员会：《广东省志（1979—2000）·银行·证券·保险卷》，方志出版社2014年版，第480页。

好。本节所述，即为1996年产寿险分业经营后至2011年之间广东保险业的发展概况。

一 中国人民保险公司机构改革与产寿险分业经营

（一）中国人民保险公司广东省分公司更名

1996年8月16日，中保财险广东分公司成立，1999年1月18日，中保财险继承人保公司品牌，更名为中国人民保险公司。1999年6月，人保公司省分公司正式对外挂牌。其全国分支机构也都更名。

1996年，人保公司省分公司更名为中保财险广东省分公司后，内设机构：办公室、计财处、人事处、财产保险处、机动车辆保险处、货运船舶保险处、电脑处、监察室、稽核审计处、工会办、国际保险部、营业部、第二营业部、机关服务中心、干部培训中心共15个处（部）。[①]

1998年，增设市场开发处。

1999年，更名为人保公司省分公司后，撤销干部培训中心，电脑处改称信息技术处，营业部、第二营业部改称为直属支公司和直属支公司第一支公司。

（二）中国人寿保险公司广东省分公司成立与更名

1996年8月16日，中保人寿广东省分公司成立，同年11月，中保人寿广东省分公司领取新的工商营业执照和经营保险业务许可证。

1999年上半年，根据中国保监会《关于中保人寿保险有限公司

[①] 《广东省志》编纂委员会：《广东省志（1979—2000）·银行·证券·保险卷》，方志出版社2014年版，第485页。

更名的批复》，中保人寿更名为中国人寿，其全国分支机构也都更名。1999年5月，中国人寿保险公司广东省分公司（以下简称"中国人寿省分公司"）获颁更名后新的工商营业执照。①

1996年8月，中保人寿广东省分公司内设以下机构：办公室、人事处、计划财务处、业务管理处、代理处、市场信息处、电脑处、监察室、稽核审计处、工会党委办10个正处级部门；另设有营业部、机关服务中心和珠海保珠实业开发总公司3个直属单位（珠海保珠实业开发总公司于1996年12月划归中保财险广东省分公司）。

1999年5月，更名为中国人寿省分公司。内设机构为：办公室（党委办）、人事处（组织部）、计划财务处、代理处、业务管理处、团险处、市场信息处、电脑处、监察室、稽核审计处、工会办（思想政治工作办公室）。同年8月底，成立广州地区客户服务中心；撤销市场信息处，其原有职能归入业务管理处。

2000年1月，中国人寿省分公司对行销部进行重组，行销部、直属第一支公司和第二支公司的营销业务及营销管理人员、客户服务人员合并，组建新的行销部；监察室、稽核审计处合并为监察稽核处；增设资产管理处负责资产管理以及不良资产清收工作；增设培训部（副处级机构）负责全省干部员工、营销员、代理人的教育培训工作；增设广州人寿保险股份有限公司撤并领导小组办公室（临时机构），负责广州人寿保险股份有限公司（以下简称"广州寿险公司"）遗留问题的处置工作。2000年7月，广州市分公司、广东省公司行销部、省直属第二支公司合并，成立广东省分公司营业

---

① 《广东省志》编纂委员会：《广东省志（1979—2000）·银行·证券·保险卷》，方志出版社2014年版，第485页。

管理部（对外称广州市分公司）。2000年11月，撤销培训部，其代理人培训职能划归代理处，干部员工培训职能划归人事处。自成立日起，办公地址在广州市越秀区广卫路2号之一2楼。

2000年末，中国人寿省分公司全省系统职工人数为3524人。中国人寿全省系统市级分公司20个，除珠海分公司作为先行试点于1992年11月成立之外，其余均是1996年人保公司产、寿险分设后成立的，当时称"中保人寿"。

（三）中国人民保险公司深圳市分公司产寿险分业经营与更名

1996年8月，人保公司深圳市分公司完成产险、寿险机构分设，分别组建中保财险深圳市分公司和中保人寿深圳市分公司。[①] 中保产险深圳市分公司内设办公室、人事处、计财处、纪检监察室、再保险处（兼管理与经营职能、实行独立核算）、信息技术处，另有物业管理、总务部、香港深业保险事务有限公司3家经营服务性直属单位。业务机构设有营业部、车险营业部及罗湖、福田、华强、沙头角、沙河、南山、宝安、龙岗、布吉、松岗等10家支公司及59家办事处。1998年底，职工人数1314人，其中正式职工560人，聘用职工152人，代理职工602人，平均年龄29.6岁，大专以上文化程度的831人，占63.2%。

1999年1月，人保公司深圳市分公司由深圳市罗湖区宝安路14号茂源大厦迁至深圳市罗湖区罗芳路122号中保南方大厦办公。2月11日举行乔迁典礼。

1999年底，人保公司深圳市分公司进行机构调整。成立计划委员会、业务管理委员会、条款委员会、赔案审理委员会、岗位任职

[①] 《广东省志》编纂委员会：《广东省志（1979—2000）·银行·证券·保险卷》，方志出版社2014年版，第484页。

资格评审委员会和福利委员会等辅助决策机构，负责研究分公司的相关重大事项。改组原办公室为总经理办公室；改组财产保险处和机动车辆保险处为业务管理处和市场处；改组原总务部为行政事务部；改组原物业管理部为物控中心。成立承保中心、理赔中心、财务处理中心、客户服务中心和培训中心。改革后，人保公司深圳市分公司本部下设总经理办公室、人事处、计财处、业务管理处、市场处、工会办、审计处、监察室、承保中心、理赔中心、客户服务中心、信息技术处、再保险处和物控中心等部门，并在总经理办公室、计财处和人事处内分别下设二级机构——行政事务部、财务处理中心和培训中心。同时，人保公司深圳市分公司对营业机构进行改组，支公司（营业部）由过去的13个增加为20个，再保险处作为经营单位，共计21个营业单位。

（四）中国人寿保险公司深圳市分公司的设立与发展

1996年6月，人保公司产寿险分业经营。同年8月，撤销人保公司深圳市分公司，分别成立中保人寿深圳市分公司和中保产险深圳市分公司，[①] 同时将深圳人保寿险公司及人保公司原属下全部人身险业务划归中保人寿深圳市分公司。营业地址迁至深圳市龙岗区振兴路3号建艺大厦21层。

1996年底，中保人寿深圳市分公司对现有经营管理体制进行改革。改变过去业务体制中因承包形成的管理分散、层次较多、效率不高，"大而全，小而全"的经营管理模式，打破营销业务与团体短期保险业务相互割裂的展业思想，确立"集中管理、集中处理、分散展业"的经营管理模式，逐步建立以营销业务为中心、各项业

---

① 《广东省志》编纂委员会：《广东省志（1979—2000）·银行·证券·保险卷》，方志出版社2014年版，第487页。

务全面发展、管理高效率、经济高效益的业务体制。

1997年，中保人寿深圳市分公司在1996年的基础上增设营销管理处、企划部、客户服务部及养老金部。撤销营业部及营销部，成立营业一部、营业二部，增设四个办事处。到1997年底，中保人寿深圳市分公司下辖2个营业部、8个支公司、12个办事处。

1998年，中保人寿深圳市分公司内设部门有：办公室、人事部、财务部、工会办、企划部、机关党委办公室、共青团委办公室（与机关党委办合署办公）、电脑部、营销管理部、客户服务部、养老金部、验体中心、核保部、承保部、理赔部、会计部、精算部、团体险部、稽核部、纪检监察室、营销督察部。撤销了营业一部、营业二部，成立了营销一部、营销二部、营销三部、营销四部，增设宝城、罗芳两个办事处。到1998年底，业务机构由原来的8个支公司2个营业部调整为7个支公司、4个营销部。机构调整后，按职能分为业务管理、业务发展、行政管理和内部监控4个系统运作。

1998年，中保人寿深圳市分公司员工314人。其中硕士研究生17人，双学士2人，大学本科生92人，大专学历77人。大专以上学历共188人，占总人数59.87%。营销人员达4000余人。

1999年3月，中保人寿深圳市分公司更名为中国人寿深圳市分公司。[①]

2000年1月，中国人寿深圳市分公司成立计财部、营业部、团体险管理部；撤销财务部、会计部、团体险业务部；培训部更名为培训中心；成立党委办公室（与行政办公室合署办公）、党委组织

[①]《广东省志》编纂委员会：《广东省志（1979—2000）·银行·证券·保险卷》，方志出版社2014年版，第488页。

部（与人事部合署办公）、党委宣传部（思想政治工作办公室并入党委宣传部，与机关党委办公室合署办公）、党委群工部（与工会工作委员会办公室合署办公），在党委群工部设共青团委员会。截至 12 月 30 日，中国人寿深圳市分公司员工总人数为 261 人，其中硕士研究生 21 人，双学士 3 人，大学本科生 98 人，大专学历人员 74 人。

（五）中国再保险公司深圳分公司的设立

1998 年 10 月经批准，中保再保险有限公司更名为中国再保险公司，为独立法人，总公司设在北京。[①] 当时该公司仅在北京设总公司，各省市不设分出机构，有关业务由各地中国人民保险公司代为办理。

2000 年 9 月 19 日，中国再保险公司深圳分公司成立，9 月 28 日正式开业。内设总经理室、综合管理部、计财部、财产险部、人寿险部。总经理张泓。办公地址设在深圳市罗湖区深南东路 5002 号信兴广场地王大厦 10 层 9—11 号。

二 中国平安保险股份有限公司的股份制及集团化改革

1997 年 1 月 16 日，国家工商行政管理局核定平安保险名称为"中国平安保险股份有限公司"。注册地为中国北京，总部设在深圳。经营区域为全国及设有分支机构的海外地区和城市，可以直接经营开办一切险种（含各种法定保险）和国际再保险业务，同时兼营证券业务、投资业务。

1998 年底，中国平安的股东已增至 55 家。下设计划管理委员

[①]《广东省志》编纂委员会：《广东省志（1979—2000）·银行·证券·保险卷》，方志出版社 2014 年版，第 488 页。

会、保险管理委员会、投资管理委员会、人事工作委员会、财务工作委员会、信息工作委员会、精算工作委员会、内控工作委员会等8个委员会和办公室、组织人事部、财务部、集团发展改革中心、稽核监察部、信息管理部、企划部、投资经营管理部、国债部等9个职能部门及产险、寿险、证券、信托投资、海外（控股）等5大专业系列。中国平安与世界上160多家保险公司、再保险公司、保险经纪公司建立业务关系，在286个城市设立理赔、检验和追偿代理，分支机构共553个。注册资本金达22.2亿元；资产从成立初的4200万元，增长到1998年底的325.59亿元；员工队伍由成立初的13人，增加到1998年底的110595人（含营销人员），平均年龄为30.42岁。

1999年，中国平安制定"开源节流、突出效益、改革创新、强化责任"的经营方针，全年实现保费收入221.75亿元。

2000年，中国平安董事会根据保险市场和公司发展实际情况，制定"价值增长、改革创新、专业经营、强化品牌"的经营方针，全年保费收入273.22亿元。至2000年末，中国平安总资产达到652.25亿元，净资产达到57.38亿元。

2000年，中国平安的主要股东①有深圳市投资管理公司、招商局蛇口工业区有限公司、中国远洋运输（集团）总公司、美国摩根士丹利亚洲投资有限公司、美国高盛集团有限公司、新豪时投资发展有限公司。

2003年1月24日，经国务院同意，中国保监会批准，中国平安正式完成分业重组，更名为中国平安保险（集团）股份有限公

---

① 《广东省志》编纂委员会：《广东省志（1979—2000）·银行·证券·保险卷》，方志出版社2014年版，第490页。

司，控股设立中国平安人寿保险股份有限公司、中国平安财产保险股份有限公司、中国平安保险海外（控股）公司、平安信托投资有限责任公司，平安信托投资有限责任公司依法控股平安证券有限责任公司。至此，中国平安形成了以保险为主，融证券、信托、投资和海外业务为一体的金融保险集团架构。

2004年6月24日，中国平安首次公开发行股票在香港联合交易所主板正式挂牌交易，2007年3月1日，中国平安首次公开发行A股股票在上海证券交易所挂牌上市，股份名称为"中国平安"。

三 广东其他中资保险主体的设立与发展

（一）珠海人寿保险股份有限公司

1992年11月6日，人民银行批准珠海人寿保险股份有限公司成立并核准其章程。[①] 专门经营各种人寿保险业务的专业保险公司，实行独立核算、自主经营、自负盈亏，具有法人地位的经济实体。注册地在广东省珠海市，办公地址在珠海市海滨南路宝盛大厦五楼。

其业务范围是：承办各种人身保险及涉外人寿保险业务；受地方政府委托可代办社会保险业务；经人民银行批准的其他保险业务；经人民银行批准的资金运用业务。注册资本金为人民币2000万元，资本金来源为中国人寿出资800万元人民币，占40%；珠海市投资管理公司出资600万元人民币，占30%；珠海国际信托投资公司出资600万元人民币，占30%。后来，珠海证券有限公司、珠海经济特区珠银发展公司加入，增资360万元，资本金共为

[①]《广东省志》编纂委员会：《广东省志（1979—2000）·银行·证券·保险卷》，方志出版社2014年版，第497页。

2360万元。

1992年11月27日，珠海人寿保险股份有限公司召开第一届董事会。内设机构：办公室、计财部、业务管理部、代理业务部、人事部、监察审计室（纪检监察、稽核审计两块牌子，合署办公）、系统工会办公室及负责业务营销的营业一部、营业二部、营业三部。公司下设香洲、拱北、斗门3个支公司，平沙办事处（科级）。

1995年，人民银行发出《关于改革中国人民保险公司机构体制的通知》。1996年2月，珠海人寿保险股份有限公司董事会根据文件精神，经过讨论研究，一致同意并入中保人寿。

1996年10月4日，人民银行复文给中国人民保险（集团）公司，提出：撤销珠海、广州等7家地方寿险公司。人民银行省分行于1997年1月15日发文，撤销珠海人寿保险股份有限公司，并成立中保人寿珠海分公司，承接珠海人寿保险股份有限公司的业务，除更换许可证，其余不变。珠海人寿保险股份有限公司实际上经营到1996年春，有关财务于1995年底结清退股。

（二）广州人寿保险股份有限公司

广州寿险公司由人民银行于1993年12月30日批准成立，[①] 并核准其章程，是专门经营人寿保险业务的专业性保险公司，实行独立核算、自主经营、自负盈亏、具有法人地位的经济实体。于1994年2月开业，在广东省辖区内开展业务，营业地址设在广州市越秀区广卫路2号。

经核准的业务范围是：承办各种人身保险及人寿保险业务；受地方政府委托代办社会保险业务；根据有关规定办理法定人身保险

[①] 《广东省志》编纂委员会：《广东省志（1979—2000）·银行·证券·保险卷》，方志出版社2014年版，第497页。

业务；办理人身保险知识咨询服务业务；办理有价证券、流动资金贷款、资金拆出及其他经人民银行批准的资金运用业务；经人民银行批准的其他保险业务。

广州寿险公司实收资本金为人民币2000万元。人保公司省分公司出资占总股份的51%；广东省财政厅出资占总股份的30%；广东省粤财信托投资公司出资占总股份的19%。其公司性质为有限责任公司，盈利时，各出资方按出资比例分红；亏损时，按出资比例承担有限责任。

1992年10月，经上级有关部门批准，成立广州寿险公司董事会。董事会第一届第一次会议在1992年12月18日召开。

其内部机构设办公室、人事处、长期业务部、医疗短期部、核保理赔部、计划财会部、资金部、稽核审计部8个部门，4个营业部和工会办公室。

1993年3月至1995年3月间，广州寿险公司采取自营、合作等形式，先后办起广寿房地产开发公司、广寿实业公司、广寿经济发展公司和广东粤财信托投资公司证券交易（荔湾）营业部等四个经济实体。

1994年底至1995年3月，广州寿险公司本部有职工93人，专职代理人45人，兼职代理人150人。4个经济实体（附属单位）职工共270多人。

1996年10月7日，人民银行发出广州寿险公司等七家寿险公司撤销的通知，要求并入各有关中保人寿，并指出广州寿险公司并入新成立的中保人寿广东省分公司，至1997年5月，正式并到中保人寿广东省分公司。

（三）泰康人寿保险股份有限公司广州分公司

1996年8月22日，经人民银行批准，泰康人寿保险股份有限公司（以下简称"泰康人寿"）在北京成立。注册资本金8亿元，由中国国际旅行社总社、中国对外贸易运输（集团）总公司、中国石化北京燕山石油化工有限公司和中国嘉德国际拍卖有限公司等16家国有大中型企业及股份制企业联合组建。

1998年10月，经人民银行及人民银行省分行批准，泰康人寿广州分公司于1998年11月16日成立并开业。① 其经营范围包括人民币和外币的各种人身保险及再保险和共保业务。2000年11月，增资扩股，新加盟的外资股东有瑞士丰泰人寿保险公司、卢森堡洛易银行、新政泰达投资有限公司和日本软库银行等。其经营地址设在广州市天河区体育西路189号城建大厦18楼。

1998年10月—2000年11月，泰康人寿广州分公司职工为1998年内勤66人，外勤247人；1999年内勤77人，外勤541人；2000年内勤88人，外勤491人。

1998年11月开业后，泰康人寿广州分公司下设办公室、人力资源部、计划财务部、信息技术部、业务管理部、客户服务部、营销部、团险部8个部门。2000年1月1日起增设企划部、培训部、稽核部共计11个部门。1999—2000年，先后筹建天河、正升、区庄、珠江、越秀、泰康城等营销员管理处。2000年7月至9月，先后筹建番禺、花都两个营销员管理处。2000年11月1日，经中国保监会核准，开始筹建佛山、东莞两个中心支公司。

（四）华安财产保险股份有限公司

华安保险于1996年1月22日经人民银行批准筹建，由16家股东发起，注册资本金3亿元人民币。同年10月18日成立并召开创

---

① 《广东省志》编纂委员会：《广东省志（1979—2000）·银行·证券·保险卷》，方志出版社2014年版，第495页。

立大会正式开业。[1] 总部设在深圳,为区域性保险公司,[2] 其营业地址在深圳市罗湖区深南东路金丰大厦22楼。核准营业区域为广东、广西、海南、湖南、福建5省(区)。内设办公室、人事部、计划财务部、电脑管理部、投资部、理赔部、再保部、业务管理部、承保部、稽核部。1997年1月29日,设立福田、南山、宝安、龙岗4个办事处。1998年7月24日,设立罗湖、盐田2个办事处,7月26日,业务管理部更名为品质管理部。

1997年9月,华安保险加入中国航天保险联合体。1998年10月正式获得中国进出口商品质量认证中心CCIB颁发的ISO9002质量体系认证证书。

(五)华安财产保险股份有限公司广州分公司

2000年4月,经中国保监会批准,华安保险广州分公司在广州开业。[3] 隶属华安保险管理。

华安保险广州分公司经营的业务范围是:企业财产损失保险;家庭财产损失保险;建筑工程保险;安装工程保险;货物运输保险;机动车辆保险;船舶保险;能源保险;一般责任保险;保证保险;信用保险(出口信用险除外);经中国保监会批准的其他财产保险业务。

其内部机构设立办公室、人事部、计财部、业管中心、直属营业一部、二部、三部、四部、五部、六部、七部、八部。营业地点

---

[1] 《广东省志》编纂委员会:《广东省志(1979—2000)·银行·证券·保险卷》,方志出版社2014年版,第496页。

[2] 中国保险年鉴编委会:《中国保险年鉴(1998)》,中国保险年鉴社1998年版,第197页。

[3] 《广东省志》编纂委员会:《广东省志(1979—2000)·银行·证券·保险卷》,方志出版社2014年版,第496页。

为广州市天河区体育西路109号高盛大厦8楼。

（六）华泰财产保险股份有限公司深圳分公司、广州分公司

华泰财产保险股份有限公司总部设在北京。

1999年12月3日，中国保监会批准华泰财产保险股份有限公司深圳分公司筹建。2000年6月28日，中国保监会印发《关于同意华泰财产保险股份有限公司深圳分公司开业的批复》，批准该分公司经营区域为深圳市行政辖区。7月20日，华泰财产保险股份有限公司深圳分公司正式开业。[①] 地址设在深圳市福田区深南中路万德大厦10楼，内设总经理室、计财部、办公室、业管部、营业一部、财产险业务部、营业二部，员工41名（管理人员14人，销售人员27人）。2000年，保费收入2040万元。

2001年4月25日，中国保监会批准华泰财产保险股份有限公司广州分公司成立，[②] 同年5月28日，举行开业仪式暨"居安理财"险种推介会。

（七）新华人寿保险股份有限公司广东分公司

2001年3月30日，新华人寿保险股份有限公司广东分公司在时代广场隆重举行开业仪式暨庆祝酒会，广东省市有关领导、新华人寿保险股份有限公司总公司领导参加了开业仪式。[③] 截至2018年，新华人寿保险股份有限公司广东分公司已在全省15个地市设立了分支机构，内外勤队伍约1.3万人，2018年总保费收入77.07亿元。

[①] 《广东省志》编纂委员会：《广东省志（1979—2000）·银行·证券·保险卷》，方志出版社2014年版，第496页。

[②] 中国保险年鉴编委会：《中国保险年鉴（2002）》，中国保险年鉴社2002年版，第629页。

[③] 中国保险年鉴编委会：《中国保险年鉴（2002）》，中国保险年鉴社2002年版，第629页。

(八) 富德生命人寿保险股份有限公司

富德生命人寿保险股份有限公司是一家全国性的专业寿险公司,成立于2002年3月4日,总部现位于深圳。[①] 股东由深圳市富德金融投资控股有限公司、深圳市国民投资发展有限公司等资金雄厚的企业构成。现注册资本117.52亿元,总资产近4500亿元,是国内资本实力较强的寿险公司之一。

(九) 鼎和财产保险股份有限公司

鼎和财产保险股份有限公司是经中国保监会批准,由中国南方电网有限责任公司、广东电网公司、广西电网公司、云南电网公司、贵州电网公司、海南电网公司、南方电网财务有限公司共同出资设立的全国性财产保险公司,总部设在深圳,于2008年5月22日成立,注册资本金人民币5.18亿元。[②]

(十) 众诚汽车保险股份有限公司

2011年6月,众诚汽车保险股份有限公司经中国保监会批准成立,是首家总部设在广州市的中资保险法人机构。[③] 注册资本为人民币5亿元,由广州汽车集团股份有限公司、广东粤财信托有限公司、广东粤科风险投资管理有限公司、广州长隆集团有限公司等广东本地企业共同发起创立。

2015年9月9日,众诚汽车保险股份有限公司第三轮增资顺利

[①] 富德生命人寿保险股份有限公司:《公司介绍》,富德生命人寿保险股份有限公司官网——走进富德生命,2019年12月7日,http://www.sino-life.com/。

[②] 中国保险年鉴编委会:《中国保险年鉴(2009)》,中国保险年鉴社2009年版,第393页。

[③] 中国保险年鉴编委会:《中国保险年鉴(2012)》,中国保险年鉴社2012年版,第441页。

完成，公司注册资本金变更为人民币 15 亿元。2016 年 6 月 16 日，众诚汽车保险股份有限公司正式在全国中小企业股份转让系统（以下简称"新三板"）挂牌，转让方式为协议转让，成为国内首家挂牌新三板的专业汽车保险公司（证券简称：众诚保险；证券代码：835987）。

四 广东外资保险主体的设立与发展

（一）香港民安保险有限公司深圳分公司

香港民安保险有限公司是人保公司在香港的全资企业。1981 年 12 月 4 日，正式获得人民银行批准，在深圳经济特区成立香港民安保险有限公司深圳分公司①（以下简称"民安保险深圳分公司"），注册资本为 100 万港元（按当时汇率折合人民币 30 万元）。并于 1982 年 1 月 9 日开业，成为第一家在中国大陆设立的外资保险机构。营业地址设在香港南洋商业银行深圳分行内。1985 年 9 月，迁往深圳市罗湖区建设路南洋大厦三层。

民安保险深圳分公司成立时，工作人员只有 2 人，业务对象为外资、合资、中外合资等三资企业。业务主要由香港总公司安排。1984 年 8 月，人保公司在"关于改革深圳特区保险工作问题的意见"中明确指出民安保险深圳分公司与人保公司深圳市分公司的关系对外是两家，对内是一家，双方应紧密协作，共同做好特区保险工作，双方应充分发挥各自的优势，承保比重可统一考核。1994 年 9 月，民安保险深圳分公司迁往深圳市人民南路天安国际大厦现址。随着业务不断发展，人员增多，1995 年，民安保险深圳分公司成立

---

① 中国保险年鉴编辑部：《中国保险年鉴（1981—1997）》，中国保险年鉴社 2001 年版，第 308 页。

"四部一室"即业务发展部、业务管理部、财务部、检验理赔部及办公室,机构组织逐渐健全,所有险种的承保及理赔等工作,基本由民安保险深圳分公司独立完成。

1996年8月,民安保险深圳分公司注册资本金增至6000万港元(按当时汇率折合人民币6383万元)。2000年,员工28名,保费收入1.33亿元。

(二)美国友邦保险有限公司广州分公司

美国友邦保险有限公司(以下简称"友邦保险")1931年在上海创立,是美国国际集团(American International Group, Inc.)全资附属公司,是经营人寿保险的跨国公司。至1992年,友邦保险是中国改革开放以来首家获准在上海经营人寿保险业务的外资保险机构。1995年9月21日,人民银行核准成立友邦保险广州分公司(American International Assurance Company, Limited Guangzhou Branch)。[1]

截至2000年末,友邦保险广州分公司下设机构有保户服务部、财务部、核保部、客户服务中心、理赔部、精算部、人力资源部、体检中心、物业部、法律部、电脑部、营业发展部、营业培训部、营业行政部、员工福利险部、意外及健康险部、市场部、总经理办公室。

友邦保险公司率先在中国引进LOMA资格考试,以帮助培训寿险员工,提高业务能力。

1999年11月17日,经中国保监会批准,设立友邦保险佛山支公司。

1995年9月21日,友邦保险广州分公司成立时,营业地址在

---

[1] 《广东省志》编纂委员会:《广东省志(1979—2000)·银行·证券·保险卷》,方志出版社2014年版,第499页。

广州市越秀区环市东路369号广州友谊大厦8楼。1997年1月迁址广州市越秀区农林下路83号广发大厦18楼。2000年11月11日迁址广州市越秀区中山六路218—222号捷泰广场18楼。

1996年12月21日，友邦保险广州分公司和中山大学携手创办友邦—中大精算中心，该中心是SOA北美精算师考试考点，同时，也是CAS北美产险精算师考试考点。[1]

（三）美国美亚保险公司广州分公司

美国美亚保险公司是美国国际集团全资附属公司，是美国国际集团在国外经营财产保险及责任保险的保险机构。总公司设在美国纽约市，东南亚及中国区域的总部设在香港。

1995年9月21日，人民银行批准美国美亚保险公司在广州设立分公司，[2] 其名称为美亚保险公司广州分公司（AIU Insurance Company, Guangzhou Branch）（以下简称"美亚保险广州分公司"）。1996年1月15日，美亚保险广州分公司开业。营业地址设在广州市农林下路83号广发银行大厦18楼。

经批准，美亚保险广州分公司可以在广州行政区内经营除法定保险以外的下列业务：（1）境外企业的各项保险、境内外商投资企业的财产保险和与其有关的责任保险；（2）上述业务的再保险业务。即下列险种，财产保险、营业中断保险、建筑（安装）工程保险、机器损坏保险、室内装修工程保险、货物运输保险、雇主责任保险、产品责任保险、公众责任保险、办公室综合保险等。

---

[1] 中山大学岭南学院：《友邦—中大精算中心》，中山大学岭南学院官网——友邦—中大精算中心，2018年6月17日，https：//lingnan.sysu.edu.cn/article/400。

[2] 《广东省志》编纂委员会：《广东省志（1979—2000）·银行·证券·保险卷》，方志出版社2014年版，第499页。

至2000年末，内设机构有行政部、物业部、人力资源部、财务部、业务部、核保部、理赔部、法律部、资讯系统部、防损工程部。

1999年，获准设立美国美亚保险公司佛山支公司，成为佛山地区首家经营非寿险业务的外资保险公司，是广州分公司的下设机构。

（四）美国友邦保险有限公司深圳分公司

1999年9月17日，中国保监会批准美国友邦保险有限公司设立深圳分公司。[①] 2000年1月21日，正式开业。开业典礼和美国美亚保险公司深圳分公司同时在香格里拉大酒店举行。营业地址设在深圳市罗湖区深南东路5002号信兴广场地王商业大厦11楼。开业后，陆续开办各类人寿险业务18种，意外险业务19种。2000年保费收入2336.7万元。

（五）美国美亚保险公司深圳分公司

1999年9月17日，中国保监会批准美国美亚保险公司在深圳设立分公司。2000年1月21日，美国美亚保险公司深圳分公司和友邦保险深圳分公司同时举行开业典礼。[②] 内设总经理室、风险顾问、市场部、财产及能源险核保部、水险核保部、意外险核保部、理赔部、财务部、服务部（防损部、电脑部、行政）和人力资源部。2000年保费收入895万元。

（六）信诚人寿保险有限公司

经中国保监会批准，2000年10月13日，信诚人寿保险有限公

[①] 《广东省志》编纂委员会：《广东省志（1979—2000）·银行·证券·保险卷》，方志出版社2014年版，第500页。

[②] 《广东省志》编纂委员会：《广东省志（1979—2000）·银行·证券·保险卷》，方志出版社2014年版，第500页。

司（CITIC-Prudential Life Insurance Company Limited）在广州成立，[①] 是由中国中信集团公司和英国保诚集团共同投资的第一家中英合资人寿保险公司。注册资本金为2亿元人民币，双方各占50%的股份，总部设在广州市天河区天河北路233号中信广场60楼6002—6008室。

中国保监会批准信诚人寿保险有限公司在广州行政区域内经营除法定保险业务外的外国人和境内个人缴费的人身保险业务以及上述业务的再保险业务。

信诚人寿保险有限公司内设机构为三个系统：业务系统含业务支援部、业务发展部、培训部；行政系统含业务行政部、资讯部、契约部、客户服务部、企划室、财务部、精算部；管理系统含管理部、审计室、公关室。截至2000年底，有内勤员工97人，保险代理人381人。

2011年11月，信诚人寿保险有限公司总公司正式迁址北京，2017年10月，信诚人寿保险有限公司正式更名为中信保诚人寿保险有限公司。

（七）中意人寿保险有限公司

2002年1月15日，中国保监会批准中意人寿保险有限公司成立；中意人寿保险有限公司由意大利忠利保险有限公司（ASSICURAZIONI GENERALI）和中国石油天然气集团有限公司（CNPC）合资组建，是中国加入世界贸易组织后首家获准成立的中外合资保险公司，注

[①] 中国保险年鉴编委会：《中国保险年鉴（2001）》，中国保险年鉴社2001年版，第898页。

册资本2亿元人民币，中外双方股权比例各占50%。①

2002年2月26日，中意人寿保险有限公司在广州宣告正式开业；4月16日，中意人寿保险有限公司首届一次董事会在广州举行，确定了公司首年的经营目标和发展计划；9月24日，首届二次董事会议在北京举行，决定在2003年将注册资本增加到5亿元并计划在北京设立分支机构。

2005年12月26日，中国保监会批准中意人寿保险有限公司总部由广州迁至北京。

（八）安联财产保险（中国）有限公司

安联财产保险（中国）有限公司（安联保险公司广州公司）（Allianz China General Insurance Company Ltd.）是由德国安联保险公司单独出资，在中国注册成立，总部设于广州的外商独资法人保险公司；其前身为安联保险公司广州公司，是安联保险集团在中国设立的经营财产保险的分公司，于2003年成立。② 安联保险公司广州分公司业务范围包括财产险、责任险、货运险、工程险和国内信用保险，以及短期健康险和意外伤害保险等保险业务，并先后在深圳、东莞、佛山、江门等地设立了营销服务部。2010年1月12日，中国保监会批准，同意将安联保险公司广州分公司改建为安联财产保险（中国）有限公司。在完成改建的相关登记手续后，于2010年7月1日起正式对外开业。改建后，安联财产保险（中国）有限公司积极申请在住所地以外的其他省、自治区、直辖市设立分支机

---

① 中国保险年鉴编委会：《中国保险年鉴（2003）》，中国保险年鉴社2003年版，第331页。

② 中国保险年鉴编委会：《中国保险年鉴（2004）》，中国保险年鉴社2004年版，第482页。

构、开展业务，并秉承安联保险集团 100 多年的专业保险经验，以客户至上，立足中国市场，为广大客户提供全方位和专业化的保险产品及服务。

（九）招商信诺人寿保险有限公司

招商信诺人寿保险有限公司是由两家信誉卓著的百年名企共同出资创立的中美合资寿险公司，投资双方股东分别为美国信诺北美人寿保险公司和深圳市鼎尊投资咨询有限公司。于 2003 年 7 月 25 日获中国保监会批准成立，注册资本为人民币 2 亿元，是第一家总部设在深圳的合资寿险公司。①

五 产寿险分业经营后广东保险市场发展情况

（一）业务发展

1996 年 12 月 27 日，中保财险广东省分公司和中保人寿广东省分公司联合召开成立大会，产险、寿险正式分设。1997 年广东省财产保险保费收入 56.96 亿元，赔款总支出 29.50 亿元，综合赔付率 51.8%，中国人寿省分公司完成保费收入 52.2 亿元。②

1998 年广东省财产保险保费收入 58.11 亿元，赔款总支出 29.48 亿元，中国人寿省分公司完成保费收入 61.2 亿元（不含深圳）。③

1999 年广东省财产保险保费收入 59.29 亿元，同年，广东省人寿保费收入完成 60.4 亿元。④

---

① 中国保险年鉴编委会：《中国保险年鉴（2004）》，中国保险年鉴社 2004 年版，第 407 页。
② 欧阳卫民主编：《岭南金融史》，中国金融出版社 2015 年版，第 270 页。
③ 欧阳卫民主编：《岭南金融史》，中国金融出版社 2015 年版，第 271 页。
④ 欧阳卫民主编：《岭南金融史》，中国金融出版社 2015 年版，第 271 页。

2001年底,广东省有保险公司14家,保险公司分支机构708家,全年保费收入194.8亿元(占全国保费总收入的9.22%),其中,财产保险保费74.9亿元,人身险保险收入119.9亿元,广东省保险密度为249.06元,保险深度为2.25%。① 同年,中国正式加入世界贸易组织,并承诺当年广州、深圳和佛山等地的保险业对外开放。②

2002年,广东省(不含深圳市,下同)有保险公司23家,其中产险公司10家、寿险公司13家,外资(包括中外合资)保险公司9家,中资保险公司14家,广东省全年保费收入249.64亿元,其中,财产保险保费79.45亿元,人身险保费收入170.19亿元,各保险公司共发生保险赔款和给付63.09亿元,广东省保险密度为338元,保险深度为2.64%。③

2003年,广东省保险业共实现保费收入299.47亿元,其中,财产保险保费87.48亿元,人身险保费收入211.99亿元,广东省保险密度为403.19元,保险深度为2.83%。④ 2003年在抗击非典斗争中,广东保险业及时推出了28个相关产品,共为1100多万人提供了保险保障,对133名非典病人赔付78万元,在应对公共突发事件中,广东保险业可较好地发挥社会管理功能。

2004年,广东省保险业共实现保费收入344.21亿元,其中,财产保险保费100.91亿元,人身险保费收入243.30亿元。

2005年,广东省保险业共实现保费收入392.8亿元,其中,财

---

① 欧阳卫民主编:《岭南金融史》,中国金融出版社2015年版,第272页。
② 中国保险学会、中国保险报:《中国保险业二百年(1805—2005)》,当代世界出版社2005年版,第252页。
③ 欧阳卫民主编:《岭南金融史》,中国金融出版社2015年版,第272页。
④ 欧阳卫民主编:《岭南金融史》,中国金融出版社2015年版,第272页。

产保险保费112.4亿元，人身险保费收入280.4亿元，各项赔付共94.9亿元。

2006年，广东省保险业共实现保费收入473亿元，其中，财产保险保费140亿元，人身险保费收入333亿元，广东省保险市场主体38家，产险公司20家，寿险公司18家。

2007年，广东省保险业共实现保费收入625.6亿元，其中，财产保险保费185亿元，人身险保费收入440.6亿元。

2008年，广东省保险业共实现保费收入884.3亿元，其中，财产保险保费207.7亿元，人身险保费收入676.6亿元，包括深圳在内的广东省保险业保费收入为1125.1亿元，是全国唯一超亿元的省份。[①]

2009年，广东省保险业共实现保费收入959.6亿元，其中，财产保险保费239.1亿元，人身险保费收入720.5亿元。

2010年，广东省保险业共实现保费收入1231.1亿元，其中，财产保险保费309.1亿元，人身险保费收入922亿元。

到2011年，广东（不含深圳）实现保费收入1579亿元，同比增长11.1%。其中，财产险业务实现保费507.5亿元，同比增长18.1%；人身险业务实现保费收入1071.5亿元，同比增长8%。保险公司赔付支出398.7亿元，同比增长25.3%。保险公司资产总额4002.3亿元，较年初增长23.1%。截至2011年底，共有保险市场主体77家，省级以下分支机构5074家，专业中介机构732家。[②]保险从业人员29.2万人，其中营销员22.6万人。

产寿险分业经营后广东的业务出现了很大的变化：一是业务结

[①] 欧阳卫民主编：《岭南金融史》，中国金融出版社2015年版，第275页。
[②] 欧阳卫民主编：《岭南金融史》，中国金融出版社2015年版，第276页。

构出现积极变化。从险种看,产险中非车险业务占比同比提高了1.4个百分点,寿险业务中万能险和投连险业务占比仅为0.8%;从渠道来源看,个人代理业务占比同比上升4.1个百分点,银行邮政业务占比同比下降5.4个百分点,电话销售、网络销售、相互代理等新型渠道发展较快;从缴费期限看,寿险新单期缴率33.5%,同比提高3.4个百分点,其中,10年期及以上期缴占新单期缴比例为48.1%,同比提高7.7个百分点。二是经营效益不断向好。从产险公司来看,全年实现承保利润29.8亿元,同比增长38.5%,承保利润率7.4%,同比提高1.1个百分点,13个险种中,11个实现盈利,较去年同期增加6个,非车财产险业务实现承保利润7.6亿元,承保利润是上年同期的4倍多;从寿险公司来看,寿险公司短期险实现承保利润2.4亿元,是去年的2倍多,寿险公司短期险承保利润率5.1%,同比提高2.8%。

(二) 政策支持

在业务发展过程中,保险理论研究和政策支持起了重要作用。2003年中国保险界对保险的功能理论进行探讨,除传统的经济补偿、资金融通功能之外,保险的社会管理功能得到应有的重视。广东保险的三大功能得到了充分发挥,在促进经济发展、维护社会稳定、支持对外开放、扩大就业渠道等方面起到了积极作用。[①]

2004年9月12日,粤港澳深第四届保险监管联席会议在澳门举行,来自中国保监会、中国保险监督管理委员会广东监管局(以下简称"广东保监局")、香港保险业监理处、中国保险监督管理委员会深圳监管局(以下简称"深圳保监局")和澳门金融监管局的20位代表出席会议,会议确立了4地保险监管部分负责打击地下保单工作的联

---

① 欧阳卫民主编:《岭南金融史》,中国金融出版社2015年版,第273页。

系人。

2005年12月省政府专门出台《关于加快广东保险业发展的若干意见》，广州市于2005年4月出台《关于大力发展广州金融业的意见》，系统地从指导思想、战略目标、产业布局、政策体系、完善监管、营造环境等方面提出要求，促进保险业发展。

广东保险业在发展过程中得到了地方政府大力支持。从2006年开始，广东保险业参与全省新型农村合作医疗的试点逐步扩大，当时的中共中央政治局委员、中共广东省委书记张德江同志两次对保险业参与"新农合"做出重要批示。广东保监局和广东省保险行业协会研究出台《保险事故车辆推荐修理厂招标管理暂行规定》《保险理赔人员岗位轮换暂行办法》《保险业核保核赔独立复核制度》；着力解决经营管理中"跑、冒、滴、漏"的问题，提高经营效益。同时，广东保险学会组织开展"保险法律问题"和"广东保险业发展论坛"论文竞赛等活动，推动产学研结合，并引导一些保险机构与高等院校积极开展保险理论与实践研究合作。

2006年12月7日省政府和中国人寿保险（集团）公司在北京签署战略合作意向书，同时，广东省人民政府国有资产监督管理委员会与中国人寿保险（集团）公司签署关于中国南方电网有限责任公司股权转让协议，广东省人民政府国有资产监督管理委员会将持有的南方电网部分股份转让给中国人寿，占中国南方电网有限责任公司总股本的32%。[①]

2008年3月11日，省政府与中国人民保险集团公司在北京签署《广东省人民政府 中国人民保险集团公司战略合作协议》，省政府省长黄华华，副省长李容根、宋海，中国人民保险集团公司总裁

---

① 欧阳卫民主编：《岭南金融史》，中国金融出版社2015年版，第274页。

吴焰，副总裁王毅、丁运洲、李良温等出席战略合作协议签约仪式。双方本着"着眼长远，稳定合作；相互支持，共谋发展；积极探索，稳步实施"的合作原则，在财产保险（含农房保险、灾害保险等旨在支持"三农"的保险项目）、人身保险、健康保险等保险项目以及资本合作、项目投资、人才培养等方面开展多层次、多领域的战略合作。

2009年12月11日，第九届粤港澳深四地保险监管联席会议在汕头市举行。广东保监局、香港保险业监理处、澳门金融管理局、深圳保监局四地代表参加会议，省政府、中国保监会有关领导出席会议。本届会议就"贯彻落实《珠江三角洲地区改革发展规划纲要》探索保险发展与监管先行先试、打击粤港澳地区跨境非法保险销售行为、保险业在完善医疗服务体系中如何发挥作用"等议题进行广泛深入的讨论，并达成一系列共识。[1]

（三）财产保险

1. 企业财产保险。1997年，各保险公司继续向大型项目保险业务发展。人保公司深圳市分公司沙河支公司承保深圳市美视电力公司B电厂财产综合险，累计承保金额18亿元人民币；承保梅林一村的财产险保额达28亿元，续保深圳市移动通信局24.2亿元的财产险。中国平安深圳分公司承保深圳西部电力股份有限公司财产综合险，保险金额为人民币14.15亿元。当年发生的重大赔案有：5月8日，南方航空深圳分公司一架波音737客机由重庆抵临深圳

---

[1] 中国保险监督管理委员会广东监管局：《第九届粤港澳深四地保险监管联席会议在广东汕头市举行》，中国保险监督管理委员会广东监管局官网——保险动态，2009年12月15日，http://www.cbirc.gov.cn/branch/guangdong/view/pages/common/ItemDetail_gdsj.html?docId=33797&docType=1。

时，由于天气恶劣，发生飞机爆炸解体，酿成惨剧。人保公司深圳市分公司承保了机身险和责任险，赔款233万美元。"7·19"龙岗特大水灾，该公司共计赔款1318余万元。8月5日，人保公司深圳市分公司华强支公司承保的九辉实业有限公司化工车间发生爆炸，赔付1386万元。10月31日，人保公司深圳市分公司宝安支公司承保的德丰盛塑料制品有限公司发生特大火灾事故，赔付2359.6万港元。

1999年，华安保险承保康佳集团财产一切险，总金额30.3亿元。

2000年7月，太平洋保险深圳分公司承保明斯克号航空母舰，保险金额7.4亿元。

2000年，人保公司、中国平安、太平洋财险和华安保险共同承保广州新机场，保额150亿元人民币。

2002年11月，人保公司省分公司在粤电沙角电厂A厂保险项目中标，保险资产总额超过20亿元人民币。

2004年8月，太平洋财险广东分公司以主承保人承保白云机场的财产一切险项目，该项目保险金额80亿元人民币。

2005年1月，中国大地保险股份有限公司广东分公司承保虎门大桥财产一揽子保险，总保险金额20亿元人民币。

2006年广东保险业在改革创新方面走在全国的前面。其中，率先进行外币寿险保单等创新试点，尝试为出口企业提供全程网上信用风险管理服务；在营销方面积极进行专属中介合作、职场营销、产寿险交叉代理等多种销售渠道的探索。

2007年8月14日，中国人民财产保险股份有限公司广东省分公司向"6·15"船撞桥事故受损方——广东省佛开高速公路有限公司九江大桥分公司预付赔款1500万元。①

2008年初发生的南方大面积雪灾冰冻对财产造成了重大损失。广东保险业为各类财产提供7万多亿元的风险保障，全年赔款支出119.56亿元。其中，为年初雨雪冰冻灾害支付赔款1.29亿元，为年中台风暴雨灾害支付赔款2.5亿元，有力支持了生产生活的迅速恢复。

2010年，广东遭受"5·7"暴雨和强台风"凡比亚"的侵袭，产险公司赔款支出同比增长10.7%，但综合赔付率（57.5%）在东部六个业务大省中最低。产险公司实现承保利润15亿元，同比增长486.5%，占全国的18%。承保利润率6.0%，同比提高4.7个百分点。

2011年6月15日，永诚财产保险股份有限公司广东分公司作为主承保人承保广东电信集团财产一切险业务，份额内承保金额154.69亿元。②

2. 机动车辆保险。1996年，省人保公司系统承保车辆196.2万台，保费31.15亿元；处理赔案15.2万宗，赔付18.11亿元。其中，承保汽车59.6万台，摩托车133.3万台，拖拉机3.3万台。当年，人保公司省分公司承保车辆被盗抢2.31万台，赔款2.6亿元。当年还推出车险三个附加新险种，车辆无过失责任险、车辆新增设备损失险、车辆自燃损失险。同年10月7日，华安签发该公司第一张机动车辆保险单，承保标的为美视电力有限公司一辆油罐车，收

---

① 中国保险年鉴编委会：《中国保险年鉴（2008）》，中国保险年鉴社2008年版，第887页。

② 中国保险年鉴编委会：《中国保险年鉴（2012）》，中国保险年鉴社2012年版，第834页。

取保费 5.13 万元。

1997 年,省人保公司系统承保车辆 233.26 万台,保费 32.52 亿元,处理赔案 16.29 万宗,赔款 16.82 亿元。当年,人保公司省分公司对加强车辆险出台多项管理措施:(1) 坚持双人查勘定损,多厂招标,分级审核的核赔制度;(2) 加强汽车配件报价和保险车辆集中定损;(3) 实行车辆浮动业务权限管理办法,简易赔案快速处理办法;(4) 建立车辆理赔业务电脑联网。当年人保公司省分公司侦破骗赔案 226 宗,挽回损失 1111.8 万元,找回被盗抢车 401 台,挽回损失 3360 万元,使公司机动车盗抢险赔付从上年的 109.2% 下降至 67.7%。

1998 年,人保公司省分公司在全省开展车辆保险创名优工程活动,先后推广承保理赔承诺制度和简易赔案快速处理办法。当年,承保车辆 239.6 万元,保费 33.98 亿元,处理赔案 17.84 万宗,赔款 16.36 亿元。当年业务特点是:在承保数量和保费增加的情况下,赔款下降。主要采取了两项措施:(1) 全面推出不计免赔特约保险,大大提高了车辆损失险和附加险承保比重,增加保费;(2) 改革调整承保理赔办法,特别是对盗抢险、第三者责任险、车上责任险、不计免赔特约保险等险种。当年侦破骗赔案 158 宗,挽回损失 4482 万元;找回被盗抢车 207 台,挽回损失 6143 万元。盗抢险赔付率从上年的 67.7% 下降至 49.69%。同年,受亚洲金融危机影响,促使各保险公司改进服务提高服务质量,努力发展业务。年初,中国平安深圳分公司推出 24 小时查勘定损,快速理赔"绿色通道",简化理赔环节、提高工作效率、保证服务质量等措施,既方便了客户又促进了业务发展,至年底,该分公司车险保费增至 2 亿多元,占深圳车险市场份额近三成。10 月,人保公司深圳市分公司推出"车身险互碰自赔办法",提高理赔效率。11月,太平洋保险深圳分公司对车险实行集中核保、集中理赔、集中报案制度,实施《机动车辆核保细则》《车险理赔运作程序》《机动车辆险业务承保规定》,实行车险一步到位的快速理赔服务。各公司努力改进服务措施,促进深圳市机动车辆保险从价格竞争逐步转向服务竞争。到年底,深圳全市车险保费收入101.68万元。

1999年,从4月11日起,全省执行中国保监会颁发的机动车新条款、新费率,在广东开业保险公司联合签订车辆保险行业自律条款。年底,开展对执行新条款、费率的执法检查活动。同年3月25日,中国保监会发布《关于深圳市机动车辆保险监制单证的公告》,决定监制深圳市机动车辆保险单、深圳市机动车辆批单,并宣布"深圳市机动车辆保险及附加险保险条款和费率由中国保监会制定并颁布,自1999年4月1日执行"。这是中国保监会对深圳市的特殊政策,不同于全国统一的条款和费率。同时宣布原由人民银行深圳分行颁发的机动车辆保险及附加险保险条款和费率自1999年4月1日废止。当年深圳全市机动车辆保费收入10.4亿元,比上年增长2%。

2000年4月,中国保监会在深圳市研究开发汽车保证智能卡(IC卡),以求建立汽车保险风险评估体系,为汽车保险向市场化、个体化方向发展打下基础。10月23日,正式在全市各财产保险公司推广。

2000年6月25日,人保公司开通"95518"服务专线;7月28日,中国平安开通"95511"统一服务电话;11月30日,太平洋保险开通"95500"服务热线全国统一客服电话。这些新型服务专线均为客户提供24小时保险咨询服务。为满足市民购买汽车的需要,太平洋保险深圳分公司、华安保险和中国平安深圳分公司相继开办了汽车消费贷款保险。当年，省人保公司系统承保车辆达276.7万辆，保费32.2亿元。深圳市保费收入14.2亿元。

3. 货物运输保险和船舶保险。1996年开始，受亚洲金融风暴、铁路部门开展保价业务、国家对航运中心调整、大批船队调离广东等因素影响，人保公司省分公司的货运险和船舶险业务呈逐年下滑走势。1998年，货运险保费2.54亿元，其中国内货运1.49亿元，出口货运1.05亿元；船舶险保费2.17亿元，二项业务分别比上年下降14.8%和24.4%。

2000年，人保公司省分公司货运险业务收入1.76亿元，赔款9223万元，其中国内货运险收入1.09亿元，赔款5236万元；出口货运险收入6709万元，赔款3985万元。船舶保险业务收入1.48亿元，赔付1.19亿元。两项业务收入分别比上年下降2.16%和5.75%。当年，深圳市货运险业务收入7676万元。

4. 家庭财产保险。1996年，根据近几年自然灾害频繁，农村房屋统保赔付高的状况，人保公司省分公司对业务方向做出调整，重点发展城镇和富裕地区的储金险业务。选择以钢筋水泥结构房屋为主，同时发展各种附加险。实行"高保额、高保障"承保方式。当年1—10月收保险储金近4亿元。

1997年，在城镇全面推广家财险附加现金、金银首饰、有价证券盗窃险，增加家财险吸引力。人保公司省分公司与省工、农、建、中四大国有银行签订代理业务协议。人保公司广州市分公司以街道办事处代办业务。人保公司珠海分公司由生活小区集中代理业务。当年1—8月收储金5.12亿元，保费2964万元，承保78.6万户。

1999年,开办附加盗窃、抢劫保险。同时,根据住房制度改革,银行发放住房按揭贷款需要,开办"个人抵押贷款房屋保险"和"个人购置住房抵押贷款保险",人保公司广州市分公司依靠中国工商银行、中国农业银行、中国银行、中国建设银行四大专业银行代理。当年,全市房屋抵押保险一项保费收入3000万元。

2000年,根据人保公司总公司安排,人保公司省分公司家财险储金业务暂缓发展,并对历年来家财险所收储金进行全面清理。

5. 农业保险。1996—2000年,农险业务坚持执行"量力而行、效益为先、稳步发展"的方针,以强化业务管理和防范风险为重点,加强险种结构调整,加强风险选择,加强业务管理,加强控制赔付率。具体措施如下:一是加强对业务量大的分公司的业务指导,采取调整和发展并举策略,控制赔付率。如压缩风险大的水产养殖和香蕉风灾险业务,发展有规模有效益的生猪保险和林木火灾统保业务。珠江三角洲要扩大"三高"农业、规模种养业,保险争取统保生猪一、五号病及水产养殖流失险。二是优化险种结构,控制高风险业务。停办高风险的水产养殖死亡保险业务,控制沿海地区农作物如甘蔗、香蕉风灾保险业务规模,并改进承保办法。三是强化业务管理。制定并下发《农业保险业务系统管理办法》,对计划、展业、承保和条款管理及理赔管理等作规定。四是继续摸索农险发展的新路子,如人保公司番禺支公司将农险合作保险的做法,改为自营业务,政府给40%亏损补贴。

6. 责任保险。1996—1999年,深圳市以公众责任险为主导的责任保险业务,平均以10%的增长速度发展。险种不断细化,各保险公司相继推出《电梯责任险》《娱(游)乐场所责任保险》《旅馆综合责任险》《超重机吊装责任险》《饮食业公众责任险》《通信公司公众责任险》《养犬责任险》等险种。1997年，鉴于社会上公民利用法律保护自身利益的意识日益提高，人保公司省分公司通过消防和政府有关部门，向酒楼、饭店、工矿企业、公共娱乐场所开展公众责任险。1998年，人保公司省分公司公众责任险保费收入2611万元，赔付率14.92%。当年承保了香江野生动物园、多乐士油漆等一批大宗公众责任险。

1999年，人保公司总公司下发《餐饮场所责任险》《供电责任险》《律师责任保险》《公众责任保险》等几个条款和费率。

2000年10月，根据人保公司总公司的要求和业务发展的需要，人保公司深圳市分公司推出新版《公众责任保险》。

此外，1997年7月8日，华安保险与深圳13家律师事务所签订了《律师责任保险协议书》，为近百名职业律师提供440万元的风险保障，这是深圳市第一笔职业责任保险业务，收取保费1.1万元。

7. 建筑安装工程保险。人保公司深圳市分公司1996年10月承保三星电管有限公司安装工程一切险，收保费45万美元。1997年2月，承保深圳河二期工程建筑险。同年和人保公司省分公司共保盐田港二期工程，保费260多万元。

1999年，人保公司广州市分公司配合广州市政工程建设，为广州"一年一小变，三年一大变"工程提供配套服务，承保内环路建筑安装工程等一大批市政建设项目。[①] 人保公司珠海、清远分公司积极跟踪大型建安项目，先后承保当地水电站、电厂的建安工程。当年人保公司省分公司工程险保费收入5134万元，赔付5034万元。

---

① 《广东省志》编纂委员会：《广东省志（1979—2000）·银行·证券·保险卷》，方志出版社2014年版，第525页。

2000年，人保公司省分公司工程险保费收入4362万元，赔付2702万元。

2001年4月18日，广州地铁二号线机电设备安装工程保险合同签字仪式在广州举行，太平洋财险广州分公司作为首席承保人，会同人保公司广州分公司、中国平安广州分公司分别与广州地铁集团有限公司总公司签订了保险合同，总保险金额达40亿元人民币。①

2002年1月，太平洋财险广州分公司作为首席承保人与人保公司省公司与广州地铁总公司签订了广州地铁三号线保险合同，广州地铁三号线工程保险投保金额达到85亿元人民币，是广州地铁工程开工以来投保金额最高的一次。②

2003年，平安财产保险股份有限公司承保一系列大型项目，包括南海石化（壳牌）安工险，保额31亿美元；广电集团财产、机损险，保额108亿元人民币；沙角C电厂财产险、机损险，保额7亿美元。③

2004年4月1日，广州地铁三号线沥滘站发生坍塌事故，保险公司共赔付586万元。④

2005年11月28日，平安财产保险股份有限公司广东分公司作为首席承保人，联合太平洋财险广东分公司、中国人民财产保险股

---

① 中国保险年鉴编委会：《中国保险年鉴（2002）》，中国保险年鉴社2002年版，第630页。
② 中国保险年鉴编委会：《中国保险年鉴（2003）》，中国保险年鉴社2003年版，第688页。
③ 中国保险年鉴编委会：《中国保险年鉴（2004）》，中国保险年鉴社2004年版，第743页。
④ 广东年鉴编纂委员会：《广东年鉴（2006）》，广东年鉴社2006年版。

份有限公司广东分公司与广州地铁集团有限公司总公司签订广州地铁四号线、五号线建筑工程一切险及安装工程一切险的保险合同，总保险金额为140亿元。①

2006年5月，平安财产保险股份有限公司承保康菲渤海湾二期石油勘探项目，保额27亿美元，总保费2000万美元以上，该项目是平安产险历年最大的保费保单。②

2007年7月，平安财产保险股份有限公司广东分公司承保惠州壳牌一揽子保险，签单保费近6000万元。

2008年1月，太平洋财险广东分公司承保广州地铁集团有限公司总公司八号线等六条线路建筑工程险，承保金额73.11亿元，保费达5044万元，平安财产保险股份有限公司广东分公司承保广州地铁集团有限公司总公司三号线北延线建安工程险，保费近1100万元。

2010年12月18日，港珠澳大桥管理局与以中国人民财产保险股份有限公司为首席承保公司的共保体在广州市白天鹅宾馆共同举行港珠澳大桥主体工程项目建筑工程一切险及第三者责任险保险合同签约仪式。港珠澳大桥主体工程项目建筑工程一切险及第三者责任险保险期限约为六年，合同投保金额高达人民币278亿元，中国人民财产保险股份有限公司作为该项目的首席承保公司。③

---

① 中国保险年鉴编委会：《中国保险年鉴（2006）》，中国保险年鉴社2006年版，第846页。

② 中国保险年鉴编委会：《中国保险年鉴（2007）》，中国保险年鉴社2007年版，第1043页。

③ 中国保险年鉴编委会：《中国保险年鉴（2011）》，中国保险年鉴社2011年版，第821页。

（四）人寿保险

1996年产寿险分业经营之前人寿保险业务发展缓慢，险种单一，在1980—2000年的20年中，前10年以简易人身险为主要业务，附加多种意外险。从1990年起，逐步为保障范围较大的福寿安康等一些险种所代替，简易人身保险逐步退出保险市场。1996年以后，个人寿险进入保险市场，并迅速发展，保险公司各自推出自己的寿险险种，名目各异，实质上差别不大。

1993年以前，广东省的人身保险业务基本上是人保公司省分公司独家经营，占市场份额99%以上。1995年占98.5%。1996年产、寿险分设后占70.3%。2000年，广东省人身险保费收入88.39亿元。人身险业务死伤医疗给付34.78亿元。各公司的市场份额分别是：中国人寿省分公司69.67%，太平洋保险广州分公司6.05%，中国平安广州分公司18.09%，友邦保险广州分公司5.30%，泰康人寿广州分公司0.88%，信诚人寿保险有限公司0.01%。

2000年广东保险市场中人寿公司突出品牌创新与服务创新，也相继将投资连结保险、万能保险和分红保险等新产品投放市场，传统产品受到冲击，从市民需求出发，推出各种医疗保险、专项保险。

2005年广东省保险行业协会牵头制定《广东省人身保险行业服务标准》，组织开展车险、人身保险服务满意度和公众保险消费等三项社会调查，并通报了调查结果和各公司测评情况。

2006年广东寿险业进行一系列的改革，如在全国率先进行外币寿险保单等创新试点，积极进行专属中介合作、职场营销、产寿险交叉代理等多种销售渠道的探索；保险业参与全省新型农村合作医疗的试点逐步扩大，为此，当时的中共中央政治局委员、中共广东省委书记张德江同志两次对保险业参与"新农合"做出重要批示。

1. 简易人身保险及附加险。1980年恢复国内保险业务后，人保公司省分公司于1982年5月派出人员，在佛山市试办以简易人身保险（以下简称"简身险"）为主的业务，采用人保公司总公司的《简易人身保险条款（甲种）》。当年承保618人，保费收入18.2万元。1983年，人身保险业务扩展至广州、肇庆、佛山等34个分支机构和吴川等14个代理处，承保36367人，保费收入136.3万元。1984年，人保公司肇庆分公司在所属各县开办区、镇保险站，方便群众投保，承保7.5万人。与此同时，人保公司省分公司先后派出人员到汕头、韶关、湛江、梅县、惠阳、深圳等地协助开展人身保险业务。当年承保103763人，21万份保单。

1986年初，人保公司省分公司建立以代理手续费包干的专职代理保险站，并逐步在省内推开。至8月底，全省建立保险站900多个，聘请专职保险员2000多人，以简身险和家财险为主要代理业务。1988年9月，因人民银行提高银行储蓄存款利率，根据人保公司总公司通知，人保公司省分公司对简身险、养老金保险和子女教育、婚嫁保险3个险种的保额和给付金额进行调整提高。

由于简身险被保险人投保时无须体检，带病投保的不少，给付率很快上升。经人保公司总公司决定，于1987年6月1日起，凡新承保的简身险被保险人，一律实行6个月观察期，在观察期内病故的，保险公司不予负责，但退还所缴保险费。同时复查清理，改进内部工作。1990年以后，终因该险种保险金额过低，保障能力有限，不能解决实际问题，业务逐渐萎缩。1993年，简身险保费收入在广东全省人身保费收入中，已退居第二位，福寿安康的保费收入已升为第一位。1996年前，省内各地简身险业务先后退出保险市场。

深圳市的人身保险业务，在1988年至1994年只有人保公司市分公司独家经营。1995年3月，太平洋保险分公司设立人身保险业务部，开办人身保险业务。到2000年底，深圳保险市场上经营人身保险业务的公司有中国人寿深圳市分公司、平安人寿、太平洋保险深圳分公司和友邦保险深圳分公司，共四家。1988年以前，深圳市的人身保险业务主要是简易人身保险。1988年保费收入为832万元，占人身保险保费收入的57%。1989年保费收入达1046万元，比1988年增长25.7%。随着银行利率调整，简身险保额调整过四次，1997年12月1日停办。

1988—2000年，深圳市各寿险公司共开办人身保险险种100多个。2000年保费收入18.09亿元，其险种结构为个人寿险81.5%，团体寿险13.82%，短期险4.68%。给付金额5367.58万元，其给付结构为个人寿险51.54%，短期险45.17%，团体寿险3.29%。各寿险公司的市场占有率为中国人寿48.34%、中国平安40.58%、太平洋保险9.8%、友邦保险1.28%。

2. 团体人身保险、人身意外险及养老保险。在简身险的基础上，人保公司推出团体人身保险。1982年5月，在佛山市试办这项业务。1985年，加强人身险的机构和人员配备，开办新险种，有团体人身意外伤害保险附加住院医疗保险、公路旅客意外伤害保险、轮渡旅客意外伤害保险、游泳池人身意外伤害保险等20多种。人保公司省分公司征求广东省教育厅同意，于1985年7月联合发出《关于在中小学中开办人身意外伤害保险》的通知，在全省开展这项业务。接着开办矿工意外伤害保险、母婴安康保险等。

1989年，人保公司省分公司和广东省计划生育委员会在全省联合推出"农村纯生女户养老保险",这是配合计划生育推出的险种。人保公司肇庆分公司开办"厂长、经理人身意外伤害保险"。人保公司东莞分公司开展"外来临时工人身意外伤害保险",这一险种,对东莞当时外来工提供保险需要。

1990年,人保公司省分公司在全省试办养老金还本保险。年内根据人保公司总公司安排,在经济条件较好的广州、深圳、珠海等地试办新险种,即福寿安康保险。这个险种接近养老保险,保障程度较其他养老保险高,保险费也较大。在3个月中,共承保96个单位,计20881人,保费收入729万元。当年还开办"少儿两全保险"、"子女教育金、婚嫁保险"和"执法人员意外伤害保险"等。

1991—1992年,出现人身保险业务快速增长的局面。珠三角几个市的分公司增长较快。人保公司中山分公司1992年人身险保费与上年相比,增幅达290%,其原因在于,一是医疗险业务普遍开展;二是计划生育系列的保险及时发展;三是个体劳动者综合保险(包含意外伤害、养老、终身死亡等保险责任的险种)为代表的综合保险开始投入市场;四是各险的保额比简身险大幅提高,符合群众的需求。

1990年7月,人保公司深圳分公司人身险部在特区(不含农村)和宝安县县城试办期限短、保障作用大、附加费率低的福寿安康保险。开办半年,保费收入达520多万元。年均以倍数增长,成为"拳头产品"。

1992年,中国平安开办投资分红人寿保险。次年7月,人保公司深圳分公司寿险部门开办投资分红寿险及员工融资分红计划。其特点是满期后除有一定的返还本息外,还可以根据保险公司投资的回报率实行保单分红。

1993年,平安人寿深圳分公司成立。起初以团体险业务为主,沿用国内统一的条款、费率。1994年4月开始推广《住院医疗保险》。同年开办由公路征费部门代理《高速公路乘客人身意外伤害保险》,由银行代理推出《买房贷款人寿保险》。

1994年5月,深圳平安人寿保险公司拟订第一套寿险营销方案,同年7月签发了该公司第一份个人寿险保单,开办个人营销业务,个人营销业务从此起步。随着银行储蓄存款利率的多次下调,寿险业务的条款和预定利率根据上级指示进行了相应的调整,寿险产品则以储蓄型为主调整为以保险保障与储蓄增值相结合的产品为主,险种创新、结构变化,逐步适应市场的需求。

1995年以前,中国平安团体人身还本险保费收入占保费的70%左右。1995年以后,随着个人营销业务的发展,各家保险公司先后调整险种业务结构,团体寿险业务比例逐渐下调。平安人寿深圳分公司根据对保险需求,制订3年、5年期长期险发展计划。推出平安福寿A、B、C 3个条款。

1995年初,深圳人保寿险公司提出调整险种结构,从以集体交费业务为主逐步过渡到以个人交费业务为主。同年,出台近10个新险种,包括"美满人生保险""女性安康保险"等。并按《保险法》规定,对原有险种条款中的某些条文进行修订。通过以上措施,福寿安康业务占全部业务的比例从1994年的78.09%下降到48.36%;个人寿险业务从无到有,1996年初已占全部业务的6.4%。

1996年2月16日,深圳全市24万中小学师生人身意外伤害险实行全市统保,统保采取招标方式,参与竞标的有深圳人保寿险公司、中国平安、太平洋保险3家保险公司,其中太平洋保险深圳市分公司投标得到50%的份额。1997年，学生平安险由太平洋保险独家承保，保费150万元。1999年2月，太平洋保险深圳市分公司独家承保全市中小学生人身意外伤害保险。

为规范深圳市航空人身意外伤害保险业务，在人民银行深圳分行的指导下，由深圳市保险同业公会负责筹组共保小组。1997年9月28日，中保人寿市分公司、深圳平安人寿保险公司、太平洋保险三家寿险公司共出一张保单并集中在机场候机楼统一出售保单。其中，中保人寿市分公司占45%，深圳平安人寿保险公司占30%，太平洋保险占25%。

1996—1997年，个人营销业务迅速发展，团体业务从还本险为主转向短期险和养老险为主。各公司都在转变经营观念，不断调整险种结构，停办高回报险种，大力发展短期效益险种。

1996年，深圳平安人寿保险公司与深圳市经济体制改革委员会和深圳市社会保险基金管理局共同探讨开发企业补充养老保险业务，制订基金式保险计划。1997年，该长期寿险业务有所发展，尤其是补充养老保险和银行代理工作的全面发展。为更好规范养老保险，停止销售平安福寿A、B款，主售养老保险和平安福寿C款。1998年，深圳平安人寿保险公司停办还本险业务。

1998年，中国人寿深圳市分公司根据深圳市人民政府《深圳市企业补充养老保险方案》文件精神，结合本市企业实际情况，按照"员工公积金计划"基本做法，试办企业补充养老保险业务。同年，太平洋保险深圳分公司在团险业务结构上进行调整，清理部分储金性的泡沫险种，推出以福寿安康、企事业补充养老保险、太平安康保险为主的险种。

1999年1月1日，深圳平安人寿保险公司第一批健康险业务在深圳推出。开发核保、核赔、出单、查询、财务五个操作系统,形成一整套运作流程。

2000年7月16日,广州地区五家寿险公司①签约,成立航空意外险共保组织,并于11月7日与广州白云机场正式签订航空人身意外伤害保险合同。

3. 个人寿险。1992年8月,太平洋保险广州市分公司正式开业。1993年6月,中国平安保险(广州)公司更名为中国平安保险广州分公司,并正式进入广东保险市场。至此,广东保险市场打破人保公司独家经营的局面。

1995年3月,中国平安广州分公司首开个人寿险业务,公司寿险营销开始走向千家万户。同年7月,中国平安广州分公司产、寿险内部分业经营。

1995年12月,友邦保险广州分公司开业,12月27日推出该公司第一份寿险保单。1996年7月,人保公司产、寿险分业经营。1997年,中保人寿广州分公司在广州城区9个支公司设立营销部,开展寿险营销业务。1997年,太平洋保险广州市分公司内部实行产、寿险分业管理。1998年10月14日,泰康人寿广州分公司开业。广东人身保险逐渐呈现出多家保险公司互相竞争的局面。

1986—1994年,广东人身保险发展速度很快,增幅为:1986年121.1%,1987年89.6%,1988年22.9%,1989年19%,1990年26%,1991年22.4%,1992年69.7%,1993年76.3%,1994年22.6%。

---

① 五家寿险公司,指中国人寿保险公司、中国平安保险公司广州分公司(寿险)、中国太平洋保险广州分公司、泰康人寿保险广州分公司、美国友邦保险有限公司广州分公司。

1996年12月1日，中保人寿广东省分公司在佛山召开会议，全面启动个人营销业务。1998年保费收入达到61.5亿元，首次超越财产保险，成为广东省最大的保险机构。1999年初，中保人寿经批准改称中国人寿。当年6月，国内寿险预定利率下调，中国人寿根据市场需求，迅速推出康宁终身等产品，个人营销队伍迅速发展。

1997年11月，中国人寿佛山分公司承保佛山某企业主1000万元保额的人身险保险。1998年1月，又承保佛山某企业主1800万元保额的人身保险。

1998年8月，中国平安寿险公司在同业中，首先在广州推出"利益返还型"系列险种。

2000年7月起，广东各寿险公司陆续推出投资连结寿险、分红寿险、万能寿险等新险种，并着手准备启动银行业务。

2000年，广东人身保险业务呈现停滞现象，上海、江苏的人身险保费收入均超过广东。1995—2000年，广东人身保费收入的增长速度是：1995年127.2%，1996年8.1%，1997年39.2%，1998年30.1%，1999年1.8%，2000年6.9%。

4. 深圳地区的个人寿险。1994年8月，深圳人保寿险公司办理个人寿险营销业务，先后推出"生活后援保险""一生安康保险""美满人生保险"等业务。这些是储蓄型的两全保险。同期，深圳平安人寿保险公司参照境外保险公司的核保制度，制定一套简易投保规则，规定最高危险保额累计为100万元人民币；确立了体检、免体检规定；指定定点体检医院。

1995年6月，太平洋保险深圳分公司开办个人寿险营销业务，先后引进"一生安康保险""美满人生保险"。平安人寿深圳分公司引入"重大疾病保险"。

1994—1997年，个人寿险业务迅速发展，管理水平有所提高，各公司根据自身情况制定了《营销员管理办法》，加强对营销员的培训及续期保费收取工作。

1997年7月，深圳市各寿险公司对寿险条款进行调整，提高费用比例，启用我国寿险的经验生命表，改变交费方式。

1997年8月，中保人寿深圳市分公司接文停办高回报的带融资性质的福寿安康险业务。当年其团险业务保费由1996年的80%下降到1997年的47%。1998年全部停办福寿安康保险，减少团险业务比例过重的现状，使团险业务下降。大力发展个人寿险业务，将个人寿险作为寿险业务发展的重点并将团体险业务从自营为主转移到以支公司、营销部、营销员代理销售为主的渠道上来。1998年，个人寿险保费比重从1997年47.6%上升为90.3%。

1997年9月，经人民银行深圳分行批准，中保人寿深圳市分公司开办"中保人寿卡"业务。中保人寿卡为一年期的人身意外伤害及附加意外伤害急救医疗保险。1997年10月，中国平安推出"一生平安卡"业务，推动短期险业务发展。1998年，中国平安深圳分公司开发出"幸福平安卡""一生平安卡""健康平安卡"业务。同年9月，太平洋保险深圳分公司推出太平洋保险卡。

1997年12月，深圳市的寿险各险种按上级规定降低了预定利率，各公司推出一批新产品。中保人寿市分公司的"松鹤养老保险"和"锦绣前程A、B型保险"；中国平安的"永安保险""幸福保险"等，这批寿险险种以利差返还为特点，并增加了终身死亡险、定期死亡险等。

2000年4月24日，深圳平安人寿保险公司推出一种集保险保障与投资于一体的"平安理财投资连结保险"。7月20日,中国人寿市分公司推出分红型险种"国寿千禧理财两全保险"。

2000年,深圳市个人寿险保费收入14.94亿元,占全部人身保险保费收入的81.51%。

六 产寿险分业经营后人寿保险的代表性理赔案例

1997年1月14日,王某在友邦保险广州分公司购买增值红利终身寿险50万元附加综合个人意外保险50万元,同时还为两个未成年儿子购买了儿童综合个人意外险。1998年8月28日,王某被人凶杀身故,其妻李某随后提出意外身故索赔。经查实,王某被杀属于合同承保范围。由于王某在投保时约定受益人为"法定",其妻李某口头告知王某父母健在,王某两个儿子尚未成年,且王某父母已经答应放弃该笔保险金的继承权,要求友邦保险广州分公司将该款项支付与她。为了将该笔理赔款项准确支付给受益人,保护所有受益人的利益,友邦保险广州分公司数次与李某沟通,向其解释相关法律规定,使其同意提供"受益人公证书"以及王某父母放弃继承的公证书。取得相关证明后,友邦保险广州分公司向李某支付了合同约定的赔款人民币102.5万元(含寿险及其红利),同时要求其签署赔偿切结书和代领理赔款声明书。并依照合同约定,为其两个儿子的保单办理了豁免缴付保险费至18周岁的手续。

1997年4—5月,袁某在平安人寿茂名中心支公司投保三份保险,主要险种包括平安幸福险(保额15万元)、重大疾病险(保额7万元)、意外伤害险(保额17万元)。1999年7月29日下午,被保险人驾驶摩托车返家乡时碰撞小货车尾部,身体抛出路面,被对向行驶的农用车碾压,造成当场死亡的重大交通事故。经审核,被保险人驾驶证及行驶证有效，排除酒后驾驶等责任免除事项，平安人寿于受益人提交理赔申请后15天按意外身故赔付保险金43.5万元。

1997年5月8日，中国南方航空股份有限公司深圳分公司一架波音737客机由重庆飞临深圳时，由于天气恶劣，飞机发生爆炸解体。有9人伤亡，中保人寿深圳市分公司、平安人寿深圳分公司、太平洋保险深圳分公司共为本次空难受伤死亡人员赔付保险金2000多万元。

1997年6月9日，蔡某向中保人寿深圳市分公司投保重大疾病终身保险。保额100万元，年交保费3400元，1997年12月17日，被保险人蔡某在广州中山医科大学肿瘤医院确诊为右乳浸润性导管癌，并进行切除手术。1998年3月3日，蔡某提出索赔申请。根据保险条款规定，给付保险金20万元，合同继续有效，并免交以后各期保险费。

1997年6月28日，郑某在平安人寿汕头中心支公司投保平安长寿险，保额为60万元，年缴保险费46680元，已缴第三期保险费。1999年7月26日，因"右上腹隐痛一月余"到汕大医学院附属第二医院就诊，经检查诊断为肝癌，1999年11月3日凌晨病故。经查实，平安人寿于受益人申请理赔后10日赔付身故保险金60万元。

1998年5—12月，吕某先后在平安人寿广州分公司本部投保4份保单，险种包括：福临门险保额10万元，平安康泰险保额10万元，幸福险保额2万元，重大疾病险保额2万元，意外伤害险保额57万元，另外为其子女投保少儿险10份。被保人于2000年9月22日中午12时突然昏倒，经医院急救，于当日13时20分抢救无效死亡，医院认定死因为心脏病猝死。根据调查结果，平安人寿广州分公司于受益人申请理赔后17日给付疾病身故保险金共计465620元，另豁免少儿险保费32400元。

1998年6月23日，刘某为其妻子郑某向中保人寿深圳市分公司投保了松鹤养老保险，保险金额25万元，年缴保费14837.5元，受益人为其子。1998年12月11日，被保险人郑某乘坐其驾驶的教练车，在练车场练车途中发生交通事故，不幸身故。刘某提出索赔申请。经查实，根据条款规定，按保额两倍给付身故保险金50万元，并返还所交保费14837.5元。保险合同终止。

1999年9月20日，罗某（时年35岁）向中国人寿某分公司投保祥和定期保险，保额500万元。2000年11月28日上午10时许，公司接报案称，罗某死亡。后经医院多方检查及法医开出证明，死因是"冠心病猝死"。中国人寿向其受益人给付保险金500万元。

第三节　新时期保险业的发展

2012年以来，广东保险业牢牢把握"稳中求进、进中求好"的工作总基调，紧紧围绕"抓服务、严监管、防风险、促发展"的要求，妥善应对复杂多变的国内外经济形势和业务发展新形势，切实解放思想、转变观念，突出工作重点，加强制度建设。

一　新时期广东（不含深圳）保险业发展概况
（一）业务发展

2011年以来，广东省保险行业协会全面推动快处快赔工作，全省（深圳除外）共设立线下快赔点202个，其中城区道路147个，高速公路55个。截至2018年,线下快赔点处理案件375544宗,其中城区道路快赔点处理案件358190宗,高速公路快赔点处理案件17354宗。通过"事故e处理"线上平台处理案件205900宗,线上线下合计处理案件581444宗,累计服务轻微道路交通事故车主(驾驶员)逾120万人次,大幅提高现场处理效率,有效缓解广东境内的交通压力。

2012年,广东(不含深圳)实现保费收入1290.9亿元,同比增长5.9%。其中,财产险保费416.8亿元,同比增长13.3%;人身险保费874.1亿元,同比增长2.7%。保险公司赔付支出377.3亿元,同比增长20.6%。保险公司资产总额3389.3亿元,较年初增长13.5%。行业整体呈现业务发展逐步回升、业务机构不断改善、行业运行较为平稳、服务能力显著提升的总体态势。

2012年12月,广东省商业保险参与城乡居民大病保险工作由湛江扩展至汕头、云浮、肇庆、清远、揭阳等地市,有效缓解2482.9万城乡居民"因病致贫、因病返贫"的问题。

2013年,广东(不含深圳)实现保费收入1434.2亿元,同比增长11.1%。其中,财产险保费487.4亿元,同比增长16.9%;人身险保费946.8亿元,同比增长8.3%。保险公司赔付支出493.9亿元,同比增长30.9%。保险公司资产总额3951亿元,较年初增长16.6%。

2013年起,广东在惠州、韶关、湛江三个地市级试点开办政策性蔬菜保险,受暴雨和"温比亚""尤特"等台风影响,三个试点地市累计报损蔬菜种植面积达2.4万亩,保险赔款达589万元,广东政策性蔬菜保险在补偿菜农损失、稳定蔬菜供应方面取得初步成效,获得省政府及国务院有关领导表扬批示。同年,广东(不含深圳）有湛江、清远、汕头、云浮、肇庆、揭阳、梅州、汕尾、阳江、潮州、珠海、惠州、佛山、韶关、江门等15个地市开展大病保险，保障人数5098万，全年广东大病保险保费8027亿元，累计赔款6.04亿元，赔偿人数11.4万，有效发挥了保险保障和社会管理功能。

2014年，广东省保费收入2342亿元，同比增长23%，其中，财产保险业务保费收入797亿元，同比增长21%；人身险业务保费收入1545亿元，同比增长24%。广东（不含深圳，下同）实现保费收入1792.97亿元，同比增长25%。其中，财产险保费616.41亿元，同比增长20.98%；人身险保费1176.56亿元，同比增长27.25%。产险公司和人身险公司赔付支出分别为308.97亿元和237.72亿元，同比增长10.58%和10.82%。

2014年，商业保险承办广东城乡居民大病保险取得初步成效，截至2014年底，商业保险在广东共承办18个地市的大病保险项目，大病保险项目全部实行市级统筹和城乡一体化管理，并在往年探索基础上作了新的尝试，从医保基金中筹资购买服务，由购买管理服务到购买风险保障，由县区统筹到地市统筹，由城乡二元到城乡统筹。

2015年，广东（不含深圳）实现保费收入2166.82亿元，占全国保费收入的8.9%，赔付支出705.57亿元，占全国赔付支出的7.4%，同比增长10.58%和10.82%。保险公司资产总额6535.5亿元，较年初增长33.4%。同年，广东保险业认真贯彻落实中国保监会商业车险改革总体精神，按照正常平稳落地、风险提前防范、应急措施得当的推动原则，广东商业车险条款费率管理制度改革工作平稳进展。

2015年10月4日,超强台风"彩虹"在登陆粤西湛江市登陆,是中华人民共和国成立以来10月份登陆广东的最强台风,给全省造成严重影响,尤其给湛江、茂名、佛山等地造成巨大的财产损失。台风灾害发生后,全省保险机构启动应急预案,集中调配人员、物资支援灾区一线,加快灾后复业和查勘定损工作。截至2015年底,保险报损金额29.43亿元,已支付赔款金额7.5亿元。[①]

2016年,广东(不含深圳)实现保费收入2986.06亿元,同比增长37.8%,保费规模和增速均为全国第一。其中,财产险保费744.08亿元,同比增长6.9%;人身险保费2241.98亿元,同比增长52.4%。保险公司赔付支出816.88亿元,同比增长15.8%。

2017年,广东(不含深圳)实现保费收入3274.9亿元,同比增长9.7%,保险公司赔付支出885.3亿元,同比增长8.4%。保险公司资产总额8789.1亿元,较年初增长10.4%。保险从业人员62.6万人,同比增长4.7万人。

2017年1月8日,泰康人寿斥资20亿元投资建设的大型医养社区——泰康之家——粤园在广州萝岗开业运营。[②]

2017年5月19日,广东省保险行业协会正式上线广东非车险业务管理系统,该系统成功上线运行填补了国内保险业在非车险业务管理系统建设方面的空白,为广东同步全面实施十三行业企财险及道路客运承运人责任险纯风险损失率提供关键支撑。

2017年10月,广东省保险行业协会倡议全省各保险公司及中

[①] 广东保险年鉴编辑委员会:《广东保险年鉴(2016)》,广东保险学会2016年版,第38页。

[②] 广东保险年鉴编辑委员会:《广东保险年鉴(2018)》,广东保险学会2018年版,第37页。

介机构积极开展"广东保险 救在身边"公益关爱活动,以倡议广东保险业从业人员在上下班途中、工作中或休息时遇到身边需要帮助的人,无论其是否有购买保险,有没有出险报案,都主动及时伸出援手,提供力所能及的车辆救援、人伤救助、事故处理及关怀指引等公益关爱暖心服务。截至2018年,全行业累计为广大车主及困难群众提供关爱服务24.59万次,此项公益关爱服务惠及广东地区近千万车主,得到受助者的好评率为100%,持续提升了公众保险消费体验。

2018年9月16日,第22号台风"山竹"正面袭击广东,直接经济损失巨大。为切实做实做细做好应对台风灾害的保险服务工作,广东保险业提前部署,迅速响应,充分发挥商业保险机制在风险防范、损失补偿、恢复重建等方面的作用。据统计,截至9月30日8时,广东保险业(不含深圳)累计共接到灾害损失报案11.33万件,报损总金额44.66亿元。其中车险报案9.11万件,报损金额9.35亿元;农业保险报案0.52万件,报损4.25亿元;其他险种报案1.7万件,报损金额31.06亿元;已完成查勘11.15万件,定损金额24.53亿元。台风"山竹"触发了多个地市的巨灾指数保险赔付,其中阳江、茂名两个地市的台风巨灾赔付已全部完成,赔付金额分别为5500万元、2000万元。[1]

2018年,广东(不含深圳)实现保费收入3472.37亿元,其中,财产险保费926.97亿元,人身险保费2545.40亿元,保险公司

---

[1] 中国银行保险监督管理委员会广东监管局:《广东保险业全力应对台风"山竹"灾害》,中国银行保险监督管理委员会广东监管局官网——行业要闻,2018年10月8日,http://www.cbirc.gov.cn/branch/guangdong/view/pages/common/ItemDetail_gdsj.html?docId=33891&docType=1。

赔付支出1038.70亿元。① 截至2019年11月,广东保费收入为3797亿元,其中,财产险保费965亿元,人身险保费2832亿元,保险赔付支出954亿元。

2019年,在经历了2018年的转型调整期后,广东(不含深圳)实现保费收入4112.237亿元,保持全国领先,保费增速回升至两位数,达到18.43%,其中,财产险保费1178.45亿元,人身险保费2933.78亿元,保险公司赔付支出1061.39亿元。保险业服务实体经济发展力度不断加大,科技保险为科技创新企业提供风险保障6008.76亿元,出口信用保险为出口企业累计提供保障5601.35亿元,保险资金在广东累计投资余额5542.97亿元,有力支持了重大项目和基础设施建设。②

2020年,新冠疫情突如其来,国内外经济形势复杂严峻,广东银保监局以习近平新时代中国特色社会主义思想为指导,坚决贯彻落实党中央、国务院决策部署,在银保监会统筹指挥下,迎难而上,主动作为,统筹抓好疫情防控、支持复工复产和金融监管各项工作,全力助推"六稳""六保"工作落地见效,推动金融支持经济加快恢复正常循环、迈向高质量发展。保险业实现保费收入4199.79亿元,保费规模居全国首位。

2021年1月,面对新冠疫情防控新态势,广东银保监局联合地

---

① 中国银行保险监督管理委员会广东监管局:《2018年1-12月广东(不含深圳)保险业数据》,中国银行保险监督管理委员会广东监管局官网——统计数据,2019年1月25日,http://www.cbirc.gov.cn/branch/guangdong/view/pages/common/ItemDetail.html?docId=468908&itemId=1555&generaltype=0。

② 广东保险年鉴编辑委员会:《广东保险年鉴(2020)》,广东保险学会2020年版,第21页。

方卫生健康行政部门指导保险业推出全国首个春节疫情防控专属保险方案。该方案首推短期疫情防护专属保险产品，提供包括感染新冠肺炎在内的12种法定传染病的确诊给付、住院津贴、身故给付以及意外身故或伤残等保险保障，并提供保险期限三个月或一年的灵活选择方案，同时向超过7万名医护人员赠送该保险，为市民留粤过年提供安全保障，彰显"人民有期盼，保险有温度"的保险服务理念。

（二）保险主体建设

2012年12月28日，珠江人寿保险股份有限公司（以下简称"珠江人寿"）正式开业，[①] 珠江人寿是由广东珠江投资控股集团有限公司、广东粤财信托有限公司、广东新南方集团有限公司、广东韩建投资有限公司、广州国际控股集团有限公司5家股东共同发起设立的综合性寿险公司，注册资本金6亿元人民币，总部位于广东省广州市，截至2019年，是唯一的一家总部设在广州的寿险公司。

2015年11月20日，中国保监会正式批准中新大东方人寿保险有限公司（以下简称"中新人寿"）更名为恒大人寿保险有限公司（以下简称"恒大人寿"）。中新人寿于2006年5月8日获中国保监会开业批复，同年6月19日在重庆举行开业庆典。恒大人寿以世界500强恒大集团[②]为第一大股东，立足人寿、年金、健康和意外伤害等保险业务，以客户为中心，以保险为纽带，积极推进大养老、大健康、大社区战略布局，为客户提供涵盖人身保障、财富管理、

[①] 中国保险年鉴编委会：《中国保险年鉴（2013）》，中国保险年鉴社2013年版，第447页。

[②] 恒大人寿保险有限公司：《恒大人寿保险有限公司简介》，恒大人寿保险有限公司官网——关于我们，2019年12月7日，https://www.evergrandelife.com.cn/single_page/8093.html。

康养医疗等贯穿全生命周期的专业化保险保障服务。

2016年，中国（广东）自由贸易试验区横琴新区片区的久隆财产保险有限公司、横琴人寿保险有限公司批开业，中国（广东）自由贸易试验区广州南沙新区片区的复星联合健康保险股份有限公司、广东粤电财产保险自保有限公司获批筹建。3月11日，中国保监会批准久隆财产保险有限公司开业，久隆财产保险有限公司是我国首家专业的装备制造类财产保险公司，也是珠海市首家财产保险法人机构，珠海市成为广东省首个拥有保险法人机构的地级市。[①] 2016年12月27日，中国保监会批准横琴人寿保险有限公司开业，横琴人寿保险有限公司是珠海市首家人身保险法人机构。[②]

2017年1月19日，中国保监会批准复星联合健康保险股份有限公司开业，[③] 1月23日，公司成立并正式对外营业。2017年10月27日，中国保监会批准广东粤电财产保险自保有限公司开业。[④] 复星联合健康保险股份有限公司和广东粤电财产保险自保有限公司均注册在南沙自贸区。

（三）保险中介市场主体发展

泛华金融控股集团有限公司于1998年在广州创立，是独立第三方O2O综合金融服务集团，通过互联网与地面网络有机结合，为个人及企业客户提供多元化财险、寿险产品，并提供消费者金

[①] 广东保险年鉴编辑委员会：《广东保险年鉴（2017）》，广东保险学会2017年版，第171页。

[②] 广东保险年鉴编辑委员会：《广东保险年鉴（2017）》，广东保险学会2017年版，291页。

[③] 广东保险年鉴编辑委员会：《广东保险年鉴（2018）》，广东保险学会2018年版，254页。

[④] 广东保险年鉴编辑委员会：《广东保险年鉴（2018）》，广东保险学会2018年版，167页。

融、财富管理、公估定损等一体化的专业金融服务。① 泛华金融控股集团有限公司于 2007 年 10 月 31 日在美国纳斯达克主板上市，股票代码为 FANH，② 发行价每股 16 美元，募集资金达 1.88 亿美元。

美臣保险经纪集团有限公司于 2013 年 3 月经中国保监会批准设立的保险中介集团，总部设在广州，是一家具有专业金融服务能力及丰富市场经验的综合性集团。③ 注册资本为人民币 1 亿元，主营业务为保险经纪、代理及公估业务，经营险种覆盖财产险、人身险、寿险等。截至 2018 年底，保费规模达 19.7 亿元，是当前中国保险中介行业的领军企业之一，旗下拥有 260 多家机构及营业网点，覆盖全国 24 个省（区、市）。在保险产业链原保市场拥有"产品研发端—产品销售端—理赔服务端"的完整牌照资源及资产。

2015 年 9 月 14 日，广东盛世华诚保险销售股份有限公司在全国中小企业股份转让系统挂牌，成为广东首家（全国第四家）在新三板上市的保险专业中介机构。④

---

① 泛华金融控股集团：《集团简介》，泛华金融控股集团官网——关于泛华，2019 年 12 月 7 日，https：//www.fanhuaholdings.com/gyfh/jtgk/index.shtml。

② 中国保险年鉴编委会：《中国保险年鉴（2008）》，中国保险年鉴社 2008 年版，第 886 页。

③ 美臣保险经纪集团有限公司：《美臣概况》，美臣保险经纪集团有限公司官网——关于美臣，2013 年 8 月 22 日，http：//www.cnmcf.com/content/about.aspx？a=1。

④ 广东保险年鉴编辑委员会：《广东保险年鉴（2016）》，广东保险学会 2016 年版，第 38 页。

二 新时期深圳地区保险业发展概况

(一) 业务发展

2012年,深圳保险市场累计实现原保险保费收入401.27亿元,财产险和人身险保费收入分别为154.51亿元和246.76亿元,保险赔付为107.71亿元。

2013年,深圳保险市场累计实现原保险保费收入468.76亿元,财产险和人身险保费收入分别为172.79亿元和295.97亿元,保险赔付为125.19亿元。

截至2014年,深圳共有保险公司法人机构20家,各类保险经营主体68家,保险公司法人机构资产总额达2.45万亿元,继续位居全国第二。2014年,深圳保险市场累计实现原保险保费收入548.66亿元,同比增长17.04%。赔付支出155.76亿元,同比增长24.42%。

2015年深圳保险市场累计实现原保险保费收入647.55亿元,同比增长18.02%。其中,产险公司保费收入227.86亿元,同比增长5.62%;寿险公司保费收入419.69亿元,同比增长26.06%。

2016年,深圳保险市场累计实现原保险保费收入834.45亿元,财产险和人身险保费收入分别为237.40亿元和597.05亿元,保险赔付为218.55亿元。

截至2017年底,深圳共有保险法人机构25家,保险分公司73家,专业保险中介机构129家。保险公司法人机构资产总额共计4.15万亿元,位居全国第二。全年深圳保险市场累计实现原保险保费收入1029.75亿元,同比增长23.41%,位居全国大中城市第四。其中,产险公司保费收入308.34亿元,同比增长20.19%,高于全国 6.43 个百分点。人身险公司保费收入 721.41 亿元，同比增长 24.83%，高于全国 4.79 个百分点。累计赔付支出 257.13 亿元，同比增长 17.65%，退保率低于全国平均水平。总体来看，深圳保险业呈现市场平稳、结构均衡、效益较好的良好态势。

2018 年，深圳保险市场累计实现原保险保费收入 1191.51 亿元，财产险和人身险保费收入分别为 344.20 亿元和 847.31 亿元，保险赔付为 364.76 亿元。

2019 年，深圳保险市场累计实现原保险保费收入 1384 亿元，财产险和人身险保费收入分别为 362 亿元和 1022 亿元，保险赔付为 364 亿元。

2020 年，深圳保险市场累计实现原保险保费收入 1354 亿元，财产险和人身险保费收入分别为 363 亿元和 1090 亿元，保险赔付为 374 亿元。

（二）市场主体建设

太平财产保险有限公司。其隶属于中国太平保险集团有限责任公司，总部设在深圳，已设立 31 家省级分公司，2017 年，太平财产保险有限公司保费收入突破 220 亿元，排名全国财险行业第八，是行业唯一连续六年跑赢大市且承保盈利的财险公司。[1]

富德财产保险股份有限公司。富德财产保险股份有限公司是一家全国性财产保险公司，是富德保险控股股份有限公司旗下成员公司。于 2012 年 5 月 7 日开业，总部设在深圳，注册资本金 35 亿元人民币，现在深圳、四川、北京、广东、河南、江苏、辽宁、河

---

[1] 太平财产保险有限公司：《公司介绍》，太平财产保险有限公司官网——太平财险，2019 年 12 月 7 日，http://caixian.cntaiping.com/about-gsjs/。

北、湖北、天津等地设有分支机构。①

前海人寿保险股份有限公司。2012年2月获得中国保监会批准开业，是一家总部位于深圳市前海深港现代服务业合作区的全国性人寿保险公司，注册资本金人民币10亿元。②

前海再保险股份有限公司。是由前海金融控股有限公司、中国邮政集团公司、深圳市远致投资有限公司、浙江爱仕达电器股份有限公司（002403）、福建七匹狼实业股份有限公司（002029）、腾邦国际商业服务集团股份有限公司（300178）以及启天控股有限公司共同发起成立，于2016年12月在深圳前海成立，注册资本30亿元人民币。③ 深圳也因此成为中国内地除北京之外，唯一拥有再保险总部机构的城市，对于推进前海再保险股份有限公司建设、推动国内再保险市场发展具有重要意义。

众惠财产相互保险社。众惠财产相互保险社成立于2017年2月14日，是中国首家全国性相互保险组织，位于金融创新窗口深圳前海，初始运营资金10亿元。④ 自2016年6月22日获批筹建至2019年12月末，众惠财产相互保险社在中国相互保险领域取得了多项第一，如率先取得中国首张相互保险牌照、率先取得中国首张相互保

---

① 富德财产保险股份有限公司：《公司简介》，富德财产保险股份有限公司官网——关于富德，2019年12月7日，http://www.sino-life.com/about/introduction/。

② 中国保险年鉴编委会：《中国保险年鉴（2013）》，中国保险年鉴社2013年版，第439页。

③ 前海再保险股份有限公司：《前海再保险》，前海再保险股份有限公司官网——关于我们，2019年12月7日，https://www.qianhaire.com/about-us.html。

④ 众惠财产相互保险社：《本社简介》，众惠财产相互保险社官网——关于我们，2019年12月7日，https://www.pubmi.org/html/bsjj/。

险社营业执照、率先推出中国首批相互保险计划、率先落地中国首例管理型相互保险业务等。

　　招商局仁和人寿保险股份有限公司。"仁和保险"是1875年由招商局集团有限公司开启的中国近代民族金融保险业，于1950年融入新中国金融保险业，其间几度兴衰起落。2017年6月30日，"仁和保险"这块民族保险业老品牌迎来新机，随着招商局仁和人寿保险股份有限公司获得开业批复，"仁和保险"成功复牌，中国民族保险业的历史由此提前了半个多世纪。招商局仁和人寿保险股份有限公司由招商局集团有限公司、中国移动通信集团有限公司、中国民航信息网络股份有限公司三大央企，联合深圳市国企和三家民营企业共同发起设立，注册资本为50亿元人民币。[①] 招商局仁和人寿保险股份有限公司致力于打造覆盖客户全生命周期的金融保险服务平台，坚持发展风险保障型和长期储蓄型业务，产品全面覆盖各类人身保险。自成立以来，招商局仁和人寿保险股份有限公司发展迅速，2018年前三季度，保费收入已突破24亿元，深圳、广东等多家分公司获批开业或已批筹待开业。

三　广东和深圳的保险监管

（一）广东（不含深圳）的保险监管

　　1980年5月至1995年6月，全省保险业务统一由人民银行省分行监管。[②]

[①] 招商局仁和人寿保险股份有限公司：《公司简介》，招商局仁和人寿保险股份有限公司官网——关于仁和，2019年12月7日，https://www.cm-rh.com/html/aboutCompany.shtml。

[②] 《广东省志》编纂委员会：《广东省志（1979—2000）·银行·证券·保险卷》，方志出版社2014年版，第546页。

1988年3月26日，人民银行发出《关于依法加强人民银行行使国家保险管理机构职责的通知》，要求各级人民银行根据《中华人民共和国银行管理暂行条例》和《保险企业管理暂行条例》的有关规定，履行国家保险管理机关的各项职责，依法加强对保险企业的管理。人民银行省分行根据通知，审核符合条件的保险机构进入保险市场，纠正一些错误的做法，对保险活动认真进行监管。

2000年4月26日，中国保监会广州办公室（以下简称"广州保监办"）成立，[①] 为首批派出机构之一，担负起广东辖区的保险监管职能。广州保监办先后组织保险市场整顿和经营行为规范工作，开展增强全社会保险意识的"保险宣传周"活动。

2001年，广州保监办针对广东保险市场在机构管理、高级管理人员任职资格、兼业代理管理、机动车辆保险、团体人身保险等方面存在的突出问题进行了整顿。重点放在督促保险公司加强内控制度建设、防范保险公司经营风险、商业贿赂不正当竞争行为、欺骗误导消费者行为等方面，通过现场检查，对存在违法行为的保险机构依法进行了处罚或处理，广东保险市场秩序进一步好转。

中国保监会自2001年10月1日开始在广东实施机动车辆保险费率改革试点，目的是将机动车辆保险费率由政府制定改为由保险公司自主制定，使市场机制发挥应有的作用。这一试点工作得到了各保险公司的支持和配合，各保险公司省级分公司均根据市场竞争和经营成本因素报备了各具特色的车险费率表，费率水平有所下降，某些危险程度较高的车险费率上升，费率水平逐步合理化，投保人得到一定实惠，各保险公司风险意识得到增强。通过车险费率

[①] 《广东省志》编纂委员会：《广东省志（1979—2000）·银行·证券·保险卷》，方志出版社2014年版，第475页。

改革试点，也暴露出保险公司各经营环节中存在的问题。车险费率改革不仅涉及价格形成机制，而且涉及保险公司的经营体制、销售方式、内控制度建设等多方面、深层次的问题，实际上是一项综合性的改革，具有一定的艰巨性。广东作为全国车险费率改革的试点，今后还需要不断地摸索和总结。

2003年，广州保监办加强以财务真实性为重点的虚假批单退费、车险条款费率执行、内控制度建设、航意险联网出单和银行代理业务等专项检查。全年对46个保险机构实施了现场检查，占全部分支机构的5.54%，受理群众投诉574件（其中转保险公司处理416件），进行监管谈话57次，实施行政处罚37次，其中涉及处理22名高管人员，对违规经营起到了一定的警示和震慑作用，有力地规范了市场秩序。广州保监办通过制定有关法规的实施细则、组织高管人员法律法规和业务知识培训、加强营销员职业道德教育、下发非现场监管意见等措施，促进了市场结构逐步完善和市场秩序规范好转。

2004年2月6日，广州保监办正式更名为广东保监局，广东保监局成立后，受到广东党政领导重视，2004年以来中共中央政治局委员、中共广东省委书记张德江，省政府省长黄华华，常务副省长钟阳胜，副省长宋海等领导先后18次对保险工作作出重要批示或指示，省政府在2005年12月专门出台《关于加快广东保险业发展的若干意见》，广州市于2005年4月出台《关于大力发展广州金融业的意见》，系统地从指导思想、战略目标、产业布局、政策体系、完善监管、营造环境等方面提出要求，促进保险业发展。

2005年，广东保监局先后与广东省安全生产监督管理局、广东省城乡建设厅、广东省劳动与社会保障厅、中国银行业监督管理委员会广东监管局、广东省中小企业管理局等单位联合出台政策，支持责任险、意外险、银行保险等业务发展。在普及保险知识方面，2005年第四季度广东保监局集中在全省20个地市700多个社区开展以"保险就在我身边，明明白白买保险"为主题的"保险知识进社区、进农村"宣传活动，活动得到省政府充分肯定；广东保监局在2005年底向中共广东省委、省政府五套领导班子、各厅局委办、各地市党政主要负责人赠送了由黄华华省长批示和吴定富主席作序的《广东保险产业发展改革报告》。

2005年，广东保监局坚持以创新思路为前提，以非现场分析为基础，以现场检查为手段，以自查自纠为关键，以加强行业自律为重点，努力构筑防范风险的有效监管体系：

一是创新监管思路。全面深入分析违法违规问题的成因、危害，提出较为系统的监管思路，在规范市场秩序中立足于实事求是看待问题、充分暴露问题、主动纠正问题的思路，在处理问题时把握好自查自纠问题不作处罚、主动暴露问题从轻处理、隐瞒不报问题从严处理的原则。

二是主动防范风险。制定《监管指引》和《监管员制度》，加强法规培训，引导依法经营；采取有效措施防范化解经营风险，其中，车贷险未到期责任金额同比减少30多亿元，逾期风险基本得到控制；争取公安部门支持，继续打击地下保单，破获制售假保单案件；与工商部门建立联合打击非法中介的机制；加强了信访投诉处理。

三是提高整规效果。对保险机构的检查必要性进行分类，坚持行政、经济、法律手段三管齐下。2005年开展现场检查39次，出动146人次，检查152天，共检查42家保险机构；共对15家机构做出行政处罚,罚款130.5万元,处理高管人员3名,吊销保险中介机构许可证1家。

四是推进标准建设。行业协会牵头制定《广东省人身保险行业服务标准》和《广州市机动车辆保险理赔服务质量标准》。

五是加大信息披露。组织开展车险、人身保险服务满意度和公众保险消费等三项社会调查,并通报了调查结果和各公司测评情况。

六是加强行业自律。推进各地市保险行业协会和中介等专业委员会建设,进一步发挥行业自律作用。

2008年,广东保监局进一步加大市场监管力度,进行一系列制度创新,成效明显。

一是完善车型界定,私车公挂等套用车型行为得到有效遏制,车险效益提升。全省非营运客车承保辆数同比减少6.5%,家庭自用车同比增加24.6%,特二同比减少31%,特四同比增加169%;非营运货车同比减少0.5%,营运货车同比增加28.4%。车均保费同比回升,是东部六省(市)中唯一连续两年车均保费提升的地区。全年车险实现承保利润1.12亿元,居东部六省(市)之首,承保利润率0.83%,高于全国平均水平6.2个百分点。

二是推行见费出单,应收保费明显下降。12月份汽车险无新增应收,58.7万笔业务全部通过刷卡或银行转账的方式收取保费;车险业务应收保费由11.1亿元下降至6.9亿元,降幅明显。[①]

三是实行批退全额转账,批退保费明显减少。批减保费率7.8%,同比下降2.7个百分点,降幅居东部六省(市)之首。其

---

① 中国保险年鉴编委会:《中国保险年鉴(2009)》,中国保险年鉴社2009年版,第748页。

中车险业务批减保费率降至3.9%，下降1.8个百分点。

四是寿险公司的一些老问题如团险个做、短险撕单埋单等现象明显减少，家庭团单的做法全面停止。

2010年5月7日，广州等地区遭遇特大暴雨袭击即"5·7"暴雨事件，仅广州地区就有超过3000台车辆受淹上万台车辆报损，估损金额近2亿元，其中，太平洋财险广东分公司赔付"5·7"暴雨灾害中发生的车险损失3539万元。[①] 灾害发生后广东保监局配合当地政府，迅速组织抗灾，指导有关保险机构快速查勘理赔，帮助被保险人迅速恢复了生产生活。

2011年，广东保监局成立保险消费者权益保护中心和信访投诉中心，加大对保险消费者合法权益的保护力度。全省车险结案周期同比缩短1天，寿险犹豫期内回访率提高了12个百分点。同时完善保险服务电话提示、网上查询、短信通知等制度，制定车险理赔服务质量评价制度，开展积压赔案清理，试点推行车险一个报案电话、二合一理赔资料、三天赔付的小额快速理赔服务。完善轻微交通事故快处快赔制度，增加便民服务点。

2012年3月24日，广东保险服务大接访工作在全省20个地市统一举行，广东保监局、广东省行业协会和各地市保险行业协会（办事处）全体人员、驻粤省级保险公司、地市保险机构的全体班子成员及客户服务、理赔等部门负责人现场接受投诉、现场解答咨询、现场征求意见、现场解决问题，为广大保险消费者排忧解难、释疑解惑。参加本次接访活动的保险业从业人员超过6000人，其中1500名保险高管人员。现场共接待15307人次来访，其中，解决上访

---

① 中国保险年鉴编委会：《中国保险年鉴（2011）》，中国保险年鉴社2011年版，第821页。

案件1540个，1240个案件得到现场解决，300个案件承诺限时解决；接受12338人次咨询；1429人次对保险服务提出意见建议。

2012年3月30日，广东保监局印发《关于综合整治销售误导、理赔难问题，努力改进保险服务的实施意见》，综合治理理赔难和销售误导问题；同年4月12日，广东保监局印发《广东综合治理机动车辆保险理赔难工作方案》，促进保险机构提升服务水平，改善行业形象。监管部门对违法违规行为保持高压势态和"零容忍"，重点治理销售误导和理赔难问题，聘请保险服务监督员和开通消费投诉热线，拓宽群众投诉渠道，切实保护消费者权益，行业声誉有效改善，发展隐患得到消除。

在保险机构监管方面，2012年至2014年，广东保监局取缔两家机构的非法保险业务活动；支持广东神华保险代理有限公司等6家区域性代理机构升级为全国性机构。2014年，改革银行、邮政、保险公司的兼业代理许可工作，将网点持证变革为总部或省级机构统一持证，该项改革得到了国务院的高度肯定。2015年，出台《广东自贸区保险机构和高级管理人员审批备案管理办法》，支持自贸区机构发展。

在保险业务监管方面，2012年，广东保监局对佛山两家保险机构的车险业务实施停业整顿3个月，这是广东保险业有史以来最严厉、影响最大的处罚。2012、2013年连续两年组织开展财产保险积压未决赔案检查工作。2014年，开展中介市场清理整顿专项检查，在全国保险监管系统率先开展省级保险机构轮动式巡查工作。2015年，开展"两个加强，两个遏制"专项检查。[①]

---

① 2014年12月，为贯彻落实国务院决策部署，中国保监会决定开展保险机构"加强内部管控、加强外部监管、遏制违规经营、遏制违法犯罪"（简称"两个加强、两个遏制"）专项检查工作。

2017年8月2日，中国保监会发出监管函，主要内容有，"珠江人寿保险股份有限公司：我会于2016年11月9日至12月16日对你公司进行了'两个加强、两个遏制'回头看现场检查，依据有关规定，现对你公司检查发现的问题提出相关监管要求。中国保监会现场检查发现的问题有六个方面：公司章程和议事规则不完善；人员组成不符合规定；股东会、董事会、管理层运作需要改进；关联交易管理不完善；未对资金运用进行资本约束；偿付能力制度建设和执行不规范。"①

2018年3月12日，根据国务院总理李克强提请第十三届全国人民代表大会第一次会议审议的国务院机构改革方案的议案，组建中国银行保险监督管理委员会，不再保留中国银行业监督管理委员会、中国保监会。2018年3月21日，郭树清出任新成立的中国银行保险监督管理委员会首任主席。

2018年12月17日上午10时，按照中国银行保险监督管理委员会统一部署，全国各派出机构统一举行挂牌仪式。中国银行保险监督管理委员会广东监管局党委书记、筹备组组长由裴光出任。截至2021年11月，中国银行保险监督管理委员会广东监管局党委书记、局长为裴光。②

---

① 中国银行保险监督管理委员会：《中国保监会监管函》（监管函〔2017〕22号），中国银行保险监督管理委员会官网——监管函，2017年8月4日，http://www.cbirc.gov.cn/cn/view/pages/ItemDetail.html?docId=359899&itemId=932&generaltype=0。

② 中国银行保险监督管理委员会广东监管局：《领导简介》，中国银行保险监督管理委员会广东监管局官网——概况，2021年11月3日，http://www.cbirc.gov.cn/branch/guangdong/view/pages/common/ItemList.html?itemPId=1537&itemId=1539&itemUrl=ItemListRightArticle.html&itemName=%E5%B1%80%E9%A2%86%E5%AF%BC。

(二) 深圳地区的保险监管

1989年8月11日，为规范和保护保险市场，人民银行深圳分行颁布《关于深圳市保险市场管理若干问题的暂行规定》，同年10月24日，人民银行深圳分行决定成立由分行和各保险公司参加的"深圳市保险业务协调小组"，协调小组的职能之一为"商议制定和修改深圳保险费率和手续费标准并监督实施"。

1990年6月18日，由于保险市场的发展，根据新情况，人民银行深圳分行颁布《关于深圳市保险市场管理若干问题的补充规定》，对机构设置的基本条件和审批程序做出更为具体的要求。

1992—1995年间，深圳保险市场不正当竞争行为比较严重，人民银行深圳分行根据《中华人民共和国保险法》及人民银行《关于对保险业务和机构进一步清理整顿和加强管理的通知》的规定，于1996年5月2日发出《关于进一步加强保险市场管理若干问题的通知》，提出综合治理的具体要求。

1996年9月23日，人民银行深圳分行公布《深圳市保险业务员展业管理暂行办法》，这是全国第一部地方性保险业务员展业管理办法。

2000年12月8日至10日，中国保监会主席马永伟来深视察保险业并宣布中国保监会深圳办公室筹备组成立。

2001年1月20日，深圳保监局正式挂牌成立，标志着深圳金融分业监管已形成体系。

2001年，深圳保监局根据国务院及中国保监会的有关部署，对深圳保险市场开展清理整顿工作。重点整治了车险、楼宇按揭险市场的混乱局面以及兼业代理业务中的种种违法、违规操作行为，对社会反映强烈的各种造假违规和欺骗误导消费者的行为进行了有力的打击，并依法严肃处理了一批违规单位和个人。

2005年11月18日，深圳保监局与广东保监局、香港特别行政区保险业监理处、澳门特别行政区金融监管局召开第五届粤港澳深四地保险监管联席会议，介绍各辖区保险市场运行情况以及监管部门在处理举报投诉维护被保险人利益、打击涉及保险的洗黑钱活动和防范保险诈骗等方面的措施和经验，并就四地监管部门建立协调联系机制、实现信息共享方面达成共识。

2005年12月，深圳保监局召开辖内产险公司服务创新座谈会，了解各公司近几年来在服务创新方面好的经验和做法。

2006年6月7日，深圳保监局向中共深圳市委、深圳市人民政府汇报国务院常务会议研究保险业改革发展问题的有关情况，并会同深圳市人民政府金融发展服务办公室等政府有关部门围绕国务院意见，结合深圳实际情况，研究落实和推动深圳保险业创新发展试验区建设工作的具体措施。

2006年11月22—24日，深圳保监局参加第六届粤港澳深四地保险监管联席会议。四地保险监管部门就引导和推动保险创新、规范保险市场竞争行为以及解决保险从业人员诚信缺失等问题进行交流和讨论，并就四地保险监管机关定期交换市场发展有关资料、共同打击保险企业洗钱行为、分享防范保险欺诈经验等事项达成共识。

2007年5月，为进一步规范大型商业保险市场，深圳保监局对深圳市地铁2号线保险招标提前介入，对各公司投标的条款、费率进行审核，防止各产险公司非理性价格竞争。

2008年美国国际集团（AIG）财务危机事件发生以来，中国保监会及深圳保监局对此高度重视，正密切关注事态的发展，研究部署应对方案。① 深圳地区的 AIG 下属公司有：美亚财产保险有限公司深圳分公司、友邦保险深圳分公司，分别经营产险和寿险业务。事件发生后，深圳保监局紧急召见相关公司负责人，详细了解了情况。从掌握的情况来看，上述两家公司经营状况稳定，业务状况正常。

2009年6月，深圳保监局主要领导专门走访中共深圳市委政策研究室（改革办），结合国务院刚刚批复同意的《深圳综合配套改革试点总体方案》精神，深入探讨保险业如何紧密配合深圳经济和社会改革发展的各项中心工作，把深圳保险创新试验区建设工作纳入其中统筹考虑。

2009年8月，深圳保监局向中共深圳市委、深圳市人民政府上报《关于深圳保险创新发展试验区建设情况和上半年深圳保险市场运行情况的报告》，并就进一步加大政策支持和政府推动提出六点建议：一是将保险业发展纳入深圳经济社会发展总体规划之中，在《深圳市综合配套改革三年（2009—2011年）实施方案》中更多地结合保险业的改革创新内容；二是积极向国家有关部门建议，进一步优化保险业的税收环境；三是加大对骗保骗赔案件的打击力度，营造有利于保险业发展的良好法治环境；四是进一步规范政府保险项目的招投标管理；五是继续加强与社会管理相关的各项保险业务的推动力度；六是进一步加强保险宣传，加大对保险公益宣传的经费投入，不断优化保险业发展的舆论环境。

---

① 中国银行保险监督管理委员会深圳监管局：《深圳保监局紧急应对AIG财务危机事件》，中国银行保险监督管理委员会深圳监管局官网——监管动态，2008年9月18日，http：//www.cbirc.gov.cn/branch/shenzhen/view/pages/common/ItemDetail.html?docId=635636&itemId=1038&generaltype=0。

2010年3月28日,中国保监会和深圳市人民政府在深圳市五洲宾馆正式签署《中国保险监督管理委员会中国保监会、深圳市人民政府关于深圳保险创新发展试验区建设的合作备忘录》。中国保监会主席、党委书记吴定富与中共广东省委常委、深圳市人民政府代市长王荣分别代表合作双方签署合作备忘录。

2011年9月,深圳保监局印发《深圳保险业发展"十二五"规划纲要》。《深圳保险业发展"十二五"规划纲要》全面回顾总结了"第十一个五年计划"期间深圳保险业发展的主要成就和基本经验,深刻分析了当前深圳保险业存在的主要问题和"第十二个五年计划"期间深圳保险业面临的发展环境,提出了"第十二个五年计划"期间深圳保险业发展的指导思想、目标任务和政策措施。

2013年4月,深圳保监局积极推进互联网保险业务监管。一是加强对互联网保险业务违法违规行为的查处,引导业务合规发展,保护保险消费者利益。二是制定网销资格备案办事指南,督促保险中介机构及时进行资格备案,依法合规开展互联网保险业务。三是指导深圳市保险中介行业协会对网销机构进行走访了解,鼓励其适时成立网销专业委员会,规范行业行为,加强行业自律。

2015年5月,深圳市人民政府正式印发《深圳市人民政府关于加快现代保险服务业创新发展的实施意见》(以下简称"《加快保险业发展实施意见》")。《加快保险业发展实施意见》共6个方面、18条内容,提出了深圳市加快发展现代保险服务业的总体要求、目标任务和政策措施。《加快保险业发展实施意见》是深圳市贯彻落实《国务院关于加快发展现代保险服务业的若干意见》的重要举措,对于推动深圳保险业全面深化改革、发挥功能作用,更好地服务深圳建设21世纪海上丝绸之路桥头堡和发展湾区经济战略部署将起到积极作用。

《加快保险业发展实施意见》要求以推进深圳保险创新中心建设为导向，抓住中国（广东）自由贸易试验区深圳前海蛇口片区先行先试契机，加快保险制度创新和对外开放，改善保险业发展环境，使现代保险服务业成为深圳完善金融体系的支柱力量、改善民生保障的有力支撑、创新社会管理的有效机制、促进经济转型升级的高效引擎和转变政府职能的重要抓手。

《加快保险业发展实施意见》提出了深圳保险业未来的发展目标。到2020年，实现保险深度（保费收入/地区生产总值）达到5%，保险密度（保费收入/总人口）达到8500元/人，基本建成与深圳市经济社会发展相适应的现代保险服务体系，构建创新引领作用突出、开放合作层次领先、辐射带动能力凸显的国际化保险创新中心。

2016年12月5日，中国保监会发出监管函。内容如下，"前海人寿保险股份有限公司：2016年5月至7月，我会对你公司万能险业务进行了专项检查，发现你公司在万能单独账户管理、客户信息真实性管理等方面存在问题。根据有关规定，我会向你公司下达了中国保监会监管函，责令你公司进行整改，并将整改情况上报我会，我会将视你公司整改情况，采取后续监管措施。2016年12月1日，我会收到你公司报送的《前海人寿关于万能险相关问题整改落实情况的报告》。经审核发现，你公司万能账户仍未按监管要求进行单独管理，整改工作不到位。鉴于你公司未按中国保监会监管函要求完成整改工作，根据有关规定，现对你公司提出以下监管要求：（1）你公司应严格按照中国保监会监管函及《万能保险精算规定》等监管规定要求，规范万能单独账户管理，认真整改，不打折扣。在整改工作符合监管要求前，自本监管函下发之日起，暂停你公司开展万能险新业务。(2) 你公司整改完成后，我会将对整改情况以及落实暂停开展万能险新业务的情况进行核查，根据核查情况决定是否恢复你公司开展万能险新业务。(3) 你公司应认真做好客户服务工作，加强风险监测和应对，维护公司稳定。合理制定业务规划，加快业务结构调整，降低中短存续期产品占比。树立科学的发展理念，坚持'保险姓保'，大力发展风险保障型与长期储蓄型保险产品。"①

2017年5月，深圳保监局出台《关于加快推进深圳保险业改革创新的指导意见》，贯彻落实中国保监会关于服务实体经济和"一带一路"有关精神和部署。

2017年8月，为贯彻落实全国金融工作会议精神和《中国保险监督管理委员会关于整治机动车辆保险市场乱象的通知》要求，深圳保监局创新手段，多措并举，综合治理深圳车险市场乱象。

2018年12月17日上午10时，按照中国银行保险监督管理委员会统一部署，全国各派出机构统一举行挂牌仪式。中国银行保险监督管理委员深圳监管局党委书记、筹备组组长由王晓辉出任。截至2021年11月，中国银行保险监督管理委员会深圳监管局党委书记、局长为张利星。②

---

① 中国银行保险监督管理委员会：《中国保监会监管函》（监管函〔2016〕57号），中国银行保险监督管理委员会官网——行政监管措施，2016年12月5日，http://www.cbirc.gov.cn/cn/view/pages/ItemDetail.html?docId=359889&itemId=932&generaltype=0。

② 中国银行保险监督管理委员会深圳监管局：《领导简介》，中国银行保险监督管理委员会深圳监管局官网——概况，2021年11月3日，http://www.cbirc.gov.cn/branch/shenzhen/view/pages/common/ItemList.html?itemPId=1032&itemId=1034&itemUrl=ItemListRightArticle.html&itemName=%E5%B1%80%E9%A2%86%E5%AF%BC。

四 政府对保险业的政策支持

2012年2月20—22日,中共广东省委常委、常务副省长肖志恒率广东省政府办公厅、广东省人力资源社会保障厅、广东省财政厅、广东省卫生厅等有关部门负责同志,赴湛江市围绕深化城乡医疗保障体制改革进行中国人民健康保险股份有限公司"湛江模式"专项调研,[①] 中国人民健康保险股份有限公司广东分公司主要负责人陪同调研。

同年2月27日,"一行三局"[②] 联合主办的"广东金融业保护金融消费者权益公益宣传月"活动正式启动。省政府副省长陈云贤出席活动并致辞,"一行三局"公开发布《关于加强广东省金融消费者保护工作的意见》,金融业界代表现场签订《广东省金融业保护金融消费者权益公约》。

2012年4月,省政府相继出台《广东省深化城乡医疗保障体制改革方案》和《广东省城乡居民医疗保险引入市场机制扩大试点工作方案》,确定在汕头、肇庆、清远、云浮市4个地级市开展城乡居民医疗保险引入市场机制试点,对参保人医疗费用进行"二次补偿"。

2012年12月,省政府出台《广东省人民政府关于印发"十二五"期间深化医药卫生体制改革实施方案的通知》,明确广东省大病保险试点工作分三步实施:在2012年完善并推广"湛江模式",

---

① 中国保险年鉴编委会:《中国保险年鉴(2013)》,中国保险年鉴社2013年版,第846页。
② "一行三局",指中国人民银行广州分行、中国银行业监督管理委员会广东监管局、中国保险监督管理委员会广东监管局、中国证券监督管理委员会广东监管局。

在汕头、肇庆、清远、云浮市开展试点的基础上；2013年全省推广至50%以上的地级以上市正式实施；2015年全省全面实施大病保险。①

2013年3月26日，省政府出台《广东省开展城乡居民大病保险工作实施方案（试行）》，确立了广东省大病保险实施原则和具体要求。

同年8月12日，中国保监会、省政府在广州市签署《中国保险监督管理委员会、广东省人民政府关于促进广东保险业加快改革创新发展的合作备忘录》。时任中国保监会领导与广东省省长朱小丹分别代表双方签署合作备忘录。根据合作备忘录，双方将在完善产业布局、加强市场体系建设、加快三农保险发展、完善多层次社会保障体系、提高保险服务实体经济的能力、创新社会管理和公众服务、打造全国保险资金运用先行地、深化粤港澳保险合作创新、支持广东保险改革创新先行先试、建立保险市场运行稳定机制等10个方面开展合作。

2014年3月28日下午，中国人寿保险（集团）公司总裁缪建民到中共广东省委会见中央政治局委员、中共广东省委书记胡春华。②缪建民向胡春华介绍了中国人寿在广东省的投资和业务发展情况，对中共广东省委、省政府对中国人寿发展一直以来的关心和支持表示感谢，同时希望中国人寿在城乡居民大病保险等政策性业务方面发挥更大的作用。胡春华对中国人寿对广东经济社会发展的

---

① 中国保险年鉴编委会：《中国保险年鉴（2013）》，中国保险年鉴社2013年版，第847页。

② 广东保险年鉴编辑委员会：《广东保险年鉴（2015）》，广东保险学会2015年版，第34页。

支持表示感谢，指出保险是金融的重要组成部分，广东省欢迎中国人寿来粤投资。

2014年7月，经中国保监会批准，省政府与人保公司、中国建设银行股份有限公司广东省分行研究推进并正式设立规模为121亿元人民币的粤东西北振兴发展股权基金，这是中国第一个由省级平台与金融央企合作设立的股权基金，主要投向广东省欠发达地区的中心城区建设。通过这种模式，省财政资金杠杆效应预计可放大到30倍以上，共可撬动1200多亿元的资金投资。[①]

同年7月28日，广东保险反欺诈信息系统正式上线试用，系统与车险信息平台无缝对接，实现高风险信息共享、欺诈信息挖掘、单车风险分析等3大类16项系统功能，增强行业欺诈风险前端识别及案件串并能力，标志着广东保险反欺诈工作信息化水平迈上新台阶。

2014年10月29日，广东保监局、广东省人民政府金融工作办公室联合举办《国务院关于加快发展现代保险服务业的若干意见》（以下简称"新国十条"）学习研讨会。广东保险业以及省直相关部门、各地市金融局、高校、新闻媒体等单位共400多人参加会议。

2014年12月26日，省政府印发《关于加快发展现代保险服务业的实施意见》（以下简称"省九条"），这是广东省贯彻落实《国务院关于加快发展现代保险服务业的若干意见》的一项重大部署，也是继2006年之后出台的保险专项政策。[②] 随后，广州、东莞、珠

[①] 广东保险年鉴编辑委员会：《广东保险年鉴（2015）》，广东保险学会2015年版，第33页。

[②] 广东保险年鉴编辑委员会：《广东保险年鉴（2015）》，广东保险学会2015年版，第36页。

海、肇庆、汕头、惠州、湛江等市相继发布《关于加快发展现代保险服务业的实施意见》。

2015年8月4日,省政府对社会公布《广东省安全生产责任保险实施办法》,该实施办法自2015年10月1日起施行。这是第一个专门以商业保险险种为内容的省政府规章。办法的出台,对全省推行安全生产责任保险业务进行了统一规范,有利于进一步发挥保险在安全生产的作用,分散生产事故的责任风险,保障生产经营单位及相关人员的合法权益。

2015年12月30日,经省政府同意,广东省财政厅、广东省民政厅、广东省水利厅和广东保监局联合印发《广东省巨灾保险试点工作实施方案》,率先在汕头、韶关、湛江、梅州、清远等5市开展巨灾保险试点工作。广东巨灾保险以省政府作为投保人,试点地市政府作为被保险人。根据方案,广东选择指数保险作为巨灾保险制度的保险模式。巨灾指数保险的一大特色是将精算设定的台风、强降雨和地震等灾害的级别指数作为赔付的触发条件。广东巨灾指数保险在全国属于首创。[①]

2016年1月1日,在中国保监会统一部署下,广东(不含深圳)实施商业车险市场化改革,辖区内的财产保险机构启用新的商业车险条款费率。[②]

2017年1月1日,广东保险销售从业人员综合信息管理平台正式上线。同年3月1日,广东省经济和信息化委员会、广东省财政

[①] 广东保险年鉴编辑委员会:《广东保险年鉴(2016)》,广东保险学会2016年版,第40页。

[②] 广东保险年鉴编辑委员会:《广东保险年鉴(2017)》,广东保险学会2017年版,第34页。

厅、广东保监局联合印发《广东省工业机器人保费补贴试点工作方案》，广东省工业机器人保险在全国属于首创。

2017年9月27日，广东省社会治安综合治理委员会办公室、广东省公安厅、广东省民政厅、广东省财政厅、广东省人力资源和社会保障厅、广东省卫生和计划生育委员会、广东省残疾人联合会、广东保监局联合印发《广东省严重精神障碍患者监护责任补偿保险实施办法（试行）》，[①] 在全省引入商业保险机制，对严重精神障碍患者造成他人的人身、财产损失进行合理补偿。12月5日，广东省严重精神障碍患者监护责任补偿保险全省统保项目启动，由6家保险公司组成的共保体提供保险服务。

全国首个政策性菠萝产值保险落地湛江徐闻。2019年1月23日，人保财险湛江市分公司与徐闻县政府签订政策性菠萝产值保险协议，这标志着全国首个政策性菠萝产值保险正式落地广东徐闻，为当地菠萝种植户提供从种到卖的全方位保险保障。该险种获得农业农村部金融支农创新试点项目资金。政策性菠萝产值保险投保对象为徐闻县范围内从事菠萝种植的农户或农业生产经营主体。在保险期限内，由于条款列明的自然灾害、意外事故以及出售期价格下跌等造成保险菠萝实际总产值低于保险金额（约定产值）时，视为保险事故发生，保险人按照保险合同约定负责赔偿。

2020年以来，广东保险业在创新服务社会治理领域不断推进，推动在八大高危行业全面实施安责险，推动首单工程质量潜在缺陷保险（IDI）在广州试点落地。广州"穗岁康"项目在全国首批实现目录外费用报销、既往症可保可赔，广州长护险覆盖人群由全体

[①] 广东保险年鉴编辑委员会：《广东保险年鉴（2018）》，广东保险学会2018年版，第37页。

职工扩大至职工及18岁以上全体城乡居民医保参保人,累计2.85万失能失智人员享受长护待遇。"银龄安康"老年人意外伤害综合保险覆盖全省超9成60岁以上老年人。养老机构责任险全省覆盖85.78%,疫苗保险扩展至新冠疫苗接种风险,免疫规划疫苗实现100%覆盖。

第六章　广东地方政府金融管理服务体系发展

广东地方政府金融管理服务体系发展从地方金融管理服务体制发展与深化、地方金融管理服务规划与政策演变和地方金融服务经济社会发展三方面展开论述。地方金融管理服务体制发展与深化以中央重大改革为线索，辅之以广东地方金融发展现实情况，提炼广东地方金融管理服务体制的相关变化。大致分为以下三个阶段，即1949—2003年广东地方金融配合中央金融管理阶段、2004—2017年广东地方金融管理探索阶段和2018年至今的强化广东地方金融监管阶段。第一阶段广东没有专门的地方政府金融管理服务机构，地方金融监管从开始的中国人民银行广东省分行（以下简称"人民银行省分行"）以及财政厅集中监管开始向人民银行省分行（部分时间段是广州分行）主要监管、省（市）体制改革委员会部分监管转变，其中伴随着中央分业监管改革和后期中共广东省委、省政府的金融乱象整治。第二阶段以广东省金融服务办公室成立为标志，开始地方金融监管体制的整合。第三阶段以广东省地方金融监督管理局成立为标志，广东地方金融监管进入强化阶段。地方金融管理服务规划与政策演变以重大规划和政策为线索，厘清广东地方金融政策演变思路。其中，金融管理服务规划演变伴随着实际需要产生，因此主要历经金融强省建设、区域金融中心建设、珠江三角洲金融改革创新综合试验区建设、中国（广东）自由贸易试验区金融发展规划、绿色金融改革创新试验区、粤港澳大湾区建设金融发展规划等阶段。在此期间，由于工作重点的不同，各类政策规划交叉进行，共同推动广东经济社会发展。政策演变主要关注信贷政策变迁。地方金融服务经济社会发展主要围绕广东金融支持地方发展的相关内容展开，重点探讨普惠金融发展、金融扶贫和金融治理科技创新。

第一节 广东地方金融管理服务体制发展与深化

改革开放以来，广东地方金融管理服务体制先后经历了配合中央金融管理阶段、地方金融管理探索阶段和强化发展阶段。

一 广东地方金融配合中央金融管理阶段

广东地方金融配合中央金融管理阶段主要是在1949—2003年。其中，1949—1977年，广东的金融管理体制基本是由中国人民银行（以下简称"人民银行"）大一统的国家银行管理体系。在该阶段，广东银行业还没有形成独立、有序、高效的组织架构和机构体系。与之相应，广东金融管理服务体制高度集中，也不存在专门性的监管机构，相关监管服务职能由人民银行和财政部门承担。而1978—2003年间金融管理体制有所变化，这段时间大致可以分为三个阶段：一是1978—1984年，高度集中监管阶段；二是1985—1998年，广东省直接承办金融阶段；三是1999—2003年，广东省集中处置系统性金融风险阶段。在改革开放之初，广东承担了发展现代金融体系改革的重任，特别是1985年广东、广州先后被中央批准为进行金融改革试点省市，有了一定金融发展的政策自主权。但20世纪90年代地方乱办金融现象愈演愈烈，国家开始逐步将金融管理权限上收，加之1998年亚洲金融危机引爆广东金融系统性风险，从而出现集中处置系统性金融风险阶段。

（一）1978—1984年高度集中监管阶段

"文化大革命"结束一年之后召开的第五届全国人民代表大会第一次会议做出了一项重要决定，把人民银行从财政部剥离出来。1978年1月，人民银行与财政部正式分开办公，省（区、市）以下的银行机构也在1978年内全部完成与财政部门的分设。人民银行同时行使中央银行和商业银行的职能，表明中国开始恢复金融组织体系。1978年12月，中共第十一届三中全会决定"把工作重心转移到现代化建设上来"。1979年10月，邓小平提出"要把银行作为发展经济、革新技术的杠杆，要把银行办成真正的银行""财政金融分家"，恢复银行的金融功能、重构金融体系的工作进一步加快。中共第十一届三中全会召开之后，中国金融机构体系基本得到恢复，金融机构种类不断丰富。中国农业银行、中国银行、中国人民建设银行和中国工商银行、城市信用社、信托投资公司等的设立丰富了金融体系。"三票一证"（汇票、本票、支票、信用证）制度的提出推动了票据市场发展。

为了适应经济改革和社会发展需要，参照发达国家构建现代金融体系的经验和做法，1982年7月，国务院批准人民银行《关于人民银行的中央银行职能及其与专业银行的关系问题的请示》，授权人民银行行使中央银行的职能，加强金融管理，同时规定中国农业银行、中国银行和中国人民建设银行为总局级经济单位，各专业银行总行业务上受人民银行领导。1983年9月，国务院发布《关于中国人民银行专门行使中央银行职能的决定》，主要内容有：规定了人民银行的性质和职责；规定了人民银行的组织系统；规定了人民银行和专业银行以及其他金融机构的关系；决定实行存款准备金制度。1984年1月，人民银行把从事一般工商企业信贷业务、人员和组织机构正式分离出去，新建中国工商银行，从而在组织机构和运行机制上保障了人民银行专门履行中央银行宏观调控职能。中国工商银行的成立，是中国金融体制建设中具有决定意义的一步，它不仅使银行业务中最重要、量最大的一部分有了专门的银行办理，而且使人民银行摆脱了具体银行业务，集中精力有效发挥中央银行的功能。至此，我国的中央银行制度初步形成。人民银行完全从财政体系中独立出来，并剥离商业银行功能，宣告了几十年的"大一统"银行体制的结束，标志着我国金融体制开始向市场化方向的根本转变。

1972年12月19日，广东省革命委员会（以下简称"省革委"）批复，同意财政、银行分家，正式恢复人民银行省分行，中国银行广州分行则作为人民银行省分行的内部机构。1979年4月20日，省革委批转人民银行省分行《关于恢复我省各级农业银行的报告》，中国农业银行于7月9日，第三次恢复设立，负责全省的农村金融业务工作。1979年5月2日，省革委批转人民银行省分行《关于改革中国银行体制的请示报告》，7月9日中国银行广州分行正式从人民银行省分行中分设出来，并成立国家外汇管理总局广东分局和中国银行广州分行，内部一个机构，对外两块牌子，负责组织和管理全省银行外汇业务工作。1980年5月，中国人民保险公司广东省分公司复办，名称是中国人民保险公司广州分公司。1980年8月，更名为中国人民保险公司广东省分公司，作为人民银行省分行的下属机构。[①] 1984年5月保险公司正式与人民银行省分行分设，并升格为厅（局）级经济实

[①] 1979年4月25日，中国人民银行《关于恢复国内保险业务和加强保险机构的通知》确定，中国人民保险公司广东省分公司为处级建制，属中国人民银行广东省分行领导。

体。1983年9月17日，国务院决定人民银行专门行使中央银行职能。随后，1984年3月9日，广东省人民政府（以下简称"省政府"）批复同意关于人民银行省分行专门行使中央银行职能的试行方案。从1984年起，人民银行省分行专门行使中央银行职能，不再兼办工商信贷和储蓄业务。1984年4月5日，中国工商银行广东省分行正式成立，承担原来由人民银行省分行办理的工商信贷和储蓄等业务。1984年5月17日，国家外汇管理局广东分局正式从中国银行广州分行划分出来，与人民银行省分行合署办公，由人民银行统一负责全省的外汇管理工作。1980年11月7日，人民银行同意人民银行省分行的报告，在深圳经济特区建立人民银行深圳市分行。至1984年，人民银行省分行在全省共设置了2个计划分行、12个二级分行和34个县市支行。[①]

从1979年到1984年，广东初步形成了以人民银行省分行为中心，以中国工商银行、中国农业银行、中国银行和中国人民建设银行等省一级专业银行为主体的专业银行体系。人民银行省分行专门行使中央银行职能，[②] 并履行对银行业、证券业、保险业、信托业的综

[①] 《广东省志》编纂委员会：《广东省志（1979—2000）·银行·证券·保险卷》，方志出版社2014年版，第158页。

[②] 中国人民银行专门行使中央银行职能后，中国人民银行广东省分行的职能和主要任务是，在中国人民银行的领导下，根据国家规定的金融方针政策和国家信贷计划，调节全省信贷资金和市场货币流通，协调、支持、监督、检查全省专业银行和其他金融机构的业务活动。具体是指，组织贯彻执行国家金融方针、政策、法令和基本制度，并结合本省情况，制定具体细则或实施办法；按照国家批准的信贷计划管理和调节全省信贷资金；统一管理全省货币发行，调节市场货币流通；按照国家外汇管理条例和金银条例，管理外汇和金银；代理国家财政金库，代理发行和兑付国库券；管理金融市场和外资、侨资、港澳资银行；根据中国人民银行的规定，管理全省金融机构的设置或撤并；管理票据交换，办理各金融机构之间的资金清算；协调、指导、监督、检查全省专业银行和其他金融机构的业务活动；承办中国人民银行和广东省人民政府交办的其他事项。

合监管。这一期间的银行监管主要围绕市场准入进行,重点是审批银行新业务与机构。四大专业银行中,中国农业银行统一管理支农资金,集中办理农村信贷,领导农村信用社,发展农村金融事业。中国工商银行主要办理城市的工商企业信贷,吸收企业和城镇储蓄存款,办理城市汇兑结算等业务。中国银行主要办理国际结算和外贸信贷及发放中外合资企业贷款、办理出口信贷和组织国际银行贷款、办理国际信托和租赁业务等。中国人民建设银行办理基本建设单位、施工企业和地质勘探单位拨款和贷款,吸收和运用固定资产领域内的存款,办理利用外贸项目的拨款和贷款业务等。自此,形成了中央银行与专业银行各司其职的二元银行体制。

这一时期,金融体制改革开始起步,金融管理服务采取由人民银行统一进行的混业监管模式。

(二) 1985—1998年广东省直接承办金融阶段

这一时期,在中国改革路线方面有以下三个重大事件。一是1984年中共第十二届三中全会通过了《中共中央关于经济体制改革的决定》;二是1987年中国共产党第十三次全国代表大会首次提出社会主义有计划的商品经济体制的运行机制是"国家调节市场、市场引导企业",明确了金融体制改革的市场化方向;三是1993年中共第十四届三中全会通过的《中共中央关于建立社会主义市场经济体制若干问题的决定》,明确地提出要在20世纪末初步建立起社会主义市场经济体制。这一时期的经济体制改革包括金融体制改革,实际上都是对这一时期中共改革路线和基本精神的贯彻与落实。

在此期间,金融业也不断发展,金融机构大量涌现。证券交易所、深圳证券交易所相继建立。与建立资本市场交易机制相关联,证券公司、证券投资基金等资本市场中介机构也相继设立。这些变化必然要求建立现代金融管理服务体制。现代金融管理服务体制的建立有两类主要内容：一是机构体系完善；二是制度建设。在这一时期广东省金融市场体系表现为：银行业以中央银行为领导，国有商业银行为主体，政策性银行、其他商业银行、外资银行机构并存，多元化、多层次、多形式的银行业体系；证券业从专营证券机构和兼营证券机构混业经营的模式逐渐过渡到分业经营阶段；保险业逐渐形成国有独资、股份制、港资及外资保险、保险中介机构全面开花的局面。与之相对应，金融监管体制也逐渐从大一统阶段开始向分散化监管过渡。在此期间，人民银行省分行依旧承担主要监管职能，但是随着证券市场的发展，1990—1997 年间，省、市体制改革委员会也承担了小部分的监管职能。因此该阶段地方监管体制的变化主要随着中央政策的变化而变化，具体而言，宏观层面的监管职能随着人民银行的改制而进行调整。在微观层面，伴随着地方办金融的发展，亚洲金融危机之前，金融乱象愈演愈烈，直至 1998 年亚洲金融危机爆发，为避免金融系统性风险，国家开始上收监管权限，并开始向着分业监管发展，地方则开始金融集中整治。

人民银行省分行在这一阶段的重要改制以 1993 年为分界点。1993 年 12 月，国务院发布《关于金融体制改革的决定》，人民银行省分行也开始以"完善宏观调控，强化金融监管"为重点进行新一轮金融体制改革，分离政策性、商业性银行业务，与其兴办的非银行金融机构或者利益关系的经济实体脱钩，强化宏观调控职能，逐渐明确人民银行省分行和二级分行的职能。于 1996 年，撤销金融管理处，分设银行管理处和非银行金融机构管理处；1997 年，增设保险处、农村合作金融管理处、外汇业务管理处和外资外债管理处。[1] 至1997年，人民银行省分行全面发挥中央银行宏观调控、金融监管、金融服务方面的功能，承担部分金融行业（如银行、非银行金融机构——信托、证券、财物租赁公司等）、保险、城乡信用社等的监管工作，通过对货币、信贷、现金流通的管理调控宏观市场。1998年末，伴随人民银行体制改革，设立跨区域管辖广东、广西、海南3省（区）的人民银行广州分行、人民银行省分行同时裁撤。[2] 但在管理权限方面，除地域有所变动以外，监管职能变化不大，有所区别之处在于根据广东金融业经营暴露的问题，特别是中小金融机构的风险状况，在辖区内统一加强监管力量，及时处置、化解风险，排除隐患。同时，在金融监管中不受干预，以法律为准绳，严格公正执法、保持独立性。[3]

此外，由于这一时期，尤其是1993年前后，国家也在探索分业监管，与之对应，广东省金融监管体制相应作出调整。1990年，深圳证券交易所成立，1991年9月20日，省政府成立省企业股份制试点联审小组，联审小组办公室设在广东省经济体制改革委员会办公室，主要职责是拟定企业股份制改革的有关规章，审核全省（广州、深圳除外）股份制企业的试点方案并监督实施。1992年10月，国务院设立国务院证券委员会和中国证券监督管理委员会（以下简称"中国证监会"）。1992年11月，省政府根据证券市场发展的需

---

[1] 《广东省志》编纂委员会：《广东省志（1979—2000）·银行·证券·保险卷》，方志出版社2014年版，第44页。

[2] 《广东省志》编纂委员会：《广东省志（1979—2000）·银行·证券·保险卷》，方志出版社2014年版，第44页。

[3] 《广东省志》编纂委员会：《广东省志（1979—2000）·银行·证券·保险卷》，方志出版社2014年版，第157页。

要，成立广东省证券委员会（以下简称"省证券委"），并于1996年8月设立广东省证券监督管理委员会（以下简称"省证监会"），作为省证券委的执行机构。1993年4月，为加强对全省期货市场发展的规划协调和管理，省政府成立广东省期货市场管理领导小组；同年9月11日，省政府决定成立广东省期货监督管理委员会，对省内（不含深圳）期货市场进行统一管理，1995年5月广东省期货监督管理委员会并入省证监会。①

1992年12月，国务院发出《关于进一步加强证券市场宏观管理的通知》，确立中央政府对证券市场统一管理的体制。1996年3月21日，中国证监会颁布《关于授权地方证券、期货监管部门行使部分监管职责的决定》，中国证监会开始分期分批授权省、自治区、直辖市、计划单列市和部分省会城市证券监管机构行使部分监管职能。证券市场的管理分为中央和省，两级管理。②

1997年8月，国务院决定将上海证券交易所、深圳证券交易所统一划归中国证监会管理。1998年4月，国务院撤销证券委员会，其全部职责及人民银行对证券经营机构的监管职责同时划归中国证监会。中国证监会成为全国证券期货市场的监管部门，在吸收各省、自治区、直辖市和计划单列市的证券期货监管机构的基础上，实施跨区域监管体制，建立集中统一的证券期货市场监管体制。1998年10月29日，中国证监会与省政府签订备忘录，省证监会移交中国证监会垂直管理，省政府不再设立具有证券监督职能的机

---

① 《广东省志》编纂委员会：《广东省志（1979—2000）·银行·证券·保险卷》，方志出版社2014年版，第375页。

② 《广东省志》编纂委员会：《广东省志（1979—2000）·银行·证券·保险卷》，方志出版社2014年版，第375页。

构。1999年6月，中国证监会广州证券监管办公室正式成立，履行对广东省（不含深圳）证券期货市场的日常监管职责。[1]

这段时间，广东省内证券期货市场管理机构，包括国家、省和市三级。省内地方性质的证券期货监督管理机构设置大致有三种情况：一是由中国证监会授权的地方证券期货监管机构，主要有广东省、广州市和深圳市的监管机构；二是已确立编制，但不独立办公的监管机构，这些机构大都挂靠其他政府部门；三是没有专门的机构和编制，由地方政府指定某个部门行使证券期货市场监管职责。根据省政府的规定，各市区或证券监管机构由当地市政府领导主要负责该市的企业股票发行和上市的推进工作，业务上接受省证监会的指导和监管。1998年国务院决定对中国证监会，对证券期货市场实行集中统一监管。同年10月，广东省广州市和深圳市的监管机构初步收归中国证监会垂直管理，从此广东不再保留地方证券期货监管机构。[2]

其中，深圳市证券期货市场监管体制的发展较有代表性。早在1986年1月，国务院发布《中华人民共和国银行管理暂行条例》，中国人民银行深圳经济特区分行成为深圳金融市场的主管机关。1988年11月，深圳市政府设立资本市场领导小组，负责组织深圳市的公司改制和股票发行工作。同年7月，深圳市政府又授权领导小组全面协调和管理证券市场的职能。1990年5月，根据国务院有关企业改制文件的精神，深圳市政府决定成立特区企业股份改革联

---

[1] 《广东省志》编纂委员会：《广东省志（1979—2000）·银行·证券·保险卷》，方志出版社2014年版，第376页。
[2] 《广东省志》编纂委员会：《广东省志（1979—2000）·银行·证券·保险卷》，方志出版社2014年版，第376页。

审领导小组,专门负责审批企业股份改造工作。1991年5月,经国务院批准,并经中国人民银行、国家体制改革委员会、国家国有资产管理局授权,中国人民银行深圳经济特区分行开始对深圳市股票发行和交易进行日常监管。1993年3月5日,深圳市委、市政府发出《关于改革证券管理体制进一步加强我市证券市场宏观管理的通知》,决定成立深圳市证券管理委员会和深圳市证券管理办公室,统一管理深圳证券市场。深圳体制改革委员会和中国人民银行深圳经济特区分行不再管理证券市场,但中国人民银行深圳经济特区分行仍保留对证券机构的管理职能。1997年6月,深圳市期货管理办公室并入深圳市证券管理办公室。以上时期均存在双重管理体制。1988年10月,深圳市证券管理办公室移交中国证监会垂直管理。同年12月,中国证券监督管理委员会深圳证券监管办公室正式成立,开始履行对深圳市证券期货市场的日常监管职责。[①]

  这段时间内,从总体监管主体来看,随着1992年10月中国证监会的成立和1998年11月中国保险监督管理委员会(以下简称"中国保监会")的成立,广东各级人民银行逐渐从负责多行业监管到只负责银行业、信托业监管。

  随着监管机构的改革,监管法规建设也同步进行,使金融监管方向逐渐朝着法制化、规范化发展。1984年,根据人民银行颁布的《关于金融机构设置或撤并管理的暂行规定》,人民银行省分行初步规定金融机构的市场准入和市场退出法律准则,1986年,人民银行省分行执行国务院颁布的《中华人民共和国银行管理暂行条例》,广东对金融机构进行登记、核发经营许可证和办理年检。因受当时

[①] 《广东省志》编纂委员会:《广东省志(1979—2000)·银行·证券·保险卷》,方志出版社2014年版,第376页。

金融发展条件所限,并未提出审慎监管的有关原则和措施。1987年,按照人民银行发出的《关于审批金融机构若干问题的通知》的规定,人民银行省分行从区域布局和经济发展的特点规定市场准入运行的方向和对象。1994年根据国务院颁布《中华人民共和国外资金融机构管理条例》和人民银行颁布《金融机构管理规定》,人民银行省分行对金融机构设立原则和条件、审批的权限和程序、许可证管理、资本金或营运资本管理、法人代表及主要负责人任职资格的审查、金融机构的变更、终止年检与日常年检等做出较详细的规定。1995年,国家先后颁布一批金融类法律和金融类行政法规。至2000年,中国金融法律法规体系和金融监管体系的基本框架确立。广东金融监管工作全面执行国家各项法规,并制定具体实施办法。[①]广东金融管理体制改革这一阶段的创新亮点是引进市场经济金融体系基本架构为主的改革开启。核心的改革举措遵循中央金融管理体制总体部署,将中央银行和商业性金融体系划分开来,人民银行具有宏观经济调控、金融监管和为银行提供支付清算等金融服务的核心功能;20世纪90年代上半期和中期,广东金融发展处于建立符合市场经济需要的金融机构和金融市场基本框架为主的全面改革阶段。核心的改革举措包括:地方金融发展加快,专业银行完成向商业银行的转变;设立深圳证券交易所;按照中央部署在金融机构和金融市场改革发展基础上构建新的宏观调控框架。

(三) 1999—2003年广东省集中处置系统性金融风险阶段

由于上一阶段地方直接办金融产生了诸多问题,如商业银行、

[①]《广东省志》编纂委员会:《广东省志(1979—2000)·银行·证券·保险卷》,方志出版社2014年版,第328—329页。

农村信用社等资不抵债、严重亏损、支付危机，① 信托公司资不抵债，债券尤其是企业债券无法如期兑付，非法金融、金融犯罪等问题层出不穷，② 历年累积和潜在金融风险不断暴露，又面临亚洲金融危机的冲击，广东一度成为全国金融风险的重灾区之一。面对这种情况，国家和地方做出大量努力，探索体制机制原因，中央逐渐将监管权限，尤其是证券期货监管权限上收，并加强法制建设；广东省地方大力集中处置系统性金融风险。

1997年3月为遏制金融风险的蔓延，省政府召开金融工作座谈会，针对地方中小金融机构和农村合作基金会存在的问题，提出防范与化解金融风险的意见和要求，鉴于一些地区和部门对防范与化解金融风险重视不够，工作进展缓慢，同年5月省政府发出《关于防范和化解我省金融风险的通知》，要求各单位各部门高度重视，齐心协力及早防范金融风险。③

1997年11月，正当广东按省政府部署，积极处理各种影响金融和社会稳定的违反法规行为时，中共中央、国务院召开全国金融工作会议，并发出《中共中央、国务院关于深化金融改革、整顿金融秩序、防范金融风险的通知》。广东根据全国金融会议和中央文件精神，遵循"深化改革，完善体制；依法规范，强化监管；区别对待，分类处理；依法保护债权人合法权益；打击犯罪，防范道德

---

① 以恩平市农信社为代表，其1996年以前有32.4亿元个人债务无法兑付。资料来源：广东省志编纂委员会：《广东省志（1979—2000）银行·证券·保险卷》，方志出版社2014年版，第33页。

② 《广东省志》编纂委员会：《广东省志（1979—2000）·银行·证券·保险卷》，方志出版社2014年版，第336—338页。

③ 《广东省志》编纂委员会：《广东省志（1979—2000）·银行·证券·保险卷》，方志出版社2014年版，第340页。

风险；坚持在发展中化解金融风险"等原则，对不同对象采取不同方式进行处置，但在具体工作中遇到不少问题和矛盾，特别是广东地方中小金融机构问题最多、风险最大、涉及面广、金额巨大，是全省处置金融风险的重点和难点。1999年4月，为进一步落实防范和化解金融风险工作，中共广东省委办公厅、广东省政府办公厅发出《关于进一步做好防范和化解金融风险的通知》。同年5月，中共广东省委召开党员领导干部大会，中共中央政治局委员、中共广东省委书记李长春及省委副书记、省长卢瑞华作重要讲话，中国广东省委、省政府其他领导人和广东省各市的市委书记、省直单位主要负责人参加会议，为进一步落实防范和化解金融风险，中共广东省委省政府在以下四方面做出部署：统一对全省金融风险严峻形势的认识；进一步认识现代金融重要性，强化金融法制观念；实行标本兼治，以治本为主方针；齐抓共管，各保一方。具体的处置措施办法包括：剥离不良资产，建立防范机制；完善法人治理，充实股本；改制重组分段处置；清理整顿农村合作基金会；查处违法打击犯罪。经过多方努力，最终化解系统性支付风险，金融秩序明显好转，金融法制建设初步增强，金融业务良性增长，金融机构流动性增强，社会金融风险意识提高，市场纪律有所增强。[①] 这一时期广东金融发展的负面影响对广东经济社会造成的影响十分严重。广东金融积极应对冲击，进一步优化金融结构和金融资源配置，调整金融体系结构，广东金融发展逐渐走出低谷。

---

① 《广东省志》编纂委员会：《广东省志（1979—2000）·银行·证券·保险卷》，方志出版社2014年版，第341—347页。

二 广东地方金融管理探索阶段

随着中央金融分业监管体制的确立,广东省金融监管体制也做出调整。由于除"一行三局"肩负的监管职能以外,广东省金融业发展仍有许多需要监管、协调、规划的内容。因此,从2004年开始,广东省进入地方金融管理探索阶段。

(一)管理体制

2004年1月,根据《中共广东省委、广东省人民政府关于印发〈广东省人民政府机构改革方案〉的通知》,组建广东省金融服务办公室,级别为正厅级,挂靠广东省政府办公厅,是广东省政府管理、服务、处理地方金融工作的办事机构。广东省金融服务办公室的后勤党务纪检监察、人事管理等委托省政府办公厅负责。广东省发展利用资本市场领导小组办公室和广东省地方中小金融机构和农金会风险处置工作协调小组办公室设在广东省金融服务办公室,其业务由广东省金融服务办公室相关处承担。撤销广东省地方金融资产管理办公室。广东省金融服务办公室下设综合处、政策法规处、金融处、资本市场处、地方金融管理处5个职能处。

2009年8月,根据《中共广东省委、广东省人民政府关于印发〈广东省人民政府机构改革方案〉的通知》,设立广东省人民政府金融工作办公室为省政府直属机构。

(二)管理职责

2004年,广东省金融服务办公室的管理职责侧重于服务职能。一是贯彻执行党和国家有关银行证券、期货、保险、信托等金融工作的方针政策和法律法规,督促地方金融系统落实执行中共广东省委、省政府有关金融工作的各项决议决定的重要工作部署,引导鼓励和支持各类金融机构改革创新、拓展业务,加大对地方经济和各项事业发展的支持;二是研究分析宏观金融形势,国家金融政策和本省金融运行情况,制订本省地方金融即金融产业发展的中长期规划和工作计划,提出改善金融发展环境、加强对金融业服务、促进金融业发展的意见与政策建议;三是协调组织省有关部门对地方金融机构的管理,协调支持和配合中央驻粤金融监管机构对各银行、证券、期货、保险、信托等金融机构及行业自律组织的监管,负责地方金融政府与中央金融机构及其驻粤机构的联系,做好配合协调和信息交流工作,协调解决金融业发展中应由地方解决的矛盾和问题;四是组织协调、防范化解和处置地方金融机构风险,整顿与规范金融秩序,配合有关部门查处和打击非法金融机构和非法金融业务活动。加强社会信用建设,维护金融秩序,促进广东金融安全区建设;五是按照国有资产管理的有关规定负责对地方国有金融资产的监督管理,维护地方国有金融资产出资人的权益,组织协调地方金融资源的优化配置,监督检查地方国有金融资产运营情况;六是研究拟定地方发展和利用资本市场的政策、规划和措施,推进企业股份制改革,推动企业改制上市;协助国家证券监管机构做好上市公司的规范发展工作,促进上市公司建立现代企业制度,完善法人治理结构,提高资产质量;跟踪监测上市公司经营业绩和运营情况,汇总分析相关统计资料,指导协调上市公司配股、增发新股、发行债券等融资工作和购并、重组、股权交易等行为。

2009年,在原广东省金融服务办公室机构改革为广东省人民政府金融工作办公室后,对广东省原金融服务工作办公室的职责进行了相应调整。一是取消和调整已由省政府公布取消和调整的行政审批事项;二是将对地方国有金融资产监督管理的职责划给广东省财政厅；三是增加指导、协调金融改革创新综合试验区建设的职责；四是增加对小额贷款公司、融资性担保机构进行市场监管和风险处置的职责；五是增加培育和监管产权交易、柜台交易市场等区域金融市场的职责；六是增加开展金融对外交流与合作的职责。调整后的广东省人民政府金融工作办公室的主要职责有：一是贯彻执行国家和省关于金融工作的方针政策和法律法规，起草有关地方性法规、规章草案，拟订金融产业发展政策与规划并组织实施；二是指导全省金融改革创新，指导、协调金融改革创新综合试验区和区域金融中心等建设工作；三是培育和发展农村金融体系，对小额贷款公司、融资性担保机构进行市场监管和风险处置，会同有关部门防范化解地方金融国有资产风险；四是培育和监管产权交易、柜台交易市场等区域金融市场，指导和推进企业改制上市，参与协调发行地方政府债券等相关融资工作；五是协助和支持中央驻粤金融监管机构对各银行、证券、期货、保险、信托等金融机构及行业自律组织的监管及防范、处置、化解金融机构的金融风险问题，建立金融风险预警体系，组织协调金融突发事件应急工作，配合有关部门查处、打击非法金融机构和非法金融业务活动；六是开展金融对外交流与合作；七是统筹协调和落实地方人民政府与金融机构的战略合作；八是承办省政府交办的其他事项。

（三）服务和管理成效

广东地方金融体系创新呈现出新的变化局面。一是金融产业地位的有力提升，成为广东省第四大支柱产业，纳税额、总资产规模均有效扩大。金融业GDP占比从2009年的5.6%上升至2019年前三季度的8.6%，为经济转型升级和社会民生发展提供了有力支撑；二是全省金融产业发展布局进一步完善，广州、深圳区域金融中心建设成绩显著,形成了广东金融高新技术服务区、广州民间金融街、广州创投小镇等一批特色金融聚集区,粤北梅州、清远、韶关的农村普惠金融获得较大发展;三是金融改革创新重新回到全国前列。创建了珠三角金融改革创新综合试验区、深圳市前海深港现代服务业合作区、广州绿色金融改革创新试验区等一批国家级金融创新试验区,跨境人民币业务和中国(广东)自由贸易试验区的金融创新也走在全国前列;四是历史遗留金融风险处置完毕。城市信用合作社等停业整顿的地方中小金融机构全部退出市场,广东国际信托投资公司资产处置完成,特别是农村信用社改革取得历史性成绩,仅剩个位数没有改制。

三 广东强化地方金融监管阶段

由于金融业态逐渐多元化,金融监管现实的需要,加之配合党中央深化党和国家机构改革的决定,广东省进入了强化地方金融监管阶段,从金融办升格为金融局,行政级别提升,监管职能进一步优化,金融监管成效凸显。

(一)管理体制

2018年12月根据《中共中央关于深化党和国家机构改革的决定》和《广东省机构改革方案》,在原来广东省人民政府金融工作办公室机构基础上设立广东省地方金融监督管理局。广东省地方金融监督管理局是省政府直属机构,为正厅级,加挂广东省人民政府金融工作办公室的牌子。广东省地方金融监督管理局贯彻落实党中央关于金融工作的方针政策和决策部署,按照中共广东省委工作要求,在履行职责过程中坚持和加强党对金融工作的集中统一领导。新改组设立后的广东省地方金融监管局下设机构有办公室、政策法规处、监管一处、监管二处、监管三处、金融发展处、普惠金融处、交流合作处、机关党委（人事处）9个部门。

（二）监管职责

新设立后的广东省地方金融监督管理局的主要职责有：

一是组织拟订有关地方性法规、规章草案，拟订支持地方金融产业发展的规划与政策并组织实施；二是负责对全省小额贷款公司、融资担保公司、区域性股权市场、典当行、融资租赁公司、商业保理公司、地方资产管理公司实施监管，负责对大宗商品、环境权益、知识产权交易场所实施监管，强化对投资公司、开展信用互助的农业专业合作社、社会众筹机构等的监管；三是开展地方金融风险监测防控工作。牵头开展防范和处置非法集资、金融突发事件应急工作，配合有关部门查处、打击非法金融机构和非法金融业务活动，参与有关部门开展的金融市场、金融机构等的风险防范处置工作；四是推动全省金融改革创新。加强与有关部门的协调配合，服务全省金融业发展，促进银行和信贷市场、多层次资本市场和保险市场发展，强化金融服务实体经济功能；五是推动发展普惠金融，培育和发展"三农"、小微企业等金融服务体系，优化整体金融服务环境，统筹指导全省农村信用合作机构改革发展，会同有关部门开展金融精准扶贫；六是开展金融对外合作交流，深化区域金融合作，统筹协调地方人民政府与金融机构的战略合作，会同有关部门推动金融系统人才队伍建设；七是完成省委省政府和国家有关部门交办的其他任务；八是职能转变。广东省地方金融监督管理局进一步强化地方金融监管职责，消除监管盲区和监管空白，提高防范处置金融风险能力，做好打击本辖区各类非法金融活动相关工作，提高金融资源配置效率，解决金融发展不平衡不充分问题，推动各类资源更好服务实体经济,深化地方金融改革,加快金融强省建设。

(三)监管成效

这一时期的金融工作重在金融回归本源,支持经济发展取得成效。金融业发展趋于平稳,行业结构持续优化,集聚效应日益显著。金融业税收、金融业营收规模等均趋于平稳;货币金融、保险与资本市场税收占比不断优化;全省金融业发展高度集聚于珠三角核心区。近年来各项金融重点工作稳步推进,历史遗留的重大风险问题得到化解,农村信用社改制数量超过去十年,P2P网贷运营机构从2018年初的545家压降至2019年11月30日的272家,广州绿色金融改革创新试验区建设等取得阶段性成果,组建丝路保险公司、创新型期货交易所、粤港澳大湾区国际商业银行筹建工作稳步推动。金融业规模和效益增速收稳,金融资源分配得到优化,为迈向高质量发展新阶段夯实了基础。

同时,区域发展不平衡仍然存在。金融业GDP占比远低于上海和北京,广东金融企业占全国企业500强比重较低,金融总部企业的发展质量不高;"沿海经济带"和"北部经济区"的金融业发展则相对滞后,粤东西北的金融活力不足,金融业税收占比较低;供需匹配不平衡,大量金融贷款流向房地产,流向实体经济的总量有待提高。未来,仍需要促进金融业健康稳定发展,构建分类统筹发展的金融格局,提升金融服务实体经济水平,防范化解金融风险。[1]

---

[1] 国家税务总局广东省税务局:《中国税务报:广东金融业结构持续优化》,国家税务总局广东省税务局网站——新闻动态——媒体视点,2019年5月6日,http://guangdong.chinatax.gov.cn/gdsw/mtsd/2019-05/06/content_1d88bf10c8d24d179ec0e51180265594.shtml。

第二节　广东地方金融管理服务规划与政策演变

一　广东地方金融管理服务规划演变

广东省的金融管理服务规划演变伴随着实际需要产生，因此主要历经金融强省建设、区域金融中心建设、珠江三角洲金融改革创新综合试验区建设、中国（广东）自由贸易试验区金融发展规划、绿色金融改革创新试验区、粤港澳大湾区建设金融发展规划等阶段。在此期间，由于工作重点的不同，各类政策规划交叉进行，共同推动广东经济社会发展。

（一）金融强省建设发展规划

20世纪90年代末，亚洲金融危机影响了广东金融发展，广东各级党委、政府用十年时间全面化解历史遗留金融风险问题，奠定了广东金融发展的坚实基础。进入21世纪初，开始了金融强省建设。2003年6月，中共广东省委第九届四次全会提出，"完善金融体系，加快建设金融强省"的战略目标。2005年12月，广东省首次制定了金融业五年发展规划，在全国率先将金融作为一个产业来谋划发展，将金融产业作为建设金融强省的重要抓手。提出要积极推进金融机构股份制改革，鼓励社会资金参与中小金融机构的设立、重组与改造，稳步发展多种所有制金融企业；协调推进城市商业银行改革；积极推进农村金融体制综合改革。2007年，在全面总结金融改革发展经验教训的基础上，中共广东省委、省政府先后印发《中共广东省委、广东省人民政府关于加快发展金融产业建设金融强省的若干意见》和《广东建设金融强省十一五规划》，广东金融强省建设迈出新的步伐。

2008年，中共广东省委、省政府高瞻远瞩，进一步提出将金融产业发展成为国民经济支柱产业的发展新目标，提出深化粤港澳金融合作的新思路，并在《珠江三角洲地区改革发展规划纲要（2008—2020年）》中将其上升为国家战略。在《珠江三角洲地区改革发展规划纲要（2008—2020年）》中广东被国家赋予建设金融改革创新综合试验区的重要历史使命。2011年，《广东省金融改革发展"十二五"规划》提出，广东要紧紧围绕加快转型升级、建设幸福广东的核心任务，进一步解放思想、改革创新、先行先试，加快建设与促进经济发展方式转变和构建现代产业体系相适应的现代金融产业体系，实现金融发展与经济社会发展相适应，加快推进从金融大省向金融强省转变步伐。2012年，人民银行等八部委印发《广东省建设珠三角金融改革创新综合试验区总体方案》，中共广东省委、省政府印发《关于全面推进金融强省建设若干问题的决定》，推动广东金融强省战略实现大提速。

截至2021年11月，金融强省战略取得积极进展，论证并制定多套方案，推动组建省级银行。推动组建丝路信用保险公司，如期完成两家区域股权交易场所整合设立广东股权交易中心股份有限公司工作，建立广州期货交易所，积极推进粤港澳大湾区国际商业银行。深交所创业板注册制改革成功实施；支持符合条件的企业发起设立合资证券公司、民营银行、直销银行、保险公司、财务公司，推动广东温氏集团财务有限公司获批开业，争取到银河资本资产管理有限公司落户广州。

（二）区域金融中心发展建设规划

改革开放30年（1978—2008年）珠三角地区充分发挥改革"试验田"的作用，率先在全国推行以市场为取向的改革，较早地建立起社会主义市场经济体制框架，成为全国市场化程度最高、市场体系最完备的地区。但是在国际金融危机不断扩散蔓延和对实体经济的影响日益加深的背景下，珠三角地区的发展受到严重冲击，国际金融危机的影响与尚未解决的结构性矛盾交织在一起，经济运行困难加大，深层次矛盾和问题进一步显现。为了推进珠三角地区加快改革发展，充分发挥自身优势，着力解决突出问题，变压力为动力，化挑战为机遇，把国际金融危机带来的不利影响降到最低程度，加快推动经济社会又好又快发展，2008年12月，国务院批复的《珠江三角洲地区改革发展规划纲要（2008—2020年）》明确提出"支持广州市、深圳市建设区域金融中心"。从国家层面赋予了广东金融改革创新先行先试、携领区域金融发展、更广泛参与国际金融合作与竞争的重大历史使命。自此，广州和深圳开始大跨步建设金融中心。

为建设国家中心城市，加快转变经济发展方式，深入推进金融改革创新，促进金融与经济社会协调发展，加快建设广州区域金融中心，2011年5月，广州市人民政府印发《广州区域金融中心建设规划（2011—2020年）》，明确了广州建设区域金融中心的发展定位（包括指导思想、发展方向和功能定位）和发展目标；明确了金融环境建设、金融创新试验区建设和区域合作三大部分内容，全面建设区域金融中心；[①] 同时明确了组织保障和具体的建设重点项目

[①] 金融环境建设内容包括：多层次金融市场体系、多元化金融组织体系、多样化金融综合服务体系等体系建设；完善金融基础设施、优化金融生态环境、建设金融人才和资讯高地、加快发展金融功能区、完善金融政策体系。金融创新试验区包括：金融体制机制创新先行区、构建金融交易平台创新试验区、构建金融产品创新示范区。区域合作包括：珠三角金融一体化、深化穗港澳金融合作、穗台金融交流与合作、国际金融交流与合作等。

和重点工作。为加快转变金融发展方式，建立健全现代金融体系，充分发挥金融支持广州新型城市化发展的重要作用，努力争当金融强省建设的排头兵，加快建成广州区域金融中心。

2013年11月，中共广州市委、市政府印发《关于全面建设广州区域金融中心的决定》，根据实际情况，更加细化了穗府〔2011〕8号文件的内容，从12个方面58点上面对建设区域金融中心提出了指引。此外，同年5月，广州市人民政府印发《支持广州区域金融中心建设的若干规定》，专门设立建设广州区域金融中心的扶持资金，并对资金的奖励对象、奖励原则、金融、补贴等作出了具体规定。由于该文件有效期只有5年，2019年1月，广州市地方金融监督管理局发布《关于支持广州区域金融中心建设的若干规定（修订）》。此次修订历时一年论证研究，修订后的《关于支持广州区域金融中心建设的若干规定（修订）》提升了广州金融政策覆盖面，奖励各类金融机构、金融控股集团、专业子公司、金融中介服务机构、地方资产管理公司落户，鼓励金融机构增资扩股及并购重组，进一步完善现代金融产业体系和服务体系。提升了直接融资水平，对上市挂牌的企业进行补贴，支持企业利用交易所市场、新三板市场、区域股权市场融资。《关于支持广州区域金融中心建设的若干规定（修订）》还加强了金融人才和创新支持力度，实施广州金融人才工程，完善金融人才扶持政策，每年安排约4500万元用于金融人才奖励。

早在1996年，建设区域性金融中心就已正式写入《深圳市国民经济和社会发展"九五"计划》，并且作了更加详细的表述，即"依托华南，深港合作，服务全国，走向亚太，形成管理规范、运作灵活、功能齐全、手段先进、开放度高、辐射面广的区域性金融中心,通过与香港国际金融中心的合作,逐步成为国际金融中心的组成部分"。2003年,深圳市政府出台《深圳市支持金融业发展若干规定》,明确阐述了巩固和强化深圳区域金融中心地位的目标和措施。2003年以后,深圳金融市场发展更加健全,对珠三角及全国的金融辐射能力进一步加强,与香港的金融合作也进入新的阶段,初步具备了发展成为国家重要金融中心的条件。2007年,深圳市金融业发展"十一五"规划中提出"立足深圳,携手香港,联通全国,走向世界,做实、做强、做出特色,促进银行、证券、保险业持续均衡协调发展,努力把深圳建成中国一流的现代化、国际化的金融中心城市"。2009年5月21日,深圳出台贯彻落实《珠江三角洲地区改革发展规划纲要》的工作方案,进一步明确其"区域性金融中心"的城市定位。此后,深圳在一系列规划中进一步细化了和拔高了金融中心建设,如《深圳市现代产业体系总体规划(2009—2015年)》中提出了金融中心建设具体的建设内容;2012年印发的《深圳市金融业发展"十二五"规划》作为深圳未来三十年金融业发展的首个五年规划,明确了深圳建设全国金融中心的方向。之后,深圳市的金融规划立足全国金融中心建设初级目标,不断根据实际情况,调整发展方向,至2016年出台《深圳市金融业发展"十三五"规划》提出建设"联通香港、服务全国、辐射亚太、影响全球的人民币投融资集聚地和国际化金融创新中心"的总体目标。

经过多年发展,金融中心建设工作取得显著成效。在国际上,2009年9月,全球金融中心指数(GFCI)第一次对深圳进行评价,在2014年3月和9月发布的第15期GFCI和第16期GFCI指数中,深圳居83个金融中心的第18和第25位。2021年3月发布的第29

期"全球金融中心指数（GFCI）"显示，深圳在全球104个金融中心中排名第8，自2019年10月发布的GFCI 26以来持续保持前十，在国内城市中仅次于香港、上海和北京，深圳作为全国金融中心地位得到国际认可。广州自2017年3月首次进入GFCI 27后，从初始的第28位跃升至GFCI 29的第22位，实现了得分、排名双提升。从这份排名可以看出，尽管根据GFCI的分类方法，深圳还不是一个国际性的金融中心，但依托庞大的国内市场，其金融中心规模和竞争力已可与巴黎、迪拜、悉尼、慕尼黑等国际金融中心相媲美；在进入GFCI排名的中国内地排名靠前的3个城市中，深圳排名经常领先于北京，在GFCI 15中一度还排在了上海之前，说明深圳作为中国重要的金融中心得到了国际金融界人士的高度认可。而广州作为区域金融中心的地位得到了认可，但仍需继续努力。[①]

在国内，自中国金融中心指数（CDICFCI）发布以来，深圳均作为全国性金融中心，排在中国金融中心的第3位。作为中国重要的金融市场中心、金融机构中心和金融资本中心，深圳对全国具有较好的金融辐射服务能力。广州则始终排名第4，是实力最接近全国性金融中心的区域金融中心。

（三）其他金融管理服务规划

随着经济形势向好，金融需求多样化的发展，广东地方金融服务规划趋向多元化。一是实施建设珠江三角洲金融改革创新综合试验区。2012年7月《广东省建设珠江三角洲金融改革创新综合试验区总体方案》经国务院批准并由人民银行等八部委印发，标志着广东发展金融产业、建设金融强省的主要思路、规划、政策措施被纳入国家金融发展战略；二是建设绿色金融改革创新试验区。2017年

---

① 历次全球金融中心指数（GFCI）排名汇总。

6月14日，国务院常务会议决定在广东等5省（区）建设绿色金融改革创新试验区。6月23日，经国务院批准，人民银行等七部委联合发布《广东省广州市建设绿色金融改革创新试验区总体方案》，这是广州市首个经国务院批准建设的金融专项试验区，也是华南地区唯一一个绿色金融改革创新试验区；三是配合粤港澳发展情况和相关总体规划，开展粤港澳金融合作。例如，2019年2月，中共中央、国务院印发《粤港澳大湾区发展规划纲要》中明确提出要把粤港澳大湾区建设成国际金融枢纽的要求，广东省就计划支持广州完善现代金融服务体系，建设区域性私募股权交易市场，建设产权、大宗商品区域交易中心，提升国际化水平。支持深圳依规发展以深圳证券交易所为核心的资本市场，加快推进金融开放创新。加快建设粤澳跨境金融合作（珠海）示范区；四是提出未来五年金融业发展"一十百千万"目标，① 研究制定"一市一平台"规划布局，除广州、深圳继续巩固提升综合金融功能，其他19个地级市按照区域功能定位、禀赋特点和服务需求，重点发展一个特色金融业态，比如，汕头发展民间金融，湛江发展海洋金融，梅州、肇庆、清远等市发展绿色金融，潮州建设文化金融街、佛山顺德发展产融小镇、

---

① "一十百千万"目标指："一"是存贷比争取每年提高一个百分点。全省金融机构本外币各项存款、贷款余额保持持续增长势头，到2022年存贷比达到70%左右。"十"是贯彻落实"金融十条"出成效。围绕服务实体经济、防控金融风险、深化金融改革三项任务，扎实推进落实"金融十条"及61项具体措施。"百"是打造广东百优金融机构品牌。每年组织评选100家优秀金融机构，发挥示范引领作用，形成良好品牌效应。"千"是全省上市公司总数达到一千家。境外上市公司和"新三板"挂牌企业数量翻一番，直接融资比例有明显提高。"万"是金融业增加值突破一万亿元。金融业增加值占GDP比重达到10%左右，进一步强化金融业作为广东经济重要支柱产业的地位。

广东金融高新区打造千灯湖创投小镇等。

当前,各项规划、政策已取得积极效果,全省金融呈现"创新有效、发展有序、服务有力、风险可控"的良好态势,为广东经济发展提供了有力服务和支撑。统计数据显示,2020年,广东克服新冠疫情冲击不利影响,广东金融业实现增加值9907亿元,同比增长9.2%,拉动GDP增长0.8个百分点,占GDP的比重近9%;贡献税收3627.5亿元,同比增长14%,占全省税收总额的1/6;年度资本市场融资达1.2万亿元,保险资金入粤投资金额1.1万亿元;本外币存款余额、贷款余额、上市公司总数、直接融资额、原保费收入等主要金融指标均位居全国第一;全省银行不良贷款率降至1.19%的低水平。2020年,广东金融还实现了"三个占比提升":金融业增加值占GDP比重提升到9%,存贷款增量占全国比重分别提升到1/6和1/7,新上市企业占全国的比重提升到1/6,均创历史新高。同时,2020年,广东金融业发展还实现了"三个走在全国前列":服务实体经济走在全国前列,新增制造业贷款是前三年的总和,小微企业信贷增长了39%;金融改革开放走在全国前列,金融支持粤港澳大湾区"30条意见"出台,深交所创业板注册制改革成功实施,争取十四年的广州期货交易所正式获批;防范化解金融风险走在全国前列,2017年启动的64家农信社改制组建农商行工作任务全面收官,纳入整治的707家网贷机构全部退出在营。[①]

---

① 陈颖、黎华联:《2020广东金融成绩单:三个1万亿、三个占比创新高和三个走在全国前列》,南方Plus,2021年2月1日,https://static.nfapp.southcn.com/content/202102/01/c4721402.html。

二　广东地方金融管理服务政策演变

由于相关监管体制和部分市场管理服务政策在前一节已有所论述，兼之货币发行有专章论述，本节主要关注信贷政策变迁。

1949年至今，人民银行综合信贷政策大致经历了四个阶段，即"差额包干"阶段（1979—1984年）、"实贷实存"阶段（1985—1993年）、"比例管理"阶段（1994—1997年）和"间接调控"阶段（1998年至今）。

改革开放初期根据国家"计划经济为主，市场调节为辅"的方针，1980年人民银行省分行首先在全国实行"统一计划，分级管理，存贷挂钩，差额控制"的信贷计划管理体制，逐步解决信贷资金供给制和全国银行吃大锅饭的问题。1981年，根据中央对广东实行特殊政策灵活措施，人民银行对广东实行"存贷挂钩，多存多贷，差额包干，一定三年"的信贷计划管理。多吸收存款可以多放贷款，给予广东金融机构筹措和运用资金的灵活性调动组织存款、合理使用贷款、加速资金周转的积极性，推动地方经济的发展。但"差额包干"的信贷管理仍未突破以指令性计划指标管理为主的框框。以块块和条条划分的"差额包干"，阻碍了资金余缺灵活调剂和相互融通。

为克服"差额包干"的弊端，人民银行颁布《信贷资金管理试行办法》，从1985年开始实行"统一计划，划分资金，实贷实存，相互融通"的信贷计划管理。"统一计划"指，人民银行和各专业银行的信贷资金全部纳入国家综合信贷计划，由人民银行综合平衡，再核定各专业银行的信贷资金收支计划和向人民银行的借款计划。"划分资金"指，各专业银行的自有资金和各种信贷资金，经人民银行核定给专业银行总行后，作为一个专业银行的营运资金，由其自主经营，独立核算。"实贷实存"指，人民银行同专业银行的资金往来，改变过去把计划指标层层下达的办法，实行上贷下存办法，由人民银行省分行在人民银行下达的贷款额度内，一次或分次借给专业银行省分行，再由其分配给所属分支行，转入在人民银行开立的存款户中运用，不能透支。"相互融通"指，充分发挥资金的横向调节作用，在一定区域内，各行之间可以相互拆借融通。"划分资金，实贷实存"改变了中央银行与专业银行资金往来的计划供给关系，使专业银行拥有可以独立支配的自有资金，为其自主经营和商业化改革奠定初步基础。"相互融通"则增加了专业银行之间灵活调节资金的自主性，促进了银行间短期资金拆借市场的形成，同时也为人民银行信贷资金由直接计划管理，逐渐转向间接调控创造了条件。但是这种信贷计划管理体制仍然保留国家对专业银行和各省市信贷规模实行统一计划指标管理的做法，这段时间指令性的信贷计划指标管理仍为中央银行调控信贷总量和结构的主要手段。

为完善货币政策体系，加强中央银行的宏观调控，强化金融机构自我约束机制，人民银行颁布新的《信贷资金管理暂行办法》。从1994年开始实行"总量控制，比例管理，分类指导，市场融通"的信贷计划管理。这种新的管理方式改变以前对信贷资金直接进行规模管理的办法，采取间接比例管理以适应银行经营商业化和宏观调控间接化的要求，增强商业银行的自我约束能力。但是总量控制的管理办法仍然强调中央银行对信贷规模管理的重要性。

随着多种金融机构多种融资渠道的出现，规模控制下的比例管理办法弊端明显，为改变这种状况，1998年，人民银行发出《关于改进国有商业银行贷款规模的通知》，实行"计划指导，自求平衡，比例管理，间接调控"的信贷资金管理。从1998年起，人民银行对商业银行贷款增加量不再按年分季下达指令性计划。商业银行在加强内部管理、改进金融服务防范和化解金融风险、提高资金效率的基础上，实现资金来源和资金运用的平衡。人民银行宏观调控不再以信贷为中介目标和操作目标，改为调控货币供应量和商业银行的资金头寸；不再依赖贷款限额这一行政手段，改为综合运用存款准备金、再贷款、再贴现、公开市场业务和利率等货币政策工具调控货币，保持贷款适度增长，维持币值稳定，以此促进国民经济持续增长。[①]

广东金融管理服务政策的变迁取得了积极成效。2020年末，广东社会融资增量40692亿元，本外币贷款余额19.57万亿元，同比增长16.5%，增速比上年末高0.8个百分点。制造业单位贷款余额1.78万亿元，同比增长19.3%，增速比上年末高8.2个百分点，创2012年以来新高；基础设施业单位贷款余额4.07万亿元，同比增长22.2%，增速比上年末高10.1个百分点，新增制造业中长期贷款主要集中在电子、机械、医药等先进制造业；科学研究和技术服务业贷款同比增长28.5%，教育业贷款同比增长43.6%；房地产贷款增速和占比持续回落；年末房地产贷款余额6.87万亿元，同比增长11.9%，增速比上年末回落3.2个百分点，占贷款余额比重35.1%，比上年末下降1.5个百分点；民营企业贷款余额5.48万亿元，占企业贷款余额比重达55.1%，同时保持较快增长，同比增长

[①] 《广东省志》编纂委员会：《广东省志（1979—2000）·银行·证券·保险卷》，方志出版社2014年版，第159—160页。

20.1%，增速比上年末高2.9个百分点。① 上述金融数据全方位证明广东金融系统扎实做好了"六稳"工作、全面落实了"六保"任务。当前，金融运行呈现"总量适度、节奏合理、投向精准、利率下降"的良好态势。随着国内疫情缓解和经济社会恢复常态化发展，金融调控政策将继续保持连续性、稳定性、可持续性和对经济恢复的必要支持力度。

第三节 广东地方金融服务经济社会发展

一 广东普惠金融发展

（一）普惠金融政策背景

广东普惠金融自农村开始。2015年3月，为贯彻落实中共第十八届三中、四中全会和中共广东省委第十一届三次、四次全会精神，根据《国务院办公厅关于金融服务"三农"发展的若干意见》等要求，经省政府同意，广东省人民政府办公厅印发《关于深化农村金融改革建设普惠金融体系的意见》，明确了农村金融改革中普惠金融建设的总体要求、主要任务和重点工作。

2016年，为了贯彻落实国务院《推进普惠金融发展规划（2016—2020年）》，中共广东省委、省政府结合广东实际出台《广东省推进普惠金融发展实施方案（2016—2020年）》，明确了广东省推进普惠金融的总体思路，从完善普惠金融机构体系、创新普惠金融产品及服务手段、强化重点地区及领域服务措施、优化普惠金

---

① 央广网：《广东亮出2020年金融成绩单：制造业贷款增速和增量创下新高》，2021年1月14日，https：//baijiahao.baidu.com/s? id = 1688868746096783410&wfr = spider&for = pc。

融发展环境、发挥政策引导及激励作用、强化组织保障及推进实施等六个方面详细制定了普惠金融的具体实施内容和保障措施，[①]成为广东推进普惠金融建设的重要指导性文件。各有关部门、各地政府以实施方案为指引，先后出台了相应的配套政策。与此同时，广东还成立了省普惠金融工作专责小组，各地级以上市也成立了由市领导挂帅的市普惠金融工作领导小组，切实加强工作指导。

广东建立起与全面建成小康社会相适应的普惠金融服务和保障体系，有效提高金融服务可得性，明显增强人民群众对金融服务的获得感，显著提升金融服务满意度，满足人民群众日益增长的金融服务需求，特别是要让小微企业、农民、城镇低收入人群、贫困人群、残疾人、老年人等及时获取价格合理、便捷安全的金融服务，使广东省普惠金融发展水平居于全国前列。

2020年，新冠疫情突如其来，广东银保监局及时出台多项支持政策，主动加强与广东省市部门协调联动，将金融支持举措融入全

---

① 完善普惠金融机构体系的内容包括：充分发挥各类银行机构的作用、探索和规范发展各类新型金融机构和组织和积极发挥保险公司资金和保障优势；创新普惠金融产品及服务手段的内容包括支持金融机构创新产品和服务方式、有效发挥资本市场融资功能、稳妥有序推进农村"两权"抵押贷款业务和运用新兴信息技术及互联网手段拓展普惠金融服务；强化重点地区及领域服务措施的内容包括全面建设"四个基本平台"、提升珠三角地区农村普惠金融效能、创新小微企业金融服务方式、加大对特殊群体金融扶持；优化普惠金融发展环境的内容包括加强农村地区支付结算基础设施建设、建立健全普惠金融信用信息体系、加强普惠金融教育和金融消费者权益保护和创新社保卡金融服务功能；发挥政策引导及激励作用的内容包括发挥货币信贷政策和金融监管差异化激励作用、开辟市场准入绿色通道、积极发挥财税政策作用和强化地方配套支持；强化组织保障及推进实施的内容包括加强组织领导和完善相关政策法规、大力培养金融人才、建立监测评估和统计体系和开展试点示范和实施专项工程。

省惠企政策体系中，引导、带动广东银行保险业全力支持复工复产，取得积极成效。一是增加有效资金供给。自主出台支持复工复产和社会经济发展22条，并配合广东省有关部门出台金融暖企18条等40余份政策文件，率先评估政策效果，及时完善配套措施。截至2020年12月末，辖内各项贷款余额12.41万亿元、同比增长18.71%，较年初增加1.96万亿元，同比多增3990.91亿元。其中，投向实体经济贷款同比增长22.11%，中长期贷款同比增长21.61%，分别高于贷款平均增速3.4和2.9个百分点。为552家抗疫重点企业提供优惠利率贷款279.8亿元，贴息后利率不高于1.16%，支持疫情防控取得重大战略成果；二是严格落实纾困政策。以稳企业保就业为核心，推动延期还本付息、再贷款再贴现等政策落地，累计为14万户、3453亿元中小微企业贷款本息实施延期支付，居全国之首；累计发放支农、支小再贷款858.97亿元，加权平均利率4.70%；办理再贴现票据119.94亿元，加权平均利率2.68%。加大产业链协同复工复产金融服务，畅通产业链资金流。[1]

（二）政策措施

广东推动普惠金融发展主要采取以下措施。

第一，提高金融服务覆盖率。基本实现乡乡有机构，村村有服务，乡镇一级基本实现银行物理网点和保险服务全覆盖，巩固助农取款服务村级覆盖网络，提高利用效率，推动行政村一级实现更多基础金融服务全覆盖。拓展城市社区金融服务广度和深度，显著改善城镇企业和居民金融服务的便利性。

---

[1] 新浪财经：《广东银行业2020成绩单：不良率1.02% 普惠型小微企业贷款首破万亿》，2021年1月13日，https://baijiahao.baidu.com/s?id=1688742046333383969&wfr=spider&for=pc。

第二，提高金融服务可得性。大幅改善对城镇低收入人群、困难人群以及农村贫困人口、创业农民、创业大中专学生、残疾劳动者等初始创业者的金融支持，完善对特殊群体的无障碍金融服务。加大对新业态、新模式、新主体的金融支持。提高小微企业和农户贷款覆盖率。提高小微企业信用保险和贷款保证保险覆盖率，力争使农业保险参保农户覆盖率超过95%。

第三，提高金融服务满意度。有效提高各类金融工具的使用效率。进一步提高小微企业和农户申贷获得率和贷款满意度。提高小微企业、农户信用档案建档率。明显降低金融服务投诉率。

第四，优化普惠金融发展环境。不断加强农村地区支付结算基础设施建设，拓展助农取款点服务广度和深度，提高农村地区资金汇划效率。使普惠金融教育和普惠金融消费者权益得到较好保障。提升社保卡金融服务等的便利化程度。

（三）实施效果

一是普惠金融服务平台覆盖面扩大，中小微企业融资效率得到提升。2019年，中小微企业信用信息和融资对接平台形成一个平台、两级覆盖、多功能融合的"广东模式"，中征应收账款融资服务平台在广东省积极推广运用。2020年，"粤信融"平台累计撮合银企融资对接4.6万笔，比上年增长74.24%，金额3052亿元，比上年增长22.37%；中征应收账款融资服务平台为中小微企业提供线上"政采贷"业务和应收账款融资服务，2020年促成融资5218笔，金额1003亿元，比上年增长159.17%。[①]

二是农村金融组织体系不断完善，农村普惠金融服务水平持续

---

① 根据2020年和2021年中国人民银行广州分行货币政策分析小组《广东省金融运行报告》测算。

提升,农村普惠金融取得一定成效。截至2019年末,金融服务行政村覆盖率达到100%;2020年末,广东省存量助农取款服务点2.4万个,全年发生助农取款业务992.3万笔,较上年增长45.22%,金额46.8亿元,较上年增长50%。① 广东省农信联社大力推进"农村普惠金融户户通",打造的"政务+金融户户通"服务平台,持续提升农村普惠金融服务水平。② 截至2021年4月末,广东省(不含深圳)81家农商行总资产3.77万亿元,各项存款余额2.81万亿元,各项贷款余额1.95万亿元。2020年,广东农信联社减费让利达72.41亿元,占到全年利润的1/4,让利幅度比全国银行业平均水平高出近10个百分点。从整体上看,广东农信联社以不到全省银行业20%的资产占比,实现了存贷款规模、支农支小信贷投放、扶贫小额贷款发放、服务网点覆盖面以及缴纳税费全省"五个"第一。其中,广东省内农商行在服务乡村振兴尤其是开展普惠金融服务方面成绩斐然:一方面坚持"支农支小"发展定位,树立农商行标杆;另一方面积极落实国家减费让利政策,为中小企业浇铸金融"活水"助力实体经济发展。截至2021年4月末,全省农商行涉农贷款5237亿元,占全省涉农贷款比重为34%。③

三是主动担当,助力后疫情时代经济恢复和民生保障。2020年,广东及时出台"双统筹30条""复工复产20条",分批分级、科学有

---

① 根据2020年和2021年中国人民银行广州分行货币政策分析小组《广东省金融运行报告》测算。
② 广东农信联社是代表广东省政府履行对全省农村信用社、农村商业银行进行管理、指导、协调和服务职能的金融机构。
③ 张一鸣、阚琨:《广东农信聚力打通农村金融"毛细血管"》,《中国经济时报》2021年5月31日。

序推进复工复产复商复市，加速经济恢复；出台"中小企业26条""金融暖企18条""个体工商户23条"等系列政策，帮助企业渡过难关、稳步向好。坚决落实国家规模性助企纾困政策，能减则减、能免则免、能优惠则优惠，为各类市场主体减税降费达3000亿元，新增信贷2.8万亿元、占全国的1/7。全年新增市场主体230万户。出台"2.0版促进就业9条"，加大援企稳岗力度，发放失业保险稳岗返还资金130亿元；开展补贴性职业技能培训308万人次；承办首届全国职业技能大赛；高校毕业生就业率超过97%，超过全国平均水平；全省城镇新增就业134万人，调查失业率全年平均为5.45%；居民人均可支配收入增长5.2%，超过全国平均水平4.7%。[①]

二　广东金融扶贫工作发展及贡献

（一）政策内容

为深入贯彻落实《中共广东省委、广东省人民政府关于新时期精准扶贫精准脱贫三年攻坚的实施意见》，拓宽扶贫开发资金渠道，支持全省扶贫攻坚工作，结合实际，2016年广东省人民政府金融工作办公室印发了《关于金融精准扶贫精准脱贫三年攻坚的实施方案》，以加快贫困地区发展为工作核心，以开展农村普惠金融为重要手段，努力健全农村金融服务体系，不断创新金融扶贫模式，有效盘活各类农村资产，切实解决扶贫领域资金不足问题，助力贫困地区脱贫致富。金融助力精准脱贫将遵循"省级统筹、以县为主，整合资源、靶向精准，

[①] 广东省发展和改革委员会：《广东省2020年国民经济和社会发展计划执行情况与2021年计划草案的报告》。

政府扶持、市场运作"① 的原则,从政策支持、融资规模、服务创新、风险补偿分、基础环境等方面展开。

(二) 政策措施

为了全面提升金融精准扶贫、精准脱贫服务能力,确保贫困地区贷款增速不低于全省各项贷款平均增速、贫困户贷款增速高于农户贷款平均增速,建档立卡贫困村,村村设立金融(保险)服务站和助农取款点,符合条件的贫困村开展信用村建设,各类金融机构和组织在贫困地区的服务覆盖面逐步提高,中共广东省委、省政府部署金融助力精准脱贫分三年实施:2016年,开展金融精准扶贫、精准脱贫工作,指导贫困地区建设完善基层金融服务;2017年,全面推进金融精准扶贫、精准脱贫,鼓励和指导各贫困地区、涉农金融机构探索各类金融扶贫经验模式;2018年,大力推广好的金融扶贫经验模式,实现贫困地区金融服务全覆盖。

在具体政策方面,一是加大金融政策支持力度,包括开辟市场准入绿色通道和实施定向宽松金融监管政策;二是扩大贫困地区融资规模,包括有效增加贫困地区信贷投放和大力拓宽扶贫开发直接融资渠道;三是加强服务创新,包括大力推进扶贫小额信贷,继续实施妇女创业小额担保贴息贷款项目,推动开展"政银保"合作农业贷款,积极创新金融产品;四是建立扶贫信贷风险补偿分担机

---

① "省级统筹,以县为主",指省市县各级地方政府加强政策支持,出台配套政策文件,贫困地区充分发挥主观能动性和创造性,大力开展金融精准扶贫。"整合资源,靶向精准",指大力整合各类扶贫专项资金,加强与各类金融资金匹配对接,有效运用现代金融手段,开展金融精准扶贫。"政府扶持,市场运作",指充分发挥市场配置资源的决定性作用,政策扶持、市场化运作,同时建立健全风险分散和补偿机制,在有效防范金融风险前提下推进金融精准扶贫。

制，包括建立健全财政支持的农业信贷担保体系和发挥保险风险补偿功能；五是提高贫困地区金融服务基础环境，包括大力开展农村普惠金融和加快改善贫困地区支付环境。

此外，广东省在金融扶贫中积极贯彻落实《关于创新机制扎实推进农村扶贫开发工作的意见》《关于全面做好扶贫开发金融服务工作的指导意见》和《关于创新发展扶贫信贷指导意见》等文件精神，研究起草广东省金融扶贫小额信贷的具体政策，努力推进广东省金融扶贫工作，促进贫困人口脱贫致富。

（三）实施效果

打赢精准脱贫攻坚战，是党中央确定的决胜全面建成小康社会三大攻坚战之一。广东省监管部门认真贯彻落实中共中央、国务院、中共广东省委、省政府脱贫攻坚战略部署，积极引领推动辖内金融机构开展金融精准扶贫，不断完善广东金融机构组织体系，金融扶贫取得积极成效。

一是精准扶贫组织机构体系不断完善。2019年5月，广东省地方金融监管局牵头推动成立实施乡村振兴战略领导小组农村金融专项组，负责推动建立健全我省金融服务乡村振兴的体制机制、优化资源配置、开展涉农金融产品和服务创新、优化乡村金融生态环境、加大金融对乡村振兴的支持力度等工作。同时，稳步推进农信社改制，培育和发展小额贷款公司、村镇银行、民营银行等新型农村金融机构，不断充实完善农村金融组织体系，强化涉农金融机构支持乡村振兴和精准扶贫能力。二是根据地区特点进行的差异化扶贫取得良好成效。省农信联社加大对生猪生产行业的信贷支持力度，创新推出"生猪贷"业务；农业银行、邮储银行江门分行等机构先后在江门新会地区开发推出了"陈皮贷"，支持江门新会陈皮从单一产业向"公司+基地+农户+旅游+互联网"的三产融合模式转变；清远和梅州等地依托生态补偿平台推进生态扶贫，开展以林业碳汇、光伏减排量等生态补偿核证自愿减排量（STCER）为代表的生态补偿产品交易业务，截至2020年6月，林业碳汇成交量291.45万吨，成交金额5064.51万元，为农民创收2190.19万元。① 三是"产业扶贫"与"消费扶贫"从供给和需求双向带动，银行业扶贫取得良好成效。一方面，广东银行业以"产业扶贫"造新血带动农村发展，截至2020年末，广东银行业涉农贷款余额1.51万亿元，增速达到17.2%；精准扶贫贷款余额达285亿元，同比增长27.3%；产业精准扶贫贷款余额达212.5亿元，带动逾5.76万贫困人口就业创业、实现脱贫，累计发放扶贫小额贷款25.56亿元，惠及贫困户7.78万人；另一方面，以"消费扶贫"拓渠道助力农民富裕，充分利用广东银行业网点多、客户广、网络平台便利等方面优势，创新"金融目标客户库、专属消费场景、贴身定制服务、数字化服务、直播带货"等五大消费扶贫模式，带动扶贫产品消费达4.72亿元，惠及省内外多个贫困地区近万农户农企。② 四是在扶贫保险方面取得新突破。落实对建档立卡贫困户投保保费补贴，扩大贫困地区涉农保险保障范围，适度降低粤东西北地区保费费率。2020年底，实现了粤东西北地区贫困人群医疗补充保险广覆盖，政策性农业保险乡镇全覆盖。此外，广东证券业金融机构也积极响应国家号召，利用行

---

① 新浪财经：《广东地方金融扶贫：累计帮扶资金超400万推进扶贫村经济社会发展》，2020年7月21日，http://finance.sina.com.cn/china/dfjj/2020-07-21/doc-iivhvpwx6580897.shtml。

② 周亮：《广东银行业2020年十件大事公布：小微贷款余额破万亿大关》，南方都市报APP，2021年3月15日，http://m.mp.oeeee.com/a/BAAFRD000020210315453706.html。

业前沿技术资讯优势，积极承担精准扶贫责任，取得良好的社会反响。例如，广发证券的教育扶贫项目"广发励志班"就入选中国优秀扶贫案例报告会"扶志扶智"优秀案例；"联合国可持续发展目标示范村"项目入选国务院扶贫办"2019年社会组织扶贫50佳案例"。①

三 广东金融助力科技创新

广东省金融业发展历来注重对实体经济的支持。随着创新驱动战略的实施，金融的支持作用愈加凸显。因此，广东省逐渐加大对实体经济的支持力度。深化政银保合作，加大银行保险资金对重大项目建设支持力度。研究出台促进民营和中小微企业融资发展的若干政策措施，从根本上缓解融资难、融资贵、融资慢等问题。加快发展科技金融，畅通产业链创新链生命周期，打造金融服务实体经济的广东路径。具体表现在：充分与产业体系相结合，针对不同行业、不同规模、不同生命周期阶段的企业量身定制的科技金融和产业金融，着力培育与产业链、创新链生命周期需求相匹配的金融服务体系。引导专业型孵化器、加速器成立创投机构；支持政府引导基金与专业创投机构、孵化器、加速器共同成立专项产业基金；培育和引进金融科技企业。此外，广东还依托国家级与省级制造业创新中心，成立以金融科技为主的制造业金融创新中心；建立资产信息数据资源库，推进金融数据率先市场化；建立全民上链式区块链金融平台，扩大供应链金融服务平台运用范围，推进营商环境数字化；着力建设知

---

① 中国经济网：《广发证券2020年社会责任报告：抗击疫情捐2710万，扶贫被评"满分"》，2021年4月21日，https：//baijiahao.baidu.com/s？id=1697621557235691021&wfr=spider&for=pc。

识产权投融资创新体系,建立知识产权金融服务体系;积极推动知识产权在粤港澳大湾区乃至东亚自贸区(RCEP)域内互认政策,推进知识产权跨境确权与证券化。

证券、保险、银行业系统发力,助力广东科技创新,金融对国际科技创新中心建设的支撑作用进一步增强。资本市场改革持续深入,创业板注册制改革为更多高新技术企业上市融资提供了便利。截至 2020 年末,广东在国内上市公司数达到了 677 家,同比新增 59 家;① 新三板挂牌企业 753 家;② 截至 2020 年 7 月 22 日,广东地区共有 70 家企业获得注册制创业板受理,占全国比重为 23.18%,位居全国第一。③ 一大批科技型中小企业利用多层次资本市场实现了快速发展。此外,保险支持科技创新取得显著成效,截至 2020 年 11 月 27 日,科技保险为广东超过 3 万家次企业的研发、生产、销售、售后等全经营流程提供了约 1 万亿元的风险保障资金,④ 对实体经济发展和缓释风险起到了保障支持作用。银行业通过如知识产权质押融资等产品创新助推创新驱动。截至 2021 年一季度末,

---

① 中国人民银行广州分行货币政策分析小组:《广东省金融运行报告(2021)》,2021 年 6 月 8 日,http://guangzhou.pbc.gov.cn/guangzhou/129136/4264307/index.html。

② 中国证券监督管理委员会广东监管局:《2020 年 12 月辖区证券期货市场概况》,中国证券监督管理委员会广东监管局官网——政府信息公开——主动公开目录,2021 年 2 月 2 日,http://www.csrc.gov.cn/guangdong/c104533/c2b2c8ada91ef4b9288d05791dbc18161/content.shtml。

③ Wind 客户端:《广东创业板受理企业 70 家:去年平均研发费为 3697 万高出北京受理企业 923 万》,2020 年 7 月 23 日,https://www.163.com/dy/article/FI8E3L6S0519AU27.html。

④ 张艳:《提供保障约万亿元!科技保险在粤发展势头迅猛》,《南方 Puls》2020 年 11 月 29 日,https://view.inews.qq.com/k/20201129A04XXY00?web_channel=wap&openApp=false。

广东（不含深圳）主要银行机构累计发放知识产权质押贷款（含组合担保）突破258亿元，存量客户超过1400户，贷款余额112亿元，同比分别增长64%、50%、55%。[①] 从2015年开始，广东金融和财政相结合，通过设立政府性引导基金的方式，助推科技创新。2020年广东省级以10亿元发起设立粤港澳重大科技成果转化基金；[②] 2021年，广东半导体及集成电路产业投资基金成立，首期财政出资100亿元、带动社会投资形成200亿元规模；粤港澳大湾区科技创新产业投资基金成立，首期规模200亿元，总规模1000亿元。[③] 三只基金均投向科技创新领域。

[①] 黄蕾：《广东银保监局：用好知识产权"金钥匙"助力科技创新跑出"加速度"》，上海证券报·中国证券网，2021年4月26日，https：//news.cnstock.com/news, jg-202104-4693944.htm。

[②] 广东省财政厅：《一图读懂 | 2021年广东省财政预算报告》，2021年1月24日，http：//czt.gd.gov.cn/ztjj/2021gdlh/lhtx/content/post_3183405.html。

[③] 财经网：《粤港澳大湾区科技创新产业投资基金成立，总规模1000亿元》，2021年11月2日，https：//baijiahao.baidu.com/s?id=1715312283530078306&wfr=spider&for=pc。

第七章 广东新金融与类金融业态发展

新金融与类金融业态作为金融业的重要组成部分，与其他业态相比具有鲜明的特色，突出表现在两个方面：一是业态以新为主，相对于具有悠久发展历史的银行、证券、保险等传统业态，绝大部分业态出现、特别是其快速发展都是在2010年之后；二是业态具有复杂性，与传统金融业态存在着一定的差异性，部分类金融业态监管有很长一段时间都不在金融部门。中华人民共和国成立之后，广东类金融业态首先发展，而改革开放之后特别是2010年之后，各种新金融业态蓬勃发展。

第一节 新金融与类金融业态发展概述

一 新金融与类金融业态不断丰富

在众多业态中，历史最为悠久的典当业于1950年在广州重新开业，在随后的数年中得到较快发展，然后随着社会环境变化而逐渐沉寂。1978年之后，作为改革开放前沿，广东新金融与类金融业态在新的起点上开始起步探索。1984年，深圳租赁有限公司在深圳市福田区成立，标志着广东新金融与类金融业态中的融资租赁行业正式出现；1996年，广东集成融资担保有限公司开始涉足融资性担保业务，成为广东最早开展融资性担保业务的机构；2000年之后，小额贷款、区域股权市场、农村专业合作社等一批业态进一步出现；2010年之后，P2P、商业保理、地方资产管理公司等一批业态相继涌现，标志着广东新金融与类金融业态进入百花齐发的状态。

二　新金融与类金融业态区域布局不断优化

广东新金融与类金融业态早期大多数集中在广州，只有融资租赁等少数业态分布在广州之外，区域发展差异非常大。随着广东着力破解区域发展不平衡的难题，实施粤东西北振兴发展战略等一系列重大举措来推进区域协调发展，新金融与类金融业态区域布局也不断优化，从原来的广州单极格局逐渐发展成为广深双城联动引领协同发展的新格局。例如，第一家互联网小额贷款公司由佛山美的集团有限公司主发起；商业保理行业成为珠海横琴新区先行先试、迅速发展的行业等。从整体上看，随着广东经济社会发展不平衡、不充分局面的不断扭转，新金融与类金融业态形成以广州、深圳为综合金融中心，其他城市特色金融优势突出的区域发展新格局。

三　持续创新是广东新金融与类金融业态发展的不竭动力

回顾新中国广东新金融与类金融发展历史，一个重要经验就是广东金融始终与广东同步走在改革开放最前沿，高度注重通过持续创新推动新金融与类金融业态的持续健康发展。例如，为促进小额贷款行业健康、规范发展，优化小额贷款公司外部环境及解决小额贷款公司融资难题，从而更好地为"三农"、中小微企业和个体工商户服务，2013年，广州率先在全国创新设立首家为小额贷款公司提供融资服务的企业——广州立根小额再贷款股份有限公司（以下简称"立根小贷");在农业专业合作社领域探索"粤汇模式",以农业专业合作社(广州市增城丰粮农业专业合作社)作为主发起人,依托现代农业产业园(广州正旭现代农业孵化园),利用广州市增城粤汇资金互助合作社丰富的资金、土地、产品等资源,为社员、农户提供资金流、信息流、物流等服务,推动农业专业合作社由单一型的生产经营合作向复合型多功能发展转变;针对金融风险高发隐患,广东建成国内首个地方金融风险防控平台,积极运用金融监管科技,构筑地方金融风险防控全省"一张网",形成风险监测的闭环管理。

四 风险防范是广东新金融与类金融业态发展的永恒主题

从外部环境来看,整个广东金融业发展过程中一直与金融风险相伴,在历史上曾经有过广东国际信托投资公司破产、广东发展银行重组[1]、汕头市城市商业银行整顿[2]等一系列重大金融事件。广东新金融与类金融发展也不例外,在漫长的发展历程中多次发生了重大金融风险。例如,2012年"华鼎事件"使得广东融资担保行业发展遭受重大影响,整个行业进入规范发展阶段;2017年以后,特别是2018年,一大批P2P网贷平台相继爆雷,其中广东公安机

---

[1] 广东发展银行为降低不良资产率,于2003年开启了"一波三折"的重组之路。2006年11月16日,广东发展银行与美国花旗集团牵头组织的国内外投资者团队在广州签署战略投资与合作协议,由国内外投资者团队出资242.67亿元人民币,认购重组后的广东发展银行85.5888%的股份。其中持股比例为:美国花旗集团20%、中国人寿保险股份有限公司20%、国家电网有限公司20%、中信信托有限责任公司12.8488%、洋浦普华投资发展公司8%,IBM信贷有限责任公司(IBM Credit LLC)4.74%。

[2] 2001年8月10日中国人民银行勒令广东汕头市商业银行全面停业整顿,因其无法向私人储户偿付约15亿元人民币的债务。

关立案家数就超过 70 家，涉及数百亿资金金额和数百万投资人。广东省高度重视金融风险防范，广州市金融工作局经广州市人民政府同意制定《广州市决胜防控金融风险攻坚战三年行动计划（2018—2020年）》，广州成为全国首个出台防控金融风险攻坚战行动计划的城市。

五　有效监管是广东新金融与类金融业态发展的有力保障

伴随着互联网、大数据、人工智能等新技术的进步，新金融与类金融业态发展出现新的运作模式、技术特点和风险特征等。在此背景下，广东金融监管部门积极应对新变化，一手抓扶持，一手抓引导，通过有效监管为广东新金融与类金融业态发展保驾护航。一方面，充分发挥金融支持实体经济的作用，特别是新金融和类金融业态在普惠金融等方面的独到优势，结合各地实际情况采取差别化金融扶持政策。例如，广州市南沙区将融资租赁作为重要发展方向，先后出台《广州南沙促进融资租赁业健康发展的实施意见》《关于促进广州南沙新区融资租赁业发展暂行办法》等政策，积极打造融资租赁发展高地；另一方面，新金融与类金融业态国家层面金融管理体系仍不健全，许多金融法律法规尚没有修订，因此，广东金融监管部门在金融监管方面积极探索，着力构建与新业态发展要求相适应的新型金融监管模式引导发展，取得了良好效果。例如，针对P2P金融风险高企的现状，监管部门通过压降存量业务规模、出借人数量、借款人数量的"三降"要求来积极引导P2P网贷平台有序调整。

第二节 小额贷款行业发展

一 广东小额贷款行业的起步

2000年,以农村信用社为主体的正规金融机构开始试行并推广小额贷款,小额贷款进入以正规金融机构为导向的发展阶段,是中国小额贷款发展的起点。2005年10月,中国人民银行(以下简称"人民银行")选择中西部五省(山西、四川、贵州、陕西和内蒙古)启动"商业性小额贷款公司试点"工作,一批小额贷款公司纷纷成立。[①]

2007年,深圳市人民政府金融工作办公室(以下简称"深圳市金融办")批准设立的首批五家试点小额贷款公司是广东成立最早的小额贷款公司,分别是深圳市世联小额信贷有限公司、深圳亚联财小额贷款有限公司、深圳普罗米斯小额贷款有限公司、深圳市银盛小额贷款有限公司,以及深圳市鑫荣联小额贷款有限公司。其中,深圳市世联小额贷款有限公司于2007年4月12日在深圳市市场监督管理局福田局登记成立,是深圳市小额贷款行业协会第一届理事单位。它脱胎于深圳世联地产顾问股份有限公司(A股股票代码002285),充分发挥其贴近社区的优势,重视对居民家庭资产价值、按揭信用和资金需求的分析,依托平台优势和自身独特的产品开发技术,围绕家庭资产市场价值和按揭信用评估,提供多样化的信贷产品,积极响应深圳市人民政府扶持中小企业发展的产业政

---

① 中国小额信贷联盟秘书处:《中国小额信贷联盟与中国金融行业发展大事记对照(2003年—2018年)》,中国小额信贷联盟官网——联盟新闻,2018年12月11日。

策，充分利用对中小企业主家庭资产按揭信用及企业现金流综合分析的技术，面向中小企业提供信用贷款，切实解决中小企业融资难问题。

2008年5月，为进一步规范小额贷款公司的发展，中国保险监督管理委员会、人民银行联合颁布《关于小额贷款公司试点的指导意见》，自此，小额贷款公司试点在全国范围内迅速展开。

2009年1月14日，为进一步加强对广东省"三农"和小型企业的金融服务，根据中国保险监督管理委员会、人民银行《关于小额贷款公司试点的指导意见》和《中共广东省委广东省人民政府关于加快发展金融产业建设金融强省的若干意见》的精神，广东省人民政府（以下简称"省政府"）出台《关于开展小额贷款公司试点工作的实施意见》，其中就广东省开展小额贷款公司试点工作提出实施意见，规定各地级以上市可在本市范围内选择两个县（市、区）开展小额贷款公司试点，每个试点县（市、区）可设立1家小额贷款公司。首批小额贷款试点单位有广州市花都万穗小额贷款股份有限公司、广州市衡誉小额贷款股份有限公司（原广州市越秀海印小额贷款股份有限公司）等，标志着广东省小额贷款行业的起步。其中，广州市花都万穗小额贷款股份有限公司（以下简称"万穗小贷"）于2009年4月7日经广东省金融服务办公室核准设立开业，注册资本为1.5亿元人民币，是广州市第一家小额贷款公司、中国小额信贷联盟理事会成员机构（全国仅两家小额贷款公司入选），并被推选为中国小额信贷机构联席会第一届副会长单位、广东省小额贷款公司协会副会长单位。同年10月，万穗小贷在广东省内率先推出30万元以下无抵押贷款，专门为村镇农户、小商户、小生意人提供全信用的微型金融服务。

二 广东小额贷款公司及其监管的发展

2010年，随着第一批小额贷款公司试点工作的顺利开展，广东逐步扩大试点范围。以广州市为例，到2011年广州市已成立13家小额贷款公司，之后三年保持着每年新成立15家以上的态势持续发展。

2011年9月，广东省小额贷款公司已发展到161家，注册资本总额148亿元，累计投放贷款达526亿元，一定程度缓解了小企业和"三农"融资难的问题，取得良好的经济和社会效益。但是，小额贷款公司在发展中也面临着资金来源不足、回报率不高、征信系统无法惠及、缺乏专业人员等问题和困难。

2011年9月13日，为进一步促进小额贷款公司平稳较快发展，充分发挥其灵活有效的金融服务功能，省政府出台了《关于促进小额贷款公司平稳较快发展的意见》，进一步优化小额贷款公司发展环境，各项管理按照金融企业执行，建立财政定向费用补贴和风险补偿机制，积极为小额贷款公司建立持续稳定的融资渠道，继续推进覆盖试点并建立从业人员资格认证制度。[1]

2013年1月，为贯彻落实广东省人民政府办公厅《关于促进小额贷款公司平稳较快发展的意见》，省财政设立小额贷款公司风险补偿专项资金。风险补偿专项资金的使用范围包括：（1）对小额贷款公司发放的涉农贷款给予适当补助；（2）对小额贷款公司发放的贷款损失，给予适当风险补偿；（3）对银行业金融机构、融资担保

---

[1] 广东省人民政府金融工作办公室：《关于促进小额贷款公司平稳较快发展的意见》，2012年1月9日，广东金融网——政策法规，http://gdjr.gd.gov.cn/gkmlpt/content/1/1124/post_1124616.html#1214。

公司以优惠利率和担保费率为小额贷款公司提供贷款、担保服务，给予适当补助。①

2013年10月21日，立根小贷②成立，注册资本10亿元。立根小贷是经广州市工商行政管理局及相关管理部门批准的全国首家为小额贷款公司提供融资服务的企业，共有股东23家，由广州国际控股集团有限公司作为主发起人，广州国际控股集团有限公司及其下属全资子公司广州市广永国有资产经营有限公司合资持股比例50%。其他股东包括广州市花都万穗小额贷款股份有限公司、广州市荔湾信德小额贷款有限公司等一批老资格的小额贷款公司和新设立的小额贷款公司以及其他社会股东。根据资金的合理安排情况，立根小贷充分发挥作为中央交易商的定位和角色，组织同业拆借及购买小额贷款公司的信贷资产，既满足小额贷款公司资金融通的功能，又能促进小额贷款行业更好地服务于"三农"、中小微企业和个体工商户。③

2014年4月，广州市金融工作局编制了《广州市小贷公司开展贷款资产转让及贷款资产收益权转让业务指引》，支持小额贷款公司在广州金融资产交易中心等经广东省人民政府金融工作办公室（以下简称"省金融办"）批准开展小额贷款公司融资创新业务的交易场所开展贷款资产转让和贷款资产收益权转让业务，规范广州市

---

① 广东省人民政府金融工作办公室：《广东省小额贷款公司风险补偿专项资金使用管理办法（试行）》，广东金融网——政策法规，2013年1月24日，http://gdjr.gd.gov.cn/zcfg/xljb/gdsdfx/content/post_1119241.html。

② 广州立根小额再贷款股份有限公司官网——公司介绍——关于我们，2019年2月28日。

③ 广州市金融工作局：《2014广州金融白皮书——金融发展形势与展望》，广州出版社2015年版，第100页。

小额贷款公司贷款资产转让等相关业务,当年已有3家公司的小贷资产收益权产品成功挂牌并实现转让。同年5月,广州市金融工作局印发实施《广州市小额贷款公司利用未分配利润发放贷款试行办法》,支持小额贷款公司利用未分配利润发放贷款,增加可用资金,支持小额贷款公司进一步做强做优。

2014年7月,广州首家互联网特色小额贷款公司——唯品会(中国)有限公司独资设立的广州唯品会小额贷款有限公司落户广州民间金融街。

2016年12月7日,省金融办发布《关于进一步促进小额贷款公司规范发展的意见》,在准入条件和投融资渠道等方面有所放宽。降低港澳资金设立小额贷款门槛,全面取消股东持股比例限制,拓宽小额贷款公司投融资渠道。

2017年,广东省小额贷款公司行业实现税收收入约8.9亿元,同比增长28.99%,实现较大增长。但是,广东省传统小额贷款公司与网络小额贷款公司经营情况相比差距明显,随着数字经济的崛起,广东省网络小额贷款公司发展迅猛,已经成为全国注册小额贷款公司最多的省份之一。从跨省比较来看,广东省小额贷款公司行业总体规模位于全国前列,行业户均实收资本、贷款余额及放大倍数均高于全国平均水平。

2018年,广东省小额贷款公司行业利率水平逐步规范,平均贷款利率略有下降,不良贷款余额微降。随着国家对普惠金融政策的推行,小额贷款行业发展逐渐升温,出现了新的增长态势。2018年6月末,广东省小额贷款行业共有从业人员6837人,其中高级管理人员2046人。珠三角地区从业人员4555人,占全省的66.62%,平均每家有19人。粤西、粤北地区每家平均从业人员11人。资本构成以民营资本为主,占比超过 91.86%。其中,国有控股 33 家,民营控股 372 家,外资控股 0 家。注册资本 5 亿元(含)以上的 12 家;注册资本 1 亿元(含)至 5 亿元的小额贷款公司共 234 家、占比 57.78%;注册资本 5000 万元(含)至 1 亿元的共 105 家,注册资本 5000 万元以下的 54 家。①

截至 2020 年末,广东省(不含深圳)已开业小贷公司 387 家,注册资本 578.42 亿元;年末贷款余额 556 亿元,同比增加 8%,行业发展总体稳健有序,未发生重大风险事件。

三 广东小额贷款行业协会的发展

(一)深圳市小额贷款行业协会

2009 年 3 月,深圳市人民政府颁布了《深圳市小额贷款公司试点管理暂行办法》后,在人民银行深圳市中心支行、中国银行业监督管理委员会深圳监管局、深圳市金融办、深圳市科技工贸和信息化委员会、深圳市市场监督管理局和深圳市公安局等联合监管部门的共同关心和支持下,深圳市的小额贷款公司迅速发展起来。为推动试点工作的顺利进行,更好地落实各项政策规定,开展行业自律规范工作,加强企业与政府之间的沟通,争取金融机构的法律地位和相应政策,业内企业强烈呼吁和要求尽快建立自己的行业组织,统筹协调各方面的利益关系,创造良好的发展环境,拓展信贷业务的发展空间,努力维护正常的市场经营秩序,促进行业又好又快发展和不断做大做强。在深圳市金融办的具体指导下,经过业内反复

---

① 广东省人民政府金融工作办公室:《广东省 2018 年 6 月小额贷款公司发展与监管情况的报告》,广东金融网——政务公开,2018 年 8 月 9 日,http://gdjr.gd.gov.cn/gdjr/zwgk/wgk/fwgk/content/post_2872252.html。

酝酿，2009年12月23日，由9家小额贷款公司共同商议并原始发起成立深圳市小额贷款行业协会，组成了行业协会筹备委员会，向深圳市金融办提出了书面申请报告。

2009年12月29日，深圳市金融办下达同意筹建成立行业协会的批复。按照法律规定向市民间组织管理局申请后，2010年3月深圳市民政局下发了《关于准予筹备深圳市小额贷款行业协会的批复》，协会的筹建工作全面展开。筹备委员会经过4个多月的紧张工作，经历了申请筹备的文件准备，章程的民主协商、领导机构和负责人的民主推选，成立大会的组织工作等阶段，筹建工作基本完成。

2010年5月10日下午，深圳市小额贷款行业协会在深圳市马哥孛罗好日子酒店举行第一次会员大会，40位会员代表按照议程，听取并通过筹备工作报告；民主讨论通过章程；遵循公开、公平和公正的原则，在有效监督的机制下，以无记名投票方式，差额选举产生理事会组成人员，并由会员大会民主选举产生了第一届的会长、副会长和监事，同时作出组建常设办事机构秘书处的决定。在随后召开的第一届理事会第一次会议上，审议决定法定代表人和秘书长，审议通过理事会议事规则等4项基本制度。[①]

（二）广东省小额贷款公司协会

2010年12月，在省金融办和部分小额贷款公司的推动下，广东开始酝酿组建广东省小额贷款公司协会，省金融办小额贷款公司协会筹备领导小组正式成立。2010年12月17日，省金融办小额贷款公司协会筹备领导小组确定广州市花都万穗小额贷款股份有限公

---

① 深圳市小额贷款行业协会：《2010年至2011年深圳市小额贷款行业协会大事记》。

司为筹备工作小组牵头单位。

2011年2月，成立了由广州市花都万穗小额贷款股份有限公司董事长为组长的广东省小额贷款公司协会筹备组，招聘了4名工作人员，负责各项筹备工作。2011年2月21日，发起单位负责人通气会召开，与会代表就"两个议程"（为什么要组建协会和协会的运作思路是什么）"三个决议"（筹备组人员组成、办公地点、注册资金金额及来源）形成初步共识。2011年3月18日，筹备发起人座谈会召开，与会代表对"两个议程"达成一致意见，并形成了"三个决议"。2011年4月1日，在广东省小额贷款公司协会筹备组提交了申请筹备材料后，收到广东省民政厅《关于同意筹备成立广东省小额贷款公司协会的复函》。2011年4月12日，在《南方日报》财富版上刊登了《广东省小额贷款公司协会筹备公告》。2011年10月20日，省金融办根据主要发起单位的投票结果，推选由广州市越秀海印小额贷款股份有限公司接管广东省小额贷款公司协会筹备组。2011年12月26日，第一次会员大会暨第一届常务理事会（创立大会）召开，审议通过章程，选举产生第一届领导机构。

2012年1月17日，在广东省小额贷款公司协会筹备组提交了申请成立材料后，收到广东省民政厅《关于同意成立广东省小额贷款公司协会的批复》。2012年2月24日，召开第一届常务理事会第一次会议，审议通过理事会（常务理事会）议事规则、2012年工作计划、2012年财务预算、秘书处机构设置、揭牌仪式和调研方案等多个文件。2012年3月31日，广东省小额贷款公司协会成立大会暨揭牌仪式召开。广东省民政厅、省金融办和省小额贷款公司试点工作联席会议的相关部门及各地市金融局领导应邀参加了此次大会。

2018年,广东省民政厅发出《广东省民政厅关于2017年度全省性社会组织等级评估结果的通知》,广东省小额贷款公司协会荣获2017年度广东省4A级社会组织称号。截至2018年末,广东省小额贷款公司协会共有会员单位233家,会员覆盖全省21个地级市。到2019年,会员单位增加297家。

(三) 佛山市小额贷款行业协会

佛山市小额贷款行业协会成立于2012年5月,是全省首家地级市小额贷款行业协会。

佛山市小额贷款行业协会成立以来,在加强行业自律、维权协作和培训交流等方面发挥着积极作用。伴随着小额贷款行业的快速发展,佛山市小额贷款行业协会在加强自身建设的同时,以重点协助解决小额贷款机构发展遇到的难题为己任,富有建设性地参与营造行业良好经营环境和政策环境的各项创建工作,在规范管理和创新发展中紧紧团结广大会员,凝聚共识,实现共赢。

截至2018年底,佛山市(不含顺德区)共有小额贷款公司27家,注册资本人民币36.85亿元,融资余额2.63亿元,其中资本市场融资余额3000万元,银行融资余额2亿元,全年营业收入3.72亿元,净利润1.13亿元,纳税总额约5400万元。

第三节 融资担保行业发展

一 广东融资担保业态的起步

1996年,广东集成融资担保有限公司开始涉足融资性担保业务,成为广东最早开展融资性担保业务的机构。广东集成融资担保有限公司于1996年12月26日在佛山市工商行政管理局登记成立,公司经营范围包括为企业及个人提供贷款担保、票据承兑担保、贸易融资担保等。

1997年7月，深圳市万明融资担保有限公司成立，注册资本1亿元，主要从事贷款担保、票据承兑担保、贸易融资担保、项目融资担保、信用证担保及其他融资性担保业务、资金过桥、短期拆借、红本抵押等业务。深圳市万明融资担保有限公司立足深圳市，面向整个珠三角范围，致力于建立和完善以"诚信为本"为基础的社会信用体系和担保融资体系；提供以解决企业融资难题为诉求目标的全方位综合服务。

1999年12月30日，广东南枫融资担保集团有限公司在广东省工商行政管理局登记成立，经营范围包括为企业及个人提供贷款担保、票据承兑担保、贸易融资担保等。[①] 至此，广东融资担保行业初具雏形。

2000年，广东银达融资担保投资集团有限公司、安信融资担保有限公司、广东汇利融资担保有限公司、广东南枫融资担保集团有限公司东莞分公司、珠海市中小企业融资担保有限公司等一大批融资担保机构相继成立。[②]

2004年，省政府发布《关于加快广东省中小企业信用担保体系建设的意见》，第一次明文提出加快广东省中小企业信用担保体系建设。同年，广东集成融资担保有限公司成为经广东省经济贸易委员会备案、经国家工业和信息化部批准的较大规模的专业融资担保机构。

2008年，全国唯一一家由中央财政出资的区域性再担保机构东北再担保公司成立，揭开了再担保行业起步的序幕。

[①] 资料来源：国家企业信用公示系统。
[②] 资料来源：国家企业信用公示系统。

2009年，广东省第一家再担保机构广东省融资再担保有限公司成立，同年，成立了深圳市中小企业信用再担保中心，广州市融资担保中心有限责任公司开展再担保业务试点。再担保机构体系的成立对于完善广东融资担保、再担保体系构建，带动省内融资担保行业发展有着重要影响。

二　广东融资担保公司及其监管的发展

2010年起，广东省配合国家政府加快整顿促进融资担保行业发展的步伐，先后颁布《广东省〈融资性担保公司管理暂行办法〉实施细则》《关于促进广东省融资担保行业加快发展的实施方案》等相关政策，监管部门围绕非融资性担保公司清理规范等事项开展了融资担保行业整顿工作。同年9月19日，省金融办印发《广东省融资性担保公司规范整顿方案》，重点对注册资本不实、违规经营、拨备缺口大、法人治理和内部控制薄弱、审慎性经营指标不符合监管要求等突出问题进行规范整顿；对非法集资、非法吸储等违法行为，从严整治。

2011年是广东省融资性担保行业的"规范整顿年"。省政府以规范整顿为契机，以整顿促规范，以规范促发展，取得较好成效，融资性担保机构精简，实力增强，经营渐趋规范，逐步走上规范经营、科学发展的轨道，有效发挥了支持中小微企业融资发展的作用。截至2011年末，共有融资性担保机构382家，占同期工商登记注册的担保机构数2936家的13%。规范整顿提升了行业发展的良好预期，吸引了一批优质民营企业和社会资本加大投资，融资性担保机构资本实力持续增强，注册资本总额达555亿元，比上年增加153亿元，增长38%；平均每户注册资本1.45亿元，比规范整顿前增加0.36亿元,增长33%。①

2012年2月初,广东融资担保行业"华鼎事件"传闻初现。华鼎融资担保有限公司(以下简称"华鼎担保")由陈奕标等人在2003年发起成立,初始注册资本金1000万元,总部设于广州,在佛山、东莞、顺德等地设有分支机构。当时,华鼎担保是广东省民营担保行业的领军企业,曾获得过"中国工商银行广东省分行AAA级客户""中国农业银行广东省分行AA+级信用评级""联合资信评估有限公司AA级评级"等资信评级,2月13日,华鼎担保方面承认了资金链确实比较紧张,紧张的原因在于多家与华鼎担保合作的银行收紧了银根,特别是自2011年10月起,中国工商银行股份有限公司停止了与民营担保公司的合作;另一个原因是华鼎担保出现了大面积的垫付和代偿,总额高达5亿余元。2012年3月9日上午,与华鼎担保合作借款的中小企业主向公安、银监、金融办等部门报案。当天,陈奕标率公司高管向省金融办汇报,承认共挪用19亿元资金。与此同时,陈奕标控制的广东创富融资担保有限公司也牵涉其中,至此华鼎事件全面爆发。2013年5月30日,经过一年多的调查取证工作,华鼎创富骗贷案在广州市越秀区人民法院开审,其中华鼎担保涉嫌骗取贷款9.28亿元,广东创富融资担保有限公司涉嫌骗取贷款12.25亿元。2014年5月6日,华鼎担保、广东创富融资担保有限公司的4名高管被判骗取贷款罪成立,处以有期徒刑3年并处以3万元罚款,华鼎担保则被判以5000万元的罚金。

---

① 广东省人民政府金融工作办公室:《广东省融资性担保行业2011年度发展与监管情况报告》,广东金融网——金融咨讯,2012年3月29日,http://gdjr.gd.gov.cn/gkmlpt/content/1/1124/post_1124624.html#1214。

2012年，面对经济下行压力增大的困难形势，广东省以妥善化解单体机构风险、全力维护行业信用、推进银担合作为重点，以深入开展行业风险排查和客户保证金规范整改为主线，从严监管，坚守不发生系统性、区域性风险底线，有效推动融资担保行业平稳有序发展。此外，行业努力发挥对中小微企业的融资担保作用，当年新增担保额1572亿元；新增在保户数（含个人）近95万户。其中，为全省1.1万户中小微企业新增融资担保额766亿元，新增债券发行担保额18亿元，为个人消费贷款新增担保额262亿元。[1]

2013年，广东省以引导融资担保机构规范发展、促进银担业务合作为重点，认真履行职责，扎实做好行业监管工作。广东省担保行业当年新增国有资本11.7亿元，已确立的融资担保平台公司17家。

2013年11月，以广东集成融资担保有限公司为经营主体的中国集成金融集团控股有限公司，在香港联合交易所有限公司主板成功上市，成为内地率先登陆香港资本市场的民营金融集团，也是国内率先登陆资本市场的融资性担保机构。[2]

2014年，广东省融资担保行业个别单体机构风险得到妥善处理，行业风险基本可控，不存在区域性系统性风险隐患。从资本与拨备的充足率看，注册资本557亿元全部为实收货币资本；全行业提取担保准备金52亿元，拨备覆盖率153.7%；从资产负债率看，

---

[1] 广东省人民政府金融工作办公室：《广东省融资性担保行业2012年度发展与监管情况报告》，广东金融网——金融咨讯，2013年4月11日，http://gdjr.gd.gov.cn/。

[2] 广东省人民政府金融工作办公室：《2013年度广东省融资担保行业发展与监管情况的报告》，广东金融网——金融咨讯，2014年4月14日，http://gdjr.gd.gov.cn/gkmlpt/content/1/1124/post_1124650.html#1214。

总资产696亿元，总负债113亿元，资产负债率16.2%，偿付能力较好；从资产流动性看，在696亿元总资产中，流动性资产528亿元，占总量的75.9%，行业流动性正常；从行业反担保抵押率看，已办理抵押登记、能够对抗第三方的所有反担保抵押物的总体评估价值484亿元，统筹反担保抵押物价值和机构存入保证金（15亿元）测算，不计入再担保因素，在融资性担保余额921亿元中，行业承担的市场风险敞口约422亿元，占融资性担保在保余额的45.8%，与2013年基本持平，行业抗市场风险的能力保持稳定。[①]

2015年，在省政府的正确领导下，在融资性担保业务监管部际联席会议办公室的指导下，广东积极贯彻落实《广东省〈融资性担保公司管理暂行办法〉实施细则》，引导融资性担保机构围绕国家有关促进融担行业发展、服务小微企业融资的政策精神，推动行业稳定、持续、健康发展。[②]

2016年，广东省积极贯彻落实《国务院关于促进融资担保行业加快发展的意见》和《关于促进广东省融资担保行业加快发展的实施方案》，切实加大政策扶持和资金支持力度，政府性担保机构增长迅速，实力不断增强，融资担保行业整体结构进一步优化，为促进地方经济社会发展发挥了积极作用。9月，广东省融资担保业协会成为中国融资担保业协会会员，深入参与全国行业研究交流，进一步提升全省融资担保行业自律和规范发展水平。同年，广东省农

[①] 广东省人民政府金融工作办公室：《广东省融资性担保行业2014年度发展与监管情况报告》，广东金融网——金融咨讯，2015年3月23日，http://gdjr.gd.gov.cn/gdjr/zwgk/tzgg/content/post_2870881.html。

[②] 广东省人民政府金融工作办公室：《广东省融资性担保行业2015年度发展与监管情况报告》，广东金融网——政务公开，2016年3月23日，http://gdjr.gd.gov.cn/gdjr/zwgk/tzgg/content/post_2870910.html。

业信贷担保有限责任公司成立，进一步完善广东融资担保体系建设，持续优化广东省融资担保机构结构，推进农村一、二、三产业融合。同年，珠海、中山、惠州、清远、江门、湛江、汕头、汕尾、潮州、揭阳等粤财普惠融资担保公司成立，广东省政策性融资担保体系得到进一步的发展和完善。[①]

2017年，广东省银担合作继续收紧，融资担保行业机构不断精简，融资性担保业务规模与去年基本持平，非融资性担保业务持续上升，行业整体合规经营意识有所提升，运行平稳，风险可控。广东省非融资性担保业务在保余额1272亿元，同比增长34.89%。其中诉讼保全担保业务在保余额708亿元，增长25.75%。同时，广东省融资担保行业贯彻落实《融资担保公司监督管理条例》，发挥支持中小微企业、"三农"融资的功能作用，全行业累计为全省7288户中小微企业提供融资担保498亿元，为941户"三农"提供融资担保35亿元，两项合计507亿元，占广东融资性在保余额（含债券担保）669亿元的76.67%。[②]

2017年，新设立政策性融资担保机构成为广东省融资担保行业发展的重要亮点。2017年广东省融资担保业协会共发展会员单位13家，全部为2016年以来新设立的政策性融资担保机构，包括会长单位发起设立的10家粤财普惠金融融资担保股份有限公司、广东省农业信贷担保有限责任公司、广州市融资再担保有限公司、广州

---

① 广东省人民政府金融工作办公室：《广东省融资性担保行业2016年度发展与监管情况报告》，广东金融网，2017年3月23日，http://gdjr.gd.gov.cn/gdjr/zwgk/wgk/fwgk/content/post_2872255.html。

② 广东省人民政府金融工作办公室：《广东省融资性担保行业2017年度发展与监管情况报告》，广东金融网，2018年3月23日，http://gdjr.gd.gov.cn/gkmlpt/content/1/1125/post_1125841.html#3489。

科风朗润融资担保有限公司。①

2018年，广东省融资担保行业机构量减质增，业务规模增幅明显，非融资性担保业务持续上升，行业整体合规经营意识有所提升，运行平稳，风险可控。广东省认真落实国家和省政策精神，结合《融资担保公司监督管理条例》及配套制度出台契机，细化监管制度，以"防风险、促规范、稳发展"为重点，切实做好行业监管与发展工作。同年，国家融资担保基金设立，促进广东省导入国家融资担保基金的资源优势，进一步促进完善广东省融资担保体系建设、完善新型的政银担风险分担机制，进一步促进广东省再担保业务由增信型向增信、风险分担并重转型。同年，广东省融资再担保有限公司成为首批与国家融资担保基金签约机构之一，出席首届中国再担保高峰论坛，充分体现国家融资担保基金对广东省再担保机构的高度认可，为广东省导入国家融资担保基金资源优势、完善广东省代偿补偿机制、进一步发挥省级再担保机构的政策性作用提供强有力支撑。广东融资担保行业仍然存在经营管理及风险把控能力较弱，公益贡献力不足以及行业主体三方合作不畅等问题。

2019年，广东省融资担保行业监督管理部门继续按照《融资担保公司监督管理条例》及配套制度的有关规定，认真履行监管职责，防范行业风险，引导融资担保行业规范经营、健康发展，更好支持小微企业和"三农"发展，助力广东经济转型升级及供给侧结构改革，服务粤东西北地区振兴发展战略和粤港澳大湾区发展。

截至2020年末，广东省共有融资担保法人机构220家，融资担保在保余额2255亿元，行业融资担保在保余额放大倍数3.01倍；

---

① 广东省融资担保业协会：《广东省融资担保业协会2017年工作总结》，2018年2月1日。

支小支农业务规模556亿元,行业直接融资担保年化综合费率降至1.38%,政府性直接融资担保年化综合费率降至1.26%;行业资产负债率为15.3%,年度融资担保代偿率为1.33%。

2021年4月,广东省地方金融监管局依据《广东省融资担保公司监管评级指引(试行)》,部署开展首次全省融资担保公司监管评级工作,明确要求"监督管理部门应当根据融资担保公司的经营规模、主要服务对象、内部管理水平、风险状况等,对融资担保公司实施分类监督管理",严控机构准入资质,严把合规经营关口,行业经营环境持续优化

三 广东融资担保行业协会的发展

(一)广东省融资担保业协会

广东省融资担保业协会[1]经由广东省民政厅批准于2016年2月3日正式成立,由广东省融资担保业机构和担保相关领域的社会组织自愿联合发起成立,具有独立法人资格的全省性非营利性社会团体。截至2019年末,共有会员单位67家。

(二)深圳市信用担保同业公会

深圳市信用担保同业公会[2]成立于2005年12月26日,是由深圳市内各类融资担保机构、社会相关经济组织和个人自愿结成的非盈利性质的具有法人资格的地方性行业组织。主管单位为深圳市人民政府金融服务发展办公室,登记机关为深圳市民政局,接受深圳

---

[1] 广东省融资担保业协会:《协会简介》,广东省融资担保协会官网——关于协会,2019年12月31日,http://gdfga.org.cn/about.aspx。
[2] 深圳市信用担保同业公会:《协会简介》,深圳市信用担保同业公会官网——关于协会,2019年12月31日,http://www.szcga.com/about.asp。

市金融办、深圳市民政局的业务指导和监督管理。

第四节　融资租赁行业发展

一　广东融资租赁业的起步

1981年4月8日，中国东方租赁有限公司在北京成立。作为中国第一家融资租赁企业，中国外资租赁委员会第一任会长单位，中国东方租赁有限公司开创了融资租赁业在中国的发展之路，为中国利用外资、引进技术，架起了一座"立交桥"。[1]

1984年，国银金融租赁股份有限公司的前身——深圳租赁有限公司在深圳福田成立，注册资本为80亿元人民币，2008年正式更名为国银金融租赁有限公司，2015年重组成为股份有限公司。国银金融租赁股份有限公司是国内注册资本和资产规模最大的金融租赁公司以及深圳市注册资本第二大的金融企业法人。国银金融租赁股份有限公司是中国首批租赁公司之一，也是广东省资本实力最强的融资租赁公司。[2]

1985年，广东成立了省内第一家融资租赁公司——广东国际租赁公司，截至1997年末，广东国际租赁公司以租赁方式为200多家企业从德国、法国、日本、美国、瑞典、新加坡和中国香港等地区引进2亿多美元的技术设备，在投产的企业中显示了良好的经济

---

[1] 丁广义：《中国东方租赁有限公司的创立和启示》，《中国外资》1998年第S1期。

[2] 国银金融租赁股份有限公司：国银金融租赁股份有限公司官网——公司概况，2019年4月8日，http://www.cdb-leasing.com/gsgk/。

效益。①

1988年4月,最高人民法院公布《关于贯彻执行〈中华人民共和国民法通则〉若干问题的意见(试行)》,规定"国家机关不能担任保证人",内资非银行金融机构的融资租赁公司的发展受到严重影响。1995年《商业银行法》规定银行不能参股融资租赁公司,这对整个行业来说是雪上加霜,整个融资租赁行业发展面临严重困难,开始步入艰难的转型期。②

1997年以后,全行业陷于困境,广东国际租赁公司、海南国际租赁有限公司和武汉国际租赁公司由于严重的资不抵债相继倒闭,同样原因中国华阳金融租赁有限责任公司在2000年也宣布破产清算。③

2004年,商务部发布《关于从事内资融资租赁试点监管工作的通知》,批准9家内资融资租赁公司试点,内资租赁发展融资试点工作全面启动。截至2015年3月,商务部和税务总局批准的内资融资租赁公司共十三批,试点融资租赁公司共191家。广东省广东恒和租赁有限公司、东风南方投资控股有限公司、中核建银融资租赁股份有限公司三家公司被纳入第十三批全国内资融资租赁试点。④

2006年3月,经商务部批准取得经营许可证,依据商务部颁布

---

① 李汝陶、李汝陔:《我国国际租赁业的发展及建议》,《广东经济》1997年第6期。

② 林洁琛:《中国融资租赁业发展简史》,第一财经——新闻——金融,2015年3月4日。

③ 张颖璐:《国际融资租赁中的破产法律问题研究》,硕士学位论文,西南政法大学,2007年。

④ 新华网:《全国内资融资租赁试点发展情况概览》,新华网——金融,2018年7月16日,https://baijiahao.baidu.com/s?id=1606139857735441865&wfr=spider&for=pc。

的《外商投资租赁业管理办法》的规定,由台商叶宏灯主持,广东台商协会主要会员共同出资组建了东联融资租赁有限公司。2006年5月在广东东莞市注册成立,注册资金为3000万美元,是全国首期两家台资融资租赁公司之一,也是广东首家台商投资的融资租赁公司,现公司在广东、重庆、湖南、安徽、江西、香港、台湾设有办事处。① 截至2015年底,先后为珠三角500多家中小企业提供融资租赁服务,累计投放60多亿元,约租赁资产11亿元。东莞聚集了大量以制造业为主的台资企业以及为其配套的加工企业。台资企业大多融入了全球制造业的产业链,客户和市场相对稳定,资金雄厚,而为其配套的中小工厂则面临着产业升级迫切、资金来源短缺的困难。东联融资租赁有限公司通过为这些企业提供包括融资在内的金融服务,实实在在地帮助现有的加工贸易企业转型升级,优化了东莞产业结构。②

二 广东融资租赁公司及其监管的发展

2012年,人民银行、国家发展和改革委员会等八部委联合印发《广东省建设珠江三角洲金融改革创新综合试验区总体方案》,在珠三角地区建设"城市金融改革创新综合试验区",建设中国(广东)自由贸易试验区广州南沙新区片区(以下简称"广东自贸区南沙片区")、中国(广东)自由贸易试验区深圳前海蛇口片区(以下简称"广东自贸区前海片区")和中国(广东)自由贸易试验区珠海

---

① 东联融资租赁有限公司:东联融资租赁有限公司官网——走进东联,2019年4月8日,http://www.dglease.com/article/profile.html。
② 张优怀:《2015年广东融资租赁企业发展研究报告》,《当代企业家》2016年1月12日。

横琴新区片区(以下简称"广东自贸区横琴片区")"金三角"金融改革支点,为在这三大片区先行先试开展融资租赁业务做好准备。东莞、深圳、广州、珠海等地方政府相继出台促进融资租赁发展的实施办法。这些政策的出台促进了广东省融资租赁公司数量、注册资金、市场规模快速发展,深圳、广州、珠海、东莞、佛山等地区融资租赁业务规模巨大,金融产业已经发展成为广东省国民经济的支柱产业。[①]

2014年,为了向广州市融资租赁整个产业链提供综合性服务,《广州市人民政府办公厅关于加快推进融资租赁业发展的实施意见》发布,依托广州融资租赁产业联盟,建设广州市融资租赁信息管理及融资租赁资产交易等平台,主要推动融资租赁企业与重大项目、重要园区开展对接,提供融资租赁债权、产权交易,盘活中小企业应收账款,促进广州市实体经济发展。同年,深圳市《关于推进前海湾保税港区开展融资租赁业务的试点意见》印发,指出深圳市人民政府将从市场准入、海关政策和跨境融资等三个方面支持前海融资租赁业务发展。[②] 同年8月,全国首个利用跨境贷的保税区SPV飞机租赁项目正式在前海签约,构建了香港与前海的低成本融资租赁资金通道,为国内保税区SPV租赁模式创立了标杆典范。国内首家航空与航运综合交易所"前海航空航运交易中心"也于当年8月正式挂牌成立,并推出"航融宝、航益宝、航金宝、航资宝"四大

[①] 游春晖、王菁:《广东省融资租赁产业集群现状及建议》,《中国商论》2017年第36期。

[②] 天眼查:《广州融资租赁产业联盟》,天眼查官网——公司简介,2022年2月17日,https://www.tianyancha.com/company/3078997767。

类金融产品。① 截至2014年底，广东共登记注册融资租赁企业381家，其中广州93家，深圳254家，佛山和珠海各14家，中山2家，东莞、惠州、肇庆、韶关各1家。全国融资租赁50强企业排名中，广东共有17个企业入榜，其中广州12个，深圳5个。就企业布局地点分析，广州市139家，深圳市527家，两市合计约占全省融资租赁企业总数的9成。②

2015年4月，国务院设立中国（广东）自由贸易试验区（以下简称"广东自贸区"），并发布了《中国（广东）自由贸易试验区总体方案》，该方案提出推动适应粤港澳服务贸易自由化的金融创新，支持在广东自贸区内设立金融租赁公司和融资租赁公司，开展飞机、船舶、海洋工程设备等融资租赁业务。③ 同年8月26日，为进一步加快融资租赁业发展，更好地发挥融资租赁服务实体经济发展、促进经济稳定增长和转型升级的作用，国务院常务会议审议通过了商务部牵头起草的《关于加快融资租赁业发展的指导意见》，旨在扩大融资租赁业务领域覆盖面，提高融资租赁市场渗透率。④ 截至9月底，广东融资租赁企业共有721家，其中，内资融资租赁试点企业8家，注册资本32.9亿元；外商投资企业融资租赁企业713家，注册资本277.18亿美元。广州累计各类融资租赁企业154

---

① 中经未来产业研究院：《2014年广东省融资租赁行业发展回顾与2015年展望》，2015年6月25日。

② 张优怀：《2015年广东融资租赁企业发展研究报告》，《当代企业家》2016年1月12日。

③ 游春晖、王菁：《广东省融资租赁产业集群现状及建议》，《中国商论》2017年第36期。

④ 中华人民共和国中央人民政府：《国务院办公厅关于加快融资租赁业发展的指导意见》，2015年9月7日。

家，较2013年底增长1.9倍。① 截至年底，深圳增加融资租赁企业210家，占当年新增融资租赁企业数的84.7%，广州增加31家，占当年新增融资租赁企业数的12.5%。广州南沙已落户86家融资租赁企业，注册资金总额约310亿元人民币。广州越秀融资租赁有限公司、珠江金融租赁有限公司、渤海一号租赁有限公司、工银金融租赁有限公司等一大批融资租赁公司相继落户。此外中国船舶工业集团有限公司、中国交通建设股份有限公司、广东电力发展股份有限公司、广州地铁集团有限公司、广州空港投资建设有限公司等一批大型国企也计划在南沙设立大型融资租赁公司。②

2016年3月，商务部、税务总局发布《关于天津等4个自由贸易试验区内资租赁企业从事融资租赁业务有关问题的通知》，自2016年4月1日起，商务部、税务总局将注册在自贸试验区内的内资租赁企业融资租赁业务试点确认工作委托给各自贸试验区所在的省、直辖市、计划单列市级商务主管部门和国家税务局。四个自贸区分布在上海、广东、天津和福建。③ 7月，国银金融租赁股份有限公司在香港联合交易所有限公司成功上市，注册资本增加至126亿元人民币。享有中国国家准主权信用评级（穆迪A1、标普A及惠誉A+），是中国金融机构中信用评级最高的企业之一，也是国家开发银行唯一的租赁业务平台及重要战略业务板块之一，致力于为航空、基础设施、航运、商用车及工程机械制造业等行业的优质

---

① 张优怀：《2015年广东融资租赁企业发展研究报告》，《当代企业家》2016年1月12日。

② 张优怀：《2015年广东融资租赁企业发展研究报告》，《当代企业家》2016年1月12日。

③ 中华人民共和国商务部：《关于天津等4个自由贸易试验区内资租赁企业从事融资租赁业务有关问题的通知》，2016年3月24日。

客户提供综合性的租赁服务。① 截至 2018 年底，国银金融租赁股份有限公司实现净利润 25.07 亿元，同比增长 17.6%，总资产 2380.67 亿元，同比增长 27.2%，不良资产率 0.89%，同比下降 0.11%，拨备覆盖率 253%。② 截至 2019 年 6 月 30 日，资产规模达 2401.96 亿元人民币。③

  2017 年 6 月 16 日，广东粤财金融租赁股份有限公司开业暨合作银行签约仪式在广州粤财大厦举行，正式落户广东自贸区南沙片区，成为广东首家省属金融租赁公司。当天，广东粤财金融租赁股份有限公司与 13 家商业银行签署合作协议，累计获得授信额度达 500 亿元。同年 11 月 23 日，广东粤财金融租赁股份有限公司当选为广东省融资租赁协会新一任会长单位。广东粤财金融租赁股份有限公司由广东粤财投资控股有限公司、广东明阳风电产业集团有限公司和中国铁路通信信号股份有限公司三家企业共同发起设立，持股比例分别为 35%、35% 和 30%。其中，广东粤财投资控股有限公司是省政府授权经营的省属金融控股集团，形成信托理财、资产管理、融资担保、股权投资等八大业务板块，致力于打造全牌照、多功能金融控股集团；广东明阳风电产业集团有限公司是全球行业排名前八、国内最大的民营风电设备制造商，中国铁路通信信号股份有限公司则是国务院国有资产监督管理委员会直接监管并在香港上

---

  ① 国银金融租赁股份有限公司：国银金融租赁股份有限公司官网——公司概况，2019 年 12 月 31 日，http://www.cdb-leasing.com/gsgk/。
  ② 《国银租赁公布 2018 年度业绩 年利润增长 17.6% 经营业绩创历史新高》，新华网，2019 年 3 月 28 日，https://baijiahao.baidu.com/s?id=1629232383086270212&wfr=spider&for=pc。
  ③ 《国银租赁 2019 上半年稳中有进 净利润同比上升 21.7%》，人民网，2019 年 8 月 29 日，https://baijiahao.baidu.com/s?id=1643190809964572450&wfr=spider&for=pc。

市的大型央企,拥有世界先进的高速铁路列车运行控制系统技术和装备。这三大股东形成了"省属金控集团+民营企业产业龙头+央企控股上市公司"的"产融结合"的股东结构。① 截至 2017 年末,广东省内融资租赁企业数量共计 3148 家,企业数量居全国第一。其中,金融租赁 6 家,内资租赁 18 家,外资租赁 3124 家。金融租赁相比 2016 年增加了 2 家,分别是前海兴邦金融租赁有限责任公司和广东粤财金融租赁股份有限公司。外资租赁比 2016 年末增加了 781 家,增长率为 33.33%。广东省融资租赁企业数量在全国融资租赁企业数量中占比高达 34.63%。②

2018 年末,广东省内融资租赁企业数量共计 4207 家,企业数量持续保持全国第一,占全国租赁企业总数 11777 家的 35.79%,较 2017 年增长 33.9%。广东融资租赁业服务经营范围迅速扩展,涵盖航运、汽车、轨道交通、成套设备、电力、能源、节能环保、医疗、印刷和工程建筑等行业,出现一批初具影响力的融资租赁企业。如星通租赁着力向高端产业集群提供跨境结构化融资租赁服务,先后为央企、大型国企和民生工程提供全方位融资租赁服务。珠海恒源融资租赁有限公司是经商务部批准的内资融资租赁试点企业,该企业依托上市公司珠海和佳医疗设备股份有限公司作为金融和业务平台,在医院融资租赁和医疗设备租赁领域开展厂商融资租

---

① 广东粤财金融租赁股份有限公司:《公司简介》,2019 年 12 月 31 日,广东粤财金融租赁股份有限公司官网 https://www.utrustleasing.cn/gsjs/index_25.html。
② 中国融资租赁资源网:《截至 2017 年末广东省内融资租赁企业数量共计 3148 家》,中国融资租赁资源网——行业资讯,2018 年 3 月 29 日,http://www.flleasing.com/onews.asp?id=18847。

赁业务，合同金额超过13亿元。① 广东自贸区南沙片区各类租赁企业已达到632家，其中包括金融租赁2家，内资租赁14家，已完成飞机租赁36架，业务总量接近3000亿元人民币。② 广东自贸区前海片区致力于优化离岸资源配置，推动深港融资租赁业务合作，建设深港跨境融资租赁产业发展生态圈，开展跨境租赁资产证券化试点；广东自贸区横琴片区着重发展产融结合，在飞机、船舶、海洋工程装备、游艇产业、新能源装备和石化通用机械等特色产业发展融资租赁。而东莞、佛山等市，则聚焦装备制造业以及传统制造业智能化改造发展融资租赁，推动产业转型升级，并支持有条件的地区建设融资租赁产业集聚区。③

2016年9月到2018年12月，广东省的金融租赁企业数量增加2家；内资租赁企业数量从9家增长到21家，增长1.33倍；外资租赁企业数量从1921家增长到4180家，增长了1.176倍（见表7.1）。其中外资租赁企业数量远大于其他租赁企业，主要原因在于，2009年2月之后，外资租赁企业的审批部门由商务部下放到注册地省级商务部门，且2015年9月之后，设立外资融资租赁公司无资本金要求，较为便捷的设立条件使得外资融资租赁公司数量呈现爆发式增

---

① 张优怀：《2015年广东融资租赁企业发展研究报告》，《当代企业家》2016年1月12日。

② 《2018第一季度中国融资租赁业发展报告正式发布》，国泰租赁有限公司——行业动态，2018年6月19日，http://www.gtzlw.com/news/2257.html。

③ 广东省人民政府：《广东省人民政府办公厅关于加快融资租赁业发展的实施意见》，广东省人民政府官网——政策，2018年2月6日，http://www.gd.gov.cn/gkmlpt/content/0/145/post_145057.html#7。

长态势。①

表 7.1　　广东与全国融资租赁企业分布（截至 2018.12.31）

地区	金融租赁（家）	内资租赁（家）	外资租赁（家）	总数（家）	占全国比重（%）
广东省	6	21	4180	4215	35.79
全国	69	397	11311	11777	100

资料来源：中国租赁联盟、联合租赁研发中心、天津滨海融资租赁研究所。

截至 2020 年末，广东省共有融资租赁公司 4278 家，其中金融租赁公司 6 家，内资租赁公司 30 家，外资租赁公司 4242 家，外资租赁公司数量居全国第一。

三　广东融资租赁行业协会的发展

（一）广东省融资租赁协会

广东省融资租赁协会②于 2015 年 9 月在广东省民政厅完成登记并正式成立，接受登记管理机关的监督管理和省政府相关职能部门的业务指导。协广东省融资租赁协会充分发挥好政企桥梁和纽带作用，通过项目对接会、服务推介会、行业交流会、专业培训课堂等形式广泛宣传行业理念，提高融资租赁业知名度和社会影响力，引导开展行业标准化体系建设，加强行业自律和依法维护行业权益，促进融资租赁行业的健康可持续发展。其宗旨是本着"服务政府、

---

① 前瞻产业研究院：《融资租赁行业发展现状分析 整体呈现两大业务风险》，搜狐网——财经，2018 年 11 月 13 日。

② 广东省融资租赁协会：《协会简介》，广东省融资租赁协会官网——协会概况，2019 年 4 月 8 日，http://www.rzzlxh.org.cn/list-about.html。

服务会员、服务行业服务社会"的原则，严格遵守国家法律法规政策和社会公德建立共同目标，相互尊重、诚实守信，实行平等合作，维护会员整体合法权益，努力实现广东省融资租赁行业的健康可持续发展。

（二）广州融资租赁产业联盟

2014年6月，由广州越秀融资租赁有限公司、广州广汽租赁有限公司、量通租赁有限公司、立根融资租赁有限公司、广东资雨泰融资租赁有限公司、广东合众创盈融资租赁有限公司等九家融资租赁企业发起设立，经广州市民政局批准登记成立了广州融资租赁产业联盟。作为非营利性社会团体，广州融资租赁产业联盟目的在于通过联盟模式构建政府与企业、企业与企业之间信息互动平台，宣传国家法律法规、宣传政府优惠政策、收集整理联盟成员单位需求、发布招投标项目、展示企业需求信息、促进项目对接与商务合作等，发挥企业联盟的桥梁和纽带作用，努力促进广州融资租赁企业不断做大做强。联盟以金融租赁、内资融资租赁以及外商投资融资租赁等企业为主体，同时吸纳金融机构、各类工商业企业以及法律、税务等中介服务机构等会员单位近100家，融资租赁会员单位的合同余额已逾千亿元，占广州市融资租赁余额90%以上，已发展成为华南地区具有影响力的融资租赁行业组织。[①]

同年，《广州市人民政府办公厅关于加快推进融资租赁业发展的实施意见》发布，支持广州融资租赁产业联盟发挥积极作用。依托广州融资租赁产业联盟，建设广州市融资租赁信息管理及融资租

[①] 于恋洋：《广州成立租赁联盟欲打造融资租赁第三极》，中国新闻网——财经中心，2014年1月2日，https：//www.chinanews.com/cj/2014/01-02/5687938.shtml。

赁资产交易等平台，为广州市融资租赁整个产业链提供综合性服务，主要推动融资租赁企业与重大项目、重要园区开展对接，提供融资租赁债权、产权交易，盘活中小企业应收账款，促进广州市实体经济发展。广州融资租赁产业联盟要加强对市场和本行业的调研，及时发现行业瓶颈问题，向政府反映企业诉求，为政府出台相关扶持政策提供决策依据。支持广州融资租赁产业联盟参与集聚区建设，广州融资租赁产业联盟在广州市融资租赁信息管理及融资租赁资产交易平台建设、招商引资、专业人才培养、从业人员认证、行业信息统计等方面发挥积极作用的，可按规定给予相应的政府购买服务的资金支持。强化产业联盟在规范行业自律管理方面的作用，制定广州市融资租赁业自律公约，建立融资租赁企业的评价体系，对企业进行专业评级，以评价结果为依据，实行差异化的服务及激励，促进融资租赁企业争优做强。[1]

（三）深圳市融资租赁行业协会

深圳市融资租赁行业协会[2]成立于2016年，是由深圳市从事融资租赁行业相关的企业单位自愿组成的、地方性、行业性、非营利性社会组织。其宗旨为遵守宪法、法律、法规和国家政策，遵守社会道德风尚，服务会员企业，规范协调会员企业，维护会员合法权益，促进融资租赁行业的健康有序发展。

---

[1] 广州市人民政府办公厅：《广州市人民政府办公厅关于加快推进融资租赁业发展的实施意见》，广州市人民政府官网——政务公开，2014年9月10日，https://www.gz.gov.cn/zwgk/fggw/sfbgtwj/content/post_4758078.html。

[2] 深圳市融资租赁行业协会：《协会简介》，深圳市融资租赁行业协会官网——协会概况，2019年4月8日，http://www.szfla.org/Item/list.asp?id=1691。

第五节　典当行业发展

一　广东典当行的恢复建立

典当是一个古老的行业，中华人民共和国成立后曾经存在过一段时期。1950年3月，广州市经营衣物用品典当开业，由于当期短、利率高、获利大，昔日的典当业纷纷重新开业，截至1950年7月已发展到50家，都集中在广州市。[①] 1950年7月3日，由广州市人民政府委员会第四次会议通过人民银行广州分行拟定的《广州市私营典当业管理暂行办法》，并于7月20日正式公布施行。1950年12月，在人民银行的领导和组织下，广州市典当业同业公会成立，管理工作走上了轨道。1952年7月15日和8月1日，广州市典当业实行公私合营。广州首先举办公私合营小额质押贷款处，这在全国公私合营典当业中是一个创举，人民银行专门发文予以肯定，同时决定在全国各大城市中予以推广。[②] 1956年，广州市私营典当业除增加成德、联益、利源三家参加合营外，其余全部转业或结束业务。[③]

1979年，中共第十一届三中全会后，中国的经济建设、改革开放出现了前所未有的新形势，伴随人们思想解放和市场经济的发展，消亡30多年的典当业在中国大陆顺时复出。1987年12月30

[①] 广东省地方史志编纂委员会：《广东省志·金融志》，广东人民出版社1999年版。

[②] 广东省地方史志编纂委员会：《广东省志·金融志》，广东人民出版社1999年版。

[③] 广东省地方史志编纂委员会：《广东省志·金融志》，广东人民出版社1999年版。

日，四川成立了中国改革开放后复出的第一家典当行——成都市华茂典当服务商行。从此，这个古老而神秘的行业悄然复活，迅速兴起。①

1988年8月，广州市开办了改革开放以来广东第一家典当行——广州长寿典当行，它是广州市地区改革开放后创建最早的典当行。2002年，经批准改制为有限公司，注册资本金1500万元。公司以实物质押为主，通过小额融资，促进广州市及周边地区经济的发展，解决个人对资金的需求方面，发挥了特殊服务作用。1991—2007年，广州长寿典当行的典当总额达23.63亿元，上缴国家税金达1857.7万元，税后利润达2001万元，为繁荣市场经济带来了勃勃生机，为地方经济建设做出了一份贡献。②

1988年8月至1993年6月，广东各地纷纷兴办典当行，6年间共诞生了435家典当行，主要分布在商品经济比较发达的地区，其中东莞39家、中山54家、江门85家，而佛山有114家，数量最多，占广东典当行总数的四分之一。由于缺乏典当法规和统一的典当监管机构，典当行业一片混乱，收当赃物、非法集资、高息放贷、强迫赎当等违法违规行为时有发生。③ 1991年，人民银行广东省分行针对广东的具体情况，制定《广东省典当服务行业管理试行办法》。但由于其法律效力问题，并没有被其他部门接受。④

---

① 周经纬：《广东典当融资发展现状、问题与对策研究》，《湖南商学院学报》2012年第3期。

② 广东省典当行业协会：《广州市长寿典当行有限公司是广州市最早开业的典当企业》，广东省典当行业协会官网——典当学堂，2019年12月31日，http://www.pagd.com.cn/News.asp? Bid=9。

③ 周经纬：《广东典当融资发展现状、问题与对策研究》，《湖南商学院学报》2012年第3期。

④ 王薇：《话说当前典当业》，《广东金融》1994年第2期。

1993年7月，全国金融工作会议召开，认定典当行为非银行金融机构，划归人民银行监管。1993年8月，人民银行下发《关于加强典当行管理的通知》，开始对典当行进行清理整顿。1995年5月，公安部制定《典当业治安管理办法》，广东省人民代表大会制定《广东省典当条例》，① 1996年4月，人民银行又颁发《典当行管理暂行办法》，对典当行业的服务对象、经营范围、息费收取标准等作了明确的规定，如第30条规定了典当期限最长为3个月。其收费标准由国家统一规定，收费较低，每月共计典当金的5%，这其中包括利息、手续费、保管费、保险费等。对当物的选择有一定要求，一般必须为典当人所有，并要求该物是适于保存并可转让的生产、生活资料，且价值不低于2000元人民币等，② 有效扭转了各地盲目发展的势头。③ 1995—1996年，广东公安厅根据有关规定，会同人民银行广东省分行等部门，对全省典当行进行了两次清理整顿，改变了典当行盲目发展的状况。到1998年，全省共保留典当行116家。④

2000年6月，国家经济贸易委员会接管典当业监管职责，取消典当行的金融机构地位，认定为工商企业。这一时期，广东省经济

---

① 何东云：《佛山典当业的发展现状及对策研究》，《产业与科技论坛》2008年第6期。
② 段军山：《广东省典当业发展存在的问题及对策建议》，《海南金融》2010年第2期。
③ 周经纬：《广东典当融资发展现状、问题与对策研究》，《湖南商学院学报》2012年第3期。
④ 何东云：《佛山典当业的发展现状及对策研究》，《产业与科技论坛》2008年第6期。

贸易委员会负责全省典当业的监管工作。①

2001年8月,国家经济贸易委员会颁布实施《典当行管理办法》,对典当业的发展又做了进一步的规范,为典当行松绑,允许典当行经营房地产抵押业务、允许其从金融机构处贷款和开设分支机构,有力促进了典当业规范健康发展。② 同时,广东省公安厅规定对已批准开业的典当行要加强日常监督管理,建立管理档案,督促企业建立健全典当物品凭证登记、承典物品保管、可疑情况报告等制度,广东的典当业开始步入健康和规范的发展轨道。③

2001年9月,国家经济贸易委员会同公安部联合发文对全国典当行进行了一次全面清理整顿,于2002年3月完成,取消了一批不合格的典当行。广东省经济贸易委员会本着"先规范后发展"的原则,进一步加强对典当业监管力度,有力推进了广东典当业的快速发展。④ 在清理整顿中广东保留了82户,撤销了29户。

2003年,国家又将典当业划归新成立的商务部监管。2003年12月,商务部下发《关于加强典当业监管的通知》。⑤ 2005年2月,商务部、公安部联合颁发了新的《典当管理办法》,在加强规范的

---

① 周经纬:《广东典当融资发展现状、问题与对策研究》,《湖南商学院学报》2012年第3期。

② 周经纬:《广东典当融资发展现状、问题与对策研究》,《湖南商学院学报》2012年第3期。

③ 何东云:《佛山典当业的发展现状及对策研究》,《产业与科技论坛》2008年第6期。

④ 周经纬:《广东典当融资发展现状、问题与对策研究》,《湖南商学院学报》2012年第3期。

⑤ 周经纬:《广东典当融资发展现状、问题与对策研究》,《湖南商学院学报》2012年第3期。

同时，进一步拓展典当业生存的空间，确保了典当业的平稳健康发展。① 截至 2007 年底，佛山有典当行 14 家，而同期广州有 32 家，深圳有 30 家。②

二 广东典当公司及其监管的发展

2010 年度，广东典当总额 80 亿元，同比增长 14.28%；典当余额 15.3 亿元，同比增长 15%；息费收入 3.2 亿元，同比增长 33.33%；上缴税金 4300 万元，同比增长 43.33%；税后利润 11810 万元，同比增长 76.27%。典当企业数量（不含深圳）由 2006 年的 145 户、8 个分支机构发展到 2010 年的 239 户、25 个分支机构，5 年间分别增长了 65% 和 213%；从业人员由 2006 年的 983 人增加到 2010 年的近 2000 人，增长了一倍多；实收资本金由 2006 年的 11.3 亿元上升到 2010 年的 23.5 亿元，增长了 108%。③

2010 年，中山市出台《中小企业信用担保和典当融资项目资助实施细则》，首次将典当融资纳入政府补贴范围。根据规定，中山市政府将从工业发展专项资金中安排 1000 万元，对积极向本地中小企业提供融资服务的担保机构、合作金融机构、典当机构三类非传统金融机构提供鼓励性补助。每间典当行机构每年最多能拿 30 万

---

① 中华人民共和国商务部、公安部：《典当管理办法》，2005 年 2 月 9 日，http://www.mofcom.gov.cn/article/b/c/200502/20050200019186.shtml。
② 何东云：《佛山典当业的发展现状及对策研究》，《产业与科技论坛》2008 年第 6 期。
③ 广东省典当行业协会：《广东省典当行业协会简介》，广东省典当行业协会官网——协会介绍，2019 年 3 月 15 日，http://www.pagd.com.cn/intro.asp?ID=79。

元补助,补助比例不超过实际发生典当融资总额的2%。①

2013年度广东省典当行业总体盈利能力继续保持增长,累计实现典当总额111.8亿元,增长7%;典当余额30亿元,增长24%;息费收入3.8亿元,增长9%。至此,广东省典当行业连续三年实现典当总额超百亿元。②

2015年,人民银行、中国银行业监督管理委员会、中国证券监督管理委员会、中国保险监督管理委员会、国家统计局发布《关于印发〈金融业企业划型标准规定〉的通知》,典当行被划分为非货币银行服务类金融业企业。③

2016年1—6月,广东全省的典当业务总额超过98亿元,动产、不动产和财产权利业务比例分别为44%、42%和14%,动产业务比例首次超过不动产业务比例,这也是国内各省、区、市典当业中的首例。④

2018年,典当行业监管由商务部转为地方金融监督管理局,外部监管环境发生巨大转变。截至2018年底,广东省共有典当企业486家,分支机构52家,共计538家典当机构(不含深圳市),从

---

① 段军山:《广东省典当业发展存在的问题及对策建议》,《海南金融》2010年第2期。

② 广东省典当行业协会:《广东省典当行业连续三年实现典当总额超百亿元》,广东省典当行业协会官网——行业资讯,2014年5月23日,http://www.pagd.com.cn/News.asp?Bid=2&Page=8。

③ 国家统计局设管司:《金融业企业划型标准规定》,国家统计局官网——统计数据,2015年11月11日,http://www.stats.gov.cn/tjsj/tjbz/201511/t20151111_1271308.html。

④ 广东省典当行业协会:《广东动产典当占比首超房产居第一》,广东省典当行业协会官网——行业资讯,2016年9月29日,http://www.pagd.com.cn/News.asp?Bid=2&Page=6。

业人员约3300人，注册资本总额达93亿元人民币，典当总额164.67亿元，典当余额53.89亿元。①

到2019年11月底，广东省（不含深圳）典当行535家，注册资本92.73亿元，典当总额173.39亿元，同比增长39%，典当余额56.12亿元。行业发展总体稳健有序，未发生重大风险事件。

2021年1月18日，省地方金融监管局党组成员、副局长倪全宏主持召开广东省典当行业座谈交流会，听取了省典当行业协会及相关典当企业代表的工作汇报，并就相关问题及意见建议进行座谈交流。

三　广东典当行业协会的发展

（一）广东省典当行业协会

2006年9月，广东省典当行业协会②经广东省民政厅批准正式成立，接受广东省民政厅、广东省地方金融监督管理局、广东省公安厅等政府相关职能部门的监督管理和业务指导。广东省典当行业协会是按照2006年3月1日起正式实施的《广东省行业协会条例》和中共广东省委、省政府2月15日出台的《关于发挥行业协会商会作用的决定》的要求成立的全省第一批行业协会。由广东各地从事典当经营企业的经济组织"自愿发起、自选会长、自筹经费、自聘人才、自主会务"的"五自原则"组成的社会团体。经广东省民

---

① 广东省典当行业协会：《庆祝广东典当业复兴30年暨广东省典当行业协会2018年会胜利召开》，广东省典当行业协会官网——行业资讯，2018年4月2日，http://www.pagd.com.cn/NewShow.asp?id=930&Sid=28。

② 广东省典当行业协会：《广东省典当行业协会简介》，广东省典当行业协会官网——协会介绍，2019年3月15日，http://www.pagd.com.cn/intro.asp?ID=79。

政厅核准注册登记，具有行业性、民间性和自主性特征的独立社会团体法人资格，在广东省境内跨部门、行业性、非营利性的社会组织。广东省典当行业协会为会员提供服务，密切典当企业与政府部门的联系，维护会员单位和典当业的合法权益和共同利益；维护市场秩序和公平竞争，沟通会员与政府、社会之间的关系，发挥其促进社会公共利益的作用。受政府部门的授权和委托，实行行业管理，协助政府部门制定行业发展规划、行业法规，及时向政府部门反映行业中带有前瞻性、倾向性、共同性问题，并提出政策建议，促进典当行业发展。

从2006年起，广东省典当行业协会先后承接政府部门转移的部分职能。一是当票及续当凭证的印制、保管、发放和核销工作；二是行业监测统计工作；三是"典当经营许可证"打印和发放工作；四是企业年度报告收集整理核查工作；五是行业风险防控工作，每年指导不少于20%的典当企业开展风险评估及排查工作。2019年，广东省典当行业协会荣获"AAAAA社会组织"称号。

（二）广州市典当行业协会

2013年7月18日，广州市典当行业协会[①]成立，由广州市行政区域内从事典当业务经营活动的经济组织及其相关行业的经济组织自愿组成的，具备法人资格的地方性、行业性、非营利性社会团体。其宗旨为：以服务会员、服务政府、服务社会、促进典当行业健康持续发展为首要任务，密切典当企业与政府部门的联系，维护会员单位和典当行业的合法权益和共同利益；规范行业行为，实行行业自律；维护市场秩序和公平竞争，确保社会公平正义；受政府

---

① 广州市典当行业协会：《广州市典当行业协会简介》，广州市典当行业协会官网——协会介绍，2019年4月8日，http://gzpa.org/about.asp?id=1。

部门的授权和委托，实行行业管理，协助政府部门制定行业发展规划、行业法规，及时向政府部门反映行业中带有前瞻性、倾向性、共同性问题，并提出政策建议，促进典当行业健康发展。

2013年7月18日，广州市典当行业协会成立大会暨第一届会员大会在东山宾馆召开。广东省经济和信息委员会、广州市经济贸易委员会、广州市公安局、广州市民间组织管理局以及全市典当企业负责人和特邀嘉宾共100余人出席了大会。大会以无记名投票方式选举产生了第一届理事会，广东珠江典当责任有限公司董事长杨志伟全票当选为首届会长，并通过《广州市典当行业协会章程》和会费缴纳标准。①

（三）深圳市典当协会

深圳市典当协会②是按照2006年3月1日起正式实施的《广东省行业协会条例》和中共广东省委、省政府2006年2月15日出台的《关于发挥行业协会商会作用的决定》的要求成立的行业协会。在深圳市科技工贸和信息化委员会指导下，由深圳从事典当经营企业的经济组织"自愿发起、自选会长、自筹经费、自聘人才、自主会务"的"五自原则"组成的社会团体。并经深圳市民政局核准注册登记。具有行业性、民间性和自主性特征的独立社会团体法人资格，是在深圳市境内跨部门、行业性、非营利性的社会组织。深圳市典当协会所有活动遵守我国宪法、法律、法规和国家政策，遵守社会道德风尚。接受深圳市社团登记机关的监督管理和深圳市人民

---

① 广州市典当行业协会：《广州市典当行业协会大事记》，广州市典当行业协会官网——协会大事记，2019年4月8日，http：//gzpa. org/about. asp? id＝6。

② 深圳市典当协会：《深圳市典当协会简介》，深圳市典当协会官网——协会介绍，2018年4月8日，https：//www. szsddxh. com/profile/。

政府相关职能部门的业务指导。为会员提供服务,密切典当企业与政府部门的联系,维护会员单位和典当业的合法权益和共同利益;维护市场秩序和公平竞争,沟通会员与政府、社会之间的关系,发挥其促进社会公共利益的作用。受政府部门的授权和委托,实行行业管理,协助政府部门制定行业发展规划、行业法规,及时向政府部门反映行业中带有前瞻性、倾向性、共同性问题,并提出政策建议,促进典当行业发展。凡从事典当经营的经济组织,持有典当经营许可证、特种行业许可证和工商营业执照。依法经营、信誉良好,承认和遵守协会章程。通过自愿申请,理事会审核批准都可以成为深圳市典当协会的会员单位。

第六节 互联网金融与网贷行业发展

一 互联网金融与P2P网贷行业的起步

2010年6月,佛山市顺德区美的小额贷款股份有限公司[1]由美的集团股份有限公司主发起,经省政府批准设立及核准开业,注册资本为人民币2亿元。

佛山市顺德区美的小额贷款股份有限公司是全国第一家互联网小额贷款公司,可线上办理各项小额贷款业务;办理中小企业融资、理财等咨询业务。根据该公司自我介绍材料,佛山市顺德区美的小额贷款股份有限公司拥有经验丰富的专业管理队伍,员工大部分来自银行,具有丰富的风险控制、企业经营管理的理论知识及多

---

[1] 广东省人民政府金融工作办公室:《佛山市顺德区美的小额贷款股份有限公司》,广东省人民政府金融工作办公室官网——新闻动态,2016年3月31日,http://gdjr.gd.gov.cn/jrgs/fs/content/post_2993425.html。

年的实践经验。高素质的员工队伍有利于实现"稳健经营,持续发展"的经营目标。

二 互联网金融与 P2P 网贷行业的风险防控

截至 2014 年底,全国 P2P 平台运营数量已达 1575 家,全年累计成交量高达 2528 亿元。P2P 网贷平台对助推互联网金融与传统金融融合以及民营企业发展发挥了积极作用,是对我国现行金融体系的有益补充。然而,P2P 平台倒闭、跑路、提现困难等事件频发,给如火如荼的 P2P 网络信贷行业敲响了警钟,也给金融监管带来严峻挑战。广东 P2P 网贷行业发展迅速,在平台数量、成交规模、运营模式创新方面都处于全国领先地位,对此必须高度重视,及时加强监管,有效防范和化解金融风险。[①]

从 2015 年开始,互联网金融监管规则密集出台:7 月份,由人民银行等十部委出台被称为"互金基本法"的《关于促进互联网金融健康发展的指导意见》,对各个业态进行了划分,对各个业态所属监管机构进行明确;12 月,中国银行业监督管理委员会下发《网络信贷中介机构业务活动管理暂行办法(征求意见稿)》。

2016 年 6 月 9 日,为贯彻落实国务院互联网金融风险专项整治工作的统一部署,维护广大投资者合法权益,净化互联网金融行业发展环境,促进互联网金融健康稳定发展,防止互联网金融风险事件给金融安全和社会稳定造成危害,根据《中国银监会、中央宣传部等十五部委关于印发 P2P 网络借贷风险专项整治工作实施方案的通知》和广东互联网金融风险专项整治的总体部署,省金融办等多

---

① 刘培培:《广东应重视防范化解 P2P 网络信贷风险》,《广东经济》2015 年第 4 期。

部门印发了《广东省 P2P 网络借贷风险专项整治工作实施方案》。方案明确了全面排查的方式和分类处置的方法，按照任务要明、措施要实、责任要清、效果要好的要求，坚持重点整治与源头治理相结合、防范风险与创新发展相结合、清理整顿与依法打击相结合，妥善处置和化解 P2P 网络借贷行业风险，遏制网贷领域风险事件高发的势头，维护经济金融秩序和社会稳定。

2017 年 12 月 1 日，互联网金融风险专项整治、P2P 网贷风险专项整治工作领导小组办公室正式下发《关于规范整顿"现金贷"业务的通知》，明确统筹监管，开展对网络小额贷款清理整顿工作。《关于规范整顿"现金贷"业务的通知》包含如下内容，小额贷款公司监管部门暂停新批设网络（互联网）小额贷款公司；暂停新增批小额贷款公司跨省（区、市）开展小额贷款业务，已经批准筹建的，暂停批准开业；小额贷款公司的批设部门应符合国务院有关文件规定，对于不符合相关规定的已批设机构，要重新核查业务资质；暂停发放无特定场景依托、无指定用途的网络小额贷款，逐步压缩存量业务，限期完成整改；未依法取得经营放贷业务资质，任何组织和个人不得经营放贷业务。

2018 年 2 月 11 日，为贯彻落实《网络借贷信息中介机构业务活动管理暂行办法》，规范广东网络借贷信息中介机构（以下简称"网贷机构"）业务活动，促进广东网络借贷行业规范有序、健康发展，经省政府同意，省金融办等六部门发布了《省金融办 广东银监局 省网信办 省公安厅 省工商局 省通信管理局关于贯彻落实网络借贷信息中介机构业务活动管理暂行办法的通知》。通知中对加强行业监督管理、提升行业规范发展水平、明确职责分工做出了具体安排，包括强化市场准入、坚持穿透式监管、强化监管手段、加强网络与信息安全保障、加强监管科技应用、加强失信约束惩戒、加强监管力量、建立健全信息共享机制、强化重大事件的发现与处置等。①

2018年5月15日，为贯彻落实中国共产党第十九次全国代表大会、2017年中央经济工作会议、第五次全国金融工作会议精神，在未来三年打好广州市防范化解金融风险攻坚战，切实维护广州金融稳定，营造良好金融市场环境，结合广州市实际，广州市金融工作局经市人民政府同意制定了《广州市决胜防控金融风险攻坚战三年行动计划（2018—2020年）》。计划中列出了防范金融风险的重点行动，包括规范类金融业态、构建地方金融监管体系、强化地方金融风险监测防控平台功能、推进广州地方金融大数据库建设、推进风险管理制度和人才队伍建设。

在监管整治与宏观经济去杠杆等因素作用下，全国P2P平台迎来了一次风险集中暴露。2018年1—6月停业及问题平台共有323家。截至2018年7月25日，当月的问题平台已经突破了100家。而6月出问题的80家平台中，80%在2015年以后上线，46%在2016年8月24日以后上线，P2P行业80%的企业运营3年内倒闭。② 从涉及地区看，问题平台多分布在江浙沪地区，后蔓延至北京和深圳，其中不乏累计成交额超百亿的平台，集中式的风险暴露也引发市场广泛关注。7月，网贷平台出现连环爆，短短半个月时

---

① 广东省人民政府金融工作办公室：《省金融办广东银监局省网信办省公安厅省工商局省通信管理局关于贯彻落实网络借贷信息中介机构业务活动管理暂行办法的通知》，广东省人民政府金融工作办公室官网——政务公开，2018年2月28日，http://gdjr.gd.gov.cn/gdjr/zwgk/wgk/jcgk/content/post_2872272.html。

② 大太阳：《P2P接连"爆雷"，是不是很慌？还能投吗？》，搜狐网——格隆汇，2018年7月9日，https://business.sohu.com/20180709/n542973737.shtml。

间，已经有超过40家平台"出险"，总部位于深圳的P2P平台壹佰金融"爆雷"事件还直接影响到A股上市公司。在此背景之下，7月13日，深圳市互联网金融协会也紧急下发通知，要求拟主动清盘转型或退出的P2P平台，应建立退出领导小组，退出中定期向监管部门报送业务数据、退出计划执行情况和资金清退进度，并及时安抚投资人情绪。7月16日，广州互联网金融协会发文，要求广州P2P网贷机构在行业风险高发期严格落实中央及省市对网贷限额等监管要求，做好风险防范；对于拟退出的网贷机构，做好稳妥退出工作。

2018年7月21日，广州礼德互联网金融信息有限公司成为广州首家出问题的P2P平台。案发后，广州警方迅速兵分两路，一路以广州市公安局天河区分局经侦大队为主，侦查广州礼德互联网金融信息有限公司非法集资的作案事实；另一路以经济犯罪侦查支队为主，成立追逃专案组，全力缉捕潜逃境外的郑某森。自2018年8月2日开始，广州专案组就陆续抓获广州礼德互联网金融信息有限公司及相关担保公司高管等犯罪嫌疑人17名，刑拘13人，逮捕4人。[①]

同年7月，广东省地方金融风险监测防控中心网络借贷信息中介非现场实时监管系统（2.0版）正式上线。10月13日，广东互联网金融协会发布《广东省网络借贷信息中介机构业务退出指引（试行）》，对广东网贷机构退出网贷行业做出了一系列的规范。该指引适用于广东省行政区域范围内所有终止网贷业务，退出网贷行业的网贷机构，退出形式包括但不限于业务转型、清算注销、依法

---

① 尹利勇：《广州首宗P2P"爆雷"案剖析：13亿资金去哪了？》，搜狐财经，2019年2月18日，https：//www.sohu.com/a/295445435_117916。

破产等。

2019年1月11日，深圳市公安局对外宣布，截至2019年1月9日，深圳市公安机关共对62家网贷平台立案侦查，对190人采取刑事强制措施，并开展"猎狐"追逃，从境外抓获9名涉网贷平台犯罪嫌疑人，完成相关案件追赃挽损折合人民币23亿余元。

随着国家对互联网金融和网贷行业监管的变化，截至2020年末，广东省已全部清退707家P2P网贷机构。

三 广东互联网金融行业自律组织

（一）广东互联网金融协会

2014年5月，在省金融办的指导下，广东互联网金融协会由广东省民政厅批准成立。5月18日，由广东省社会组织管理局指导，广东互联网金融协会主办，广东互联网金融协会全体会员共同承办的广东互联网金融协会揭牌仪式暨高峰论坛在广州隆重举行。[①] 省金融办、人民银行广州分行、广东省社会组织管理局、广东省通信管理局等单位及广东省内30多家互联网金融公司代表近300人出席会议。

广东互联网金融协会是全国首家由政府批准成立的省级互联网金融行业社会组织，意味着人民银行提出的对互联网金融实行五大监管原则在广东省真正落地。广东互联网金融协会率全国之先成立，为其他省（区、市）成立互联网金融协会提供了很好的参考借鉴。

[①] 央视网经济：《广东互联网金融协会成立 求监管成自监管》，2014年5月20日，http://jingji.cntv.cn/2014/05/20/ARTI1400577948388426.shtml。

（二）深圳市互联网金融协会

2015年7月28日，由深圳市人民政府指导，深圳市金融办、人民银行深圳中心支行、中国银行业监督管理委员会深圳监管局、中国证券监督管理委员会深圳监管局、中国保险监督管理委员会深圳监管局等联合主办的"深圳市互联网金融协会成立仪式暨互联网金融服务实体经济系列活动"在五洲宾馆举行，[1] 深圳市互联网金融协会正式宣布成立。深圳市互联网金融协会代表10家深圳市互联网金融平台与驻深银行机构在现场签署了第三方托管协议，标志着深圳市P2P行业运营逐步走向规范化、阳光化。

2017年6月，深圳市互联网金融协会成立中共深圳市互联网金融行业委员会。为指导、规范网络借贷信息中介机构平稳退出网贷行业，保护出借人、借款人、网贷机构等各方的合法权益，维护深圳市网贷行业规范、稳健的发展环境，2017年9月，深圳市互联网金融协会发布了《深圳市网络借贷信息中介机构业务退出指引》。

2018年12月，深圳市互联网金融协会开展深圳市网贷机构自律检查工作，根据国家互联网金融风险专项整治的要求，为进一步规范深圳市网贷行业发展，保护出借人合法权益，协会在市金融办指导下，发布《关于进一步规范网络借贷信息中介行业专项整治期间有关行为的通知》，提出十条"禁止性行为"。

---

[1] 深圳商报：《深圳市互联网金融协会成立 P2P行业走向规范化》，新浪网，2015年7月30日，https：//tech.sina.com.cn/i/2015－07－30/doc－ifxfpcyu4953182.shtml。

第七节　其他新金融与类金融业态发展

一　农民专业合作社发展

（一）农民专业合作社的起步

2003年，广东省人民政府办公厅发布《转发省农业厅关于加快发展农民专业合作经济组织意见的通知》，该意见制定了包括财政、税收、信贷、国土等扶持农民专业合作经济组织发展的8条优惠政策。

2004年，中央1号文件《中共中央、国务院关于促进农民增加收入若干政策的意见》专门部署农民合作社发展工作，充分体现了党中央、国务院对农民合作社的重视

2006年10月31日，国家颁布了《中华人民共和国农民专业合作社法》，确定了农民专业合作社是一类全新的市场主体。

2007年5月28日，为保障农民专业合作社登记管理工作依法进行，国务院颁布了《农民专业合作社登记管理条例》。广东各地把发展农村专业合作社作为建设社会主义新农村的重要抓手，努力在提高服务效能、优化发展环境上下功夫，以促进农村专业合作社规范化发展。由于发展环境良好，农村专业合作社数量快速增长，广东省农村专业合作社实现了"从无到有、由少到多、由慢到快"的渐进发展。广东省农民专业合作社业务范围不仅仅集中在农产品销售、种植业以及农业生产资料的购买方面，还扩大到与农业生产经营有关的技术、信息等服务层面，而且数量快速增长、规模日渐扩大，企业参与农村专业合作经营的积极性也在逐步提高。[①]

---

① 肖楚波：《广东省农村专业合作社发展现状及问题研究》，硕士学位论文，华南理工大学，2012年。

2008年，广东出台加快发展农民专业合作社五大优惠政策：实施示范社建设"1122"工程、适当加大资金扶持力度、提供优质金融服务、实行税收、用地和农产品运输优惠政策、提升农民专业合作社经营能力。鼓励有一定生产经营规模和出口实力的农民专业合作社，向当地市外经贸行政部门申请办理对外贸易经营者备案登记，积极拓展国外市场。但广东省农民专业合作社总体上仍然存在发展数量偏少、质量不高等问题。截至2008年，广东仅占全国登记农民专业合作社数量的1.63%，与广东作为经济强省、农业大省的地位并不相符。[1]

2009年，广东省农民专业合作社稳定增长，发展加快。截至6月，全省登记注册的农民专业合作社3029户，出资总额24.49亿元，成员总数37893名，比上年末分别增长75.39%、167.24%和65.42%。广东省农民专业合作社发展呈以下特点：一是山区登记户数相对较多；二是合作社规模进一步扩大；三是业务范围进一步拓宽；四是社会参与积极性进一步提高。[2] 2009年7月，佛山市三水区在全国开创性地推出"政银保"农业贷款模式，找到了一条破解农村融资难的好钥匙。佛山市三水区人民政府、佛山市三水区农村信用社和佛山市三水区保险公司通力合作，探索出一种以政府财政投入的基金做担保、农村信用社为符合贷款条件的担保对象提供贷款、保险公司对上述贷款本金提供保证保险的"政银保"农业贷款模式。佛山市三水区每年投入1000万元（2013年增加到2000万

---

[1] 黄子睿：《广东省农村专业合作社发展中的政府作用研究》，硕士学位论文，中山大学，2011年5月31日。

[2] 肖楚波：《广东省农村专业合作社发展现状及问题研究》，硕士学位论文，华南理工大学，2012年。

元）作为合作农业贷款担保基金，用于为区农业企业、农户向合作银行申请免抵押和免保证金贷款提供担保。实践证明，这种模式发挥了财政资金"四两拨千斤"的作用，实现了农民、银行、保险和政府共赢的良性循环。① 同年11月，广州首个农民专业合作社——广州市白云区丰华霸王花农产品专业合作社在白云区成立。②

（二）农民专业合作社的迅速发展

2010年，广东省工商部门紧紧围绕中共中央和政府提出的"加快转变经济发展方式"这一中心，充分发挥职能作用，全力促进广东各类市场主体发展，广东省市场主体保持平稳较快发展态势，农民专业合作社发展快速。截至2010年底，广东省共有农民专业合作社6715户、出资总额61.79亿元，分别比上年末增长63.5%和65.47%，呈现快速发展态势。全年新登记农民专业合作社2572户，出资总额23.03亿元，户数同比增长9.68%。③

2012年，由信宜市郑氏南兔养殖专业合作社等5家农民专业合作社发起成立的广东首家农民专业合作联合社——信宜市都合农民专业合作联社揭牌成立。④

2013年，为贯彻落实《国务院关于促进农业机械化和农机工业

---

① 房慧玲：《大力推动广东农民合作社发展的几点思考》，《南方农村》2014年第7期。

② 广东省农业农村厅：《广州首个农民专业合作社成立》，广东省农业农村厅官网——组织机构——内设机构——乡村产业发展处，2007年11月26日，http://dara.gd.gov.cn/zzjg/index.html。

③ 肖楚波：《广东省农村专业合作社发展现状及问题研究》，硕士学位论文，华南理工大学，2012年。

④ 中国农业信息网：《广东省成立首家农民专业合作联合社 共享资源壮大实力》，2012年6月11日，http://www.agri.cn/V20/ZX/qgxxlb_1/gd/201206/t20120601_2723595.htm。

又好又快发展的意见》精神，落实2012年全国农机专业合作社建设经验交流会精神，广东省加快农机专业合作社的发展，提升农机规模化作业服务水平，提高农业综合生产能力，促进农业增效、农民增收，建设现代农业强省，落实加快发展农机专业合作社的扶持措施。

2014年，合作社数量迅速增长的同时，也面临着多数合作社规模小、竞争力弱、发展不规范、合作经营优势发挥不充分等问题。为解决单一合作社发展规模小、产业链短、经营层次低、竞争力弱等问题，广州市供销社从2014年开始组建区镇级的区域性和行业性的农民专业合作社联合社，通过农民专业合作社的再联合，从而降低生产成本和市场风险，实现抱团经营。2014年1月，广东省率先推出"政银保"项目。以江门市为例，该市是广东省首个实施农业"政银保"的地级市。[①]

2014年10月29日，广州市增城粤汇资金互助合作社（以下简称"增城粤汇互助社"）在增城小楼镇正旭现代农业孵化园正式揭牌开业，注册资金1000万元，是广东新型农村金融的成功探索之一。增城粤汇互助社是在时任广州市政府副市长欧阳卫民同志亲自指导下，由广州市人民政府金融工作办公室批复同意设立，以广州市增城丰粮农业专业合作社作为主发起人，存在农业产业上下游关系的社员自愿入股设立，为社员提供资金互助服务的合作经济组织。截至2018年底，增城粤汇互助社有社员131户，农业专业合作社1名，农业协会成员2名；其中农民116户，占比88.55%，由农业公司、农业产业园经营者、农场经营者、农户组成；贷放互助

[①] 向佐春、朱楚彬：《广东农民合作社发展经验及启示》，《合作经济与科技》2017年第24期。

金52笔，合计金额2846.7万元，直接受惠社员156户，成功孵化和扶持了广州绿聚来农业发展有限公司、广州绿垠农业科技发展有限公司2家广州市农业龙头企业，广州市正旭农业科技有限公司、广州市多乐田生态农业发展有限公司等4家广州增城区农业龙头企业，为北部农业特别是种植业和乡村旅游打下良好的基础。

2016年初，广东省农业厅等九部门发布《关于加强农民专业合作社规范化建设的意见》，提出到2020年底，全省60%的农民专业合作社要达到《广东省农民专业合作社规范化建设标准（试行）》，同时省级以上示范社的数量要超过2000家。一方面要求合作社加强自身建设，勒紧规范"准绳"，如鼓励有条件的合作社实行会计委托代理制，委托有资质的机构代理记账、核算，探索运用短信、网络等方式进行社务民主决策；另一方面则为合作社发展营造宽松氛围，送出政策"红包"，如提出探索扩大农民专业合作社申请贷款可用于担保的财产范围，创新各类符合法律规定和实际需要的农副产品订单、保单、仓单等权利抵（质）押贷款品种和农用生产设备、机械、土地承包经营权、林权、水域滩涂养殖使用权等财产抵（质）押贷款品种。截至2016年底，广东省创建了341个国家级示范社；经农业部门认定的家庭农场13311家，种养大户达到13.8万户。实施了新型农民科技培训工程，创建了一批国家级新型职业农民培育工程示范县，培训大批农村各类实用人才。农民合作社辐射带动450多万农户共同致富。无论数量还是质量，广东农民合作社发展水平都取得了长足的进步。[1]

---

[1] 广东省农业农村厅：《关于广东省政协十一届五次会议第20170266号提案答复的函》，广东省农业农村厅官网——政府信息公开目录，2017年11月1日，http://dara.gd.gov.cn/tzgg2272/content/post_1557945.html。

2018年，广东省农民专业合作社有近5万家，其中国家级示范社275家、省级示范社1376家，同比分别增长11%、10%、12.5%。广东省农民专业合作社已涵盖种植、畜牧、林业、渔业、服务、手工等各个行业，成为"一村一品、一镇一业"地方特色经济发展的一支重要力量。市供销合作社作为为农服务的合作经济组织，主动融入乡村振兴战略，全面深化综合改革，发挥供销合作社独特优势。同年，广州市供销合作总社组织召开广州市供销社农民专业合作社联合社设立大会，标志着广州首家市级农民专业合作社联合社正式成立。该联合社是由广州市供销社农产品公司作为主发起人、联合19家农民专业合作社共同设立，成员出资总额500万元，主要从事农产品种植、加工、贮藏、销售、新品种引进和农业技术服务等业务。[1] 截至2020年末，广东省共有农民专业合作社5.05万户，较2019年末增长6.47%。

二 区域性股权市场发展

（一）区域性股权市场的兴起

2009年以来，全国范围内已经形成天津股权交易所、重庆股份转让中心、深圳中小企业非公开股权柜台交易市场等较具特色的区域股权交易市场。

2010年，深圳珠江中小企业股权交易中心有限公司成立，主要办理中小企业的股权、产权、资产以及文化产权、专有技术交易。[2]

---

[1] 朱伟良：《广州成立首家市级农民专业合作社联合社》，搜狐财经，2018年9月7日，https://www.sohu.com/a/252584858_100116740。

[2] 天眼查：《深圳珠江中小企业股权交易中心有限公司》，天眼查官网——公司简介，2019年6月18日，https://www.tianyancha.com/company/2331109632。

2011年,《国务院关于清理整顿各类交易场所切实防范金融风险的决定》发布,针对包括区域性股权市场在内的交易市场中可能存在的交易活动风险,提出有必要规范区域性股权市场的秩序。

2012年,中国证券监督管理委员会下发《关于规范区域性股权交易市场的指导意见(征求意见稿)》,明确提出:"区域性股权交易市场是多层次资本市场的重要组成部分,对于促进小微企业股权交易和融资,鼓励科技创新和激活民间资本,加强实体经济的薄弱环节,具有不可替代作用。"同时,该指导意见从政策层面首次确认中国资本市场包括四个层次:沪深主板(含中小板)为一板、深圳证券交易所创业板为二板、新三板为三板、区域性股权交易市场为四板。正是由于中国证券监督管理委员会的正名,区域性股权交易市场进入快速发展的阶段,各地纷纷响应建立区域性股权交易市场。同年,深圳前海股权交易中心有限公司成立于深圳。深圳前海股权交易中心有限公司的前身是深圳联合产权交易所股份有限公司旗下的深圳新产业技术产权交易所有限公司,后通过增资扩股,深圳联合产权交易所股份有限公司完全退出,由中信证券股份有限公司、国信证券股份有限公司、安信证券股份有限公司共同成为深圳前海股权交易中心有限公司主导者。同年7月,国务院办公厅发布《关于清理整顿各类交易场所的实施意见》,明确了包括区域性股权市场在内的各交易场所运行的最低要求。8月,中国证券监督管理委员会发布《关于规范证券公司参与区域性股权交易市场的指导意见(试行)》,从规范证券公司的角度,侧面对区域性股权市场的规范提出了要求。8月9日,由广州国际控股集团有限公司、广东粤财投资控股有限公司、广州开发区金融控股集团有限公司三大国有控股公司联手设立广州股权交易中心有限公司正式开业运营。

2013年10月,广东金融高新区股权交易中心有限公司正式开业运营,是广东省第三家股权交易中心,交易中心位于佛山,依托佛山工业、产业发展优势。广东金融高新区股权交易中心有限公司由广发证券股份有限公司、招商证券股份有限公司、广东省产权交易集团有限公司等共同设立,以"省市共建,券商主导,市场化运作"为经营理念。广东金融高新区股权交易中心有限公司突出区域性股权交易市场的私募性与个性化,联合券商、担保公司为小额贷款公司发行集合私募债;同时,广东金融高新区股权交易中心有限公司还为轻资产的创新型中小企业定制个性结构化私募融资方案,开拓债权融资渠道,并通过买断债权、账号监控实现风控目标,保障合格投资者利益。[①]

2015年6月,中国证券监督管理委员会发布《区域性股权市场监督管理试行办法(征求意见稿)》,明确了我国区域性股权交易市场是在省级行政区域内为中小微企业提供股权、债券转让和融资服务的私募证券市场。

2017年1月,国务院办公厅颁布《关于规范发展区域性股权市场的通知》,制定了中国区域性股权市场业务及监管规则,明确了地方政府的监管责任,加强对可能出现的金融风险进行预警提示和处置督导,其发布对推动多层次资本市场持续更好地发展,具有重要意义。5月5日,中国证券业监管部门发布的第一份框架性文件《区域性股权市场监督管理试行办法》中进一步明确,中国区域性股权市场是为其所在省级行政区域内中小微企业证券非公开发行、转让及相关活动提供设施与服务的场所。将区域性股权市场纳入统

---

① 孔金瑞:《我国区域性股权交易市场发展研究——以广东省为例》,硕士学位论文,广西师范大学,2014年。

一监管，实质上确立了区域性股权市场的定位。并且同时要求，各省、自治区、直辖市及计划单列市行政区域内设立的运营机构不得超过一家。①

2018年5月9日，深圳市人民政府发布《关于区域性股权市场运营机构的通告》，对深圳市区域性股权市场唯一合法运营机构情况及过渡性安排，前海股交投资控股（深圳）有限公司、深圳联合产权交易所股份有限公司、深圳文化产权交易所有限公司不得再从事相关区域性股权市场业务，在1个月内将区域性股权市场相关业务及相关的数据档案资料等移交深圳前海股权交易中心有限公司，并同步办理经营范围变更手续。深圳前海股权交易中心有限公司成为深圳市区域性股权市场唯一合法运营机构。7月3日，省政府发布《广东省人民政府关于区域股权市场唯一合法运营机构的公告》，广东省行政区域内区域性股权市场唯一合法运营机构为广东股权交易中心有限公司（深圳市除外），广东金融高新区股权交易中心有限公司、广州股权交易中心有限公司依法注销，全部业务由广东股权交易中心股份有限公司承接。②

（二）主要区域性股权交易市场

广东省共有两家区域性股权交易市场，分别是位于广州的广东股权交易中心、位于深圳的前海股权交易中心。

1. 广东股权交易中心。广东股权交易中心有限公司作为广东省（深圳市除外）唯一合法的区域性股权市场运营机构，是广东省多

---

① 国元证券和合肥工业大学联合课题组：《我国区域性股权市场的发展、问题与改革研究》，《金融监管研究》2018年第4期。
② 广东省人民政府：《广东省人民政府关于区域性股权市场唯一合法运营机构的公告》，广东省人民政府——政府信息公开目录，2018年7月3日，http://www.gd.gov.cn/gkmlpt/content/0/146/post_146977.html#8。

层次资本市场体系的重要组成部分,主要服务对象为广东省内的中小微企业。截至2020年12月,广东股权交易中心共有挂牌展示企业18587家,累计融资达1218.95亿元,登记托管企业4028家,会员机构427家,设立了4家分公司。

2. 前海股权交易中心。深圳前海股权交易中心有限公司于2012年5月15日成立于深圳,前身是深圳联合产权交易所旗下的深圳新产业技术产权交易所,后通过增资扩股,深圳联合产权交易所股份有限公司完全退出,由中信证券股份有限公司、国信证券股份有限公司、安信证券股份有限公司共同成为深圳前海股权交易中心有限公司主导者。

与广东股权交易中心有限公司不同的是:深圳前海股权交易中心有限公司实行"去中介"经营模式,这也是与全国其他区域性股权交易中心的最大区别。深圳前海股权交易中心有限公司利用强大的信息平台,打破传统的企业融资模式,建立投融直接对接的通道,致力于做到金融产品的电商平台。[1]

三 商业保理行业发展

(一)商业保理行业的由来

2012年,广东商业保理行业出现萌芽。12月,商务部公布《关于香港澳门服务提供者在深圳市、广州市试点设立商业保理企业的通知》,允许港澳服务提供者以中外合资经营企业、中外合作经营企业或外资企业形式,在深圳市、广州市设立商业保理企业,并于2013

---

[1] 孔金瑞:《我国区域性股权交易市场发展研究——以广东省为例》,硕士学位论文,广西师范大学,2014年。

年1月开始实施。自此广州和深圳成为商业保理试点区域。①

2013年,深圳市经济贸易和信息化委员会发布关于印发《深圳市外资商业保理试点审批工作暂行细则》的通知,针对深圳市外资商业保理试点提出审批工作暂行细则。全国经批准成立的商业保理公司共137家,其中深圳27家。② 同年,商业保理行业成为广东自贸区横琴片区先行先试、迅速发展的行业,与广东自贸区横琴片区重点发展商务服务、金融服务等产业定位十分吻合,是广东自贸区横琴片区鼓励重点发展的行业之一。截至2013年末,已注册的商业保理公司达13家,认缴的注册资本合计为人民币84000万元。③

2014年6月,深圳鑫科国际商业保理有限公司由北大光华管理学院EMBA和北大汇丰商学院校友发起设立,是国内规模最大的全国性专业商业保理公司之一。深圳鑫科国际商业保理有限公司立足前海,背靠珠三角、沿海和内陆发达地区,面向粤港澳、海外,以供应链节点企业和金融机构为目标客户,专注于医疗、公用市政、物流、房地产、快消、电子等行业的保理业务,以互联金融和资产证券化等手段,通过专业化风险管理,持续监测、全程控制等方式,为供应链节点企业提供集贸易融资、销售分户账管理、客户资

---

① 商务部:《商务部关于香港澳门服务提供者在深圳市、广州市试点设立商业保理企业的通知》,中华人民共和国商务部条约法律司官网——商务法规——对外投资和外商投资——现行有效规范性文件,2012年12月7日,http://www.mofcom.gov.cn/article/fgsjk/201212/20121202649652.shtml。

② 商务部:《商务部进一步加强商业保理行业管理》,商务部官网——新闻,2013年9月2日,http://www.mofcom.gov.cn/article/xwfb/xwrcxw/201309/20130900278950.shtml。

③ 珠海市金融工作局:《商业保理行业在珠海横琴新区蓬勃发展》,珠海市金融工作局官网——信息公开——珠海金融,2015年4月15日,http://zhjr.zhuhai.gov.cn/ztzl/hqzmqjr/content/post_2093144.html。

信调查评估、应收账款管理与催收、信用风险担保为一体。深圳鑫科国际商业保理有限公司凭借在资本市场丰富的运营管理经验和广泛的客户资源，采取全新商业模式和专业化风控措施，以及持续监测、全程控制等方式，为供应链节点企业提供集贸易融资、销售分户账管理、客户资信调查评估、应收账款管理与催收、信用风险担保为一体的保理业务服务。[1]

2014年1月，广州市对外贸易经济合作局、广州市人民政府金融工作办公室发布关于印发《广州市外商投资保理业试点管理办法（试行）》的通知，提出设立商业保理企业的要求及商业保理企业可以经营的业务。[2] 自此，广州市商业保理开始快速发展，仅2014年就成立了6家商业保理公司，其中较具代表性的为广州广运商业保理有限公司。2014年7月，广州广运商业保理有限公司正式成立，是广东省第一家批筹的国有商业保理服务机构，注册资本5000万元，主要为企业交易过程中订立的货物销售或服务合同所产生的应收账款，提供贸易融资、销售分户账管理、应收账款催收、信用风险控制与坏账担保等服务功能的综合性信用服务。[3] 广州广运商业保理有限公司以风控为核心，以业务为导向，立足广州，业务发展辐射珠三角，为广大的中、小、微企业提供保理融资服务，解决企

---

[1] 深圳鑫科国际商业保理有限公司：《公司简介》，深圳鑫科国际商业保理有限公司官网——关于我们，2019年12月31日，http：//www.to‐iif.com/about/。

[2] 广州市对外贸易经济合作局、广州市人民政府金融工作办公室：《广州市外商投资保理业试点管理办法（试行）》，广州市商务局官网——信息公开，2014年1月22日，http：//sw.gz.gov.cn/gkmlpt/content/5/5494/post_5494386.html#146。

[3] 广州广运商业保理有限公司：《公司简介》，广州广运商业保理有限公司官网——公司概况，2019年12月31日。

业在发展过程中所需的流动资金需求，优化运营资金，大幅减小融资成本，发掘企业核心价值，提高核心竞争力。广州广运商业保理有限公司的核心运营团队会集广东省内的金融机构、资产管理公司、担保公司、一流律所的优秀骨干人员。2015年1月，广州广运商业保理有限公司当选广东省商业保理协会首届会长单位。

2015年，广东省商业保理协会根据商务部《关于征求〈商业保理企业管理办法〉和〈商业保理业务信息系统升级方案〉意见的函》要求，在广东省商务厅召开征求意见座谈会，广东省商务厅、广州市商务委员会、深圳市经济贸易和信息化委员会、深圳市前海深港现代服务业合作区管理局、广州南沙经济技术开发区管理委员会、广东珠海市横琴新区财政局等相关部门领导、广东省商业保理协会会员单位及相关企业负责人出席会议。[1] 同年，商务部发布《关于支持自由贸易试验区创新发展的意见》，提到支持广东自贸区开展商业保理试点，探索适合商业保理发展的外汇管理模式，积极发展国际保理业务，充分发挥商业保理在扩大出口、促进流通、解决中小企业融资难等方面的积极作用。[2]

2016年1月，广东省商业保理协会与深圳市商业保理协会联合主办的"2016中国（深圳）商业保理行业峰会暨广东省商业保理行业年会"在深圳成功举办。深圳市经济贸易和信息化委员会、深圳市前海深港现代服务业合作区管理局、深圳前海合作区人民法院、深圳市前海国家税务局、深圳市地方税务局等单位参与论坛讨

---

[1] 广东省商业保理协会：广州商业保理协会官网——协会动态——协会新闻，2015年3月6日，http：//www.syblxh.org.cn/col.jsp?id=114。

[2] 商务部公共商务信息服务：《商务部关于支持自由贸易试验区创新发展的意见》，中华人民共和国商务部外国投资管理司官网——政策发布，2015年8月25日，http：//wzs.mofcom.gov.cn/article/n/201508/20150801095003.shtml。

论，与企业面对面沟通，共同探讨新形势下的商业保理发展之路。会上还发布了《广东省商业保理行业发展报告（2015）》和《深圳前海商业保理行业发展报告（2015）》。① 8月，广东省商业保理协会和深圳市商业保理协会联合中国服务贸易协会商业保理专业委员会、北京商业保理协会、天津市商业保理协会、上海市商业保理同业公会、重庆市商业保理行业协会、上海浦东商业保理行业协会等各地协会举办的首届（2016）中国商业保理企业融资合作洽谈会在深圳前海召开。此次洽谈会围绕如何突围商业保理再融资困局安排了银行与保理企业合作对话论坛，征信、增信机构与保理企业合作对话论坛，再保理、双保理发展论坛，资产证券化专题研讨会，2016国际保理CEO圆桌会议，互联网＋、大数据与商业保理服务发展对话论坛等6场分论坛，邀请各相关行业人士展开对话并进行深入探讨。与此同时，为拓宽商业保理企业融资渠道，促进商业保理领域资金端与资产端有效对接，活动专程举办了金融机构与商业保理企业融资合作洽谈、商业保理企业与企业融资合作对接洽谈两个专场对接洽谈。②

截至2016年12月底，深圳市商业保理企业的注册量为4363家（含有限合伙企业45家），占广东总量的99%，占全国总量的80%以上。其中，申请在商务部商业保理业务信息系统报送信息的企业共106家，在深圳市商业保理协会备案和加入行业自律公约的商业

---

① 商业保理专业委员会：《2016中国（深圳）商业保理行业峰会暨广东商业保理行业年会在深成功举办》，商业保理专业委员会官网——行业动态，2016年2月3日，http://www.cfec.org.cn/view.php?aid=679。

② 广东省商业保理协会：《首届2016中国商业保理企业融资合作洽谈会在深圳拉开帷幕》，广州商业保理协会官网——协会动态——协会新闻，2016年6月21日，http://www.syblxh.org.cn/nd.jsp?id=583。

保理企业共 1317 家。前海商业保理企业累计注册量为 4013 家（含有限合伙企业 2 家，已注册并注销的企业未计算在内）。从深圳市和前海的总注册量来看，深圳商业保理企业注册地主要集中在前海，占比 91.98%。①

2017 年 6 月 23—25 日，在第六届中国（广州）国际金融交易·博览会期间，广东省商业保理协会、广州南沙开发区金融工作局等单位联合主办 "2017 粤港澳大湾区商业保理和供应链金融创新发展论坛"。② 同年 9 月，南沙正式出台《南沙新区（自贸区）商业保理业试点管理暂行办法》，根据该办法，在南沙注册的内资商业保理企业注册资本不低于 3000 万元人民币，实行认缴制，且不设前置审批，商业保理企业进入通道完全打开；放开对风险资产规模的约束，企业融资倍数不受限制等。③ 商业保理产业集群开始在南沙迅速崛起，截至 2018 年末，落户南沙商业保理公司 205 家。④

2018 年 12 月中旬，广东商业保理公司总数 9000 余家，业务总量超 5000 万亿元，占全国总业务量的 50% 以上，广东已成为我国商业保理行业最发达的省份。⑤

---

① 广东省商业保理协会：《广东省商业保理行业发展研究报告（2016）》，2016 年。

② 广东省商业保理协会：《2017 粤港澳大湾区商业保理和供应链金融创新发展论坛在广州举办》，广东省商业保理协会官网——协会动态，2017 年 6 月 26 日，http://www.syblxh.org.cn/nd.jsp?id=770。

③ 广州市南沙区人民政府：《关于印发〈南沙区商业保理业试点管理暂行办法〉的通知》（穗南开金融发〔2017〕4 号），2017 年 12 月 8 日。

④ 南沙新区报：《南沙崛起商业保理产业集群 全区同类企业增至 205 家》，广州市南沙区人民政府网站——投资南沙，2018 年 7 月 4 日。

⑤ 广东南方金融创新研究院：《2019 商业保理行业发展研讨会暨广东省商业保理协会成立四周年座谈会》，南方网客户端，2019 年 1 月 23 日，http://static.nfapp.southcn.com/content/201901/23/c1874232.html。

2019年1月8日,广州市人民政府发布《关于印发支持广州区域金融中心建设若干规定的通知》,该规定针对商业保理等从事金融活动的组织,对于融资租赁公司、商业保理公司、典当行按照相关政策给予扶持奖励。[1]

截至2019年10月,广东省商业保理公司7440家,注册资本5378亿元。经批设的地方资产管理公司3家,资产总额466亿元,负债总额359亿元,累计实现净利润8.4亿元;累计收购不良资产规模366亿元,投资额92亿元;存量不良资产账面值1119亿元,存量投资余额200亿元;处置不良资产规模521亿元,回收资金77亿元。

2020年12月31日,根据《中国银保监会办公厅关于加强商业保理企业监督管理的通知》(银保监办发〔2019〕205号)要求,经各地级以上市金融管理部门推荐,省地方金融监督管理局正式拟将70家商业保理企业纳入广东省(不含深圳市)第一批监管名单,标志着商业保理企业监管工作进入新阶段。

(二) 商业保理协会组织的发展

1. 广东省商业保理协会。2015年2月13日,广东省民政厅下达同意成立广东省商业保理协会的批复,广东省商业保理协会具备法人资格,并发给社会团体法人登记证书。经过一个月的筹备,广东省商业保理协会正式成立。[2]

2015年1月31日,广东省商业保理协会在广州举行第一次会

---

[1] 广州市人民政府:《广州市人民政府关于印发支持广州区域金融中心建设的若干规定的通知》(穗府规〔2019〕1号),2019年1月8日,https://www.gz.gov.cn/ztwzq/jjl/gzs11nzdcycjzc/jry/content/post_6544211.html。

[2] 广东省民政厅:《广东省民政厅关于同意成立广东省商业保理协会的批复》,广东省民政厅官网——政务公开——通知公告,2015年2月13日。

员代表大会，标志着广东商业保理领域首个行业自律性组织正式成立，这也是国内首个省级商业保理协会和会员数最多的商业保理行业组织。第一次会员代表大会发布了《广东省商业保理行业发展报告（2014）》，报告显示深圳前海商业保理业发展迅猛，占全省总数的96%。经过108名创会会员代表的选举，产生广东省商业保理协会第一届领导机构，广州广运商业保理有限公司当选为首任会长单位，通惠商业保理有限公司当选为执行会长单位，亚洲保理（深圳）有限公司等企业当选为常务副会长单位。①

截至2014年底，在广东注册的各类商业保理企业的法人企业达732家，另有分公司14家，占全国商业保理企业注册总数的比例接近2/3，累计注册资金总额超过555亿元（人民币，下同）。② 2014年广东保理业务总量约为350亿元，业务余额约为100亿元，较之2013年业务规模增长了四倍多。报告显示，广东商业保理企业的注册地主要集中在深圳、广州、珠海等地，其中深圳前海的商业保理公司注册数达677家，占全省总数的96%，其中，2014年新增596家，成为广东商业保理企业注册数量增长最快的地区。此外，陆续也有商业保理企业在汕头、佛山、湛江等地设立分支机构。在《广东省商业保理协会行业自律公约》中，提出遵纪守法、诚实守信、平等互利、共同发展的基本原则，抵制行业内不规范经营和不正当竞争行为，防范商业、技术和道德风险，保障客户利益，并界定了自律公约的适用范围。此外，2015年中国国际保理高峰会暨粤港澳

---

① 广东省商业保理协会：《协会简介》，广东省商业保理协会官网——协会概况，2019年3月4日，http://www.syblxh.org.cn/col.jsp?id=106。

② 深圳市商业保理协会：《广东是中国商业保理企业数量最多的省份》，深圳市商业保理协会官网——行业资讯，2016年3月17日，http://www.szsyblxh.org.cn/nd.jsp?id=135#_np=149_468。

贸易融资发展论坛同期举行。①

2. 深圳市商业保理协会。2015 年 9 月 24 日,深圳市商业保理协会第一次会员大会召开,标志着深圳市商业保理领域行业自律组织正式成立,深圳市保理行业步入制度化、规范化。会员大会审议通过《深圳市商业保理协会章程》等文件,并产生第一届领导机构。深圳鑫科国际商业保理有限公司被推举为深圳市商业保理协会首任会长单位。深圳市商业保理协会有着自己鲜明的特点,一是按照行业协会规范和市场化要求设立,由行业企业与相关社会机构多元结合的构架;二是在加强行业自律方面,协会不仅注重会员自身发展的经济利益,还推动保理企业自觉履行社会责任,提高从业人员职业道德和风险意识,有效维护市场秩序;三是在参与市场监管方面发挥积极作用;四是在推动人才培养方面,针对行业人才队伍严重短缺的问题,加强企业间的业务交流以及与国外保理专业组织的对接,建设人才高地。②

四 地方资产管理公司发展

广东省共有地方资产管理公司 3 家,分别是广东粤财资产管理有限公司、广州资产管理有限公司、深圳市招商平安资产管理有限公司。

---

① 索有为:《中国内地首个省级商业保理协会在广州成立》,中新网——财经频道,2015 年 1 月 31 日,http://www.chinanews.com.cn/cj/2015/01-31/7022913.shtml。

② 深圳市商业保理协会:《深圳市商业保理协会第一次会员大会》,深圳市商业保理协会官网——协会动态,2016 年 3 月 17 日,http://www.szsyblxh.org.cn/nd.jsp?id=148。

(一) 广东粤财资产管理有限公司

2006年，广东粤财资产管理有限公司经省政府第十届99次常务会议审议批准，于2006年9月14日注册成立，现注册资本人民币30亿元，是省政府授权经营单位——广东粤财投资控股有限公司的全资子公司。①

2014年，经省政府批准并获中国银行业监督管理委员会首批核准，广东粤财资产管理有限公司成为广东具备商业银行资产管理资质的省级资产管理公司（见图7.1）。作为省政府下属的资产管理平台，广东粤财资产管理有限公司对于治理化解地方金融风险有积极作用，先后管理和处置了广东省金融机构以及全国商业银行和股份制银行等驻粤金融机构剥离的不良资产，并先后管理和处置了广东发展银行股份有限公司、恩平农村信用合作社、广东农村商业银行股份有限公司等地方金融机构和其他驻穗金融机构剥离的不良资产，其经营规模不断扩大。广东粤财资产管理有限公司的主要业务包括：收购处置、资产经营、金融服务。主要的业务功能包括资产收购、资产经营、资产处置、财富管理。

2015年12月，广东粤财资产管理有限公司累计业务规模达到1104亿元，累计创造利润41亿元。2017年12月，广东粤财资产管理有限公司累计业务规模1355亿元，经营战略是依托不良资产经营处置，发挥资管公司的金融功能，从"多元化"向"全能化"迈进，形成"大资管"运作模式：通过资管服务，清晰业务模式，完善风控体系，突出研究创新能力及营运管理能力。

---

① 广东粤财资产管理公司：《公司简介》，广东粤财资产管理公司官网——关于我们，2019年3月4日，http：//www.utrustamc.com/gsjs/index_37.html。

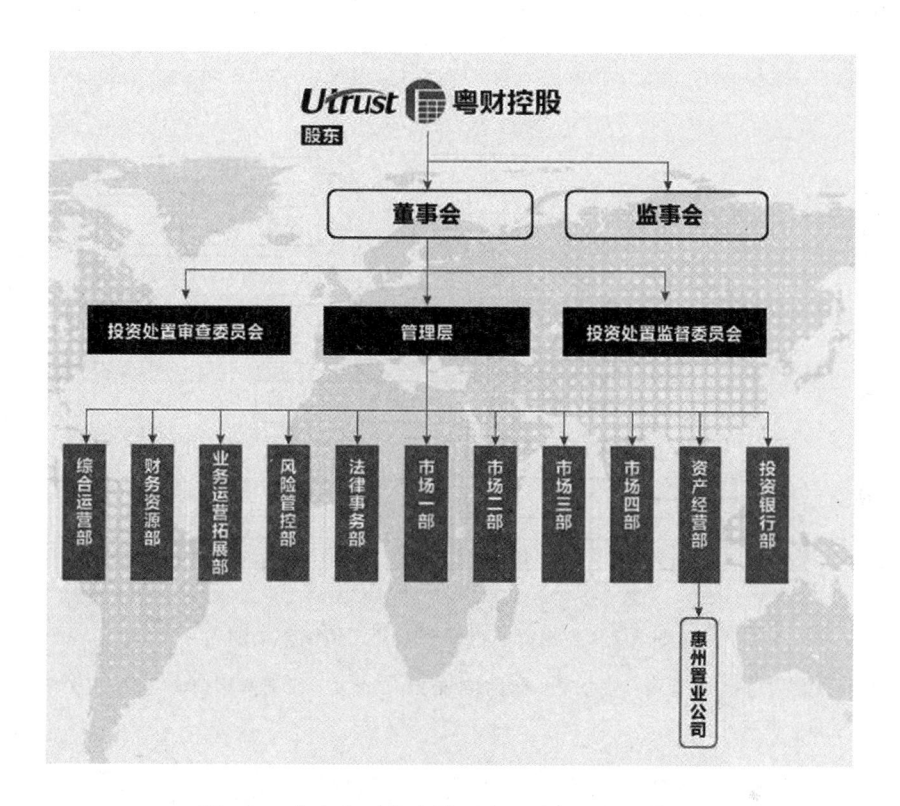

图 7.1 广东粤财资产管理有限公司组织架构图

资料来源：广东粤财资产管理有限公司：《组织架构》，广东粤财资产管理有限公司官网——关于我们，2019 年 12 月 31 日。

截至 2020 年末，公司累计管理资产规模 1795 亿元，有效地化解金融机构和地方金融风险，促进金融发展，并创造良好的经济效益。主要业务扩展为收购、处置并经营资产；债权债务清理；为企业的重组及债务重组提供策划、咨询；投资、财务及法律咨询与顾问（不含证券、期货）。

（二）广州资产管理有限公司

2016 年，省政府确定由广州越秀金融控股集团股份有限公司、广州粤民投资产管理有限公司、广东恒健投资控股有限公司和广东省粤科金融集团有限公司共同设立广东省第二家地方资产管理公司（见图7.2）。

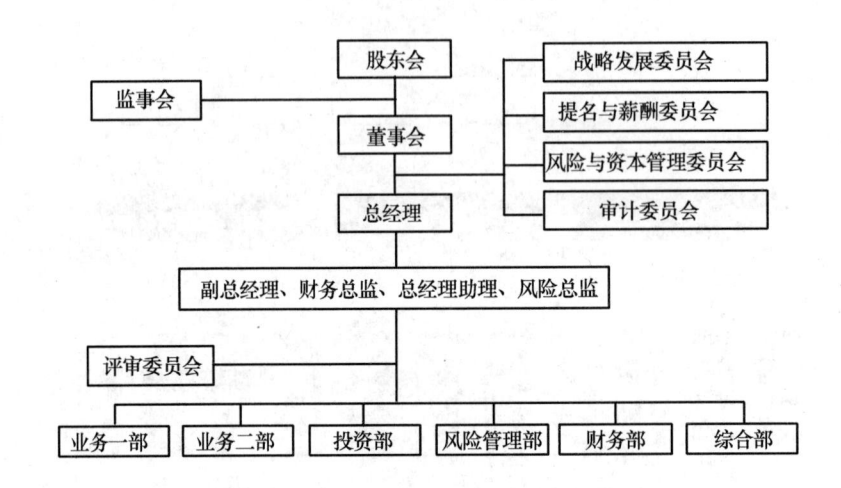

图7.2 广州资产管理有限公司组织架构图

资料来源：广州资产管理有限公司：《组织架构》，广州资产管理有限公司官网——关于我们，2019年3月4日。

2017年4月，广州资产管理有限公司在广东自贸区南沙片区注册成立。5月，注册资金30亿元到位，参与省内金融企业不良资产的批量转让业务、资产管理、资产投资及资产管理相关的重组、兼并、投资管理咨询服务、企业管理、财务咨询及服务（仅限广州资产管理有限公司经营）。6月，首单不良资产业务和投资业务落地。11月，收到省政府和省金融办授权开展批量业务资质的批文，中国银行业监督管理委员会公告广州资产管理有限公司批量受让资质。[①]

[①] 广州资产管理有限公司：《公司简介》，广州资产管理有限公司官网——关于我们，2019年3月4日，http://www.guangzhouamc.com/about_us/profile/。

2018年2月，广州资产管理有限公司获得中诚信国际和中诚信证评双AAA的主体评级。3月，成立第一家下属子公司广州市泰和祺瑞资产管理有限公司。2019年10月公司完成增资后，注册资本达43.70亿元人民币，股东实际投入资本金达50亿元人民币。2021年2月增资后，注册资本达到人民币53.76亿元。

（三）深圳市招商平安资产管理有限公司

2017年3月，深圳市招商平安资产管理有限责任公司正式成立，是深圳市首家具有金融机构不良资产批量收购处置业务资质的地方资产管理公司，注册资本30亿元，由招商局集团有限公司、中国平安人寿保险股份有限公司、深圳市投资控股有限公司和中证信用增进股份有限公司共同组建（见图7.3）。深圳市招商平安资产管理有限公司以不良资产管理为基础，以大资管为目标，以大风险化解为导向，服务市场需求，创新盈利模式，用投资银行理念、基金化运作方式投资管理另类资产，致力打造国内最具特色的一流资产管理公司。其主要业务包括收购、受托经营金融机构和非金融机构不良资产，对不良资产进行管理、投资和处置；在不良资产业务项下，追偿本外币债务，对收购本外币不良资产所形成的资产进行租赁、置换、转让与销售；本外币债权转股权及阶段性持股，以及相关的实业投资；资产管理；财务、投资、法律及风险管理咨询和顾问；金融信息咨询；资产及项目评估；经批准的资产证券化业务、金融机构托管和关闭清算业务；破产管理；接受其他金融机构、企业的委托，管理和处置不良资产；等等。[1]

截至2019年底，公司总资产171亿元，累计完成业务投放233

---

[1] 《中国地方资产管理行业白皮书2017》课题组：《中国地方资产管理行业白皮书2017》，2018年。

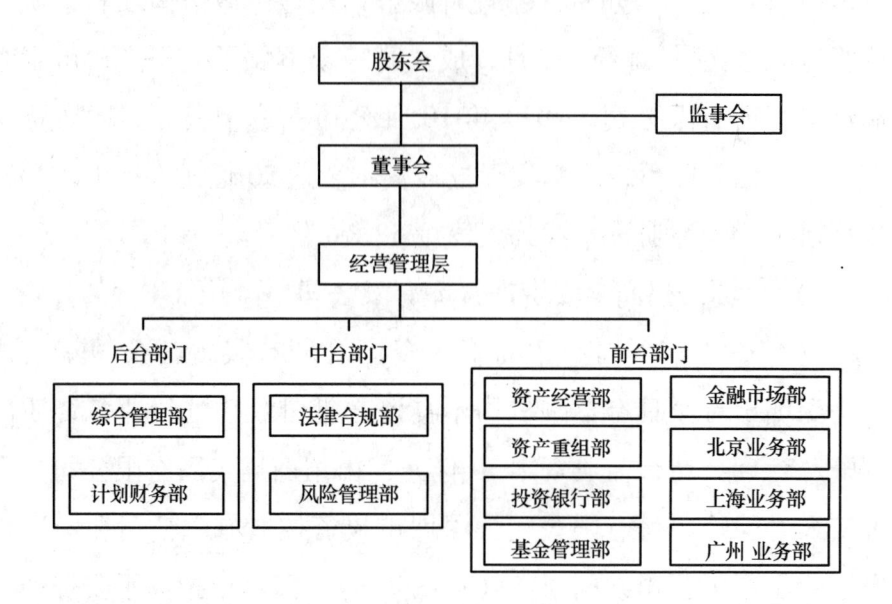

图 7.3　深圳市招商平安资产管理有限公司组织架构图

资料来源：深圳市招商平安资产管理有限公司：《组织架构》，深圳招商平安资产管理有限公司官网——关于我们，2019 年 12 月 31 日。

亿元，管理资产规模 527 亿元，已投业务涵盖不良资产收购处置、资产证券化、债转股、资产重组、基金管理等领域。

五　地方各类交易所的发展

（一）地方各类交易所的兴起

1999 年，广州产权交易所正式成立，是国家级综合性产权交易平台。2010 年 10 月，广州产权交易所按照"统一平台、专业分工、集团经营"的原则组建广州交易所集团，是国内首个集团化运营的交易机构。

2004 年，广东塑料交易所正式成立是经广东省经济贸易委员会批准成立的全国唯一一家塑料电子交易所，是广州市人民政府重点建设的大宗商品电子交易平台，主要开展塑料现货电子交易，并提供塑料仓储物流、行业信息、货押融资服务和技术服务。

2004年，揭阳市产权交易所正式成立，是揭阳市人民政府批准设立的全民所有制企业，是南方联合产权交易中心和深圳市产权交易中心会员单位。

2007年，广州化工交易所正式成立，是经广州市经济贸易委员会批准，由广东塑料交易所全资设立的化工现货电子交易所。

2008年，佛山南方产权交易所是经佛山市人民政府和广东省国有资产委员会批准正式成立，共有3个股东：佛山市国有资产委员会下属企业佛山市金融投资控股有限公司、广东省交易控股集团旗下南方联合产权交易中心有限责任公司以及佛山市南海区大沥腾业产业投资有限公司。该交易所是广东省加快产权市场建设、佛山市进军资本市场重要举措，列入《佛山金融发展三项计划实施方案》建设重点，是广东省第一家省市共建的资本运作平台。

2009年，广州商品交易所有限公司正式成立，是广州交易所集团有限公司投资经营，从事各类大宗商品现货交易及服务的第三方交易公共服务平台。

2009年，根据中共广州市委、广州市人民政府《关于加快形成城乡经济社会发展一体化新格局的实施意见》的要求，广州农村产权交易所由广州交易所集团有限公司投资设立，是华南地区首家综合农村产权交易服务机构。

2011年，广州物流交易所有限公司正式成立，是由广州交易所集团有限公司和广东林安物流发展集团共同发起，经广州市人民政府批准设立的从事物流交易和产权交易的综合交易机构。

2011年，上海联合产权（佛山）中小企业产权交易所经佛山市人民政府支持设立，是全国仅有的以中小企业特殊资产为主要交易服务对象的产权交易机构。作为上海联合产权交易所华南地区业务延伸平台，上海联合产权（佛山）中小企业产权交易所直接对接上海联合产权交易所中央数据库和遍布全球36个国家、近4万家的投资机构户。2013年，广东浆纸交易所经省政府批准成立，是国务院部际联席会、商务部、证监会审查通过的国内浆纸行业唯一的大宗商品交易综合服务平台。

（二）地方各类交易所在清理整顿中发展

2013年，广东省按照《国务院关于清理整顿各类交易场所切实防范金融风险的决定》《关于清理整顿各类交易场所的实施意见》等文件及国家清理整顿各类交易场所部际联席会议有关会议精神要求，对全省（不含深圳市）各类交易场所进行了认真清理整顿，各类交易场所逐步规范，但总体数量仍然较多。广东省采取有效政策措施，促进各类交易场所规范发展，鼓励各类交易场所与商业银行、证券公司、投资基金、担保机构等各类金融机构建立战略合作关系，吸引各类金融机构为各类交易场所提供资金结算、投融资等服务，推动资本与生产要素结合、资本与技术结合、资本与项目结合，强化各类交易场所在市场配置资源中的有形载体作用，提高服务实体经济的能力。

其中，经过部际联席会议同意，广东省保留交易场所11家，分别是广州产权交易所、广州农村产权交易所、上海联合产权（佛山）中小企业产权交易所、佛山南方产权交易所、广东产权顺德交易所、揭阳市产权交易所、广州化工交易所、广州商品交易所、广州物流交易所、广东塑料交易所、广东浆纸交易所；备案交易场所2家，分别是广东省环境权益交易所、广东省南方文化产权交易所；

保留87家名称中未使用"交易所"字样的交易场所，对其余60家交易场所作关停或合并处理，同时对广东塑料交易所等7家交易场所保持重点关注。2014年，广州金融资产交易中心正式开业，挂牌交易项目总额700多亿元。同年，广州商品清算中心股份有限公司获批设立，广州钻石交易中心获批筹建。[①]

2016年，广东省发布去金融杠杆行动计划重点查处违规大宗商品交易市场，加强各类交易场所及相关机构监管。加强对股权交易中心、金融资产交易中心、产权交易所等交易场所的日常监管，督促交易场所完善交易制度和规则，提高风险防控水平。重点查处大宗商品交易市场违规开展金融业务，及时纠正违规行为。加强交易场所业务创新指导，强化产品风险提示，做好投资者教育及保护工作。

2017年，为了加强各类交易场所的监管、有效防范金融风险，更好地保障广大投资者的权益，按照广东省、广州市人民政府的要求，广州市辖区内交易场所逐步接入广东省地方金融风险监测防控平台，其中广州商品交易所有限公司、广州钢铁交易中心有限公司、广州化工交易中心有限公司等在2017年7月成为首批签约交易场所。

2018年，随着国内对金融市场监管力度的加强，广东部门交易场所出现歇业调整。例如，2018年4月，广东省贵金属交易中心有限公司正式发布《关于交易业务调整的通知》，自4月29日上午4时起，广东省贵金属交易中心有限公司将暂停新客户的开立和激活，将现有交易商品的履约准备金率调整至100%，暂停新建仓业

[①] 广州市金融工作局：《2015广州金融白皮书——金融发展形势与展望》，广州出版社2015年版，第303页。

务，暂停现有合作银行的入金业务，出金业务不受影响。自5月6日上午4时起，停止现有交易商品的所有交易功能。

2019年，经过三年治理整顿，交易场所逐步调整发展方向，取得了一些新的进展：部分交易场所积极对接政府平台，例如，广东南方文化产权交易所股份有限公司积极对接，推进将广东南方文化产权交易所股份有限公司交易系统并入全省公共资源交易平台体系；部分交易场所加强联系交流，例如深圳前海联合交易中心有限公司与广州商品交易所有限公司签署了战略合作协议，双方以自身业务为基础的合作将在市场拓展、信息资讯、行业会议及培训等方面全面展开，在场外业务、热轧卷板指数、基础设施的互认、产品交叉互换以及泛交易体系的打造等领域深入开展。

第八章　广东金融功能区建设发展

自2007年中共广东省委、广东省人民政府（以下简称"省政府"）提出建设金融强省的重要战略，广东各地区着力打造一批具有区域影响力的金融聚集区，形成多个集聚各类金融机构、金融要素市场的金融功能区。其汇集了大量的银行、证券、保险、基金等传统金融机构和小额贷款、融资担保、融资租赁、商业保理等新型金融机构，以及与其相关的法律、会计、审计、投资顾问、信息咨询、专业培训等各类专业服务业企业。随着多项政策的落地推进，广东金融功能区的融资功能、投资功能、交易功能和创新功能不断完善，对区域经济发展的促进作用显著。

第一节　国家级金融改革创新试验区建设发展

为了切实解决区域经济发展存在的突出问题，开展金融综合改革，提升金融服务实体经济的能力，探索全国金融改革对经济发展的作用。2012年7月，国家在广东设立珠江三角洲金融改革创新综合试验区，给予广东一系列的金融改革创新政策；2014年末，中国（广东）自由贸易试验区（以下简称"广东自贸区"）获批，中国（广东）自由贸易试验区广州南沙新区片区（以下简称"广东自贸区南沙片区"）、中国（广东）自由贸易试验区深圳前海蛇口片区

（以下简称"广东自贸区前海片区"）和中国（广东）自由贸易试验区珠海横琴新区片区（以下简称"广东自贸区横琴片区"）三地开展多个专项金融改革 2019 年 8 月试点任务；2017 年 6 月，经国务院批准，广东在广州花都区建设绿色金融改革创新试验区，开展多项绿色金融改革创新试点工作；2019—2021 年，中共中央、国务院先后颁发的《关于支持深圳建设中国特色社会主义先行示范区的意见》、《横琴粤澳深度合作区建设总体方案》和《全面深化前海深港现代服务业合作区改革开放方案》等政策文件，对广东区域性金融改革创新试验作出了新的战略性部署。在国家金融改革创新政策的引领下，广东金融改革创新呈现新发展格局。

一　珠江三角洲金融改革创新综合试验区[①]

（一）设立背景和发展历程

2011 年 6 月 13 日，广东省部署第十二个五年金融产业规划，为正在批复中的"珠三角金融改革创新综合试验区"探路。而早在 2008 年发布的《珠江三角洲地区改革发展规划纲要（2008—2020 年）》中提出"允许在金融改革与创新方面先行先试，建立金融改革创新综合试验区"，据此，广东省为了深化金融体制改革、统筹城乡金融协调发展、提升金融合作与开放水平、着力优化金融发展环境，深入贯彻实施《珠江三角洲地区改革发展规划纲要（2008—2020 年）》，制定了《广东省建设珠江三角洲金融改革创新综合试

[①] 参见许涤龙、钟雄等著《华南金融研究书系：新常态下的区域金融发展——珠江三角洲金融改革发展报告（2016）》，中国金融出版社 2016 年版。

验区总体方案》（以下简称"《珠三角金改方案》"）并上报国务院。[1] 后经国务院批准，在 2012 年 7 月 25 日，由中国人民银行（以下简称"人民银行"）、国家发展和改革委员会等八部委联合印发的《珠三角金改方案》在广州发布，方案主要由三大部分组成：一是在珠三角地区建设城市金融改革创新综合试验区；二是在环珠三角的梅州市建设农村金融改革创新综合试验区；三是在环珠三角的湛江市建设统筹城乡发展金融改革创新综合试验区。[2]

2012 年 11 月 23 日，省政府办公厅印发《广东省建设珠江三角洲金融改革创新综合试验区总体方案实施细则》，对各项任务细化分工，明确完成任务的时间节点，确定落实工作责任，为有序开展金融改革创新工作提供组织保障和考核监督。

2013 年 6 月 21 日，省政府在广州召开广东省全面推进珠三角金融改革创新综合试验区建设工作会议，深入贯彻落实《珠三角金改方案》及其实施细则，对全面推进珠江三角洲金融改革创新综合试验区建设工作进行了部署。[3]

2016 年 5 月，广东省开展珠三角金融改革创新综合试验区评估工作，广东省人民政府金融工作办公室（以下简称"省金融办"）向各地市和有关部门下发评估通知和评估材料。《珠三角金改方案》

---

[1] 中国新闻社：《广东为建设金融创新试验区探路》，广东新闻网——财经中心，2011 年 6 月 14 日，http：//www.chinanews.com/cj/2011/06-14/3108366.shtml。

[2] 中国改革信息库：《广东省建设珠三角金融改革创新综合实验区总体方案》，中国改革信息库网——文章——经济体制——金融改革，2012 年 7 月 30 日，http：//www.reformdata.org/2012/0730/20927.shtml。

[3] 广东省人民政府：《广东全面推进珠三角金融改革创新综合试验区建设工作》，广东省人民政府官网——政府信息公开，2013 年 6 月 22 日，http：//www.gd.gov.cn/gkmlpt/content/0/142/mpost_142063.html#43。

提出的2015年发展目标为"金融产业发展成为广东省国民经济的支柱产业，金融业增加值占广东省国内生产总值的比重达到8%以上；多层次金融市场体系逐步完善，基本形成以具有国际竞争力的金融机构为主体、多种金融机构共同发展的金融组织体系；建立粤港澳更紧密的金融合作机制；推动发展珠江三角洲金融一体化格局；在农村金融改革创新和统筹城乡金融发展改革创新的重要领域和关键环节取得重大突破，城乡基础金融服务差距明显缩小，金融服务'三农'能力显著增强"。[①] 对比《珠三角金改方案》2015年的发展目标，广东省2015年金融业增加值为5757.08亿元，占地区生产总值比重约为7.9%，对经济增长的贡献率为12.3%，拉动GDP增长1.0个百分点，金融产业已成为广东省国民经济的支柱产业，基本完成方案目标。

（二）珠三角金融改革创新综合试验区建设成效

相对于上海浦东、天津滨海新区、温州等先期开始金融改革创新试验的地区，珠江三角洲金融改革创新综合试验区是当时国内金融改革中覆盖内容最广泛、涉及范围最大的金融改革试验区，其先行先试政策优势为广东全面建设金融强省提供了有力的政策保障，有力地推动解决制约广东金融改革创新的体制机制障碍。在金融体系、金融市场、金融产品和服务、金融监管和金融合作等领域全方位推动广东金融改革创新先走一步。

从2012年设立珠江三角洲金融改革创新综合试验区到2020年期间，广州市、深圳市、佛山市、东莞市、惠州市、中山市、珠海

---

① 广东省人民政府金融工作办公室：《广东省建设珠江三角洲金融改革创新综合试验区总体方案》，广东金融网，2013年7月4日，http://gdjr.gd.gov.cn/gdjr/zwgk/jrzcfg/content/post_2901706.html。

市、江门市、肇庆市、梅州市、湛江市认真落实《珠三角金改方案》的各项工作，各市的金融业发展迈上一个新台阶，金融改革创新和经济发展齐头并进。2020年末，广东省金融业增加值为9906.99亿元，金融业增加值占GDP比重8.94%。本外币存款余额26.76万亿元，本外币贷款余额19.57万亿元，保费收入5652.86亿元。[①]

1. 广州市。2012年广州市金融业增加值955.30亿元，占GDP比重7.0%。法人金融机构31家，本外币各项存款余额30186.60亿元，本外币各项贷款余额19936.50亿元。境内外上市公司91家，保费收入420.80亿元。[②]

2020年，广州市金融业蓬勃发展（见表8.1）。（1）金融业增加值2234.06亿元，比2012年增加1278.76亿元，增长率高达133.86%；金融业增加值占GDP比重8.9%，相比2012年提高1.9个百分点；拉动GDP增长0.7个百分点；（2）持牌金融机构326家，其中法人金融机构56家，比2012年增加25家；（3）银行业总资产达8.00万亿元，银行业利润612.66亿元，不良贷款余额492.02亿元；本外币各项存款余额67798.81亿元，较2012年增加37612.21亿元，增长124.60%；本外币各项贷款余额54387.64亿元，比2012年增加34451.14亿元，增长172.80%；（4）境内外上市公司累计达到201家，总市值约3.8万亿元，对比2012年增加110家。其中境内A股上市公司117家，总市值

[①] 广东省人民政府：《2020年广东省国民经济和社会发展统计公报》，2021年3月2日，http://www.gd.gov.cn/zwgk/sjfb/sjfx/content/post_3233808.html。

[②] 广州市人民政府金融工作办公室：《2013广州金融白皮书——金融发展形势与展望》，广州出版社2013年版，第23页。

约2万亿元；累计新三板挂牌公司502家（其中正常存续的企业296家，创新层企业51家）；广东股权交易中心累计挂牌、展示企业20701家，累计融资总规模1218.95亿元；（5）保险业总资产达5081.15亿元，保费收入1495.62亿元，比2012年的420.80亿元增长255.42%。[1]

表8.1　　珠三角金融改革创新综合试验区建设成效——广州市

年份	金融业增加值（亿元）	金融业增加值/GDP（%）	法人金融机构数量（家）	本外币各项存款余额（亿元）	本外币各项贷款余额（亿元）	境内外上市公司数量（家）	保费收入（亿元）
2012	955.30	7.0	31	30186.60	19936.50	91	420.80
2013	1146.37	7.4	32	33838.20	22016.18	99	474.89
2014	1303.19	7.8	45	35469.29	24231.71	105	601.80
2015	1629.43	9.0	47	42843.67	27296.16	115	714.36
2016	1800.00	9.2	52	47530.20	29669.82	133	1166.20
2017	1998.76	9.3	53	51369.03	34137.05	151	1127.20
2018	2079.46	9.1	53	54788.09	40749.32	161	1162.86
2019	2041.87	8.6	54	59131.20	47103.31	180	1424.84
2020	2234.06	8.9	56	67798.81	54387.64	201	1495.62

资料来源：广州市地方金融监督管理局提供，2021年。

2. 深圳市。2012年深圳市金融业增加值1819.20亿元，占GDP比重14.0%。法人金融机构145家，本外币各项存款余额29662.40亿元，本外币各项贷款余额21808.34亿元。培育境内上

---

[1] 广州市地方金融监督管理局：《2020年12月份广州金融发展情况》，广州市地方金融监督管理局官网——统计信息，2021年2月18日。

市公司184家,各板块上市公司数量居全国前列。保费收入401.00亿元。①

2020年,深圳市金融业快速发展(见表8.2)。(1)金融业实现增加值4189.63亿元,比2012年增加2370.43亿元,增长130.30%;金融业实现税收(不含海关代征和证券交易印花税)1472.7亿元,占全市总税收的24.2%,成为全市纳税第一的产业;(2)全市银行业资产余额10.45万亿元,居全国大中城市第三位;本外币各项存款余额101897.31亿元,比2012年增加72234.91亿元,增长243.52%;本外币各项贷款余额68020.54亿元,比2012年增加46212.20亿元,增长211.90%;(3)全市证券公司总资产2.22万亿元,居全国第二位,实现营业收入1103.70亿元,净利润414.23亿元,位列全国第一;境内上市公司333家,排名全国第三,比2012年增加149家,总市值91183.13亿元,排名全国第二;新三板挂牌公司431家,占全国比例约5.23%;(4)保费收入1453.51亿元,较2012年增加1052.51亿元,增长262.47%;其中财产险保费收入363.37亿元,人身险保费收入1090.14亿元。②

---

① 深圳市人民政府金融发展服务办公室:《2012年1—12月份深圳金融运行情况》,深圳市地方金融监督管理局官网——专项统计信息,2013年4月27日。

② 深圳市地方金融监督管理局:《深圳金融业2020年运行数据》,深圳市地方金融监督管理局官网——政务公开,2021年3月5日,http://jr.sz.gov.cn/sjrb/xxgk/sjtj/sjsd/content/post_8588527.html。

表 8.2　　珠三角金融改革创新综合试验区建设成效——深圳市

年份	金融业增加值（亿元）	金融业增加值/GDP（%）	法人金融机构数量（家）	本外币各项存款余额（亿元）	本外币各项贷款余额（亿元）	境内上市公司数量（家）	保费收入（亿元）
2012	1819.20	14.0	145	29662.40	21808.34	184	401.00
2013	2008.16	13.8	144	33943.15	24680.07	183	468.76
2014	2237.54	14.0	152	37350.50	27922.13	190	548.70
2015	2542.82	14.5	160	57778.90	32449.04	202	647.60
2016	2876.89	14.8	173	64407.81	40526.90	233	834.50
2017	3059.98	13.6	188	69668.31	46329.33	273	1029.75
2018	3067.21	12.7	196	72550.36	52539.79	285	1191.51
2019	3667.63	13.6	–	83942.45	59461.39	299	1384.47
2020	4189.63	15.1	–	101897.31	68020.54	333	1453.51

资料来源：深圳市地方金融监督管理局、中国人民银行深圳市中心支行提供，2021年。

3. 佛山市。2012年佛山市金融业增加值369.90亿元，占GDP比重5.6%。法人金融机构共有8家，本外币各项存款余额10167.55亿元，本外币各项贷款余额6391.47亿元。境内外上市公司共32家。保费收入157.31亿元。[①]

2020年，佛山市金融业稳健发展（见表8.3）。（1）金融业增加值555.74亿元，比2012年增加185.84亿元，增长50.24%；（2）持牌金融机构182家，其中法人金融机构8家，融资担保机构10家；小额贷款公司35家，私募基金类机构985家；（3）全市银行业资产余额2.26万亿元；本外币各项存款余额19161.40亿元，比2012年增长8993.85亿元，增长88.46%；本外币各项贷款余额为14507.62

---

① 佛山市统计局：《佛山市2012年国民经济和社会发展统计公报》，2013年4月10日，中国信息统计网 http：//www.tjcn.org/tjgb/19gd/26808.html。

亿元，比 2012 年增加 8116.15 亿元，增长 126.98%；（4）证券交易成交总额 5.73 万亿元；境内外上市公司共 63 家，比 2012 年增加 31 家；新三板挂牌公司 85 家；广东股权交易中心挂牌、展示企业 492 家；（5）保费收入 558.23 亿元，比 2012 年增加 400.92 亿元，增长 254.86%；其中财产险保费收入 122.02 亿元，人身险保费收入 436.21 亿元。[1]

表 8.3　　　　珠三角金融改革创新综合试验区建设成效——佛山市

年份	金融业增加值（亿元）	金融业增加值/GDP（%）	法人金融机构数量（家）	本外币各项存款余额（亿元）	本外币各项贷款余额（亿元）	境内外上市公司数量（家）	保费收入（亿元）
2012	369.90	5.6	8	10167.55	6391.47	32	157.31
2013	443.96	6.2	8	11387.13	7112.31	33	175.76
2014	341.53	4.5	9	11275.63	7595.79	36	219.00
2015	341.73	4.2	9	11867.67	7886.35	41	256.54
2016	378.82	4.3	10	13281.61	8717.81	41	346.80
2017	407.81	4.3	10	14042.40	9376.97	53	433.78
2018	439.22	4.4	10	15372.81	10457.65	58	457.52
2019	499.10	4.6	8	16948.10	12175.18	61	606.60
2020	555.74	5.1	8	19161.40	14507.62	63	558.23

资料来源：佛山市金融工作局提供，2021 年。

4. 东莞市。2012 年东莞市金融业增加值 213.51 亿元，占 GDP 比重 4.3%。法人金融机构 8 家，本外币各项存款余额 7430.46 亿元，本外币各项贷款余额 4195.61 亿元。境内外上市公司共 19 家。

---

[1]　佛山市统计局：《2020 年佛山金融发展主要指标》，佛山市金融工作局——数据快讯，2021 年 1 月 29，http://fsjrj.foshan.gov.cn/jryw/content/post_4705186.html。

保费收入 177.66 亿元。①

2020 年,东莞市金融业发展步伐不断加快(见表 8.4)。(1)金融业增加值 645.50 亿元,比 2012 年增加 431.99 亿元,增长 202.33%;金融业增加值占 GDP 比重从 4.3% 提升至 6.7%,提升 2.4 个百分点;(2)全市各类金融机构 158 家;(3)银行类金融机构 46 家;本外币各项存款余额 18232.83 亿元,比 2012 年增加 10802.37 亿元,增长 145.38%;本外币各项贷款余额 12777.12 亿元,比 2012 年增加 8581.51 亿元,增长 204.54%;(4)证券期货类机构 47 家;境内外上市企业 58 家,比 2012 年增加 39 家,增长率高达 205.26%;后备上市公司 244 家;(5)保险类金融机构 65 家,保费收入 559.77 亿元,比 2012 年增加 382.11 亿元,增长 215.08%。其中,财产险保费收入 159.71 亿元,人寿险保费收入 400.06 亿元。②

表 8.4　　珠三角金融改革创新综合试验区建设成效——东莞市

年份	金融业增加值(亿元)	金融业增加值/GDP(%)	法人金融机构数量(家)	本外币各项存款余额(亿元)	本外币各项贷款余额(亿元)	境内外上市公司数量(家)	保费收入(亿元)
2012	213.51	4.3	8	7430.46	4195.61	19	177.66
2013	240.22	4.4	8	8630.73	4774.23	22	207.13
2014	266.85	4.5	9	9069.92	5331.63	29	258.00

---

① 东莞市统计局:《2012 年东莞市国民经济和社会发展统计公报》,东莞市人民政府官网——统计信息,2013 年 4 月 15 日,http://www.dg.gov.cn/zwgk/zfxxgkml/szfbgs/tjxx/content/post_590036.html。

② 东莞市统计局:《2020 年东莞市国民经济和社会发展统计公报》,东莞市人民政府官网——统计信息,2021 年 3 月 31 日,http://www.dg.gov.cn/zjdz/dzgk/shjj/content/mpost_3534366.html。

续表

年份	金融业增加值（亿元）	金融业增加值/GDP（%）	法人金融机构数量（家）	本外币各项存款余额（亿元）	本外币各项贷款余额（亿元）	境内外上市公司数量（家）	保费收入（亿元）
2015	402.71	6.4	11	9968.80	5980.90	32	305.37
2016	441.64	6.5	12	11545.10	6545.66	33	472.69
2017	474.32	6.3	12	12497.97	6986.26	43	468.27
2018	511.45	6.2	13	14157.22	8209.70	45	489.60
2019	551.65	5.8	—	16426.44	10132.14	49	561.11
2020	645.50	6.7	—	18232.83	12777.12	58	559.77

资料来源：东莞市金融工作局提供，2021年。

5. 惠州市。2012年惠州市金融业增加值71.93亿元，占GDP比重12.8%。法人金融机构7家，本外币各项存款余额2696.97亿元，本外币各项贷款余额1735.12亿元。境内上市公司5家。保费收入56.54亿元。[①]

2020年，惠州市金融业健康有序发展（见表8.5）。（1）金融业增加值262.30亿元，比2012年增加190.37亿元，增长264.66%；（2）持牌金融机构共127家，其中法人金融机构8家，比2012年增加1家；地方金融组织共49家，其中小额贷款公司14家、融资担保公司6家、典当行29家；（3）银行业金融机构34家；本外币各项存款余额7235.61亿元，比2012年增加4538.64亿元，增长168.29%；本外币各项贷款余额7183.93亿元，比2012年增加5448.81亿元，增长314.03%；（4）证券业金融机构29家；境内上市公司12家，比2012年增加7家，总市值3772.33亿元；新三

---

① 惠州市统计局：《2021年惠州市国民经济和社会发展统计公报》，惠州市人民政府官网——统计公报，2013年5月22日，http://www.huizhou.gov.cn/zwgk/tjxx/tjgb/content/post_4605876.html。

板挂牌公司28家,定向发行股票筹资0.61亿元;全市备案私募基金管理机构有23家,备案的各类私募基金共107只,基金总规模近300亿元;(5)保险业金融机构61家,保费收入178.15亿元,比2012年增加121.61亿元,增长215.09%。其中,寿险保费收入91.67亿元,健康险和意外伤害险保费收入38.03亿元,财产险保费收入48.45亿元。[①]

表8.5　　珠三角金融改革创新综合试验区建设成效——惠州市

年份	金融业增加值（亿元）	金融业增加值/GDP（%）	法人金融机构数量（家）	本外币各项存款余额（亿元）	本外币各项贷款余额（亿元）	境内上市公司数量（家）	保费收入（亿元）
2012	71.93	12.8	7	2696.97	1735.12	5	56.54
2013	89.67	13.8	7	3138.79	2036.92	5	64.56
2014	102.93	9.9	9	3394.60	2436.97	5	78.78
2015	121.04	9.2	9	3836.10	2701.60	6	99.30
2016	152.92	8.1	9	4974.48	3460.97	8	116.00
2017	189.54	7.6	9	5485.55	4012.86	12	141.50
2018	126.18	5.3	9	6171.35	4886.82	11	158.00
2019	238.80	5.7	-	6558.60	5848.90	11	175.80
2020	262.30	6.2	8	7235.61	7183.93	12	176.05

资料来源:惠州市金融工作局提供,2021年。

6.中山市。2012年中山市金融业增加值92.72亿元,占GDP比重3.8%。法人金融机构4家,本外币各项存款余额3469.71亿

[①] 惠州市统计局:《2020年惠州市国民经济和社会发展统计公报》,惠州市人民政府官网——统计公报,2021年3月25日,http://www.huizhou.gov.cn/bmpd/hzstjj/tjsj/content/post_4238851.html。

元,本外币各项贷款余额1969.07亿元。境内外上市公司17家。保费收入75.48亿元。①

2020年,中山市金融业改革创新成效明显(见表8.6)。(1)金融业增加值256.34亿元,比2012年增加163.62亿元,增长176.47%;金融业增加值占GDP比重8.1%,比2012年提高4.3个百分点,对经济增长的贡献率为26.7%;(2)银行业金融机构29家;本外币存款余额6921.69亿元,比2012年增加3451.98亿元,增长将近一倍;本外币贷款余额5711.18亿元,比2012年增加3742.11亿元,增长将近两倍;(3)证券期货营业部56家,证券成交额15754.95亿元,期货成交额1024.99亿元;境内外上市公司34家,比2012年实现数量翻番;新三板挂牌企业51家;区域股权交易平台挂牌企业578家,累计直接融资额914.56亿元;股权投资基金73只,基金管理机构27家,合计资金规模超210.00亿元;(4)保险业金融机构63家,保费收入218.09亿元,比2012年增加142.61亿元,增长188.94%。其中,财产险保费收入51.60亿元,寿险保费收入166.48亿元;(5)小额贷款公司18家,累计投放贷款金额8.75亿元,不良贷款余额1.31亿元;融资性担保公司7家,累计提供担保金额39.57亿元;典当行18家,全年典当总额9.72亿元,净利润741.97万元。②

---

① 中山市统计局:《2012年中山市国民经济和社会发展统计公报》,中山市统计局官网——统计报告,2013年3月19日,http://stats.zs.gov.cn/zwgk/tjxx/tjgb/content/post_340045.html。

② 中山市金融工作局:《2020年中山市金融业运行情况》,中山市金融工作局官网——统计数据,2021年2月10日,http://www.zs.gov.cn/zsjrj/gkmlpt/content/1/1905/mpost_1905734.html#1350。

表 8.6　　　　珠三角金融改革创新综合试验区建设成效——中山市

年份	金融业增加值（亿元）	金融业增加值/GDP（%）	法人金融机构数量（家）	本外币各项存款余额（亿元）	本外币各项贷款余额（亿元）	境内外上市公司数量（家）	保费收入（亿元）
2012	92.72	3.8	4	3469.71	1969.07	17	75.48
2013	114.39	4.3	4	4021.81	2315.87	19	82.85
2014	127.48	4.5	4	4149.69	2644.90	21	96.89
2015	159.97	5.3	4	4378.36	2894.32	24	114.70
2016	180.20	5.6	4	5031.00	3367.09	26	156.12
2017	197.58	5.7	4	5413.77	3734.93	31	195.35
2018	209.85	5.8	4	5930.49	4036.39	33	191.70
2019	241.19	7.8	4	6345.05	4912.91	34	215.77
2020	256.34	8.1	4	6921.69	5711.18	34	218.09

资料来源：中山市金融工作局提供，2021 年。

7. 珠海市。2012 年珠海市金融业增加值 75.51 亿元，占 GDP 比重 5.0%。法人金融机构 29 家，本外币各项存款余额为 3449.70 亿元，本外币各项贷款余额 1920.30 亿元。境内外上市公司 30 家。保费收入 53.07 亿元。[1]

2020 年，珠海市金融业发展势头强劲（见表 8.7）。（1）金融业增加值 402.67 亿元，比 2012 年增加 327.16 亿元，增长 433.27%；金融业增加值占 GDP 比重 11.6%，比 2012 年提高 6.6 个百分点；（2）本外币各项存款余额 9604.51 亿元，比 2012 年增加 6154.81 亿元，增长 178.42%；本外币各项贷款余额 7626.26 亿

---

[1] 珠海市统计局：《珠海市 2012 年国民经济和社会发展统计公报》，珠海市统计局官网——统计及普查公告，2013 年 3 月 29 日，http://tjj.zhuhai.gov.cn/tjsj/tjzl/tjjpcgb/content/post_2086900.html。

元,比2012年增加5705.96亿元,增长297.14%;(3)证券营业部61家,证券公司分公司6家,期货公司3家,下辖3家期货营业部;境内外上市公司38家,比2012年增加8家,市价总值6498.23亿元,筹集资金362.25亿元;股票、基金、债券成交总额21586.88亿元;(4)保险法人机构2家,分支机构185家,保费收入116.60亿元,比2012年增加63.53亿元,增长119.71%。[1]

表8.7 珠三角金融改革创新综合试验区建设成效——珠海市

年份	金融业增加值（亿元）	金融业增加值/GDP（%）	持牌法人金融机构（家）	本外币各项存款余额（亿元）	本外币各项贷款余额（亿元）	境内外上市公司数量（家）	保费收入（亿元）
2012	75.51	5.0	29	3449.70	1920.30	30	53.07
2013	94.90	5.7	36	4121.58	2071.90	30	58.02
2014	119.54	6.4	42	4570.67	2426.24	32	72.61
2015	146.80	7.2	50	5383.73	2969.70	33	78.61
2016	166.42	7.5	54	6124.3	4098.10	35	85.20
2017	191.57	7.5	56	6928.41	4806.88	36	116.44
2018	210.05	7.2	56	7542.91	5238.24	38	128.54
2019	369.16	10.7	-	9047.24	6358.61	38	138.12
2020	402.67	11.6	-	9604.51	7626.26	38	116.60

资料来源:珠海市金融工作局提供,2021年。

8. 江门市。2012年江门市金融业增加值69.72亿元,占GDP比重3.7%。法人金融机构共有7家,本外币各项存款余额2905.50

---

[1] 珠海市统计局:《2020年珠海市国民经济和社会发展统计公报》,珠海市统计局官网——统计及普查公告,2021年3月26日,http://tjj.zhuhai.gov.cn/attachment/0/255/255822/2746639.pdf。

亿元，本外币各项贷款余额1467.17亿元。境内外上市公司11家。保费收入57.83亿元。①

2020年，江门市金融业发展态势良好（见表8.8）。（1）金融业增加值243.66亿元，比2012年增加173.94亿元，增长249.48%；金融业增加值占GDP比重7.6%，比2012年提升3.9个百分点；（2）法人金融机构有8家，比2012年增加1家；（3）本外币各项存款余额5475.45亿元，比2012年增加2569.95亿元，增长88.45%；本外币各项贷款余额4390.98亿元，比2012年增加2923.81亿元，增长将近两倍；（4）境内外上市企业20家，比2012年增加9家；新三板挂牌企业17家；在区域性场外交易市场挂牌展示企业超过80家；（5）保费收入169.55亿元，比2012年增加111.72亿元，增长193.19%。②

表8.8　　　珠三角金融改革创新综合试验区建设成效——江门市

年份	金融业增加值（亿元）	金融业增加值/GDP（%）	法人金融机构数量（家）	本外币各项存款余额（亿元）	本外币各项贷款余额（亿元）	境内外上市公司数量（家）	保费收入（亿元）
2012	69.72	3.7	7	2905.50	1467.17	11	57.83
2013	79.62	4.0	7	3335.27	1715.51	11	58.19
2014	115.57	5.6	7	3587.64	2024.51	16	73.55
2015	126.31	5.6	7	3766.81	2218.01	16	93.79

---

① 江门市统计局：《2012年江门市国民经济和社会发展统计公报》，江门市人民政府——统计公报，2013年3月11日，http://www.jiangmen.gov.cn/home/sqdt/content/post_1764540.html。

② 江门市统计局：《2020年江门市国民经济和社会发展统计公报》，江门市统计局官网——统计公报，2021年3月22日，http://www.jiangmen.gov.cn/bmpd/jmstjj/zwgk/tjgbyfx/content/post_2278043.html。

续表

年份	金融业增加值（亿元）	金融业增加值/GDP（%）	法人金融机构数量（家）	本外币各项存款余额（亿元）	本外币各项贷款余额（亿元）	境内外上市公司数量（家）	保费收入（亿元）
2016	128.91	5.3	7	4030.37	2469.83	18	102.90
2017	135.79	5.1	9	4271.88	2796.77	20	131.63
2018	146.61	5.1	8	4528.88	3140.85	20	150.51
2019	213.9	6.8	8	4946.81	3667.71	20	168.44
2020	243.66	7.6	8	5475.45	4390.98	20	169.55

资料来源：江门市金融工作局提供，2021年。

9. 肇庆市。2012年肇庆市金融业增加值38.50亿元，占GDP比重的2.6%。法人金融机构9家，本外币各项存款余额1324.64亿元，本外币各项贷款余额876.27亿元。境内外上市公司5家。保费收入23.52亿元。[1]

2020年，肇庆市各项金融业指标大幅提升（见表8.9）。（1）金融业增加值110.05亿元，比2012年增加71.55亿元，增长185.84%；金融业增加值占GDP比重4.8%，比2012年提升2.2个百分点；（2）法人金融机构11家，比2012年增加2家；（3）银行业金融机构税后利润总额42.08亿元，不良贷款率为0.94%；本外币各项存款余额2893.08亿元，比2012年增加1568.44亿元，增长118.41%；本外币各项贷款余额2485.60亿元，比2012年增加1609.33亿元，增长183.66%；（4）证券营业部22家，证券交易额5960.54亿元；期货营业部2家，代理交易额2168.69亿元；境

---

[1] 中国信息统计网：《2012年肇庆市国民经济和社会发展统计公报》，中国统计信息网——统计公报，2013年3月30日，http://www.cnstats.org/tjgb/201303/gdzqs-2012-jak.html。

内外上市公司9家，比2012年增加4家；"新三板"挂牌企业20家；（5）保费收入累计76.91亿元，比2012年增加53.39亿元，增长227.00%。①

表8.9　　珠三角金融改革创新综合试验区建设成效——肇庆市

年份	金融业增加值（亿元）	金融业增加值/GDP（%）	法人金融机构数量（家）	本外币各项存款余额（亿元）	本外币各项贷款余额（亿元）	境内外上市公司数量（家）	保费收入（亿元）
2012	38.50	2.6	9	1324.64	876.27	5	23.52
2013	43.80	2.6	9	1540.44	1030.91	5	26.16
2014	49.50	2.7	9	1679.26	1172.51	6	33.54
2015	54.99	2.7	9	1735.04	1281.52	6	51.64
2016	64.29	3.1	9	2041.60	1293.40	7	59.58
2017	72.49	3.3	9	2259.76	1501.96	7	66.16
2018	84.32	3.8	10	2495.80	1825.50	7	72.48
2019	89.85	4.0	11	2642.47	2156.79	8	73.02
2020	110.05	4.8	11	2893.08	2485.60	9	76.91

资料来源：肇庆市金融工作局提供，2021年。

10. 梅州市。2012年梅州市金融业增加值25.47亿元，本外币各项存款余额1063.83亿元，本外币各项贷款余额454.04亿元，其中涉农贷款余额274.86亿元。全市银行业金融机构网点数量533家，金融机构人员6639人。②

---

① 肇庆市统计局：《2020年肇庆市国民经济和社会发展统计公报》，肇庆市统计局官网——统计公报，2021年4月30日，http://www.zhaoqing.gov.cn/zqtjj/gkmlpt/content/2/2514/post_2514910.html#4472。

② 梅州市统计局：《梅州市2012年国民经济和社会发展统计公报》，中国统计信息网——统计公报，2013年3月18日，http://www.tjcn.org/tjgb/19gd/26579.html。

2012—2020年,获批全国农村金融改革创新试验区九年期间,梅州市农村金融改革成效明显(见表8.10)。(1)2020年金融业增加值80.86亿元,比2012年增长217.47%;本外币各项存款余额2438.24亿元,比2012年增加1374.41亿元,增长129.19%;本外币各项贷款余额1588.81亿元,比2012年增加1134.77亿元,增长249.93%。(2)证券公司14家,期货公司1家;境内外上市公司10家,"新三板"挂牌企业25家。[1](3)发起设立了原中央革命根据地首家民营银行、3家村镇银行;推动农信社改制成以县(市)为法人的农村商业银行,并持续推动辖区农村信用合作社合并、改制;引导梅县客家村镇银行股份有限公司、广发银行股份有限公司、交通银行股份有限公司等设立了普惠金融服务点、普惠型特色网点、社区支行等,进一步提供普惠性金融服务。(4)成立梅州客商银行股份有限公司。2014年成立推进民营银行筹备工作小组,在多方努力下,梅州客商银行股份有限公司于2017年6月28日正式开业。这是国家启动民营银行试点以来,首家在原中央苏区发起设立的民营银行,也是中国银行业监督管理委员会广东监管局辖区内第一家民营银行,以及第一家注册地址在梅州、注册资本超过10亿元的法人金融机构。[2]到2020年末,梅州客商银行股份有限公司存贷款余额分别为141.39亿元和75.13亿元,资产总额230.85亿元。(5)梅州市作为全国"两权"抵押贷款试点地区和广东省首个"金融生态市",在蕉岭县和五华县积极开展"两权"抵押贷款试点

---

[1] 梅州市统计局:《2020年梅州市国民经济和社会发展统计公报》,梅州市人民政府官网——统计公报,2021年3月28日,https://www.meizhou.gov.cn/zwgk/zfjg/stjj/tjsj/tjgb/content/post_2154395.html。

[2] 张柳青、黄玉荣、张绍友等:《深化金融改革创新 服务实体经济发展》,《南方日报》2017年11月13日。

工作，获得 2016 年广东省农村"两权"抵押试点评估评分"两个第一"。

表 8.10　　珠三角金融改革创新综合试验区建设成效——梅州市

年份	银行机构网点数量（家）	金融机构人员数量（人）	涉农贷款余额（亿元）	两权抵押贷款余额（亿元）	
				农村承包土地经营权	农村住房财产权
2012	533	6639	274.86	—	—
2013	535	6739	316.98	—	—
2014	534	6751	307.89	—	—
2015	575	7065	363.06	—	—
2016	576	7050	412.59	0.25	0.44
2017	579	7030	468.82	0.89	1.29
2018	585	6939	542.43	1.30	1.42

资料来源：梅州市金融工作局提供，2019 年。

11. 湛江市。2012 年湛江市金融业增加值 32.15 亿元，金融业增加值占 GDP 比重 1.7%，本外币各项存款余额 1902.35 亿元，本外币各项贷款余额 1067.54 亿元，保费收入 34.20 亿元。[①]

2012—2020 年，设立国家统筹城乡发展金融改革创新综合试验区九年期间，湛江市农村金融基础设施建设加快，城乡金融差距改善明显（见表 8.11）。(1) 金融业增加值大幅上升，2020 年金融业增加值 149.02 亿元，比 2012 年增长 363.51%；金融业增加值占 GDP 比重 4.8%，比 2012 年高 3.1 个百分点；本外币各项存款余额 3938.27 亿元，比 2012 年增加 2035.92 亿元，增长 107.02%；本外币各项贷款余

---

① 湛江市统计局：《湛江市 2012 年国民经济和社会发展统计公报》，中国统计信息网——统计公报，2013 年 4 月 2 日，http：//www.tjcn.org/tjgb/19gd/26726_3.html。

额 2932.33 亿元，比 2012 年增加 1864.79 亿元，增长 174.68%。[1]（2）建设农村金融服务站 948 个，在 1319 个行政村设立 2918 个银行卡助农取款服务点，助农取款点建设实现行政村全覆盖，农村金融基础服务实现"村村通"。（3）城乡支付环境建设取得跨越式发展，实现现代化支付系统和广东金融结算服务系统在辖区金融机构的全面覆盖。

表 8.11　珠三角金融改革创新综合试验区建设成效——湛江市

年份	金融业增加值（亿元）	金融业增加值/GDP（%）	法人金融机构（家）	本外币各项存款余额（亿元）	本外币各项贷款余额（亿元）	上市公司数量（家）	保费收入（亿元）	涉农贷款余额（亿元）	银行机构网点数量（家）
2012	32.15	1.7	10	1902.35	1067.54	2	34.20	409.28	790
2013	31.57	1.5	10	2173.39	1227.29	2	36.75	485.22	801
2014	39.87	1.8	10	2430.26	1372.57	2	51.68	586.49	800
2015	64.60	2.7	11	2684.61	1568.76	2	83.84	648.05	807
2016	96.43	3.0	11	2847.29	1633.77	2	73.77	700.35	811
2017	118.13	2.8	12	3061.15	1869.22	2	79.48	731.31	808
2018	135.85	3.2	12	3343.59	2164.16	2	96.75	729.63	802
2019	149.16	4.9	9	3651.54	2508.25	2	104.57	—	—
2020	149.02	4.8	9	3938.27	2932.33	2	110.53	—	—

资料来源：湛江市金融工作局提供，2021 年。

二　中国（广东）自由贸易试验区金融改革创新[2]

（一）中国（广东）自由贸易试验区简介

广东自贸区于 2014 年 12 月 31 日经国务院正式批准设立，实施

---

[1] 湛江市统计局：《湛江市金融改革发展"十四五"规划》，广东省商业保理协会，2021 年 8 月 30 日，http://syblxh.org.cn/nd.jsp?id=2940。

[2] 参见汤萱等《华南金融研究书系：自由贸易区金融创新发展——广东自由贸易区金融发展报告（2016）》，中国金融出版社 2016 年版。

范围116.2平方千米，涵盖广东自贸区南沙片区、广东自贸区前海片区、广东自贸区横琴片区三个片区。2015年4月8日，国务院印发《中国（广东）自由贸易试验区总体方案》，将广东自贸区定位为全国新一轮改革开放先行地、21世纪海上丝绸之路重要枢纽和粤港澳深度合作示范区，并确定了122项改革试点任务。① 随后在4月21日，广东自贸区挂牌仪式在广州市南沙区人民政府行政中心举行，时任中共广东省省委书记胡春华为广东自贸区揭牌。时任广东省省长朱小丹在挂牌仪式上致辞，为广东自贸区工作办公室和广东自贸区各片区管理委员会揭牌。②

2018年4月20日，广东自贸区发布30个"中国（广东）自由贸易试验区三周年制度创新最佳案例"。综合广东自贸区内企业和专家学者推荐意见，投资便利化、贸易便利化和金融开放创新三大领域各10个最佳案例"出炉"。③ 其中，金融开放创新成绩惊人，十大最佳案例九个全国首创。

2021年4月23日，2021中国（广东）自由贸易试验区创新成果发布会在广州举行。会议提出广东自贸区自2015年4月挂牌到2020年末期间，在国际化营商环境、投资贸易自由化便利化、金融开放创新、粤港澳深度合作等领域积极开展首创性、差异性、系统性改革创新，形成了584项制度创新成果，其中41项在全国复制推

---

① 雷爱侠、吴春燕：《广东自贸区：打造粤港澳大湾区合作示范区》，《光明日报》2018年11月20日第9版。

② 21世纪经济报道：《广东自贸区正式挂牌 三大片区将享省一级管理权限》，凤凰网——凤凰财经，2015年4月22日，搜狐新闻http：//news.sohu.com/20150422/n411647314.shtml。

③ 《"广东自贸区三周年制度创新最佳案例"发布》，《南方日报》中国（广东）自由贸易试验区官网——政务公开，2018年4月20日。

广，348项在全省复制推广，发布了202项制度创新案例，6项成为全国最佳实践案例。2020年广东自贸试验区固定资产投资1292.12亿元，税收收入1019.00亿元，外贸进出口3412.80亿元，新设外资企业3146家，实际利用外资79.36亿美元，以全省万分之六的土地面积贡献了全省1/4的外资企业和1/3的实际外资。①

1. 广东自贸区南沙片区。广东自贸区南沙片区总面积60平方千米，②分为7个区块。其中，海港区块15平方千米，③明珠湾起步区区块9平方千米（不包括蕉门河水道和上横沥水道水域），南沙枢纽区块10平方千米，庆盛枢纽区块8平方千米，南沙湾区块5平方千米（不包括大角山山体），蕉门河中心区区块3平方千米，万顷沙保税港加工制造业区块10平方千米。④广东自贸区南沙片区充分发挥地处珠江三角洲地理几何中心和港口资源丰富的优势，连通港澳，服务内地，重点发展航运物流、特色金融、国际商贸、科技创新、海洋经济和高端制造等产业，建设以生产性服务业为主导的现代产业新高地和具有世界先进水平的综合服务枢纽。⑤

2. 广东自贸区前海片区。广东自贸区前海片区规划面积28.2

---

① 南方日报：《近5年固定资产投资超5000亿元！6组数据看广东自贸6周年成果》，2021年4月23日，凤凰网，https：//gd.ifeng.com/c/85fblTlK3Mj。

② 包括广州南沙保税港区7.06平方千米。

③ 包括海港区块一，龙穴岛作业区13平方千米；海港区块二，沙仔岛作业区2平方千米。

④ 中国（广东）自由贸易试验区广州南沙新区片区工作办公室：《中国（广东）自由贸易试验区广州南沙新区片区概况》，2015年2月5日，广州市南沙区人民政府官网，http：//www.gzns.gov.cn/fzlm/nszmq/。

⑤ 中国（广东）自由贸易试验区办公室：《广州南沙新区片区》，中国（广东）自由贸易试验区官网——产业信息，2015年2月26日，http：//ftz.gd.gov.cn/qyjj/content/post_917244.html#zhuyao。

平方千米，分为前海区块15平方千米[①]、蛇口区块13.2平方千米。广东自贸区前海片区根据产业形态分为三个功能区。一是前海金融商务区，即前海区块中除保税港区之外的其他区域，主要承接服务贸易功能，重点发展金融、信息服务、科技服务和专业服务，建设我国金融业对外开放试验示范窗口、亚太地区重要的生产性服务业中心。二是以前海湾保税港区为核心的深圳西部港区，重点发展港口物流、国际贸易、供应链管理与高端航运服务，承接货物贸易功能，努力打造国际性枢纽港。三是蛇口商务区，即蛇口区块中除西部港区之外的其他区域，重点发展网络信息、科技服务、文化创意等新兴服务业，与前海区块形成产业联动、优势互补。[②]

3. 广东自贸区横琴片区。广东自贸区横琴片区规划面积28平方千米，位于广东省珠海市南部，距离香港34海里，与澳门一河相望，最近处相距仅187米。[③] 广东自贸区横琴片区由临澳区块、休闲旅游区块、文创区块、科技研发区块、高新技术区块组成，重点发展旅游休闲健康、商务金融服务、文化科教和高新技术等产业，建设文化教育开放先导区和国际商务服务休闲旅游基地，打造促进澳门经济适度多元发展新载体。[④]

[①] 包括前海湾保税港区3.71平方千米。
[②] 中国（广东）自由贸易试验区办公室：《深圳前海蛇口片区概况》，2015年2月25日，中国（广东）自由贸易试验区深圳前海蛇口片区官网，http://ftz.gd.gov.cn/qyjj/content/post_917245.html#zhuyao。
[③] 中国（广东）自由贸易试验区办公室：《珠海横琴新区片区概况》，2015年2月24日，中国（广东）自由贸易试验区珠海横琴新区片区官网，http://www.hengqin.gov.cn/macao_zh_hans/hzqgl/zjhzq/qygk/index.html。
[④] 中国（广东）自由贸易试验区珠海横琴新区片区办公室：《区域功能》，中国（广东）自由贸易试验区珠海横琴新区片区官网——功能定位，2018年12月1日。

（二）中国（广东）自由贸易试验区南沙新区片区金融改革创新成效

2014年12月15日，人民银行等10部委发布《关于支持广州南沙新区深化粤港澳台金融合作和探索金融改革创新的意见》（以下简称"南沙金融15条"），[①] 明确提出支持广东自贸区南沙片区充分发挥政策、区位和产业优势，积极发展科技金融和航运金融等特色金融业，推动粤港澳台金融服务合作，完善金融综合服务体系，探索开展人民币资本项目可兑换先行试验。"南沙金融15条"是继珠三角金融改革方案后，广东省第二个经国务院批准实施的金

[①] "南沙金融15条"：（一）探索研究港澳地区符合条件的金融企业作为战略投资者入股南沙新区的企业集团财务公司，支持资质良好的信托公司到南沙开展业务；（二）支持包括港澳在内的外资股权投资基金在南沙新区创新发展，积极探索外资股权投资企业在资本金结汇、投资、基金管理方面的新模式；（三）支持符合条件的新资机构在南沙新区设立合资证券、基金、期货公司；（四）允许南沙区内的金融机构为港澳台居民（包括机构和个人）提供跨境人民币结算金融服务（银行〔2011〕255号）；（五）支持设立在南沙新区的银行机构按照《中国人民银行关于境内银行业金融机构境外项目人民币贷款的指导意见》的规定发放境外人民币贷款；（六）支持南沙新区银行机构按规定研究办理外币离岸业务；（七）允许南沙新区发行多币种的产业投资基金，研究开展多币种的土地信托基金（计划）的可行性；（八）支持南沙新区在符合相关规定和政策的前提下开展大宗商品交易，推进境内期货交易所交割仓库体系建设；（九）支持具备条件的民间资本在南沙新区发起设立中小型银行等金融机构；（十）支持符合条件的外资保险机构在南沙新区设立保险法人机构和分支机构，支持符合条件的外资保险机构在南沙新区设立健康保险公司等专业性保险机构；（十一）支持在南沙新区开展全国内、外资融资租赁行业统一管理体制改革试点，研究制定内、外资统一的融资租赁市场准入标准；（十二）支持在南沙新区开展人民币计价业务试点；（十三）支持在南沙新区开展商业保理试点；（十四）支持在南沙新区开展跨国公司外汇资金境内集中管理试点；（十五）支持南沙新区在国家总体部署和规范发展要求下，试点设立各类有利于增强市场功能的创新型金融机构。

融专项政策。①

"南沙金融15条"出台之前,仅有12家商业银行在广州南沙设立营业网点,与金融业相关的各类企业数量仅120多家。随着南沙的金融政策不断加码,特别是广东自贸区南沙片区挂牌后,广州南沙的金融业取得飞速发展,金融机构争相注册落户,抢滩南沙。②

2015—2020年,广东自贸区南沙片区挂牌六年期间,金融业得到快速发展。一是金融机构方面。广东自贸区南沙片区金融和类金融企业共6587家,比广东自贸区南沙片区挂牌前增长超50倍。其中,持牌法人金融机构达11家,约占广州市持牌法人金融机构1/5。二是航运金融方面。广东自贸区南沙片区依托广州航运交易有限公司全面打造的"船舶(游艇)交易、航运交易、航运人才交易、临港大宗商品交易、航运衍生品交易"等五大市场,2015年4月至2019年12月累计完成船舶交易2784艘,交易额达115.32亿元;南沙航运产业基金总规模达50亿元,"珠江航运运价指数"已纳入交通部的全国航运指数体系。③ 三是融资租赁方面。融资租赁公司从2015年初的不到30家增加到现在超过2200家,港资租赁企

---

① 广州市南沙区人民政府:《南沙金融崛起》,广州市南沙区人民政府官网——投资动态,2016年12月21日。
② 广州市人民政府:《南沙已成广州金融新增长极》,2016年12月29日,广州市人民政府官网,http://www.gz.gov.cn/qxzy/nsqrmzf/gzdt/content/post_2916684.html。
③ 广东省地方金融监督管理局:《广东省地方金融监督管理局关于省政协第十二届三次会议第20200111号提案会办意见的函》,广东省地方金融监督管理局官网,2020年4月16日,http://gdjr.gd.gov.cn/gkmlpt/content/2/2975/mpost_2975772.html#1233。

业超过1400家。2015年通过SPV（Special Purpose Vehicle）①方式引入空中客车A330飞机交付海南航空控股股份有限公司使用，实现广州市飞机租赁业务零的突破。挂牌以来已累计完成143架飞机及68艘船舶租赁业务，成为粤港澳大湾区最大飞机船舶租赁集聚区。四是基金方面。广州市首家QFLP基金、合资股权投资管理企业、广东省基础设施投资基金等1500多家股权投资企业和基金落户广东自贸区南沙片区。2021年7月22日广州南沙明珠金融集聚区正式启动，包括重大金融机构及平台、粤港澳及国际金融合作、金融科技、融资租赁等方面28个项目集中签约，着力将南沙明珠金融集聚区打造成为具有区域影响力的金融新标杆。

1. 首创全国首单美元结算的跨境船舶租赁资产交易。2017年10月30日，工银金融租赁有限公司香港公司将境外一艘名为"海阔"的香港籍大灵便型散货船在广州航运交易所船舶交易平台以美元标价挂牌出售，最终由福建客户竞得，成交价840万美元。该业务突破从单向跨境资产交易业务（跨境进口）到双向跨境资产交易业务（跨境进、出口）的功能完善，金融机构（工银金融租赁有限公司）作为境外船东，首次在境内第三方资产交易平台处置境外资产。②

2. 发行国内首只支持再生纸项目运营的绿色债券，拓宽自贸区

---

① 在证券行业，SPV指特殊目的的载体也称为特殊目的机构/公司，其职能是在离岸资产证券化过程中，购买、包装证券化资产和以此为基础发行资产化证券，向国外投资者融资。是指接受发起人的资产组合，并发行以此为支持的证券的特殊实体。是在资产证券化运行机制中，最具有典型的风险隔离机制设计。

② 陈晓：《广东自贸区迎来"三周岁"》，《南方日报》2018年4月20日A06版专题。

企业直接融资渠道,降低企业融资成本。2018年2月,"广州越秀集团有限公司2018年度第一期绿色中期票据"由中国银行间市场交易商协会批准注册成功发行。该绿色债券注册金额40亿元人民币,首期发行金额20亿元人民币。所募集资金全部用于广州造纸集团有限公司位于广东自贸区南沙片区的再生纸绿色项目。①

3. 发行全国首单"银行间市场央企供应链应付账款资产支持票据(ABN)"。2018年6月,1453家供应链中小企业将其对中国铁建股份有限公司及成员单位的应收账款,通过中国铁建股份有限公司银信供应链金融平台进行确权登记并获取"银信"电子凭证,根据自身融资需求将凭证通过平台在线转让至中铁建金融租赁有限公司进行保理,最终转化为中铁建金融租赁有限公司保理的应收账款。中铁建金融租赁有限公司将上述应收账款作为基础资产,在银行间市场发行资产支持票据,在公开市场募集资金,优化资产负债结构,降低上游企业资金成本,有利于缓解小微企业"融资难、融资贵"问题。②

4. 推动全球首个"香港保税港区"飞机跨境转租赁项目落地。2019年3月31日,美国航空租赁公司在广东自贸区南沙片区落地全球首个"香港+保税港区"双SPV架构项目。③该模式下,租赁商可享受香港融资优势及飞机租赁新税收优惠。飞机进入广州南沙

---

① 南沙自贸办:《广东自贸区三周年制度创新最佳案例出台 八项创新南沙独创》,广州南沙区人民政府官网——南沙动态,2018年4月27日,http://www.china-fjftz.gov.cn/article/index/aid/11000.html。

② 李振、杜弘禹:《十五个最佳案例发布!广东自贸区四周年制度创新一览》,《21世纪经济报道》,2019年4月25日。

③ 李振、杜弘禹:《十五个最佳案例发布!广东自贸区四周年制度创新一览》,《21世纪经济报道》,2019年4月25日。

保税港区后,境内项目公司可享受保税港区分期缴纳进口关税和便捷通关政策,降低了飞机租赁业务成本。

(三)中国(广东)自由贸易试验区深圳前海蛇口片区金融改革创新成效

2014年8月20日,在广东自贸区前海片区挂牌之前,深圳市人民政府举办前海金融创新暨金融服务实体经济政策宣讲系列活动,会议表明深圳市已为前海争取到"一行三会"近30条金融创新支持政策。[①] 随后最终获批32条先行先试金融改革创新政策,其中人民银行、国家外汇管理局批复的有4条,中国银行业监督管理委员会批复的有9条,中国证券监督管理委员会批复的有11条,中国保险监督管理委员会批复的有8条。根据2015年《国务院关于印发中国(广东)自由贸易试验区总体方案的通知》,广东自贸区前海片区重点发展金融、现代物流、信息服务、科技服务等战略性新兴服务业,定位为"金融业对外开放试验示范窗口""人民币跨境业务试验区",金融创新被视作体制探索的重中之重。截至2020年末,前海蛇口片区已成为全国最大的类金融机构集聚地,累计注册金融企业44060家,占全区企业总数的29.14%,金融业注册企业增加值占比达56.27%。[②]

2015—2020年,广东自贸区前海片区利用六年时间在金融业方面取得多个创新。一是金融政策创新。在全国率先启动外债宏观审

---

① 伍泽琳:《一行三会解密前海金融创新政策》,新浪财经——银行,2014年8月20日,http://finance.sina.com.cn/money/bank/bank_hydt/20140820/132220067325.shtml。

② 广东省人民政府办公厅:《中国(广东)自由贸易试验区发展"十四五"规划》,广东省人民政府官网——政务公开,2021年9月6日,http://www.gd.gov.cn/zwgk/wjk/qbwj/yfb/content/post_3533834.html。

慎试点、知识产权投融资试点、银行不良资产跨境转让试点、金融综合监管试点和资本项目收入支付审核便利化试点,以及重启并升级合格境内投资者境外投资(QDIE)业务。二是金融机构创新。全国第一家民营互联网银行(深圳前海微众银行股份有限公司)、深圳首家台资法人银行[玉山银行(中国)有限公司]、全国首家CEPA框架①下的消费金融公司(招联消费金融有限公司)、港资控股全牌照证券公司(汇丰前海证券有限责任公司、东亚前海证券有限责任公司)、华南首家纯员工持股公募基金(东方阿尔法基金管理有限公司)等创新金融机构落户前海。三是金融业务创新。推出国内首只公募房地产信托投资基金(前海万科REITs封闭式混合基金)、广东自贸区首单融资租赁资产证券化产品(德润租赁支持专项计划)、发布国内首个地区性跨境金融综合指数。四是要素平台创新。深圳碳排放权交易所成为首家允许境外投资者直接参与投资的交易平台,前海保险交易所创建全国首个"保险创客平台",② 深圳前海金融资产交易所有限公司打造国内重要的双向跨境投资平台和机构间非标金融资产交易平台。五是金融风险防控创新。在全国率先联合中央对私募行业监管,上线深圳私募基金信息服务平台。首创运营商与金融机构跨界合作"新能源"预授信模式,招联消费金融有限公司利用大数据征信,作为传统基于个人身份认证和央行征信的信用评估的有效补充。

---

① 2003年6月29日,中国中央政府与香港特区政府签署《内地与香港关于建立更紧密经贸关系的安排》(Closer Economic Partnership Arrangement,简称CEPA),内容主要涵盖货物贸易、服务贸易和贸易便利化三个方面。

② 保险创客平台是对传统保险营销模式进行探索,具备一定保险从业条件及个人创业意愿的社会大众均可以"自由人"模式加盟平台,通过保险创客平台提供的指导和培训获得就业资质,实现"拎包创业"。

1. CEPA框架下率先放宽金融机构外资持股比例上限。2017年12月7日，汇丰前海证券有限责任公司、东亚前海证券有限责任公司在广东自贸区前海片区正式开业，港资合并持股比例分别为51%和49%。加上已开业的广州广证恒生证券投资咨询有限公司、前海招联消费金融公司、恒生前海基金管理有限公司、大西洋银行股份有限公司广东自贸试验区横琴分行，CEPA框架下对港澳金融业开放政策在广东全面落地。[1]

2. 全国首创央地合作私募基金信息监管服务平台。中国证券监督管理委员会深圳监管局和深圳市前海深港现代服务业合作区管理局共建深圳私募基金信息服务平台探索"大数据+人工智能"的"监管+自律+服务"模式，利用机器学习加入监管经验，破解私募基金"多、杂、乱"监管难题，实现风险及时预警。2017年4月至2018年4月，已累计接收报送私募基金管理人1974家，私募基金产品6660个，基金管理规模10962.99亿元，累计报送投资者67704户次。共发现103家疑似异常机构，累计开展80多次核查工作，其中5家违法线索移交公安机关立案。[2]

3. 全国首创全线上、自助式、小额循环贷款产品"微粒贷"。针对小微企业、大众客户贷不到、不及时、不方便的贷款痛点，深圳前海微众银行股份有限公司开创性地将消费金融与社交大数据相结合，推出标准化手机移动端自助式、小额信用、循环使用贷款产品"微粒贷"。2015年5月至2018年4月，成功开通客户1302万，

---

[1] 陈晓：《广东自贸区迎来"三周岁"》，《南方日报》2018年4月20日A06版专题。

[2] 陈晓：《广东自贸区迎来"三周岁"》，《南方日报》2018年4月20日A06版专题。

已借款客户357万，覆盖567座城市。三年累计发放贷款1423亿元，贷款余额422亿元，贷款不良率仅为0.28%。其中，发放微粒贷870亿元，有效支持了221万大众客户的紧急融资需求。①

4. 推动全国唯一设在总行之外的总行级CIPS②清算中心落户。2015年10月，中国农业银行股份有限公司将总行CIPS清算中心设立在中国农业银行股份有限公司前海分行，标志着中国农业银行股份有限公司人民币国内支付和国际支付统筹兼顾的现代化支付体系取得重要进展。截至2018年4月，中国农业银行股份有限公司CIPS清算中心清算跨境人民币往来业务共计6.5万余笔，金额总计7300余亿元，日均清算250笔，金额30亿元。③

5. 开创全国首单依托交易平台实现的不良资产跨境转让项目。深圳前海金融资产交易所作为国内唯一一家获批不良资产跨境业务的金融资产交易所，试点开展跨境债权转让业务，2016年完成全国首单依托交易平台实现的不良资产跨境转让项目，交易金额2340万美元。不良资产跨境转让业务进一步缓解境内各类银行、金融资产管理公司以及其他非银行金融机构处置不良资产的压力，盘活信贷存量，释放金融风险。④

6. 试点QFGP、QFLP和QDIE跨境业务。在全国先行先试开展

---

① 陈晓：《广东自贸区迎来"三周岁"》，《南方日报》2018年4月20日A06版专题。

② 人民币跨境支付系统（Cross-border Interbank Payment System，简称CIPS）为境内外金融机构人民币跨境和离岸业务提供资金清算、结算服务，是中国重要的金融基础设施。

③ 陈晓：《广东自贸区迎来"三周岁"》，《南方日报》2018年4月20日A06版专题。

④ 陈晓：《广东自贸区迎来"三周岁"》，《南方日报》2018年4月20日A06版专题。

合格境内投资者境外投资（QDIE）、合格境外一般合伙人（QFGP）和合格境外有限合伙人（QFLP）等跨境业务试点。这些跨境金融创新业务吸引国内外资本支持广东自贸区实体经济发展，QFGP、QFLP和QDIE制度下的企业和产品自设立以来均运行稳定，投资人反映良好，资管净值稳步升高。①

7. 建立"前海鹰眼系统"加强金融风险防控。深圳市前海深港现代服务业合作区管理局与中共中央网络安全和信息化委员会办公室、国家互联网应急中心合作建设国家互联网金融风险分析技术平台——"前海鹰眼系统"，并对20多类互联网金融企业开展跨境、跨行业、跨地域、穿透式和舆情实时监测等"五项特色监测"。2018年，"前海鹰眼系统"实时监测近6万家前海金融类企业的网络舆情，针对87家机构形成风险监测报告，协助深圳市地方金融监督管理局开展271家机构的核查。②

8. 创新全国领先的场外期权模式助力精准扶贫。海航期货股份有限公司首创推出场外期权价格保障操作的新模式，通过设计亚式看跌期权操作，为农户争取到更多农产品升值空间，解决了参与人数多、单体数量小、产品价值小、时效性差等问题，提升了农业生产抗风险能力。2018年5—8月免费为安国镇、峡门乡玉米种植户提供1000、5000吨的玉米场外期权价格保障。其中，2018年8月已成功为466户农户规避了玉米价格下跌风险。③

---

① 陈晓：《广东自贸区迎来"三周岁"》，《南方日报》2018年4月20日A06版专题。
② 李振、杜弘禹：《十五个最佳案例发布！广东自贸区四周年制度创新一览》，21世纪经济报道，2019年4月25日。
③ 李振、杜弘禹：《十五个最佳案例发布！广东自贸区四周年制度创新一览》，21世纪经济报道，2019年4月25日。

(四) 中国（广东）自由贸易试验区珠海横琴新区片区金融改革创新成效

2015年4月23日，广东自贸区横琴片区正式成立，在广东自贸区先行先试的政策优势下，横琴金融业呈现跨越式发展态势，在此之前横琴只有1家农信社分社，通过4年来不断积聚壮大，迅速发展成为广东自贸区横琴片区重要支柱产业。在金融政策方面，国务院以及"一行三会"等金融监管部门对广东自贸区横琴片区相继发布29项金融创新政策，大力支持横琴金融创新。经过四年的发展，广东自贸区横琴片区迅速发展成金融资源的聚集地，金融机构、人才、资金、信息等各类金融要素在横琴集聚，碰撞出具有横琴特色的金融生态。[①]

2015—2020年，广东自贸区横琴片区金融聚集成效明显。一是金融机构方面。截至2021年6月末，横琴新区金融类企业共5559家，注册资本人民币11130.80亿元，金融业增加值79.93亿元，占地区生产总值的29.01%，同比增长4.5%。金融业税收收入56.95亿元，占横琴总体税收收入的29.94%。[②] 二是财富管理和基金方面。在中国证券投资基金业协会完成登记的私募基金1373只，管理基金规模4021.89亿元。三是在金融扶持政策方面。2018年扶持奖励金融类企业135家，金额达7亿元，奖励金融类人才4000余人，金额约4.7亿元。四是金融合作方面。制定了《关于促进粤澳

[①] 广东省人民政府：《珠海市横琴新区发展成为金融资源聚集地》，广东省人民政府官网——要闻动态，2017年2月3日，http://www.gd.gov.cn/gdywdt/dczl/gcls/content/post_81986.html。

[②] 珠海横琴新区金融和财政局：《珠海横琴金融2021上半年"成绩单"出炉 金融类企业注册资本过万亿元》，粤港澳大湾区门户网，2021年8月10日，http://www.zlb.gov.cn/2021-08/12/c_1211328507.htm。

跨境金融合作示范区（横琴园区）的发展思路》，全面谋划粤澳金融合作的思路和举措。成立澳门特色金融服务基地筹备办公室揭牌，推动广东粤澳合作发展基金落地。①

1. 推动国内首个金融创新知识产权运营交易平台上线。2014年12月，广东自贸区横琴片区搭建全国首个金融创新知识产权运营交易平台——"七弦琴国家平台"，初步形成以知识产权跨境交易、质押融资等金融创新为特色的线上交易系统。截至2017年末，平台注册会员8.69万个，开设各类店铺104家，已完成500万元交易额，储备代售专利5000余件，线下完成各类专利交易192件。同时带动珠海市知识产权质押融资业务规模共计9390万元。②

2. 首创全国互联网金融仲裁服务平台。广东自贸区横琴片区设立国内首个专门解决金融纠纷的互联网仲裁平台，由互联网仲裁当事人及仲裁员、互联网仲裁核心业务处理、互联网仲裁委员会管理三大子系统构成。实现与国内互联网交易金融平台对接，实现在线批量受理、办理来自各平台互联网金融纠纷案件。该平台改变传统仲裁方式，仲裁效率高，小额互联网金融纠纷案件适用速裁程序从组庭到裁决最快只需6天，适用普通程序案件只需10天。③

3. 推动广东粤澳合作发展基金签约落地。2018年5月4日，由澳门特别行政区政府财政出资200亿元，广东恒健投资控股有限公司出资1000万元，组建广东粤澳合作发展基金，基金存续期12年，

---

① 艾琳：《2018年横琴金融工作成绩单》，《羊城晚报羊城地方版》2019年2月14日第ZXA14版。

② 陈晓：《广东自贸区迎来"三周岁"》，《南方日报》2018年4月20日A06版专题。

③ 陈晓：《广东自贸区迎来"三周岁"》，《南方日报》2018年4月20日A06版专题。

由广东恒健投资控股有限公司设立位于广东自贸区横琴片区的广东粤澳合作发展基金管理有限公司负责管理运营,重点支持粤港澳大湾区建设的基础设施领域。广东粤澳合作发展基金的设立,通过澳门财政资金与境内企业组建外商投资股权投资有限合伙企业的方式合作,有效解决广东与澳门地区资金融通障碍,实现政策许可、程序合法和可操作,破解了粤港澳大湾区资金融通的难题。[①]

三　广东省广州市绿色金融改革创新试验区

(一) 设立背景

为深入贯彻中共中央、国务院决策部署,落实《生态文明体制改革总体方案》和《政府工作报告》要求,探索绿色金融发展有效路径,构建区域性绿色金融体系运行模式,充分发挥绿色金融在调结构、转方式、促进生态文明建设、推动经济可持续发展等方面的积极作用,推动区域经济增长模式向绿色转型,2017年经国务院常务会议批准,广东在广州市花都区建设绿色金融改革创新试验区。[②]

(二) 发展历程

2017年6月14日,国务院第176次常务会议决定在广东、浙江、江西、贵州、新疆五省(区)建设各有侧重、各具特色的绿色金融改革创新试验区,在体制机制上探索可复制可推广的经验。[③] 6

[①] 李振、杜弘禹:《十五个最佳案例发布!广东自贸区四周年制度创新一览》,21世纪经济报道,2019年4月25日。

[②] 张金荣:《国务院批准花都成为绿色金融改革创新试验区》,广州市花都市人民政府网站——花都招商,2017年7月12日。

[③] 中央财经大学绿色金融国际研究院、商道融绿:《国务院常务会议决定在5省(区)建设绿色金融改革创新试验区》,2017年6月14日,中国金融信息网,http://greenfinance.xinhua08.com/a/20170614/1709841.shtml。

月 23 日，经国务院批准，中国人民银行等 7 部委联合发布了《广东省广州市建设绿色金融改革创新试验区总体方案》，明确提出在广州市花都区率先开展绿色金融改革创新试点，以金融创新推动战略性主导产业绿色转型升级为主线，力争 5 年内通过制度、组织、市场、产品、服务、保障措施等领域的创新探索，实现绿色融资规模较快增长，基本建成绿色金融服务体系。①

2017 年 7 月 11 日，省政府在广州召开广东省广州市绿色金融改革创新试验区获批及建设情况新闻发布会（见图 8.1）。时任省政府党组成员陈云贤出席并讲话，他在发布会上提出了广东省对广州市花都区建设绿色金融改革创新试验区的四大定位，分别是绿色金融改革创新的试验田、绿色金融与绿色产业协调发展的示范区、粤港澳大湾区合作发展的新平台、"一带一路"建设的助推器。在发布会上，广州市花都区人民政府宣布支持绿色金融和绿色产业发展的"1+4"配套政策，② 明确从 2017 年起，花都区财政连续五年每

---

① 广州市花都区人民政府：《2017 年 6 月花都大事记》，2017 年 8 月 2 日，广州市花都区人民政府官网，https：//www.huadu.gov.cn/zjhd/hdgs/dsj/content/post_8576665.html。

② "1+4"配套政策，要点有：法人金融机构落户，最高给予 2000 万元奖励；对以商业贷款方式获得绿色贷款、发行绿色债券的企业，分别每家每年最高给予 100 万元的补贴；对绿色企业和项目，最高给予 5000 万元的股权投资支持；对重点绿色金融机构和绿色企业的高级管理人员，将参考其上一年度已纳税额给予奖励，每人每年最高奖励 300 万元；对已经落户花都区的绿色金融机构和绿色企业的高级管理人员，首次在花都区购买自住房屋（限一套）的，可参考其购房款给予购房补贴，每人最高补贴 300 万元；对将企业总部新迁入花都区的、在境内主板、中小企业板、创业板上市的企业，给予 1000 万元奖励。

年安排不低于 10 亿元的专项资金支持绿色发展。①

图 8.1　广东省广州市绿色金融改革创新试验区

资料来源：广东金融学会：《广州市召开绿色金融改革创新试验区建设现场推进会》，广东金融学会官微——绿色金融，2018 年 7 月 21 日。

2017 年 9 月 20 日，广东省广州市绿色金融改革创新试验区在广州市揭牌，这是广州市首个经国务院批准建设的金融专项试验区，也是当时华南地区唯一一个绿色金融改革创新试验区。时任省政府党组成员陈云贤、广州市市长温国辉等出席揭牌活动。② 同日，

---

① 广州市金融工作局：《广州首个国家级金融专项试验区落地，探索绿色金融"广州模式"》，广州市地方金融监督管理局官网，2017 年 7 月 12 日，http：//jrjgj. gz. gov. cn/gzdt/content/post_2790420. html。

② 广州市花都区人民政府：《广东省广州市绿色金融改革创新试验区揭牌 将花都打造成绿色金融资本集聚的枢纽》，广州市花都区人民政府官网，2017 年 9 月 22 日，https：//www. huadu. gov. cn/hdzx/rdzt/2017/lsjr/content/post_4764089. html。

中共广州市委举办理论学习中心组专题学习会,邀请时任人民银行研究局局长徐忠作"稳步推进广州市绿色金融改革创新试验区建设"专题报告。①

2017年12月30日,广东省成立了由省政府分管领导任组长,省、区、市三级参与的广东省绿色金融改革创新工作领导小组,广州市设立了广州市绿色金融改革创新试验区建设推进领导小组,广州市花都区设立了花都区建设绿色金融改革创新试验区工作领导小组,为广州市绿色金融试验区建设统筹部署、协调推进提供强有力的组织保障。②

2017年末,广州市绿色金融改革创新试验区已进驻广东省绿色金融投资控股集团有限公司、大业信托有限责任公司、广州碳排放权交易中心有限公司等106家绿色机构,注册资本金64.99亿元。③

2018年5月3日,广州市金融支持绿色产业项目融资对接会在广州举办,在会上启动了广州绿色金融改革创新试验区绿色企业和项目融资对接系统,充分发动绿色产业项目单位、企业和金融机构参加推介对接,筛选出有融资意向的绿色产业项目69个,意向融资金额合计达400亿元,涉及分布式光伏项目、能效项目、国铁城际轨道交通项目、新能源汽车、污水治理、垃圾处理、碳汇项目等。梳理绿色金融相关产品182款,涉及政策性银行、商业银行、企业

---

① 广州市人民政府:《广州推动绿色金融发展》,广州市人民政府官网——广州要闻,2017年9月22月,https://www.gz.gov.cn/xw/gzyw/content/post_2844052.html。

② 广州市花都区人民政府:《关于在广东金融改革发展工作领导小组下设立广东省绿色金融改革创新工作领导小组的通知》,2018年1月25日,广东金融网,http://gdjr.gd.gov.cn/zcfg/xljb/gdsdfx/content/post_1122998.html。

③ 广州市金融工作局:《2018广州金融白皮书——金融发展形势与展望》,广州出版社2018年版,第160页。

集团财务公司、证券、基金、保险、小额贷款、融资担保、融资租赁和区域股权交易、碳排放权交易等领域共34家机构。①

2018年5月5日,省政府发布《广东省广州市建设绿色金融改革创新试验区实施细则》,并制定出台了省、区、市三个层级的任务分工表。包括培育发展绿色金融组织体系、创新发展绿色金融产品和服务、支持绿色产业拓宽融资渠道、稳妥有序探索建设环境权益交易市场、加快发展绿色保险、夯实绿色金融基础设施等六个方面。②

2018年5月18日,时任广东省副省长欧阳卫民主持召开广东省绿色金融改革创新工作领导小组第一次会议,研究广州市绿色金融改革创新示范区建设工作,提出要紧紧围绕绿色发展的主题,抓好各项改革创新措施落实,完善制度保障、加强风险防范,推动广东绿色金融加快发展等工作部署。③

2018年5月25日,广州市花都区人民政府发布了《广东省广州市绿色金融改革创新试验区绿色企业认定方法》和《广东省广州市绿色金融改革创新试验区绿色项目认定方法》,明确了试验区绿色金融支持的绿色企业及绿色项目范围,既为金融机构开展绿色金融服务提供了依据,也有助于树立试验区绿色发展标杆,引导和规

---

① 广州市金融工作局:《绿色金融改革创新 助推广州绿色发展》,广州市地方金融监督管理局官网——工作动态,2018年5月1日,http://jrjgj.gz.gov.cn/gzdt/content/post_2790342.html。

② 广东省人民政府:《广东省人民政府办公厅关于印发广东省广州市建设绿色金融改革创新试验区实施细则的通知》,广东省人民政府官网——政务公开,2018年5月5日,http://www.gd.gov.cn/gkmlpt/content/0/146/post_146839.html#7。

③ 广东省人民政府:《广东省绿色金融改革创新工作领导小组第一次会议在广州召开》,广东省人民政府官网——要闻动态,2018年5月19日,http://www.gd.gov.cn/gkmlpt/content/0/146/post_146847.html#43。

范产业绿色发展。同时,发布会上确认发布了首批绿色项目。①

2018年12月26日,时任广东省副省长欧阳卫民主持召开广东省绿色金融改革创新工作领导小组第二次会议。在部署下一步工作中提出要进一步深化绿色金融改革创新试验区建设,积极向全省复制推广相关经验,梅州、河源、肇庆、清远、云浮等市抓好绿色金融为主题的"一市一平台"建设,努力推动绿色金融改革创新取得更多可复制可推广的经验。②

(三)建设成效

1. 建设绿色金融载体。(1)建设绿色金融街,广州绿色金融街是广东省广州市绿色金融改革创新的起步区,位于广州市花都区迎宾大道地铁沿线,全长约600米、建筑面积约8万平方米,包括绿色金融创新中心、绿色金融服务中心、绿色金融研究中心,致力打造产、融、研一体化的绿色金融与绿色产业发展集聚区。③(2)在花都主城区CBD区域规划建设绿色金融城,重点引进法人金融机构、类金融、金融交易平台总部,吸引环保节能、清洁能源、生态保护等绿色企业进驻,形成金融总部企业和绿色产业总部集聚。④

---

① 陈周阳:《广东省广州市绿色金融改革创新试验区发布绿色企业和绿色项目认定方法首批双认证绿色项目公布》,中国金融信息网,2018年5月25日,http://greenfinance.xinhua08.com/a/20180525/1762151.shtml。

② 广东省人民政府:《欧阳卫民在广州花都主持召开省绿色金融改革创新工作领导小组会议》,广东省人民政府官网,2018年12月27日,http://www.gd.gov.cn/gkmlpt/content/0/382/post_382054.html#43。

③ 广州市金融工作局:《2018广州金融白皮书——发展形势与展望》,广州出版社2018年版,第160页。

④ 广州市花都区人民政府:《市十五届人大花都联组代表视察我区重大项目》,广州市花都区人民政府官网,2017年12月4日,https://www.huadu.gov.cn/hdzx/rdzt/2017/zsgjz/content/post_4790812.html。

(3) 在花都湖南部,以现有产业园区为基础,加快建设面积约200万平方米的花都智能电子绿色价值创新园,通过绿色技术领域的天使投资、VC(风险投资)和PE(私募股权投资)基金,推动绿色金融与绿色科技对接,大力支持电子信息、新材料等高科技产业发展,打造绿色科技发展集聚区。

2. 引入绿色机构和企业。广州市花都区内的中国工商银行股份有限公司、中国银行股份有限公司、中国建设银行股份有限公司等金融机构已将花都支行升格为绿色分行,广州银行股份有限公司、兴业银行股份有限公司、上海浦东发展银行股份有限公司等已在试验区设立绿色金融事业部,中国建设银行股份有限公司在试验区设立全国首家绿色金融创新中心。① 截至2018年末,试验区已进驻广东省绿色金融投资控股集团有限公司、大业信托有限责任公司、广州碳排放权交易中心有限公司、南航保险经纪有限公司等201家绿色机构,注册资本金1141亿元。此外,试验区与广东股权交易中心股份有限公司合作设立绿色环保板,于2018年6月11日挂牌运营,当天挂牌企业达到50家,注册资本金规模约6.3亿元,其中花都区的企业占1/3。②

3. 创新绿色金融产品和服务。(1) 加快发行绿色债券。广东华兴银行股份有限公司已获批发行50亿元绿色金融债,广州银行股份有限公司以试验区内绿色项目为主体申请发行50亿元绿色金融债。(2) 创新绿色保险产品。中国人民财产保财股份有限公司广州市分公司在试验区推出首支绿色保险产品——蔬菜降雨气象指数保险,

---

① 广州市金融工作局:《2018广州金融白皮书——金融发展形势与展望》,广州出版社2018年版,第160页。

② 广州市地方金融监督管理局:《2019广州金融白皮书——金融发展形势与展望》,广州出版社2019年版,第142页。

并在 2018 年 4 月承保了广州的首张保单。(3) 积极设立绿色基金。广州市绿色金融改革创新试验区已设立一支规模 2 亿元的政府引导基金（花都基金），以及三支绿色发展基金，总规模 41 亿元，分别是空港投资基金、广州北站基金、绿色低碳发展基金，引导社会资本为区内绿色产业和项目发展提供资金支持。(4) 大力开展碳金融业务。2018 年 1 月，广州碳排放权交易所落地首笔碳排放权交易人民币跨境结算业务，推动形成了一套可操作的跨境交易业务模式。同年 4 月，广州市花都区一家企业通过"碳排放权抵押 + 资产抵押 + 保险"方式向建设银行融资 200 万元。同年 6 月份，中国南方航空股份有限公司通过碳排放权抵押方式向建设银行融资 60 万元，开创首家航空企业利用碳排放权融资的先例。通过上述创新绿色金融产品和服务的做法，花都区绿色信贷占比已逐步提高。截至 2018 年 10 月末，广州市花都区银行业绿色贷款余额约 116.71 亿元，占比从 2016 年末的 7.30% 增长至 12.82%。

4. 建设绿色征信与绿色项目产融对接平台。广州市制定《广州市绿色金融改革创新试验区绿色企业和项目库管理办法》，建立绿色项目库日常管理机制，定期举办绿色项目产融对接会，引导金融机构精准对接绿色项目的融资需求。同时，建成"广东省中小微企业信用信息和融资对接平台"环保信息模块，采集企业环保信用等级评价信息、机构环保荣誉信息、企业环保行政处罚信息、企业危险废物经营许可证信息等，建立非银行信用信息数据库，为全省银行机构开展绿色项目政务信用信息查询、金融产品展示和线上融资对接提供平台。[①]

[①] 广东省人民政府金融工作办公室：《关于政协第十二届广东省委员会第一次会议第 20180780 号提案答复的函》，广东金融网，2018 年 7 月 20 日，http://gdjr.gd.gov.cn/gdjr/zwgk/zdly/jyta/content/post_2871462.html。

5. 启动金融机构环境信息披露。2021年2月中国人民银行广州分行组织粤港澳大湾区内广州、珠海、惠州、中山、东莞、佛山、江门、肇庆等8市的13家法人银行机构作为首批试点机构，率先探索开展环境信息披露试点工作。试点金融机构参考和对标中国人民银行下发的《金融机构环境信息披露指南（试行）》，遵循"把握重点、大胆突破、能披尽披、不披露即解释"原则，率先探索开展环境信息披露。环境信息披露的主要内容包括与环境有关的年度概况、治理结构、政策制度、本行环境风险和机遇的客观分析、环境风险管理及流程、自身经营活动对环境产生的影响、投融资对环境产生的影响等。中国人民银行广州分行把试点机构环境信息披露工作情况作为定性评价指标，纳入每季度绿色信贷业绩评价内容，并择时对试点有关工作情况进行公开通报。

6. 加快构建绿色金融风险防控体系。（1）建立绿色金融风险监测和管理信息平台。广州市加强与广东省地方金融风险监测平台的联系，建立实时高效的金融风险分析及管理信息系统，力争做到对试验区内各类绿色金融风险进行实时监控，及时发现、化解并处置金融风险。（2）建立绿色金融风险补偿机制。花都区对开展绿色信贷、绿色基金、绿色债券、绿色保险等绿色金融业务的金融业各类机构，按其损失金额的20%给予风险补偿，补偿金额最高100万元。[①]

四　广东区域性金融改革创新试验的新部署

党中央、国务院一直重视发挥广东在改革开放中的创新引领作

[①] 广州市金融工作局：《2018广州金融白皮书——金融发展形势与展望》，广州出版社2018年版，第161页。

用，在全面建设社会主义现代化国家的新征程和推动"一国两制"实践的新阶段，又进一步赋予广东深圳、横琴、前海等地区改革创新、先行先试的新使命，连续发布了多项相关政策文件，如2019年8月，中共中央、国务院发布《关于支持深圳建设中国特色社会主义先行示范区的意见》；2020年8月，中共中央办公厅、国务院办公厅印发《深圳建设中国特色社会主义先行示范区综合改革试点实施方案（2020—2025年）》；2021年9月，中共中央、国务院发布《横琴粤澳深度合作区建设总体方案》和《全面深化前海深港现代服务业合作区改革开放方案》。这些政策文件都对广东区域性金融改革创新试验作出了新的战略性部署，对推进新时代广东及有关区域金融改革开放具有重大意义。

《关于支持深圳建设中国特色社会主义先行示范区的意见》将深圳定位为高质量发展高地、法治城市示范、城市文明典范、民生幸福标杆和可持续发展先锋，要求深圳"朝着建设中国特色社会主义先行示范区的方向前行，努力创建社会主义现代化强国的城市范例"，并分2025年、2035年和21世纪中叶三个阶段提出了深圳的发展目标，奋力将深圳建设成为竞争力、创新力、影响力卓著的全球标杆城市。在金融改革创新方面主要作了以下部署：（1）金融为加快实施创新驱动发展战略服务，探索知识产权证券化，规范有序建设知识产权和科技成果产权交易中心；（2）提高金融服务实体经济能力，研究完善创业板发行上市、再融资和并购重组制度，创造条件推动注册制改革；（3）支持在深圳开展数字货币研究与移动支付等创新应用；（4）促进与港澳金融市场互联互通和金融（基金）产品互认；（5）在推进人民币国际化上先行先试，探索创新跨境金融监管；（6）健全多层次养老保险制度体系，推动统一的社会保险公共服务平台率先落地，形成以社会保险卡为载体的"一卡通"服务管理模式；（7）加快建立绿色低碳循环发展的经济体系，大力发展绿色产业，促进绿色消费，发展绿色金融。

《深圳建设中国特色社会主义先行示范区综合改革试点实施方案（2020—2025年）》着重在支持在资本市场建设上先行先试、完善要素市场化配置体制机制方面作出具体部署。新提出的主要政策措施包括：（1）推进创业板改革并试点注册制，试点创新企业境内发行股票或存托凭证（CDR）；（2）建立新三板挂牌公司转板上市机制；（3）优化私募基金市场准入环境；（4）探索优化创业投资企业市场准入和发展环境；（5）依法依规开展基础设施领域不动产投资信托基金试点；（6）在中国人民银行数字货币研究所深圳下属机构的基础上成立金融科技创新平台；（7）支持开展数字人民币内部封闭试点测试，推动数字人民币的研发应用和国际合作。

《横琴粤澳深度合作区建设总体方案》将横琴定位为促进澳门经济适度多元发展的新平台、便利澳门居民生活就业的新空间、丰富"一国两制"实践的新示范和推动粤港澳大湾区建设的新高地；提出到2029年澳门回归祖国30周年时，合作区与澳门实现经济高度协同、规则深度衔接的制度体系全面确立，各类要素跨境流动高效便捷，特色产业发展形成规模，公共服务和社会保障体系更加完善，琴澳一体化发展水平进一步提升，促进澳门经济适度多元发展取得显著成效；到2035年"一国两制"强大生命力和优越性全面彰显，合作区经济实力和科技竞争力大幅提升，促进澳门经济适度多元发展的目标基本实现。在发展现代金融产业方面，具体部署如下：（1）充分发挥澳门对接葡语国家的窗口作用，支持合作区打造中国–葡语国家金融服务平台。（2）鼓励社会资本按照市场化原则设立多币种创业投资基金、私募股权投资基金，吸引外资加大对合作区高新技术产业和创新创业支持力度。支持在合作区开展跨境人民币结算业务，鼓励和支持境内外投资者在跨境创业投资及相关投资贸易中使用人民币。（3）支持澳门在合作区创新发展财富管理、债券市场、融资租赁等现代金融业。（4）支持合作区对澳门扩大服务领域开放，降低澳资金融机构设立银行、保险机构准入门槛。（5）支持在合作区开展跨境机动车保险、跨境商业医疗保险、信用证保险等业务。

《全面深化前海深港现代服务业合作区改革开放方案》明确以制度创新为核心，在"一国两制"框架下先行先试，推进前海与港澳规则衔接、机制对接，丰富协同协调发展模式，打造粤港澳大湾区全面深化改革创新试验平台，建设高水平对外开放门户枢纽，不断构建国际合作和竞争新优势；提出到2035年建成"高水平对外开放体制机制更加完善，营商环境达到世界一流水平，建立健全与港澳产业协同联动、市场互联互通、创新驱动支撑的发展模式，建成全球资源配置能力强、创新策源能力强、协同发展带动能力强的高质量发展引擎"。与金融改革发展相关的政策措施主要包括以下三点：（1）建立健全联通港澳、接轨国际的现代服务业发展体制机制，建立完善现代服务业标准体系并开展标准化试点示范；（2）联动建设国际贸易组合港，实施陆海空多式联运、枢纽联动，推进现代服务业创新发展；（3）培育以服务实体经济为导向的金融业态，积极稳妥推进金融机构、金融市场、金融产品和金融监管创新，为消费、投资、贸易、科技创新等提供全方位、多层次的金融服务。此外，还包括深化与港澳服务贸易自由化、扩大金融业对外开放等内容。

第二节　金融服务区建设发展

为了服务区域经济发展，提升金融服务实体经济能力和水平，广东从2007年起，先后打造了广东金融高新技术服务区、广州金融创新服务区、广州国际金融城、广州中小微企业金融服务区等多个提供特色金融服务的区域性金融平台。

一　广东金融高新技术服务区

（一）设立背景

广东金融高新技术服务区（以下简称"广东金融高新区"）于2007年7月由省政府授牌成立，是广东建设金融强省战略七大基础性平台之首，也是省政府批准的唯一省级金融后台服务基地，规划面积18平方千米。根据国家发展和改革委员会《珠江三角洲地区改革发展规划纲要（2008—2020年）》和中国人民银行等八部委联会印发的《广东省建设珠三角金融改革创新综合试验区总体方案》及中共广东省委、省政府的有关战略规划要求，该高新区被赋予金融后援基地[①]和产业金融中心[②]两大定位，其愿景是引领华南、影

[①] 金融后援基地，指主要吸引金融机构的数据处理中心、呼叫中心、灾备中心、培训中心、研发中心等后台机构、服务外包企业、金融机构总部落户，建设辐射亚太的现代金融后援服务基地。

[②] 产业金融中心，指大力推进金融科技产业融合发展，吸引私募创投机构等产业金融项目落户，建设金融创新集聚区及珠三角重要的资本集聚平台，争创国家级产业金融试验区。

响全国、辐射亚太。① 历经十余年发展，广东金融高新区相续获得"中国最佳金融服务外包基地""中国软件和服务外包杰出园区""中国电子商务互联网金融创新基地""广东省金融创新奖最高奖——特别奖园区""广东省唯一的省级金融后台产业专区"等奖项。

（二）发展历程

广东金融高新区位于佛山经济圈核心区——南海千灯湖畔，规划面积18平方千米，其中核心区6.5平方千米，分为A、B、C、D区（见图8.2）。A区位于千灯湖东侧，西至灯湖东路，东至锦园路，北至海八路，南至海三路，规划总用地面积约929.85亩，重点布局商务办公、金融业用地；B区南依海八路，北临佛山水道，西至南海大道，规划总用地面积约243.22公顷，用地性质为商务办公、金融、绿化、综合用地和混合住宅用地；C区涵盖桂澜路以东、佛山"一环"以西、海八路以南、佛平路以北，面积约9750亩，打造"金融+科技+总部"为特征的现代服务业和都市型产业发展的示范区和城市更新区；D区南起佛山水道，北至广茂铁路，东临桂澜路，西沿桂和路，规划总用地面积约1.94平方千米，是南海北延战略的发展起步区。②

---

① 广东省地方金融监督管理局：《广东金融高新技术服务区》，广东金融网——专题简介，2018年11月28日，http：//gdjr.gd.gov.cn/ztlm/gzjrgxjs/ztjj/content/post_1114896.html。

② 广东省地方金融监督管理局：《广东金融高新技术服务区》，广东金融网——专题简介，2018年11月28日，http：//gdjr.gd.gov.cn/ztlm/gzjrgxjs/ztjj/content/post_1114896.html。

图 8.2　广东金融高新技术服务区

资料来源：广东金融高新区《广东金融高新区全景图》，广东金融高新区官网载体项目，2017年6月11日。

2007年6月5日，广东省金融工作会议召开，时任省政府省长黄华华、副省长宋海出席会议并做重要讲话。会议将出台《中共广东省委、广东省人民政府关于加快发展金融产业建设金融强省的若干意见》，提出大力发展金融产业的思想，拟定了建设"广东金融高新技术服务区"，并制定发展金融产业的激励政策。① 这为广东金融高新区的创建奠定了良好的基础。

2007年7月2日，省政府正式批复同意将佛山千灯湖金融商务区冠名为"广东金融高新技术服务区"，标志着广东金融高新区落户佛山。② 同年7月12日，佛山市千灯湖金融高新区建设领导小组

---

①　刘薇：《建设金融强省广东分"三步走"》，《羊城晚报》2007年6月6日。

②　广东金融高新技术服务区管理委员会：《2007年发展历程》，广东金融高新区官网——走进金融区——发展历程，2007年，http：//jrb.nanhai.gov.cn/zjjrq/fzlc/2007/。

成立,[1] 由佛山市人民政府领导任组长,广州市南海区、佛山市金融工作办公室等部门为成员单位,统筹协调广东金融高新区的建设,并在领导小组下设专职工作机构,负责各项具体工作。[2]

2007年7月31日,广东金融高新区授牌仪式暨高峰论坛在佛山市南海区举行,时任省政府副省长宋海为广东金融高新区授牌并发表重要讲话,省直各有关部门、中央驻粤金融监管部门、各金融机构及有关高校代表共300多人参加了会议。授牌仪式后,中山大学、华南理工大学、暨南大学等著名高校在现场分别与佛山市人民政府签订战略合作协议,国家税务总局、交通银行股份有限公司广州分行以及广东省信用社等金融机构的后台中心也达成了进驻广东金融高新区的意向,成为进驻广东金融高新区的首批重点项目。[3]

2007年9月21日,《中共广东省委、广东省人民政府关于加快发展金融产业建设金融强省的若干意见》及《广东建设金融强省十一五规划》颁布,明确了建设广东金融高新区的重要意义,并将其列为建设金融强省七大基础平台之首。[4]

2008年7月1日,广东省发展和改革委员会发布《关于印发广

---

[1] 广东金融高新技术服务区管理委员会:《2007年发展历程》,广东金融高新区官网——走进金融区——发展历程,2007年,http://jrb.nanhai.gov.cn/zjjrq/fzlc/2007/。

[2] 佛山市人民政府:《印发关于加快推进广东金融高新技术服务区建设意见的通知》(佛府〔2007〕96号),佛山市人民政府官网——政务公开——政府文件,2007年8月22日,http://www.foshan.gov.cn/zwgk/zfgb/srmzfwj/content/post_1740285.html。

[3] 邓柱峰、徐靖:《打造粤金融业后台服务基地》,《广州日报》2007年8月1日。

[4] 广东金融高新技术服务区管理委员会:《2007年发展历程》,广东金融高新区官网——走进金融区——发展历程,2007,http://jrb.nanhai.gov.cn/zjjrq/fzlc/2007/。

东省新十项工程项目的通知》,"广东金融高新技术服务区"被列入了广东省新十项工程项目中,计划总投资额在现代服务业项目中位列第一,投资金额达到100亿元。①

2008年12月17日,国务院审议通过的《珠江三角洲地区改革发展规划纲要(2008—2020年)》提出支持建设广东金融高新区,大力发展金融后台服务产业,建设辐射亚太地区的现代金融产业后援服务基地。广东金融高新区建设正式被纳入国家战略。②

2008年末,广东金融高新区已完成了佛山市海八路拓宽工程、雷岗山公园、千灯湖水系与佛山水道的连通工程等多个载体建设。此外,还完成了广东金融高新区B区土地资源的回收,并着手B区路网骨架的建设和绿化建设方案的实施。③

2010年12月23日,广东金融高新区管理委员会挂牌成立,由时任佛山市南海区区长区邦敏挂帅。管理委员会主要统一负责佛山东翼片区的城市规划和整体宣传策划,深化广东金融高新区开发建设,统筹招商引资,协调跨镇事务,建设及服务重点项目。④

2013年1月,广东金融高新区多个项目相续完工封顶。1月12日,新鸿基华南国际金融中心封顶;1月15日,广发金融中心封顶;1月30日,汇丰环球运营项目(承创大厦)封顶。随后在10

---

① 南方日报:《广东金融高新区勇闯现代产业新路》,《南方日报》2008年8月26日第A06版。
② 广东金融高新技术服务区管理委员会:《2008年发展历程》,广东金融高新区官网——走进金融区——发展历程,2008,http://jrb.nanhai.gov.cn/zjjrq/fzlc/2008/。
③ 佛山市南海区金融业发展办公室:《2008年广东金融高新技术服务区建设进展情况汇报》,2009年1月28日。
④ 李慧君、张素圈:《广东南海三大片区管委会挂牌成立》,《南方日报》2010年12月24日第ND02版。

月31日,承展大厦(银监会南方培训中心)也完成封顶,[1] 并且在此期间,广东产业金融研究院、中国太平洋财产保险股份有限公司华南运营中心、广东金融高新区股权交易中心、佛山民间金融街、深圳证券交易所网上路演中心及毕马威共享服务中心等多个项目相继正式开始运营。

2014年1月17日,由中国电子商务协会颁发的"中国电子商务互联网金融创新基地"在佛山市南海区千灯湖畔挂牌成立,这是国内首个以"互联网金融创新"为主题的产业基地。以互联网金融为新的起点,广东金融高新区加速探索"金融·科技·产业"创新融合。同日,"中国电子商务创新基金"和"中国电子商务智慧型企业孵化器"也在佛山C时代互联网产业园挂牌成立。[2]

2015年11月12日,广东"互联网+"众创金融示范区建设现场会在广东金融高新区顺利召开。会上,广东金融高新区不仅发布了示范区工作方案和全国首个"互联网+金融"行动方案,还举行9大项目签约及多个项目启动仪式,包括成立100亿元规模的创新创业产业引导基金、成立全国首个"互联网+"征信中心,并积极开展"互联网+"应收账款融资服务平台、非公开股权融资试点等。[3]

2016年3月21日,"2016年全球服务与外包领军者峰会"在广

---

[1] 广东金融高新技术服务区管理委员会:《2013年发展历程》,广东金融高新区官网——走进金融区——发展历程,2013,http://jrb.nanhai.gov.cn/zjjrq/fzlc/2013/。

[2] 唐文辉、林琪瑜:《金融高新区抢滩金融界"头脑高地"集多方之力谋纵深发展》,《佛山日报》2015年11月30日。

[3] 《打造广东创新创业平台标杆》,《南方日报》2016年6月24日第AT05版。

东金融高新区举行，来自美国、英国、印度、俄罗斯、中国等国家的800多位海内外精英畅谈服务外包产业新态势，共谋发展新合作。广东金融高新区荣获"年度全球最佳服务外包园区中国十强"称号。①

2017年7月5日，千灯湖创投小镇正式揭牌，并推出系列产业集聚扶持政策，以吸引国内外创投、私募股权基金以及基金管理公司等机构落户。根据千灯湖创投小镇的建设方案，千灯湖创投小镇将计划在3年内，促进本地注册的创业投资、股权投资基金总规模达500亿元。5年内，本地注册的创业投资、股权投资基金总规模力争达700亿元，投资于佛山本地资金量达50亿元。②

2017年末，广东金融高新区各大工程建设有序推进，承展大厦南楼（千灯湖酒店，原银监会南方培训中心）、光大银行大厦相继投用，友邦金融中心二座顺利开业。同时，广东金融高新区协调解决广东农信数据中心项目、易联大厦、华南国际金融中心（现被富力集团接盘）、中国移动通信集团广东有限公司客户服务（佛山）中心等建设及营运过程中出现的问题，完善汇丰银行大厦、广发金融中心等重点项目周边市政配套，提升辖区安全指数。

2018年5月17日，广东金融高新区"区块链+"金融科技产业启动发布会举行，广东金融高新区"区块链+"金融科技产业集聚基地及孵化中心正式启动，十项扶持政策以及南海区创新创业引导基金二期同步发布，来自"区块链+"安全技术、"区块链+"技

---

① 广东金融高新技术服务区管理委员会：《2016年发展历程》，广东金融高新区官网——走进金融区——发展历程，2016，http：//jrb.nanhai.gov.cn/zjjrq/fzlc/2016/。

② 21世纪经济报道：《投资基金，千灯湖创投小镇重磅政策喊你来入驻!》，《21世纪经济报道数字报》2017年7月6日第12版。http：//static.nfapp.southcn.com/content/201707/06/c528295.html。

术教育、"区块链+"供应链等领域的首批8个项目正式签约进驻孵化中心，标志着广东金融高新区打响"区块链+"的"头炮"。①

2018年12月11日，广东金融高新区未来十年金融发展战略媒体见面暨座谈会在广东金融高新区举行，会上正式发布《广东金融高新区未来十年金融发展战略研究（2018—2027年）》，详细介绍未来十年广东金融高新区金融发展战略部署，着力将广东金融高新区打造成为金融服务新高地、产业融合新枢纽，以及全球创客新都市的核心区。②

2019年7月，广东金融高新区已吸引包括银行、证券、保险、服务外包、私募创投、融资租赁、互联网金融业态项目的680家金融机构及企业落户；8月，千灯湖创投小镇正式开园。广东金融高新区和创投小镇引进和成立各类创投公司506家，注册资本超620亿元，广东金融高新区积极参与高新科技和国际化金融产业建设，服务南海实体经济。③

（三）建设成效

1. 机构集聚成效明显。截至2018年末，广东金融高新区已吸引中国人民银行广东金融电子结算中心、甲骨文股份有限公司等项目523个，总投资规模超1010亿元，资产管理规模超7800亿元，其中私募创投项目和管理公司347家，募集与投资资金规模超523亿元，资金分别来自美国、法国、日本、新加坡、中国香港及国内

---

① 广东金融高新技术服务区管理委员会：《2018年发展历程》，广东金融高新区官网——走进金融区——发展历程，2018，http：//jrb. nanhai. gov. cn/zjjrq/fzlc/2018/。

② 广东金融高新技术服务区管理委员会：《2018年发展历程》，广东金融高新区官网——走进金融区——发展历程，2018，http：//jrb. nanhai. gov. cn/zjjrq/fzlc/2018/。

③ 《广东金融高新区实力演绎 千亿级现代服务业集聚区十二载崛起之路》，《珠江商报》2019年9月6日。

大型金融企业，项目涵盖银行、保险、证券、服务外包、私募创投、融资租赁、互联网金融等金融业态，吸引金融白领人才数量近6万名。①

2. 金融·科技·产业融合发展。2014年，佛山市南海区已被评为全省首个"金融·科技·产业融合创新综合试验区"。截至2014年，广东金融高新区拥有区域股权交易市场——广东股权交易中心广东金融高新区分公司，以及全省第二条民间金融街——佛山民间金融街等金科产融合重要平台，其主办的"金融·科技·产业融合创新洽谈会"已成为华南地区每年具有影响力的私募创投行业品牌活动。② 此外，广东金融高新区建设珠江西岸先进装备制造产业带按揭中心，已引进包括海晟金融租赁在内的70多家融资租赁机构进驻，致力打造珠江西岸融资租赁区域中心。

3. 推行"互联网+"众创金融。广东金融高新技术服务区已成功引进英诺创新空间、广东天使会孵化器、英诺天使基金，以及广东南海农村商业银行股份有限公司科创支行、中国银行股份有限公司科技支行、清华大学五道口金融学院广东中心、天使咖啡等项目，涵盖孵化器、加速器、天使投资、创业公寓、创业学院、一站式创业行政服务、路演中心等多种创业服务业态，可为创业者提供全链条的创新创业服务。并且在2016年，广东金融高新区成为广东首批11个大众创业万众创新区域示范基地之一。③

---

① 佛山市南海区金融业发展办公室：《2018年广东金融高新技术服务区工作总结》，2019年2月23日。

② 孙景锋：《广东金融高新区：七年砥砺创新再出发》，2014年8月12日，新浪网，http://news.sina.com.cn/c/2014-08-12/051930668932.shtml。

③ 张素圈：《金融高新区发布2016年"成绩单"》，《南方日报》2017年1月13日第ND03版。

二 广州金融创新服务区

(一) 设立背景

为贯彻落实建设金融强省战略、加快广州区域性金融中心建设、做大做强广州开发区金融产业、优化金融生态环境、提升金融产业地位、大力发展金融创新服务、推动区域产业结构的优化升级。[1] 2007年,在广州市金融服务办公室的指导和帮助下,广州开发区提出建立"广州金融创新服务区"构想,编制并实施《广州金融创新服务区建设发展规划》,并于2008年被列入广东省"新十大工程",[2] 成为《广州区域金融中心建设规划(2011-2020年)》中广州建设区域金融中心的重要组成部分。[3]

(二) 发展历程

广州金融创新服务区位于广州科学城和天鹿湖旅游度假区,规划面积约2平方千米(见图8.3)。广州金融创新服务区作为广东省建设珠三角金融改革创新综合试验区及广州市建设区域金融中心的重要载体,以广州开发区高新技术产业为依托,将建设成为集金融高新技术支持、后台服务、金融机构、资产证券化、风险投资、资本市场、产业投资基金、产权交易、信用建设等多位一体的综合金融创新服务平台。[4]

---

[1] 广州市金融服务办公室:《2009广州金融白皮书——金融发展形势与展望》,广州出版社2009年版,第121页。

[2] 广州市金融服务办公室:《2009广州金融白皮书——金融发展形势与展望》,广州出版社2009年版,第122页。

[3] 广州市金融工作局:《2018广州金融白皮书——金融发展形势与展望》,广州出版社2018年版,第151页。

[4] 广州市金融服务办公室:《2010广州金融白皮书——金融发展形势与展望》,广州出版社2010年版,第135页。

图 8.3　广州金融创新服务区

资料来源：《广州金融创新服务区》，广州市人民政府金融工作办公室官网重大发展平台，2014 年 7 月 18 日。

2007 年 7 月 18 日，广州金融创新服务区由省政府授牌成立。2007 年 11 月，广州开发区出台《广州开发区鼓励发展金融产业暂行办法》，鼓励金融机构总部、地区性总部、资本市场类机构、金融后台后勤业务总部入驻，提高税收、补助、物业租赁方面的支持力度，在教育、子女入学、税收、户籍方面对金融高管阶层加大激励力度，同时在金融企业用地等方面予以政策性倾斜支持，配合企业做大做强。[①]

[①]　广州市金融服务办公室：《2008 广州金融白皮书——金融发展形势与展望》，广州出版社 2008 年版，第 147 页。

2008年初,广州开发区发布《广州金融创新服务区建设发展规划》,计划用5年时间将广州金融创新服务区初步建设成为各类金融机构集聚,各类金融业务活跃,以传统金融业务为支撑,以创新性金融业务为发展重点,金融生态环境优良,前、中、后台金融业务配套的综合性现代金融功能区。[1]

2009年末,广州金融创新服务区内风险投资总规模近百亿元,注册资本46.4亿元,管理资本71.7亿元,区内累计投资10.8亿元;担保机构注册资本9.4亿元,担保额度近百亿元,累计为区内141家企业提供8亿元担保额。[2]

2010年初,广州金融创新服务区完成了首期50万平方米的载体建设,包括综合研发孵化区和总部经济区。综合研发孵化区建筑总面积20.11万平方米,具备商务写字楼、大型百货公司、超市、各类特色商场、文化休闲娱乐中心以及国内外知名餐饮机构开设的酒店、茶餐厅、咖啡吧等配套设施;总部经济区总建筑面积30万平方米,于2010年初正式竣工并投入使用。[3]

2012年3月9日,广州市人民政府正式授予广州开发区"广州股权投资基地"。[4] 同年8月9日,广州股权交易中心有限公司在广

---

[1] 广州市金融服务办公室:《2009广州金融白皮书——金融发展形势与展望》,广州出版社2009年版,第121页。

[2] 广州市人民政府金融工作办公室:《2010广州金融白皮书——金融发展形势与展望》,广州出版社2010年版,第136页。

[3] 广州市人民政府金融工作办公室:《2010广州金融白皮书——金融发展形势与展望》,广州出版社2010年版,第136页。

[4] 广州市人民政府:《2015年广州建成区域股权投资中心》,广州市人民政府官网——广州要闻,2012年5月8日。

州金融创新服务区开业,① 直到 2014 年 2 月 15 日, 广州股权交易中心挂牌企业 566 家, 居全国同类股权交易中心第二位, 114 家挂牌企业实现融资总额 15.43 亿元。②

2013 年 10 月 31 日, 经省金融办批复同意由区属国企广州凯得控股有限公司在广州金融创新服务区发起设立注册资本为 3 亿元的广州凯得小额贷款有限公司。2013 年底, 广州金融创新服务区内聚集了金融新业态企业 48 家, 其中股权投资机构 42 家, 已成为广州市股权投资机构最密集、投资最活跃的区域, 政府创投引导基金凯得创投各子基金累计投资项目 38 项, 投资金额合计 14.39 亿元。③

2014 年 4 月 18 日, 广州金融资产交易中心有限公司在广州科学城设立, 该机构主要为各类基础金融资产, 以及基于基础金融资产开发的金融证券化产品、金融衍生品提供登记、托管、信息发布、清算交收等服务。挂牌当日, 金融资产交易项目共计 73 个, 挂牌资产金额达 700 亿元。④

2015 年 11 月, 由中国共产主义青年团广东省委员会与广州股权交易中心有限公司合作建设的"青年大学生创业板", 正式升级为全国"中国青年大学生创业板", 为全国青年大学生创新创业项目和企业提供孵化、托管、增信、融资、交易和退出等综合金融服务。"中国青创板"的设立, 标志着区域股权交易中心的"广州经

---

① 高炳:《金融创新激发广州新动力》,《人民日报海外版》2016 年 3 月 17 日第 5 版。
② 欧阳卫民主编:《岭南金融史》, 中国金融出版社 2015 年版, 第 848 页。
③ 欧阳卫民主编:《岭南金融史》, 中国金融出版社 2015 年版, 第 848 页。
④ 范琛:《广州金融资产交易中心开业》, 2014 年 4 月 21 日, 新浪网, http://news.sina.com.cn/c/2014-04-21/081029976949.shtml。

验"将推广至全国。①

2016年3月10日,广州开发区制定出台以《广州开发区黄埔区促进科技、金融与产业融合发展实施办法》为引领的"1+N"金融政策体系,每年财政安排科技金融发展资金2亿元,为中小企业提供从种子期到成熟期全过程的金融政策支持。围绕科技金融、产业金融等特色金融业态,加大政策扶持力度,着力引进重点金融机构、股权投资企业以及融资担保、融资租赁和金融服务机构,鼓励金融机构投资实体经济和创新创业。②

2016年8月10日,为进一步贯彻落实中共广州市委、市政府关于建设区域金融中心的部署以及《广州市金融业发展第十三个五年规划》,在新的起点上,广州市金融工作局与广州开发区管理委员会联合印发《2016—2018年加快广州金融创新服务区建设行动方案》③,提出了广州金融创新服务区未来3年的总体发展思路和目标、重点任务,努力将广州金融创新服务区打造为立足广州、辐射广东、面向全国的科技金融集聚区、综合性金融创新试验基地,成为广州区域金融中心建设的重要支柱。方案中提出要做大做强广州股权交易中心有限公司,并加快发展广州金融资产交易中心有限公司及广州知识产权交易中心有限公司的建设。

2017年6月17日,在第十九届中国风险投资论坛金投奖颁奖典礼

---

① 广东省人民政府金融工作办公室:《广州金融创新服务区努力打造国家级综合性金融创新试验基地》,广东金融网——金融要闻,2016年12月8日。
② 广东省人民政府金融工作办公室:《广州金融创新服务区努力打造国家级综合性金融创新试验基地》,广东金融网——金融要闻,2016年12月8日。
③ 广州市金融工作局:《广州开发区管委会关于印发〈2016—2018年加快广州金融创新服务区建设行动方案〉通知》,广州市金融工作局官网,2016年8月24日,http://jrjgj.gz.gov.cn/tzgg/content/post_2789700.html。

上，广州开发区正式发布《广州市黄埔区、广州开发区促进风险投资发展办法》，设立国内领先的100亿元风险投资引导基金，引导社会资本共同投向区内科技企业和战略性新兴产业，促进科技和金融结合。①

2018年1月17日，广州开发区印发《广州市黄埔区、广州开发区加快IAB产业发展实施意见》，旨在用最完善的产业环境、最有效的产业政策支持IAB主导产业发展。着重从项目前端建设、平台建设、加速企业成长、办公用房、技术推广应用、孵化培育、并购重组、推介交流等方面给予重点支持。其中，提出一个项目落地建设最高支持2亿元、一个平台开发建设最高支持5000万元、一个企业加速成长最高支持5000万元。②

2020年2月，广州市地方金融监督管理局发布完善全市"一核多点"金融功能区布局，涵盖广州金融创新服务区等金融功能区。③

（三）建设成效

1. 大力推动金融服务实体经济发展。截至2018年末，广州市开发区共拥有企业38000多家，其中世界500强项目170多个；科技创新企业总数突破2万家，高新技术企业突破2000家，上市高新技术企业达30家，约占广州市的2/3。④ 为了推动项目落地，满足创新企业发展

---

① 刘云：《中国风险投资论坛今年首次落地广州》，金羊网，2017年6月18日，https://www.sohu.com/a/149933106_119778。

② 余佳娜：《重磅政策 黄埔区广州开发区IAB产业项目落地最高支持2亿元》，凤凰网——广东综合，2018年1月17日，http://gd.ifeng.com/a/20180117/6313096_0.shtml。

③ 广州市地方金融监督管理局：《广州市优化营商环境获得信贷工作重点》，广州市人民政府官网，2020年2月3日，http://www.gz.gov.cn/ysgz/tzzc/hdxd/yszc/content/post_5649525.html。

④ 张伊欣：《219家开发区赶考 广州开发区排第二》，搜狐，2019年1月3日，http://www.oeeee.com/mp/a/BAAFRD0000020190102128527.html。

的资金需求，区内引入设立金融总部法人机构5家，银行金融机构30家，并设立了130多个分支机构，风险投资机构272家，资金管理规模约630亿元，为区内企业提供全方位的投融资服务。①

2. 多层次资本市场发展取得新成效。截至2018年末，广州市开发区上市企业累计49家，约占广州市的1/3，位居全市第一，募资累计超1000亿元；"新三板"挂牌企业累计123家，约占广州市25%，成为广州市甚至是华南地区上市、挂牌企业最密集、最集中的区域。② 此外，广州金融创新服务区打造广州科技金融路演中心、广州新三板企业路演中心等重大产融对接平台，创设了"融资汇"银企对接平台、"融资汇"金融知识培训平台、"创享汇"投资分享平台、"董秘圈"经验交流平台，为区内企业提供专业化、精准化金融服务。

3. 制定实施一系列投融资扶持政策。广州市开发区先后出台《广州开发区 黄埔区促进科技、金融与产业融合发展实施办法》和"黄金10条"③"美玉10条"④"风投10条"⑤"IAB产业发展"等

---

① 广州市金融工作局：《2018广州金融白皮书——金融发展形势与展望》，广州出版社2018年版，第151页。

② 广州市地方金融监督管理局：《2019广州金融白皮书——金融发展形势与展望》，广州出版社2019年版，第132页。

③ 2017年2月16日，黄埔区、广州开发区正式发布了涵盖先进制造业、现代服务业、总部经济和高新技术产业等4个产业发展政策，每个政策10条内容，统称4个"黄金10条"，共新增财政预算22亿元，助推实体经济发展。

④ 2017年6月4日，为加速促进黄埔区、广州开发区人才聚集，加强知识产权运用和保护，广州市黄埔区、广州开发区正式对外发布人才与知识产权两个"美玉10条"政策，包括《广州市黄埔区、广州开发区聚集"黄埔人才"实施办法》和《广州市黄埔区广州开发区加强知识产权运用和保护促进办法》。

⑤ 黄埔区、广州开发区在6月17日举办的2017（第十九届）中国风险投资论坛金投奖颁奖典礼上正式发布《广州市黄埔区、广州开发区促进风险投资发展办法》，政策主要内容包括项目落户奖、经营贡献奖、高管人才奖励、投资企业发展奖、投资项目引进奖、办公用房补贴、鼓励集聚发展、重点项目奖励。

涉及金融发展系列扶持政策，为企业提供全链条投融资政策支持，优化金融发展环境，构建金融机构集聚发展的新高地。特别是设立国内领先、覆盖风投业务全链条的100亿元风险投资引导基金，金融科技类企业可以享受最高2亿元资助，引导社会资本投向区内科技企业和战略性新兴产业，促进科技和金融结合。①

三 广州国际金融城

（一）设立背景

广州国际金融城是广州市重大战略发展平台和广州第二中央商务区的核心区，是广州建设区域金融中心的重要载体，也是中共广州市委、市政府贯彻实施"金融强市"目标，推进建设广州区域金融中心的重大战略举措。② 其定位是突出国际金融功能、突出低碳智慧幸福、突出综合配套服务、突出岭南文化特色、突出以人为本的理念，建设成为全国领先、世界一流的金融总部聚集区，成为广东金融强省和广州区域金融中心的形象代表。③

（二）发展历程

广州国际金融城位于广州市中心城区东部，珠江黄金水道北岸，紧邻珠江新城中央商务区，与广州琶洲国际会展中心隔江相望（见图 8.4）。整体规划研究范围北起广州市黄埔大道、中山大道，南至珠江，东至广州市天河区界，西至华南快速干线，总面积 7.5

---

① 广州市金融工作局：《2018 广州金融白皮书——金融发展形势与展望》，广州出版社 2018 年版，第 151 页。

② 广州市金融工作局：《2018 广州金融白皮书——金融发展形势与展望》，广州出版社 2018 年版，第 148 页。

③ 广东省人民政府金融工作办公室：《广州国际金融城》，广东金融网——专题栏目，2013 年 6 月 9 日。

平方千米。① 其中,起步区面积1.32平方千米,规划总建筑面积659万平方米,地上总建筑面积444.7万平方米,地下总建筑面积213万平方米;西核心区北至规划广州市花城大道,南至广州市临江大道,东至广州市天河区员村四横路,西至广州市天河区员村大道,面积1.2平方千米。②

图8.4 广州国际金融城概念图

资料来源:《广州国际金融城》,广东金融网——专题栏目,2013年6月9日。

2011年11月4日,广州市提出建设广州国际金融城的重大战略决策,按照广州新型城市化发展的总体思路,将广州天河员村片区打造成为立足广州、依托珠三角、服务泛珠三角、面向东南亚,以高端现代服务业为主体,金融机构集中、金融要素市场齐备、金融交易活跃、金融服务完善、全国一流的金融总部聚集区,成为广

---

① 欧阳卫民主编:《岭南金融史》,中国金融出版社2015年版,第848页。
② 广州市人民政府金融工作办公室:《2013广州金融白皮书——金融发展形势与展望》,广州出版社2013年版,第161页。

州区域金融中心和广东金融强省的重要载体。①

2012年4月26日，中共广州市委常委会议通过《广州国际金融城起步区开发建设工作方案》，确定广州市科韵路以东片区作为金融城起步区先给予启动，成立了由市长为组长、多位副市长任副组长的广州国际金融城开发建设工作领导小组。同年5月，广州市正式启动广州国际金融城城市设计国际竞赛工作；6月22日，广州市天河区制定并印发了《天河区推进广州国际金融城起步区开发建设工作总体方案》，并成立以区委书记为总指挥的广州国际金融城起步区开发建设天河区指挥部。②9月，确定由何镜堂院士带领的华南理工大学为顾问单位，上海同济城市规划设计研究院与广州亚城规划设计研究院有限公司联合体作为主编单位，编制《广州国际金融城起步区城市设计深化成果》。③

2013年2月7日，广州国际金融城起步区首批4宗地块竞拍成功。首批所推地块均为商务、商业设施用地，所推面积合计达14.7万平方米，建筑面积合计达95.7万平方米，起拍楼面地价均为1.2万元/平方米，总成交金额达129.9亿元。经过多轮现场竞价，广州联鸿实业投资有限公司以39.9亿元取得了A001地块的土地使用权，广州绿地房地产开发有限公司、广州市邦杰置业有限公司、广州穗荣房地产开发有限公司联合体以64亿元取得了A003和A005地块的土地使用权，广东省铁路投资集团有限公司、守鸿有限公司

---

① 广东省人民政府金融工作办公室：《广州国际金融城》，广东金融网——专题栏目，2013年6月9日。
② 广州市人民政府金融工作办公室：《2013广州金融白皮书——金融发展形势与展望》，广州出版社2013年版，第162页。
③ 广州市地方金融监督管理局：《2019广州金融白皮书——金融发展形势与展望》，广州出版社2019年版，第128页。

（华润置地）联合体以 26 亿元取得了 A007 地块的土地使用权。[1]

2013 年 9 月 26 日，广州国际金融城起步区控制性详细规划方案在广州市城市规划委员会会议上获得通过。[2] 西区是以金融办公、生活配套功能为主导；北区则以创意办公、生活配套功能为主导，用地面积 143.9 公顷；东区现状用地以村庄建设用地和工业用地为主，用地面积 11.26 公顷。[3]

2013 年 12 月，广州市人民政府办公厅出台《关于支持国家金融监管部门驻粤机构和金融机构在广州国际金融城建设自用办公用房的若干规定》，对符合条件的金融机构入驻广州国际金融城，按照自用建筑面积每平方米给予 1000 元的奖励标准，对法人金融机构入驻广州国际金融城按其重要性和贡献度另行给予适当奖励。[4] 该政策到 2016 年末已失效。

2013 年 8 月 26 日，位于金融城起步区金融办公区内的第二批 4 宗土地成交，4 宗地块分别为 AT090933（旧 AT0909030）、AT090938（旧 AT0909033）、AT090940（旧 AT0909035）、AT090942（旧 AT0909037），南粤银行、万联证券、平安不动产、

---

[1] 广州市天河中央商务区管理委员会：《广州国际金融城起步区首批地块竞拍成功》，广州市天河区人民政府官网，2013 年 2 月 8 日，http://www.thnet.gov.cn/thdt/bmjd/content/post_3679514.html。

[2] 欧阳卫民主编：《岭南金融史》，中国金融出版社 2015 年版，第 849 页。

[3] 赵燕华：《广州金融城东区将打造 4 大功能组团 新建 2 条过江通道》，金羊网，2019 年 1 月 25 日，http://news.ycwb.com/2019-01/25/content_30184367.htm。

[4] 广州市人民政府：《广州市人民政府办公厅印发关于支持国家金融监管部门驻粤机构和金融机构在广州国际金融城建设自用办公用房若干规定的通知》，广州市人民政府官网，2013 年 12 月 3 日，http://www.gz.gov.cn/gfxwj/szfgfxwj/gzsrmzfbgt/content/post_5444962.html。

新华保险已入驻该地块。

2015年6月26日,广州国际金融城起步区第三批1个地块(AT090939)在广州公共资源交易中心挂牌出让,该地块用地面积8825.85平方米,计容总建筑面积11.73万平方米。最终,广东省产权交易集团有限公司和广东恒健投资控股有限公司联合体成功以16.43亿元的价格购得该宗地块,折合楼面地价1.4万元/平方米。①

2015年11月30日,广州国际金融城起步区第四批5宗地块(AT090955、AT090956、AT090958、AT090960、AT090962)总面积42590平方米,计容总建筑面积394423平方米被广州市城瑞房地产开发有限公司、广州市城祥房地产开发有限公司、广州市城裕房地产开发有限公司、广州市城隆房地产开发有限公司、广州银行股份有限公司、广州越秀金融城发展有限公司联合以70.9962亿元的价格购得,折合楼面地价1.8万元/平方米。②

2016年12月27日,中国共产党广州市第十一次代表大会提出"建设以国际金融城——黄埔临港经济区"为广州的"第二中央商务区",这是广州市级层面首次明确提出的第二中央商务区。③ 2017年1月5日,广州市人民政府工作报告提出,要建设以广州国际金融城——黄埔临港经济区为核心的第二中央商务区,接力珠江新

---

① 南方日报:《国际金融城今年首推地》,新浪新闻,2014年9月29日,https://news.sina.com.cn/c/2014-09-29/035930930241.shtml。

② 广州市天河区人民政府:《金融城起步区第四批五个地块成功出让》,广州市天河区人民政府官网——土地出让,2016年6月7日。

③ 广州市天河区人民政府:《广州首次明确第二CBD范围 总面积59平方公里》,广州市天河区人民政府官网,2017年10月11日,http://www.thnet.gov.cn/thdt/mtjj/content/post_3752746.html。

城，成为广州"下一个十年"的期待。这是"第二 CBD"首次被写进广州市的政府工作报告。①

2016 年末，广州国际金融城起步区 16 个已出让地块开工 7 个，其中 4 个项目已建至 25 层以上。此外，城际中心已建成办公塔楼主体结构 21 楼，广东南粤银行金融大厦、广州金融控股集团总部大楼、广州国际金融交易广场三个项目正按计划推进。②

2017 年 12 月 4 日，广州国际金融城起步区第五批 1 个地块（AT090961）成功出让，用地面积 8825.85 平方米，计容总面积 83093 平方米。广东南方财经全媒体集团股份有限公司和广东保利房地产开发有限公司组成的联合体，以 13.46 亿元底价成交，折合楼面地价为 1.62 万元/平方米。③

2018 年 2 月 28 日，广州国际金融城起步区 2 个地块（AT090957、AT090959）成功出让，最后竞得人分别为中国人寿保险股份有限公司广东省分公司和广发银行股份有限公司。这是继 2013 年 2 月 7 日长江企业集团旗下广州联鸿实业投资有限公司拍得的金融城首宗地块后，金融城出让的第 18、19 宗商业地块。④

---

① 广州市天河区人民政府：《"第二 CBD"建设今年启动　广州将现"超级中央商务区"》，广州市天河区人民政府官网——媒体聚焦，2017 年 4 月 10 日，http://www.thnet.gov.cn/thdt/mtjj/content/post_3751953.html。

② 广州市地方金融监督管理局：《2017 广州金融白皮书——金融发展形势与展望》，广州出版社 2017 年版，第 170 页。

③ 李雯洁：《广州国际金融城第 17 宗地块成功出让》，金羊网——广州，2017 年 12 月 4 日，浙江在线，http://zzhz.zjol.com.cn/xww/lskb/gs/201712/t20171205_5945550.shtml。

④ 广州市天河区人民政府：《中国人寿、广发银行将进驻广州国际金融城》，广州市天河区人民政府官网——媒体聚焦，2018 年 3 月 1 日，http://www.thnet.gov.cn/thdt/bmjd/content/post_3732804.html。

2018年5月25日,广州发展和改革委员会官网的《广州市发展改革委关于市第十五届人大三次会议第20182071号代表建议答复的函》指出,军地双方对搬迁岑村机场已达成共识,南部战区空军同意迁建岑村机场。① 这意味着广州国际金融城的限高问题将会进一步得到解决。

2020年7月29、30日,天河区人民政府发布"加快发展数字经济十条""2020年国民经济和社会发展草案报告",标志着金融城将加速建设以人工智能与数字经济结合的国际金融城片区集聚核,推动全区数字经济发展。②

2021年10月15日,广州国际金融城迎来320米地标主体封顶。随着"一行三局"携超60家世界500强进驻,金融城建设明显提速,吸引包括广发银行、南粤银行、新华人寿在内的多家高端金融与科技行业巨头进驻。金融城将成为未来广州金融业的核心引擎。③

(三) 建设成效

1. 金融聚集初显成效。截至2018年末,已入驻广州国际金融城的机构包括广发银行股份有限公司、广州银行股份有限公司、广东南粤银行股份有限公司、中国人寿保险股份有限公司、中国人民

---

① 唐珩:《广州市发改委:搬迁岑村机场 军地达成原则共识》,金羊网——广州,2018年5月29日,新华网,http://m.xinhuanet.com/gd/2018-05/29/c_1122901879.htm。

② 《广东:天河区发布"加快发展数字经济十条"》,大洋网,2020年8月2日,中华人民共和国国家互联网信息办公室,http://www.cac.gov.cn/2020-08/02/c_1597926571970415.htm。

③ 广州天河发布:《广州金融城新高度!320米CFC汇金中心正式封顶》,2021年10月15日,http://static.nfapp.southcn.com/content/202110/18/c5846576.html。

保险公司、中国太平保险集团有限责任公司、新华人寿保险股份有限公司、中国平安保险股份有限公司、广东南方财经全媒体集团股份有限公司、广州金融控股集团有限公司、广东省产权交易集团、万联证券有限责任公司等。此外，中国人民银行股份有限公司广州分行、中国银行保险监督管理委员会广东监管局、中国证券监督管理委员会广东监管局等金融监管机构均有意向入驻。

2. 征地拆迁工作扎实推进。截至2018年末，广州国际金融城规划建设地块共44宗，规划总建筑面积659.1万平方米，其中，规划村复建安置用地6宗，用地面积9.1万平方米，规划计容建筑面积59.7万平方米；大型配套设施用地2宗，用地面积2.7万平方米；规划可供出让的商业地块36宗，已成功出让28宗，用地面积29.8万平方米，规划计容建筑面积254.6万平方米。其中，平安金融大厦项目建筑主体已基本完成装修，进入竣工验收阶段；汇金中心、绿地中心、保利金融大都汇公寓、保利金融大都汇写字楼、城际中心等项目建筑主体已建至控高线；长江中心已完成地下空间土建工程，已建至首层楼板。[①]

3. 大力宣传积极招商。随着广州国际金融城建设步伐加快，广州市不断加大广州国际金融城推介力度。在2017年中国广州国际投资年会天河分会、中国（广州）国际金融交易·博览会、亚洲金融论坛、穗港金融合作推介会、2017年夏季达沃斯论坛、2017广州《财富》全球论坛等高端商务活动平台多次推介广州国际金融城。同时，围绕打造企业投资首选地的目标，赴美国、德国等国及北京、上海、香港等地区开展招商推介活动，大力推介广州市天河

---

① 广州市地方金融监督管理局：《2019广州金融白皮书——金融发展形势与展望》，广州出版社2019年版，第129页。

区营商环境及广州国际金融城,成功吸引多个投资意向项目。①

四 广州中小微企业金融服务区

(一)设立背景

在国家鼓励"大众创业、万众创新"、广东省全面深化金融体制改革的大背景下,2014年初,广州市提前布局,决定在增城区新塘镇规划建设广州中小微企业金融服务区。② 随后,经中共广州市委、市政府批准,广州市增城区人民政府同年印发《关于印发广州中小微企业金融服务区工作方案的通知》文件要求,在广州市增城区新塘镇规划建设广州中小微企业金融服务区,全力打造广州中小微企业金融服务中心。广州中小微企业金融服务区定位于打造功能完善、服务高效,且具备政府公信力的一站式中小微企业公共投融资服务平台,着力整合国内外优质的企业服务资源,以中小微企业金融服务为切入点,推动行业资源整合、产业升级、中小微企业金融服务创新。③

(二)发展历程

广州中小微企业金融服务区位于世界牛仔名镇新塘,毗邻增城、萝岗、东莞三个大经济技术开发区(见图8.5)。④ 广州中小

---

① 广州市金融工作局:《2018广州金融白皮书——金融发展形势与展望》,广州出版社2018年版,第149页。

② 广州市金融工作局:《广州中小微企业金融服务区》,广州市金融工作局官网——重大平台,2016年1月18日,http://jrjgj.gz.gov.cn/zdfzpt/gzzxwjrfwq/content/post_2790893.html。

③ 广州市金融工作局:《2018广州金融白皮书——金融发展形势与展望》,广州出版社2018年版,第169页。

④ 广州中小微企业金融服务区办公室:《园区概况》,前瞻产业园区库——广州中小微企业金融服务区,2016年1月10日,https://y.qianzhan.com/yuanqu/item/2f3cf733b972fbf3.html。

微企业金融服务区由广州产业投资基金管理有限公司和增城公有资产经营有限公司于2014年5月共同出资1.3亿元人民币组建成立。[1] 在2015年11月被广州市工业和信息化委员会评为"广州市生产性服务业功能区";2016年12月被广东省经济和信息化委员会评为"广东省生产性服务业功能区"试点单位。[2]

图8.5 广州中小微企业金融服务区

资料来源:广州市地方金融监督管理局:《广州中小微企业金融服务区》,广州市地方金融监督管理局官网——重大平台,2016年1月18日。

---

[1] 郑佳欣:《广州中小微企业金融服务区拟9月开园》,《南方日报》2014年6月24日第GC04版,新浪新闻中心,https://news.sina.com.cn/c/2014-06-24/085030412742.shtml。

[2] 广州市金融工作局:《2017广州金融白皮书——金融发展形势与展望》,广州出版社2017年版,第187页。

2014年4月，中共广州市委、广州市人民政府批准设立广州中小微企业金融服务区，该项目是2014年广州市人民政府重点投资项目，也是2014年和2015年广州市增城区政府重点投资项目。广州中小微企业金融服务区旨在解决中小微企业的融资难、融资贵问题，为其提供一站式的金融综合服务。① 同年5月，广州中小微企业金融服务区管理有限公司工商登记成立，由广州产融投资基金管理有限公司（广州基金子公司）投资1亿元，广州南粤基金管理有限公司投资0.3亿元，主要负责广州中小微企业金融服务区的运营和招商引资工作。②

2014年6月20日，第三届中国（广州）国际金融交易·博览会在广州启动，选址广州市增城区新塘镇的广州中小微企业金融服务区获省市领导授牌。③ 6月21日，广州中小微企业金融服务区新闻发布会在广州市琶洲国际会展中心举行，会上提出广州中小微企业金融服务区由两大集群构成：一是金融类金融集群。主要聚集银行、证券、保险、资产管理、信托等机构，旨在为中小微企业打造一条"品种齐全、专业高效"的金融街；二是经营顾问集群。主要引进企业管理咨询、品牌策划推广、法律财务顾问等机构，旨在为中小微企业经营提供"模式先进、渠道齐全、

---

① 广州市金融工作局：《广州中小微企业金融服务区》，广州市地方金融监督管理局官网——重大平台，2016年1月18日，http://jr-jgj.gz.gov.cn/zdfzpt/gzzxwjrfwq/content/post_2790893.html。

② 广州中小微企业金融服务区办公室：《园区概况》，前瞻产业园区库——广州中小微企业金融服务区，2016年1月10日，https://y.qianzhan.com/yuanqu/item/2f3cf733b972fbf3.html。

③ 郑佳欣：《广州中小微企业金融服务区拟9月开园》，《南方日报》2014年6月24日第GC04版，新浪新闻中心，https://news.sina.com.cn/c/2014-06-24/085030412742.shtml。

经验丰富、市场广阔"的商业运作辅导。

2014年12月23日,广州中小微企业金融服务区迎来首家银行入驻——平安银行股份有限公司广州增城新塘支行正式开业,其未来发展定位是打造小微业务特色支行,将以"贷贷平安""商超发票贷""移动收款"等重点产品,深度开发增城地区的汽车、摩托车以及零配件制造业、纺织业等支柱产业小微客户,同时业务将覆盖附近地区的医药、物流、电子商务、高端电子及日用消费等领域。①

2015年8月1日,广州中小微企业金融服务区正式开园。同日,第16次珠江金融论坛暨中小微企业金融论坛在广州中小微企业金融服务区举行。论坛以"中小微企业金融"为主题,探讨国内金融大局下中小微企业金融的创新发展。截至开园当日,园区进驻企业已达305家,已营业210家,其中金融机构34家,金融配套服务机构18家。金融机构累计服务企业3639家次,其中银行和小额贷款公司累计发放贷款47.9亿元;园区律师事务所、会计师事务所等经营顾问机构累计服务企业3070家次,为企业挽回超过600万元的损失。②

2016年末,广州中小微企业金融服务区共入驻企业333家,其中金融机构43家,包括银行、证券、保险、小额贷、基金、股权交易等金融企业;金融配套服务机构32家,包括企业管理咨询、知识产权、财税、法律等智力服务公司;服装布行、汽车销售等各类生产企业约250家。2016年入驻金融贷款机构(7家银行、3家小额

---

① 平安银行:《首家银行落户广州中小微金融服务区 平安银行广州新塘支行开业》,平安银行官网——银行新闻,2014年12月25日,http://bank.pingan.com/jincheng/zixun/1419470869606.shtml。
② 张文雄、姚玉函、凌云:《广州中小微企业金融服务区开园》,《增城日报》2015年8月3日。

贷）共发放贷款达 35 亿元，服务中小微企业 3800 多家；智力服务机构（6 家财税公司、1 家知识产权、1 家律师所），累计为 2100 多家企业提供审计、验资、评估、税务等服务。①

2017 年 6 月 13 日，广州市 2017 融资对接会第二期暨增城产融对接会在广州中小微企业金融服务区举行，共有广州市增城区内 54 家金融机构，150 多家企业代表参加此次会议。此次对接会现场组织了中滔环保集团有限公司等 25 家企业与中国工商银行股份有限公司增城支行等 9 家金融机构进行集中签约，融资金额达 80 亿元。②

2018 年 10 月 29 日，广州市增城区 2018 年产融对接会活动在广州中小微企业金融服务区南粤基金路演中心举行，来自增城普惠金融促进会、增城博纳电子行业协会等十多家单位参加。此次产融对接会为往年对接会的升级版，将个体企业逐一对接，升级为以某行业协会或平台的规模化对接，能够及时向企业和金融机构传递产业、财政、金融等信息，引导融资项目与金融机构对接。③

2019 年 6 月 28 日，《广州金融白皮书 2019》中指出，广州中小微企业金融服务区进驻各类融资服务机构 339 家，以粤港澳大湾区金

---

① 广州市金融工作局：《2017 广州金融白皮书——金融发展形势与展望》，广州出版社 2017 年版，第 187—188 页。
② 广州市金融工作局：《聚焦实体经济 扶持中小微企业发展——广州市 2017 融资对接会第二期暨增城产融对接会召开》，广州市金融工作局官网——工作动态，2017 年 6 月 14 日，http：//jrjgj.gz.gov.cn/gzdt/content/post_2790425.html。
③ 广州市增城区人民政府：《我区举办 2018 年产融对接会》，广州市人民政府官网——增城区，2018 年 11 月 2 日，http：//www.zc.gov.cn/zfxxgkml/gzszc-qrmzf/zwdt/content/post_4089821.html。

融枢纽建设统领金融开放与创新。①

2020年9月8日,广州南粤国投融资担保有限公司在广州中小微企业金融服务区正式挂牌开业。该公司是广州第三家,也是注册资本最多的区级政策性融资担保公司。②

(三) 建设成效

1. 金融要素齐全。截至2018年末,广州中小微企业金融服务区共入驻企业339家,其中金融及类金融机构35家,包括银行、证券、保险、小额贷、基金、股权交易、互联网金融公司、投资公司等金融企业,金融从业人员约180人。其中,广州中小微企业金融服务区内6家银行机构累计贷款225亿元,服务中小微企业923家;3家持牌小额贷款公司贷款1.35亿元;3家保险机构承保金额达1.73亿元;服装布行、汽车销售等各类生产企业约250家,实现为中小企业提供资金融通、资产管理、融资中介、智力服务等综合性服务功能。③

2. 中小微企业金融服务能力与水平提升。成立三年以来,由广州中小微企业金融服务区组织或承协办的产融对接活动共13场,服务企业1100多家次,内容覆盖科技企业贷款、投贷联动、上市融资、三四板挂牌、知识产权质押融资、银税服务等普惠金融服务,为当地企业搭建金融服务平台。同时,与广州银行股份有限公司、广州农村商业银行股份有限公司、平安银行股份有限公司、长沙银

---

① 《广州金融白皮书2019》搜狐网,2019年6月28日,https://www.sohu.com/a/323502435_124706。
② 《广州再添政策性融资担保机构,破解小微企融资难等问题》,《南方都市报》2020年9月8日。
③ 广州市地方金融监督管理局:《2019广州金融白皮书——金融发展形势与展望》,广州出版社2019年版,第150页。

行股份有限公司等20余家银行投行部门、公司银行部门进行工作对接，收集此类金融机构贷款准入、投资偏好及风险控制等金融信息，建立金融资源信息库，为中小微企业客户提供金融服务。①

3. 开展系列政策面对面服务活动。推广"企业大讲堂"品牌活动，邀请有关专家，为中小微企业进行政策解读、经济形势分析、投融资实务、企业管理等方面讲解和培训，提高企业管理水平。"企业大讲堂"活动作为园区一项持续、稳定的服务内容，每月开展1－2场企业政策面对面活动，帮助企业更好地利用政府扶持政策做大做强。"企业大讲堂"活动推出三年以来，累计组织举办活动31场，服务企业2030多家次。②

第三节　金融街建设发展

广东金融街一共有五条，分别是广州民间金融街、佛山民间金融街、东莞民间金融街、中山众创金融街和顺德众创金融街。2012年6月，广州民间金融街正式挂牌，成为国内首条民间金融街。随后，佛山、东莞相续建立起民间金融街。2015年7月15日，根据《关于印发升级建设创新创业金融街的试点方案通知》文件要求，广州民间金融街、佛山民间金融街、东莞民间金融街升级为众创金融街，并在中山、顺德分别设立中山众创金融街、顺德众创金融街，开展创新创业综合金融服务试点。

---

①　广州市金融工作局：《2018广州金融白皮书——金融发展形势与展望》，广州出版社2018年版，第170页。
②　增城区发展改革和金融工作局：《广州中小微企业金融服务区相关情况汇报材料》，2018年4月13日。

一 广州民间金融街

(一)设立背景

2012年初,为了实现广东省"金融强省"和广州市"金融强市"的战略目标,提升广州区域性金融中心地位,重振广州长堤百年金融的历史繁华,在广东省、广州市领导高度重视和多次批示下,决定在广州市越秀区长堤大马路建设集资金借贷、财富管理、支付结算、信息发布为一体,为中小微企业和居民个人提供全方位、多样化金融服务的民间金融集聚区,"广州民间金融街"由此应运而生。[①]

(二)发展历程

广州民间金融街位于广州市越秀区长堤大马路,西至人民南路,东至海珠广场,毗邻珠江北岸全长800余米,具体规划范围59公顷(见图8.6)。[②] 街区风光秀美、骑楼林立,是历史悠久的岭南文化集散地、"十里洋场"商业文化发源地和广州金融发源地,人文底蕴深厚、岭南特征明显,素有"中国金融第一街"之美称。[③]

2012年4月6日,广州市人民政府常务会议原则上通过了《广州金融街建设工作实施方案》,综合考虑区域定位、人文底蕴、产业协同、街区风格以及现有工作基础等因素,广州市人民政府决定

[①] 广州民间金融街管理有限公司:《广州民间金融街建设的历史背景》,广州民间金融街管理有限公司官网——发展规划,2013年3月12日。
[②] 广州民间金融街管理有限公司:《主要规划》,广州民间金融街管理有限公司官网——发展规划,2014年5月13日。
[③] 广州民间金融街管理有限公司:《广州民间金融街简介》,广州民间金融街管理有限公司官网——发展规划,2013年3月12日。

图 8.6　广州民间金融街

资料来源：广州市地方金融监督管理局：《广州民间金融街》，广州市地方金融监督管理局官网——重大平台，2014年7月18日。

在越秀区长堤大马路建设广州金融街。① 根据《广州金融街建设工作实施方案》，广州市将联同越秀区在长堤大马路建设一条具有岭南风格、以民间机构进驻为主的"民间金融街"，吸引小额贷款公司、担保公司、典当公司等民间金融机构进驻，为中小企业加快发展拓宽融资渠道。②

2012年6月，经过半年的紧张筹建，广州民间金融街完成了长堤大马路全长800余米、共42栋2.8万平方米的楼宇立面整饰以及

---

① 常仙鹤：《广州5月将建成首条民间金融街》，中国证券报，2012年4月7日，http://www.cs.com.cn/xwzx/jr/201204/t20120407_3307212.html。

② 第一财经日报：《广州民间金融街 探路利率"广州价格"》，第一财经，2012年5月24日，https://m.yicai.com/news/1751305.html。

园林绿化、交通整治、人行道改造、管道铺设、光亮工程等各项建设任务，协商腾铺17间（栋）、总面积1.2万平方米，已入驻金融企业36家，开展放贷业务达644笔，累计为中小微企业和居民个人提供融资20.92亿元。①

2012年6月28日，广州民间金融街首期开业，标志着全国首个民间金融街在广州建成，时任中共广东省委书记汪洋为民间金融街授牌。② 在开业仪式上，作为广州民间金融街重要的配套服务设施，广州民间融资服务中心、广州民间金融街管理公司、广州民间金融商会和广州民间研究院宣布挂牌成立。首期引入各类机构35家，其中小额贷款公司11家，注册资本合计22.5亿元。③

2012年末，广州民间金融街内已入驻各类金融机构及配套服务机构40家，包括11家小额贷款公司、6家银行分支机构、4家典当行、4家融资担保公司、2家投资类公司、2家证券公司、2家期货公司、2家第三方支付公司、1家保险公司、1家黄金投资公司、1家贵金属交易公司、1家珠宝店、1家收藏品店、1家律师事务所、1家会计师事务所。其中，小额贷款公司累计放款1078笔、放贷总额39.64亿元，贷款余额21.72亿元，实现利息收入1.84亿元，净利润近4874万元。④

2013年6月23日，广州民间金融街在首期35家机构基础上，

---

① 广州民间金融街管理有限公司：《广州民间金融街简介》，广州民间金融街管理有限公司官网——发展规划，2013年3月12日。

② 欧阳卫民主编：《岭南金融史》，中国金融出版社2015年版，第849页。

③ 陈琳：《广州民间金融街如何发展？》，金羊网——新快报，2014年12月11日。

④ 广州市人民政府金融工作办公室：《2013广州金融白皮书——金融发展形势与展望》，广州出版社2013年版，第170—171页。

广州民间金融街二期进一步丰富了民间金融指数,建立了广州民间金融指数发布平台。同时,建设了广州民间金融综合服务中心、越秀区人民法院金融审判庭、广州民间金融大厦和民间金融博物馆等项目,以及引入67家机构,已入驻企业包括小额贷款、小额再贷款、典当、担保、期货、证券、财富管理、黄金珠宝交易等民间金融机构,共计102家。其中,小额贷款公司30家,占全市的65.2%。驻街民间融资机构累计向全市2500余家企业和个人提供融资服务超100亿元。[①]

2013年10月21日,全国首家小额再贷款公司——广州立根小额再贷款股份有限公司正式在广州民间金融街开业。[②] 2018年末,广州立根小额再贷款股份有限公司已累计计提发放贷款582笔,累计发放贷款156.61亿元,累计缴纳税费2.44亿元,有效缓解小贷公司融资难的问题。

2014年6月,广州民间金融街内设立了全国首家专注于民间金融服务的市场化征信公司,主要提供信贷评级、信用评级、商业调查、征信查询等征信服务,弥补了人民银行征信体系的不足。2014年7月,由电商龙头企业唯品会(中国)在全省率先设立互联网特色小贷公司。[③] 截至2018年末,金融街共有互联网特色小贷公司41家,占广州市互联网小额贷款公司的100%。

[①] 邢金根:《广州民间金融街二期开业 进驻金融机构已逾百家》,新浪新闻中心,2013年6月23日,https://news.sina.com.cn/o/2013-06-24/104327482349.shtml。

[②] 秦丽萍:《全国首家小额再贷款公司开业 放贷备受业内关注》,《第一财经日报》,2013年11月1日,https://business.sohu.com/20131101/n389360006.shtml。

[③] 广州市越秀区人民政府:《广州民间金融街召开三期建设工作总结会》,广州市人民政府官网——越秀区,2015年1月30日。

2014年末,广州民间金融街顺利完成了金融街三期综合整饰、清租腾铺、招商引资等各项工作,街内入驻的民间金融机构及相关配套机构达152家,其中小额贷款公司43家,互联网金融机构11家,为全市超15000家小微企业和个人提供融资超1000亿元,缴纳税收超4亿元。[1]

2015年1月29日,广州民间金融街(三期)建设工作总结会在广州民间金融街果菜西金融社区召开,时任中共广州市委常委、常务副市长陈如桂等领导出席本次会议。在民间金融街三期建设中,顺利建成了广州市首个互联网金融产业基地,并在广州市率先出台互联网金融专项扶持政策;成立了全国首家小额再贷款公司、全国首家专注于民间金融的市场化征信公司、全省首家互联网特色小额贷款公司等。[2]

2015年3月30日,广州市越秀区获国家质量监督检验检疫总局批准筹建"全国民间金融产业知名品牌创建示范区"。[3] 示范区获批之后,进驻企业由建设之初30家发展到当前的219家,园区GDP、金融业增加值、税收、融资额均逐年提升。随后,2017年广州民间金融街以208亿元价值获评全国服务业区域品牌前五强。[4]

2015年7月15日,根据《关于印发升级建设创新创业金融街的试点方案通知》文件要求,广州民间金融街开展升级建设创新创

---

[1] 广州市金融工作局:《2015广州金融白皮书——金融发展形势与展望》,广州出版社2015年版,第143页。

[2] 广州市越秀区人民政府:《广州民间金融街召开三期建设工作总结会》,广州市人民政府官网——越秀区,2015年1月30日。

[3] 广州市金融工作局:《2016广州金融发展形势与展望》,广州出版社2017年版,第170页。

[4] 广州市越秀区人民政府:《2018年越秀区人民政府工作报告》,广州市越秀区人民政府官网——政府工作报告,2018年2月28日。

业金融街的试点工作，不断扩大园区载体容量，促进园区产业转型升级。11月4日，广州民间金融街"金融街在线"上线运营暨互联网金融孵化中心揭牌活动在果菜西金融社区互联网金融孵化中心举行。本次活动的开展，标志着广州民间金融街全面升级，建设创新创业金融街，打造线上金融街，以在金融街集聚的民间金融机构和创业服务机构为基础，在线上搭建"线上金融街"综合服务平台，通过"线上+线下""实体+虚拟"的方式，把政府服务以及金融服务、科技服务、创业服务及其他中介服务通过互联网技术直达创业者、创业企业。① 但广州创新创业金融街政策到2017年已终止。②

2017年6月25日，在第六届中国（广州）国际金融交易·博览会上，广州民间金融街获得广东省民间金融创新发展示范区授牌。获批后，广州民间金融街作为示范区的载体，将围绕"普助小微，惠及民生"的主旨，以普惠金融为方向建设全面覆盖、重点渗透、创新性强、满意度高的民间金融创新发展示范区。③

2017年末，广州民间金融街入驻机构达到562家，其中主导产业277家，2017年内新引入37家，新增注册资本100.98亿元，累计注册资本376.66亿元。各类入驻机构累计为中小微企业和个人客户提供融资1881.79亿元，成功集聚了8家世界500强、21家中

---

① 广州市人民政府：《广州民间金融街全面升级 打造线上金融街》，广州市人民政府官网——越秀区，2015年11月6日。
② 广州民间金融街管委会：《关于商请提供金融功能区相关资料的复函》，2018年。
③ 广州市金融工作局：《2018广州金融发展形势与展望》，广州出版社2018年版，第145页。

国 500 强、60 余家境内外上市企业。①

2020 年 11 月 26 日，广州市地方金融监督管理局会同越秀区政府、越秀区金融工作局举行广州民间金融街"五链协同"创新中心暨广州小贷行业党建工作站揭牌仪式。此次活动是完善"党建 + 制度 + 科技 + 协同"监管模式，推动广州民间金融街新一轮改革创新的重要举措。②

（三）建设成效

1. 全球企业巨头抢滩入驻。经 6 年多砥砺发展，广州民间金融街已建成全国民间金融产业发展示范区、全国金融科技先行试验区、国家级现代服务业集聚区、广东省民间金融创新发展示范区，截至 2018 年末，广州民间金融街入驻金融机构达到 297 家，包括小额贷款公司 85 家，基金公司 15 家，商业保理 30 家，以及 11 家世界 500 强、24 家中国 500 强企业、60 余家国内外知名上市公司、行业龙头纷纷投资入驻，吸纳资本近 500 亿元。2017 年，正式获批"全国民间金融产业知名品牌创建示范区"，是全国首个且唯一的金融类示范区，并经中国质量认证中心（COC）权威评估民间金融街品牌价值为 208.35 亿元，高居全国服务业区域品牌（165 个）第 5 名，为我国民间金融发展建标立杆、提供范式。

2. 扶持实体创新有力。在金融科技和信息化的背景下，广州民间金融街引导入驻的小额贷款公司、融资租赁、商业保理等地方金

---

① 广州市金融工作局：《2018 广州金融发展形势与展望》，广州出版社 2018 年版，第 143—144 页。

② 广州市地方金融监督管理局：《广州民间金融街"五链协同"创新中心、广州小贷行业党建工作站挂牌成立》，广州市人民政府官网——部门动态，2020 年 11 月 27 日，http://www.yuexiu.gov.cn/yxdt/bmxx/content/post_6950774.html。

融机构积极转变服务手段，依托互联网场景，借助人工智能、大数据风控等金融科技，创新建立起有别于传统金融服务方式的"数据化、智能化、网络化"服务新模式，降低融资成本和风险，大力扶持实体产业。2018年末，金融街内的金融机构已累计为逾50万户中小微企业、中低收入者和"三农"提供200多种特色化的数字普惠金融产品和超过100亿元融资，大力提高普惠金融的覆盖面，打通小微企业融资难的最后一千米。

3. 风险防控立标准。广州民间金融街建设6年多以来，金融风险事故"零发生"。夯实基础落实责任，组建全省首支小额贷款公司主监管员队伍；不断创新监管机制，制定全国首个区（县）级民间金融风险应急预案及互联网小贷监管办法、全省首个非法集资案件举报奖励办法、主监管员制度等近10项监管办法；实现实时动态监管，研发小贷非现场监管系统、小贷业务管理系统、接入"广东省地方金融风险防控系统"，全面推进民间金融监管体系的实时化、信息化；搭建民间金融标准体系，在全国范围内率先开展民间金融标准化工作，制定1项国家标准、2项省地方标准，填补了民间金融标准化空白，其中制定《小额贷款公司监管手册》，实现民间金融监管的规范化、标准化。

4. 旧城改造新样板。广州民间金融街以产业布局为先导，确定"集聚、服务、定价"的功能定位，创新传统发展模式，将旧城改造与产业升级相结合，修旧如旧、传承历史、活化利用。截至2018年末，政府部门累计投资5亿多元对广州民间金融街园区近15万平方米物业进行整饰和改造，涉及楼宇50多栋，置换商铺和仓库约120户，增设专用停车位近200个，整饰、塑造街区的金融雕塑26个、文宣展示18处。完善园区电力、消防等基础设施。探索旧城改造新模式，修旧如旧，推动文商旅融合发展。以果菜西社区为例，改造前以专业市场仓库为主，交通环境恶劣，通过引入社区银行、O2O体验店以及小额贷款公司、融资担保公司、融资租赁公司、商业保理公司等地方金融机构，在保留城市印记、历史文脉的基础上，通过"主题注入、生态再造"，华丽转身为综合型金融社区，建成广州市首个金融科技中心，成为三旧改造的成功典范。

二 佛山民间金融街

（一）设立背景

佛山民间金融街于2013年经省金融办批复同意建设，以进一步发挥民间金融资源的巨大作用，服务中小企业、居民个人融资为导向，整合社会资源，创新民间融资产品和服务模式，促进民间金融的规范化发展。[1]

（二）发展历程

佛山民间金融街是广东省第二条民间金融街，创建于2013年，在2015年升级为佛山众创金融街，并在2018年升级为"区块链+"金融科技产业集聚地。[2] 佛山民间金融街位于广东金融高新技术服务区C区内，东至佛山市华翠路，西到宝翠路，北至三圣

---

[1] 佛山市南海区人民政府：《佛山市南海区人民政府办公室关于印发佛山市南海区佛山民间金融街的扶持措施的通知》，佛山市南海区人民政府官网——政府文件，2013年8月12日，http://www.nanhai.gov.cn/fsnhq/zwgk/fggw/zfgb/content/post_2220607.html。

[2] 佛山市南海区人民政府：《民间金融街如何赋能佛山制造？》，佛山市南海区人民政府官网——部门动态，2019年7月4日，http://www.nanhai.gov.cn/fsnhq/zwgk/zwdt/bmdt/content/post_1657704.html。

河，南到南平西路（见图8.7）。① 总体分两期建设，其中，规划一期位于夏西国际商务区，占地面积约98.6亩，已建有办公物业12万平方米；规划二期位于夏西国际商务区东面地块，占地面积约59.1亩，拟新建办公物业12万平方米。②

图8.7 佛山民间金融街

资料来源：《珠江时报》记者方智恒摄，2016年6月15日。

2013年7月11日，佛山民间金融街在佛山原夏西橡塑城举行挂牌仪式，首批37家机构已签约进驻，其中14家新设立的小额贷

---

① 佛山市南海区人民政府：《佛山市南海区人民政府办公室关于印发佛山市南海区佛山民间金融街的扶持措施的通知》，佛山市南海区人民政府官网——政府文件，2013年8月12日，http：//www.nanhai.gov.cn/fsnhq/zwgk/fggw/zfgb/content/post_2220607.html。

② 郑诚：《佛山民间华尔街 股权融资树大旗》，《羊城晚报》2013年7月12日。

款公司,全部由佛山本地民营资本注册成立。隔日,第十三届中国股权投资中期论坛暨2013年金融·科技·产业融合创新中期洽谈会在佛山保利洲际酒店开幕,[①] 该洽谈会为金融街内的品牌活动,每年都按期举办,品牌影响力逐步增强。

2014年10月31日,佛山市南海区人民政府印发《佛山市南海区佛山民间金融街的扶持措施(修订)》,对新设立或新迁入民间金融街的金融和服务机构在2013年9月至2014年8月期间,给予全额租金补贴;2014年9月至2015年8月期间,根据租赁合同上的租赁面积按20元/平方米/月的标准给予租金补贴。[②]

2015年7月15日,根据《关于印发升级建设创新创业金融街的试点方案通知》文件要求,佛山民间金融街升级为众创金融街正式启动,通过整合佛山民间金融街一期、亿能创业大厦、39度空间、承业大厦、益禾公寓等创新创业资源载体,以互联网金融和移动互联应用为主题,打造约1.76平方千米范围的千灯湖创新创业社区,加快推动创新创业资源集聚融合。同时,设立100亿元规模的"互联网+"产业引导基金,用于支持佛山"互联网+"战略落地,支持互联网金融产业园基础设施建设,并为"互联网+"企业融资提供风险补偿或贴现扶持。同年年末,进驻金融街项目数共逾60个,其中17家小额贷款公司汇聚民间资本达40多亿元,成为佛

[①] 马伟:《南海将崛起"东方华尔街"民间金融街昨日挂牌》,《珠江时报》2013年7月12日。

[②] 佛山市南海区人民政府:《佛山市南海区人民政府办公室关于印发佛山市南海区佛山民间金融街的扶持措施(修订)的通知》,佛山市南海区人民政府官网——政务公开,2014年10月31日,http://www.nanhai.gov.cn/fsnhq/zwgk/fggw/zfwj/content/post_1136072.html。

山金融、科技、产业融合发展的重要平台。①

2016年5月7日,广东天使会南海孵化加速器在佛山民间金融街正式启动,作为千灯湖创新创业社区的重要组成部分,广东天使会南海孵化加速器主要为初创企业提供萌芽期和成长期的咨询及场地支持等服务,并通过沙龙、培训、大赛、论坛等活动促进创业者之间的交流和资源共享,为本土企业转型和创新项目提供更多智力支持。②

2016年末,佛山众创金融街已涵盖孵化器、加速器、天使投资、创业公寓、创业学院、一站式创业行政服务、路演中心等多种创业服务业态,构建起多层次、多元化投融资体系。其中,清华大学五道口金融学院紫荆教育广东中心已装修完毕,取得营业执照并准备进驻佛山民间金融街;中国银行股份有限公司亿能国际广场支行成为佛山市首批科技支行;佛山英诺创新空间自成立两年来已入孵51个项目,注册成立42家公司,总注册金额约2500万元,成功出孵19个项目,荣获"国家级众创空间"称号。③

2018年5月18日,佛山南海区人民政府举行广东金融高新区"区块链+"金融科技产业启动会,并发布出台《佛山市南海区关于支持"区块链+"金融科技产业集聚发展的扶持措施》,计划投入不少于3000万元对佛山民间金融街及其周边环境进行升级改造,

---

① 黄露:《广东"互联网+"众创金融示范区建设今启动》,南方网——财经·财经即时新闻,2015年11月12日,http://m.cnr.cn/finance/20151112/t20151112_520481835.html。

② 张素圈:《广东天使会创业孵化器入驻佛山民间金融街》,新浪网,2016年5月9日,http://news.sina.com.cn/c/2016-05-09/doc-ifxryahs0527269.shtml。

③ 佛山市南海区金融业发展办公室:《佛山众创金融街建设发展及创新创业情况材料》,2018年。

将其打造成为"区块链+"金融科技产业集聚基地,与千灯湖创投小镇启动区的创投机构形成生态圈。同日,首批8个"区块链+"项目也正式签约进驻佛山民间金融街内的"区块链+"金融科技产业孵化中心。①

2019年7月,佛山民间金融街迎来第三次升级,将打造"区块链+"金融科技产业集聚地。截至2019年6月底,金融科技产业孵化中心已吸引43家企业入驻。六年内三次迭代的金融创新,佛山民间金融街助力佛山实体经济发展,赋能佛山制造。②

(三)建设成效

1. 金融集聚效应增强。佛山民间金融街成立逾5年来,不断加快建设改造和项目招商力度,积极引导设立融资担保、小额贷款等民间金融机构,以及各类金融机构中小微企业专营部门。截至2018年末,佛山民间金融街已进驻机构超120家,汇集银行、保险、证券、股权交易中心、互联网金融、孵化器、小额贷款、金融中介、行业协会等业态,其中小额贷款公司17家,注册资本合计24.05亿元,累计贷款金额超160亿元。③

2. 打造全新的创新创业物理空间。经过5年来的建设发展,佛山民间金融街已经形成以亿能创业大厦、39度空间、承业大厦为主的创新创业物理空间。(1)亿能创业大厦。位于广东金融高新区C

---

① 林海咏:《广东金融高新区建"区块链+"金融科技产业高地,推出十项扶持措施》,新浪网,2018年5月18日,http://gd.sina.com.cn/fs/2018-05-18/city-fs-ihaturfs1719829.shtml。

② 蓝志凌:《民间金融街三次升级 如何赋能佛山制造?》,南方网,2019年7月4日,https://economy.southcn.com/node_07c7517b53/baa0c75aca.shtml。

③ 蓝志凌:《民间金融街如何赋能佛山制造?》,《南方日报》2019年7月4日第FC01版。

区，占地16.6亩，建筑面积60803平方米。（2）39度空间。原为佛山南海区高级技工学校，土地占地面积6.2万平方米，总建筑面积约为3.2万平方米，作为千灯湖创投小镇启动区重点改造。（3）承业大厦。位于广东金融高新区C区，占地12.3亩，建筑面积45015平方米，2018年末已有50家金融机构进驻。①

3. 构建"双创"金融特色发展模式。（1）广东金融高新区股交中心针对"双创"金融服务需求，推出科技板、华侨板、知识产权交易平台，在广东地区首创小额贷款公司私募债，搭建第一家政府背景的互联网金融众筹投融资平台。（2）佛山民间金融街引进2家科技支行，为科技型企业提供多层次金融市场的融资支持，助推企业在创业期和成长期的发展。（3）佛山市南海区设立10亿元的创新创业投资引导基金，并已正式配套印发《南海区创新创业投资引导基金管理办法》，通过财政出资，参股创投机构的形式，发挥财政资金的杠杆放大效应。②

4. 推动"双创"作用凸显。（1）到2018年末，佛山英诺创新空间已累计孵化85个创业团队，汇聚制造业升级、智能设备、"互联网+"、文化创意、消费升级、互联网医疗等领域的创业项目。（2）广东好天使创业孵化加速器已引进缤果盒子、阿卡科技、博兰迪科技、维特拉冲浪设备、蓝江策划等一批创业团队，并与有米科技股份有限公司合作募集发起"有米好天使基金"，基金落户佛山南海，规模5000万元，专注于互联网文创项目的投资。（3）建设

---

① 佛山市南海区金融业发展办公室：《佛山众创金融街建设发展及创新创业情况材料》，2018年。
② 佛山市南海区金融业发展办公室：《佛山众创金融街建设发展及创新创业情况材料》，2018年。

互联网征信研究院、互联网金融实验室、网络安全支付研究院等高端互联网金融研究机构，集聚互联网金融高层次人才，提升互联网金融研究和创新水平。建设创新创业服务中心、科技金融综合服务中心等机构，促进众创空间资源共享，营造良好的创新创业氛围。[1]

三 东莞众创金融街

（一）设立背景

为了打造集聚从事民间金融相关业务的机构组织、配套中介聚集区，建设集资金借贷、资产管理、支付结算、信息发布为一体的综合服务体，也为广东促进民间金融规范化发展探索新路径，推动东莞产业结构调整、转型升级，为企业和个人提供资金融通、资产管理、融资配套等专业服务，广东省在东莞市开展民间金融街试点。[2] 2013年，在佛山民间金融街创建不久后，东莞民间金融街正式挂牌成立，成为广东省第三条民间金融街，并于2015年升级并改名为东莞众创金融街。

（二）发展历程

东莞众创金融街位于东莞市南城街道三元里社区莞太路111号，位于中央核心商务区，紧邻莞太路、东莞大道，西接广深高速、东接莞深高速、毗邻环城快速干道（见图8.8）。[3] 东莞众创金融街总

---

[1] 佛山市南海区金融业发展办公室：《佛山众创金融街建设发展及创新创业情况材料》，2018年。

[2] 蔡惠君：《东莞民间金融街首家小贷公司拿证》，《东莞日报》2014年3月3日。

[3] 东莞众创金融街：《东莞众创金融街详情！》，东莞众创金融街官微，2020年3月3日。

建设面积 8.1 万平方米，由三栋金融大厦及一条金融街组成，以金融户业为核心，引导人才、资金、技术、市场、信息等要素为一体，推动金融、科技、产业融合发展。①

图 8.8　东莞众创金融街

资料来源：东莞市金融工作局《创新创业金融街建筑物照片》，2017 年 8 月 31 日。

2013 年 10 月 30 日，东莞市人民政府举行《共同推动开放型经济发展合作框架协议》签署暨东莞民间金融街启用仪式。时任省政府副秘书长李捍东、中国人民银行广州分行行长王景武、中共东莞市委书记徐建华等领导出席本次仪式。《共同推动开放型经济发展合作框架协议》的签署以及东莞民间金融街的启用，进一步创新和强化东莞对开放型经济的金融服务，进一步激活民间资本、服务实

---

① 《开业首日 6 家企业注册》，《南方日报》2016 年 4 月 27 日第 DV03 版。

体经济、助推转型升级,为东莞打造开放型经济"升级版"提供强有力的金融支撑。①

2013年10月至2015年7月期间,东莞民间金融街入驻企业30家(租赁面积26206平方米,占可租赁面积43%),其中已开业的23家,装修完毕待开业的5家,正在装修的1家,待装修的1家。金融街各项工作推进缓慢,存在功能定位不清晰、形象档次不高、缺乏专业运营主体、进驻机构结构布局不合理、公共设施配套不完善、金融街建设缺乏创新和亮点等问题。在此期间,广东省、东莞市相关领导提出以"政企分开、市场化运营"的原则来更换运营主体,随后东莞人民政府主动提出将东莞民间金融街交付东莞天安数码城规划运营。②

2015年7月15日,根据《关于印发升级建设创新创业金融街的试点方案通知》文件要求,东莞民间金融街升级为众创金融街正式启动,东莞民间金融街更名为"东莞众创金融街"。8月1日,东莞天安数码城民间金融街发展有限公司正式接管运营东莞众创金融街,通过搭平台、建载体、做服务、促融合等方式,努力营造良好的创新创业生态环境,③ 并开始对金融街2号楼外立面等物理空间的改造工作。④

2015年末,东莞众创金融街总出租建筑面积达2.6万平方米

---

① 王海荣:《东莞民间金融街正式启用》,人民网,2013年10月31日,http://politics.people.com.cn/n/2013/1031/c70731-23383518.html。
② 东莞天安数码城民间金融街发展有限公司:《东莞众创金融街相关资料》,2018年。
③ 《创新+政府创新型思路的价值重构》,《南方日报》2016年7月22日第DC01版。
④ 东莞天安数码城民间金融街发展有限公司:《东莞众创金融街相关资料》,2018年。

（占可租面积的63.5%），共计签约金融机构企业30家，常驻金融从业人员1732人，企业总注册资金约16.7亿元。在载体建设方面，在完成金融街2号楼外立面装修的基础上，规划设计2号楼公装和3号楼办公室的装修、幕墙、钢结构、空调、水电等载体建设，其中2号楼标准层和3号楼运营办公室装修工程于2015年12月5日进场施工。①

2016年6月17日，东莞市征信服务中心落户东莞众创金融街并举行签约仪式。东莞市征信服务中心面向全市，为企业和个人征信服务打开了一条便捷、高效的通道，提供个人、企业信用报告查询，以及信用报告异议、投诉业务。东莞市征信服务中心的进驻进一步提升众创金融街对金融企业的聚集效应，有效推动融资对接，以及有利于东莞市信用服务市场的培育和发展。②

2016年12月30日，中国人民银行东莞市中心支行金融服务平台进驻东莞众创金融街暨广东省企业信用信息和融资对接平台东莞启动仪式在东莞众创金融街举行。平台入驻为东莞企业和个人提供征信服务、金融消费权益保护、企业信用信息和融资对接三个方面的服务，也为东莞开放型经济发展提供强有力的金融支持。而在2016年11月末，东莞众创金融街累计实现融资交易80036笔，累计融资额约496亿元，成为东莞市民间资本最活跃的地区之一。③

2016年末，东莞众创金融街签约金融机构51家，其中金融机

---

① 东莞市金融工作局：《东莞众创金融街2015年度工作汇报》，2016年。
② 林玉东：《东莞市征信服务中心进驻民间金融街 积极推动征信发展》，东莞阳光网——新闻频道，2016年6月20日，https：//wnd.sun0769.com/newsc.asp？id=97530。
③ 叶永茵：《人民银行金融服务平台进驻东莞众创金融街》，南方网——东莞新闻，2016年12月30日。

构 9 家,类金融机构 25 家,其他类机构 17 家,出租面积达 41837.93 平方米,占可租面积的 71.2%。常驻金融街从业人员 3300 人,企业总注册资金约 134 亿元,涵盖有银行、保险、股权交易、小额贷款、融资担保/租赁、资产管理、互联网金融、金融服务类等,累计为东莞市中小微企业和个人提供 124057 笔融资交易,累计融资额约 516 亿元。[①]

2017 年 12 月 28 日,天安数码城(集团)有限公司携手东莞市南城实业投资集团有限公司,在东莞众创金融街举行战略合作签约仪式,共同设立规模高达 3 亿的"东莞市南城天安股权投资基金",主要投资于东莞市高新科技行业和现代服务业,该基金 100% 投资于东莞市,其中不低于 60% 投资于南城区。[②]

(三)建设成效

1. 金融组织体系日渐完善。截至 2018 年末,东莞众创金融街签约进驻机构 115 家,其中金融机构 11 家、类金融机构 80 家、其他企业 24 家,常驻金融街从业人员 6500 人。出租面积达 5.9 万平方米,占可租面积的 100%,进驻机构涵盖银行、保险、股权交易、小额贷款、融资担保、融资租赁、资产管理、互联网金融、金融服务及其他科技型企业等。东莞众创金融街成立 5 年期间,为中小微企业和个人累计实现融资交易 100.1 万笔,累计融资交易额达 1478.1 亿元;其中,2017 年纳税金额为 18079 万元,通过推动金融机构和类金融机构的集聚发展,已逐步发挥良好的经济效益和社

[①] 东莞市金融工作局:《东莞众创金融街 2016 年度工作汇报》,2017 年。
[②] 张华桥:《打造新兴金融业态集聚区》,《东莞日报》2018 年 11 月 23 日第 A08 版。

会效益。①

2. 政策支持体系配套齐全。2013年10月29日,东莞市出台了《关于促进东莞民间金融街发展的暂行办法》,明确进驻东莞民间金融街的对象、进驻奖励、租金补贴等政策内容,对符合条件的民间融资机构、股权交易机构、金融机构给予奖励、补贴和补偿。其中,符合条件的新设民间融资机构一次性最高可获100万元奖励。2014年3月11日,东莞市南城街道出台《关于印发东莞民间金融街租金补助资金管理办法(试行)的通知》,东莞市南城区财政安排500万元对进驻东莞民间金融街且符合条件的相关机构给予房租补贴。②

3. 园区基础设施健全。东莞众创金融街已完善园区道路、路灯、绿化、供水、供电以及排水排污等基础设施,解决入驻企业和员工增长所带来的"停车难""就餐难"等问题。全面对所有广场及地库停车位进行整改,通过接管园区附近的中央财津大厦停车场,增加车位数量,经改造后的车位数从657个增加到1200个。此外,东莞众创金融街引进园区食堂——阳光厨房,解决吃饭远、难、贵等问题,引进便利店、汽车租赁、咖啡厅等生活配套,为园区员工工作生活提供便利,营造良好工作的氛围,吸引更多优秀人才进驻。③

---

① 东莞天安数码城民间金融街发展有限公司:《东莞众创金融街相关资料》,2018年。
② 王海荣:《东莞民间金融街正式启用》,人民网,2013年10月31日,http://politics.people.com.cn/n/2013/1031/c70731-23383518.html。
③ 东莞市金融工作局:《东莞众创金融街2016年度工作汇报》,2017年。

四 中山众创金融街

（一）设立背景

为贯彻落实国务院"大众创业、万众创新"和广东省创新驱动发展战略，加快创新创业资源集聚，推动金融、科技与产业的创新融合，打造创新创业综合金融服务基地，根据省金融办印发《关于升级建设创新创业金融街的试点方案》文件内容，选取中山市作为首批建设众创金融街试点城市。[①]

（二）发展历程

中山众创金融街选址在中山市东区街道"盛景尚峰紫马奔腾"商务区，位于中山市中山五路与起湾道的十字交汇处，总占地面积123亩，总建筑面积达60万平方米，分为"众创金融服务区"、"创新创业区"和"公共服务平台区"三大功能区，利用智慧教育聚集区和创客空间的资源，打造智慧教育和众创金融为核心的全产业链金融（见图8.9）。其中"众创金融服务区"又分为"传统金融区""创业投资金融区""互联网金融区""金融中介区""资本市场交易区""线上金融街"等。[②]

2015年7月15日，中山市被确定为广东省第一批众创金融街试点城市后，中山市人民政府常务会议审议通过《中山市创新创业金融街建设方案》，明确众创金融街项目落户中山市东区街道，选址于盛景尚峰紫马奔腾项目。《中山市创新创业金融街建设方案》要求中山众创金融街按照"服务实体经济、服务中小微企业、服务

[①] 中山市金融工作局：《中山市众创金融街简介》，2017年。
[②] 朱子荣：《广东中山创新创业金融街正式挂牌》，环球网，2015年9月29日，https://m.huanqiu.com/article/9CaKrnJQbs4。

图 8.9 中山众创金融街

资料来源:《中山为创新创业插上金融"翅膀"(组图)》,网易新闻中心,2015年10月9日。

科技创新"的原则进行建设,通过整合创新创业资源,着力吸引各类传统和创新型金融机构、服务新型金融机构、创新创业企业和创新创业各类中介机构进驻,努力将中山众创金融街建设成助推全市转型升级的新引擎。①

2015年8月10日,中山市人民政府正式印发《关于推进中山众创金融街建设扶持政策的意见》,提出对进驻中山众创金融街的机构企业最高奖励500万元、给予进驻企业50%—100%租金补贴、实行最高500万元营运补助等。同时,中山市人民政府表示在未来

---

① 钟符彦:《扎实推进创新创业金融街建设完善金融创新生态圈》,中山政协官网——中山要闻,2015年7月16日,http://zszx.zsnews.cn/article/view/cateid/314/id/64424.html。

三年投入 6700 万元专项资金对进驻机构和企业给予奖励和补贴，并健全创新人才和创业团队吸引、培养、使用和奖励机制，从多个方面入手完善对创新创业的政策扶持体系。①

2015 年 9 月 29 日，中山市创新创业金融街在中山市东区成功挂牌，时任中共中山市委书记薛晓峰、中山市市长陈良贤等领导出席挂牌仪式，中山市各有关金融机构、进驻金融街企业的负责人近 300 人参加挂牌活动。挂牌仪式当日已有各类金融机构 30 家进驻创新创业金融街。②

截至 2016 年末，中山东区"盛景尚峰紫马奔腾"商务区集聚了 200 多家银行、保险、证券等金融机构和金融中介机构，并汇集一批商贸策划、电子商务、市场营销、财税会计、法律咨询、人才派遣等中介服务业企业。作为盛景尚峰紫马奔腾一期的"中山众创金融街"在当时可出租面积约 11000 平方米，出租率已超过 9 成，③成功推动了 22 家支持创新创业的金融机构落地运营，累计举办了各项论坛路演活动 35 场，协助企业累计融资 6 亿元。④

2017 年 11 月 3 日，中山金融投资控股有限公司入驻中山众创金融街。中山金融投资控股有限公司成立于 2015 年 8 月，注册资本 20 亿元，是中山市唯一的地方国有金融控股公司，并于 2017 年 8

---

① 中山市人民政府：《中山市人民政府关于推进中山市众创金融街建设扶持政策的意见》，中山市人民政府官网——法规公文，2015 年 8 月 10 日，http://www.zs.gov.cn/zwgk/zsshqzcydxb/content/post_272571.html。

② 广州日报：《中山首条创新创业金融街挂牌》，央广网，2015 年 9 月 30，http://news.cnr.cn/native/city/20150929/t20150929_520020096.shtml。

③ 梁展宏：《深挖中山路 CBD 潜力》，中山网——楼市频道，2017 年 1 月 6 日。

④ 中山市东区发改局：《中山市众创金融街 2016 年工作总结及 2017 年工作计划》，2016 年 12 月 30 日。

月完成对中山农村商业银行股份有限公司约8.5%股权的收购。①

2019年10月24日,中山市发布《中山市众创金融街扶持政策实施意见(征求意见稿)》,旨在通过市区两级投入,设置最高2000万元奖励扶持进驻众创金融街企业。奖励分为进驻奖励、经营贡献奖、社会服务奖、人才奖励、评优评级奖五大类。②

(三)建设成效

1. 金融机构进驻踊跃,填补中山金融产业短板。截至2018年末,中山众创金融街已进驻的金融企业及机构共30家,其中法人机构28家,基金类公司14家。中山众创金融街吸引华夏银行股份有限公司、广东华兴银行股份有限公司、国元证券股份有限公司、宏信证券有限责任公司、中山金控资产管理有限公司等一批优质金融机构落地运营,推动中科零壹创业基金、广发信德公用环保产业投资基金等互联网金融企业进驻众创金融街,填补了中山金融行业发展的短板。成立3年期间,入驻中山众创金融街的金融机构累计完成投融资超过200亿元,纳税超1000万元,中山众创金融街还设立中山市第一家区域性股权交易中心、第一家直通深交所的路演中心、第一家本土信用评级公司、第一家政策性融资担保公司、第一只企业技术改造基金等。③

2. 平台集聚效果凸显,公共服务能力进一步提升。中山众创金

---

① 谭华健:《中山金控迁至东区金融街 蛰伏两年再出发有何大动作?》,南方网,2017年11月10日,http://static.nfapp.southcn.com/content/201711/10/c779755.html?from=groupmessage。

② 中山市金融工作局:《中山市众创金融街扶持政策实施意见(征求意见稿)》,2019年10月24日,http://www.zs.gov.cn/zsjrj/gkmlpt/content/1/1505/post_1505322.html#1349。

③ 中山市东区发改局:《中山市众创金融街建设情况报告》,2018年12月29日。

融街建设公共服务区域,包括金融街服务中心、股权交易中心、科技金融路演中心、信用评级公司等服务机构,为创新创业提供基础保障。其中设立中山科技金融路演中心后,成功举办了10期中山科技企业投融资常态化路演活动,帮助80多个项目进入"中国高新区科技金融信息服务平台"释放企业融资需求达10亿元,吸引了投资机构关注2700多次,实现融资近1亿元。此外,带动30多家证券公司、投资机构、律所等会员和专业机构参与区域性股权市场发展,到2018年10月30日,在广东股权交易中心挂牌的中山市企业共计96家,展示企业325家,意向融资10亿元,实现融资1.5亿元。[1]

3. 搭建中小企业金融服务体系,进一步解决中小微企业融资难问题。2017年中山众创金融街的金融机构基金累计投放15.4亿元,累计完成融资2.5亿元,为解决全市中小微企业融资难的问题作出了积极的贡献。[2] 到2018年9月,在入驻企业中,粤财普惠金融(中山)融资担保股份有限公司持续加大金融对中小微企业和"三农"支持力度,为中山中小微企业和"三农"用户提供金融担保余额规模达2.6亿元,其中融资性余额927.278万元;中山市科技金融服务中心累计服务科技信贷企业入池数量达1004家,审批拟贷款有效额度61.67亿元,服务企业实际贷款33.67亿元,实际贷款项目数819个,涉及企业数389家。[3]

---

[1] 中山市东区发改局:《中山市众创金融街建设情况报告》,2018年12月29日。
[2] 中山市东区发改局:《中山市众创金融街建设情况报告》,2018年12月29日。
[3] 中山市东区发改局:《入驻代表性企业》,2018年12月29日。

五 顺德众创金融街

(一) 设立背景

为了贯彻落实国家、广东省的创新驱动发展战略,加快创新创业资源集聚,推动金融、科技与产业的有效创新融合,打造创业创新综合金融服务设施,借助顺德的资本市场企业服务中心的建设基础和运营经验,佛山市顺德区人民政府在佛山市顺德大良新城区建设具有本地特色的创新、创业和金融资源集聚的顺德众创金融街。[①]

(二) 发展历程

顺德众创金融街是佛山市顺德区落实广东省推动"互联网+众创金融"的具体举措,由佛山市顺德区金融工作办公室、顺德区经济和科技促进局、顺德区国有资产监督管理办公室、顺德区大良街道办事处于2016年1月联合共建的"众创金融街"项目位于佛山市大良新城区顺德保利国际金融中心,面积约23000平方米,设有路演大厅、孵化器、企业服务工作站及金融服务工作站等,采取市场运作模式运营(见图8.10)。[②]

2015年12月29日,佛山市顺德区大良街道办事处出台了《关于推进顺德众创金融街建设的实施意见》,计划从2016年开始,连续三年每年安排300万用作创新创业专项资金,以顺德众创金融街为载体,以服务"大众创业,万众创新"为导向,重点培育"互联

[①] 顺德区大良街道办事处:《关于推进顺德众创金融街建设的实施意见》,2015年12月29日。

[②] 邹建华:《北滘:更多上市企业冒出,打造资本高地》,顺德城市网——顺德资讯,2018年2月2日,http://www.shundecity.com/a/bfbj/2018/0202/207566.html。

图 8.10 顺德众创金融街

资料来源：佛山市顺德区金融工作局：《关于顺德众创金融街的情况汇报》，2017年。

网+"金融行业。①

2016年1月26日，顺德众创金融街揭牌仪式在佛山市顺德区保利国际金融中心恒基大厦举行，省金融办副主任倪全宏、佛山市顺德区副区长蔡伟等出席此次活动，佛山市顺德区各部门、金融机构及重点企业代表300多人参加了揭牌活动。揭牌当日，顺德众创金融街已吸引40家股权投资机构、证券公司、会计师事务所、律师事务所等相关金融机构和金融中介机构落户。②

---

① 顺德区大良街道办事处：《关于推进顺德众创金融街建设的实施意见》，2015年12月29日。
② 广东省人民政府金融工作办公室：《金科产融合 提升创新动力——顺德区众创金融街成功揭牌》，广东金融网——地方金融，2016年1月28日，http：//gdjr. gd. gov. cn/jrzx/dfjr/sd/content/post_1121051. html。

2016年5月31日,佛山市顺德区产业服务创新中心携手广东顺德科创管理集团有限公司在顺德众创金融街举办了"顺德区科技金融线上线下服务平台"启用仪式,平台的启用意味着佛山市顺德区科技金融迈入"一站式"服务。其中,线上服务平台由顺企通官方网站和顺企通微信公众号组成,提供科金政策、金融产品、创新载体和氛围活动四大类服务。线下服务平台则包括科金产服务窗口、品牌活动和资源对接。[①]

2016年10月27日,佛山市顺德区人民政府印发《顺德区创新创业投资母基金管理暂行办法》,设立总规模不低于10亿元的创新创业投资母基金,以引导社会资本加大对佛山市顺德区战略性新兴产业领域的投资。[②] 同日,由广东顺德科创管理集团有限公司代表区政府出资设立的顺德区创新创业投资母基金有限公司正式进驻顺德众创金融街,加快推动佛山市顺德区创新创业投资基金的征集甄选及落地。母基金首期规模5亿元,已出资1.6亿元,并成功撬动来自广州、深圳、顺德本土领先投资机构及社会资本共同发起设立总规模共计15亿的4只子基金。[③]

2016年末,顺德众创金融街共引入工商注册登记单位112家,注册资本超过38亿元,其中引入国内外知名证券机构、投资机构、保理公司超过40家,广东顺德国富顺投企业孵化器有限公司在孵企

[①] 南方日报:《顺德区科技金融线上线下服务平台启用》,顺德图书馆,2016年6月1日,https://www.sdlib.com.cn/Home/Article/detail/id/15195.html。

[②] 王世彪:《顺德设立超10亿创投母基金》,《珠江商报》2016年11月8日第A03版。

[③] 珠江商报:《顺德"母基金",出资1.6亿撬动15亿社会资本》,顺德图书馆,2016年11月16日,https://www.sdlib.com.cn/home/article/detail/id/23228.html。

业41家，其他类型企业20多家。此外，金融街推动成立基金10只，注册资本达30.29亿元。①

2017年末，顺德众创金融街共引入工商注册登记单位123家，其中属于金融及金融相关机构超过50家，注册资本超过45亿元。基金方面，注册基金共17只，基金发行规模近40亿元。②

2018年7月31日，由佛山市顺德大良街道经济和科技促进局主办的首届高层次人才成果项目路演对接会在顺德众创金融街举行，科技型企业、投融机构共计100多人出席了活动。展示的项目涵盖智能制造、新材料、新能源、生物医药等行业，在场的相关专家嘉宾对现场路演活动中的项目进行投资评价，为企业和投资人之间搭建一个相互交流的平台。③

2019年11月20日，在顺德众创金融街里有八家"金科产"融合机构获得街道提供的2019年上半年扶持资金，共计超过62万元。这8家机构包括财富管理公司、证券营业部、融资担保公司、律师事务所等类型。④

（三）建设成效

1. 建设基础良好。顺德众创金融街以佛山市顺德区属国有一级

---

① 佛山市顺德区金融工作局：《关于顺德众创金融街的情况汇报》，2017年。

② 南方日报：《顺德借"强中心"战略展示现代化建设成果》，新浪新闻，2018年1月19日，https：//news.sina.cn/gn/2018－01－19/detail－ifyquixe4286809.d.html。

③ 黄婷：《建设科技顺德，大良大力度扶持高层次人才》，顺德城市网，2018年7月31日，http：//www.shundecity.com/view－214134－1.html。

④ 尹辅华：《顺德咋养"金融奶牛"？今年已给众创金融街8家机构补贴超62万元》，南方＋，2019年11月20日，https：//static.nfapp.southcn.com/content/201911/20/c2822418.html？group_id＝1。

集团广东顺德科创管理集团有限公司的链条投资基金体系以及聚集的顺德区内外金融资源为主线,以南方智谷5年积累的近万个产业项目为基础,为创业项目提供全生命周期的金融服务平台,包括融资、众筹、合作对接、咨询服务等。[①]

2. 建设初显成效。截至2018年末,顺德众创金融街已引入各类机构单位131家,成立24只投资基金,注册资本近50亿元。金融街内的平台企业孵化器引入智能制造、电子信息技术等新兴产业项目56个。此外,顺德众创金融街内机构为大良街道提供丰富的金融资源和资本服务,2018年底佛山市顺德区大良街道已有股份制改造企业60家,成功上市或挂牌企业18家,新三板挂牌企业数量为顺德全区镇街第一,占全区新三板挂牌企业总数三成以上。[②]

3. 创新创业的金融氛围活跃。(1)承办双创活动。承办创业顺德大赛、顺德青年创新创业节大赛、区产创中心资本空间系列活动等各类活动采购。自金融街开业3年以来,累计举行各类活动32场,培训辅导企业约300家,促成项目与投资机构对接约20对,活动参加人数超过5000人次。(2)资本空间系列培训与路演活动。由顺德区产业服务创新中心在顺德众创金融街内举办,是面向顺德本土企业提供的"金融+"双创服务系列活动,截至2019年已成功举办18期。活动主要围绕金融热点、政策和国内外资本市场动态开展公益性活动,普及资本市场知识,营造资本氛围,引导更多的顺德企业走进资本市场,用好融资工具,提升企业竞争力,壮大资

[①] 佛山市顺德区金融工作局:《关于顺德众创金融街的情况汇报》,2017年。

[②] 佛山市顺德区金融工作局:《顺德众创金融街》,2018年。

本市场上的"顺德板块"。①

第四节 特色金融小镇建设发展

2014年，国内首个基金小镇浙江南湖"基金小镇"一期工程正式动工，嘉兴市南湖区提出力争5年至7年将其建成中国最具集聚效应的"互联网金融小镇"。进入2016年，国家关于特色小镇建设的相关政策逐步出台，受政策感召，各地纷纷开始投入金融小镇的建设之中。在此背景下，广东结合各地产业发展实际，先后建设了广州万博基金小镇、广州温泉财富小镇、东莞松山湖基金小镇、广州创投小镇和佛山千灯湖创投小镇等五个特色金融小镇。

一 广州万博基金小镇

（一）设立背景

万博基金小镇作为广东省第一个授牌成立的基金小镇，是广州市番禺区实施金融创新驱动发展的重大平台，也是广州"一区一金融功能区"的重要组成部分。中共广州市番禺区委、区政府紧紧围绕中共广州市委、市政府关于全面建设区域金融中心的战略部署，按照"两年打基础、五年出成效、十年树品牌"的总体目标，以基金产业为重点，加快建设万博基金小镇，带动广州市番禺区形成以创业投资基金为主体的金融业发展新格局，着力打造华南财富管理中心和广州财富城的核心区。②

---

① 佛山市顺德区金融工作局：《关于顺德众创金融街的情况汇报》，2017年。

② 肖桂来：《番禺区万博基金小镇发展迅猛》，《广州日报》2017年12月6日。

（二）发展历程

万博基金小镇位于广州市番禺区南村镇万博商务区，与万博商务区融合一体发展，规划总用地面积 1.5 平方千米，总建筑面积 548 万平方米，规划定位为投资基金产业集聚区、金融高端人才创新创业聚集区（见图 8.11）。①

图 8.11　万博基金小镇

资料来源：广州市番禺区投资促进中心：《十大关键词，回望番禺 2018！》，番禺招商网经济新闻，2018 年 12 月 19 日。

2016 年 3 月 24 日，在中国广州国际投资年会全体大会上，广州市金融工作局向广州市番禺区颁授"万博基金小镇"牌匾，成为广州市第一个授牌的基金小镇，也是广东省第一个基金小镇。会

---

① 广州市金融工作局：《2017 广州金融白皮书——金融发展形势与展望》，广州出版社 2017 年版，第 193 页。

上，举行了战略合作框架协议签约仪式，其中基金项目17个，总投资630多亿元，占签约项目总投资的87.9%。① 这为万博基金小镇的建设发展奠定了良好的基础。

2016年11月18日，由广州市番禺区人民政府主办的万博基金小镇政策发布暨2016年番禺金融机构咨询服务日活动在番禺万博基金小镇举行。在活动现场，番禺区政府发布了《番禺区促进万博基金小镇建设扶持办法》，并于2016年12月1日正式实施。从注册落户、规模发展、投资贡献、地方发展贡献、金融人才、论坛峰会及展会补贴等方面给予投资基金及配套服务机构扶持奖励。②

2017年11月2日，广州天泽华商股权投资中心（有限合伙）成功落户万博基金小镇，成为注册落户在万博基金小镇的第100家基金企业。在已经落户的100家投资基金企业中，投资基金管理机构51家，投资基金49家，募集资金规模超过385亿元。其中，广州老鹰资产管理有限公司、广州启诚创业投资管理有限公司等投资基金已进场办公；广州番禺产业投资有限公司、广州番禺基金管理有限公司等单位正在加快装修；另有6家商业银行、5家证券公司已增设万博营业网点，1家小额贷款公司整体搬迁至万博基金小镇办公。③

2018年6月29日，万博基金小镇实际资产管理规模已达

---

① 广州市番禺区人民政府：《17个基金项目签约落户共同打造万博基金小镇》，广州市人民政府官网，2016年3月25日，http://www.panyu.gov.cn/zwgk/zfxxgkml/xxgkml/zwdt/bmdt/content/post_4943457.html。

② 黄祖健：《举办论坛峰会最高补助50万元》，南方网，2016年11月21日，http://static.nfapp.southcn.com/content/201611/21/c187681.html。

③ 肖桂来：《番禺区万博基金小镇发展迅猛 万博将崛起千亿级财富城》，凤凰网，2017年12月6日，https://gz.house.ifeng.com/news/2017_12_06-51310548_0.shtml。

125.39亿元。同日，粤商产融（广州）人工智能产业孵化合伙企业（有限合伙）注册落户万博基金小镇，标志着万博基金小镇投资基金企业落户数量增至200家。其中，投资基金管理人112家，累计认缴注册资本22.82亿元，29家完成实缴，累计实缴注册资本5.88亿元；投资基金88家，认缴募集资金92.93亿元，31家完成募集资金，累计募集资金43.35亿元；投资基金管理人11家，发行契约型基金产品19只、发行基金规模82.04亿元。①

2020年7月21日，番禺万博小镇落户各类私募基金机构322家，已到位资金管理规模250多亿元。其中，私募投资基金管理人140家，累计认缴注册资本50多亿元。另有19家银行、券商、律所等配套机构进驻服务。小镇已成为番禺区加快实施金融创新驱动发展战略的重大平台、广州市"一区一金融功能区"重要板块。②

（三）建设成效

1. 规模聚集效应明显。为提高私募投资基金引进的质量和规模，番禺区引入了中钰资本管理（北京）有限公司、盛世景资产管理集团股份有限公司、广发信德投资管理有限公司、东方汇富创业投资管理有限公司等大型、知名基金。截至2018年末，万博基金小镇落户各类私募基金机构255家，已到位资金管理规模157.69亿元。其中，私募投资基金管理人127家，累计认缴注册资本34.37亿元，33家完成实缴且已在中国证券投资基金业协会登记，累计实

---

① 广州市番禺区人民政府：《新时代｜落户企业突破200家！资产管理规模125亿！万博基金小镇发展驶入快车道》，搜狐网，2018年7月8日，https://m.sohu.com/a/239984451_100195565。

② 《322家私募基金落户万博基金小镇！番禺区加快推动企业上市融资》，广州市番禺区人民政府，2020年7月23日，http://www.panyu.gov.cn/fzzs/jjdt/content/post_6469364.html。

缴注册资本6.05亿元;私募股权投资基金128家,认缴募集资金151.08亿元,36家完成募集资金并已在中国证券投资基金业协会备案,累计募集资金46.73亿元;私募基金管理人16家,发行契约型基金产品38只、发行基金规模110.95亿元;银行、券商、律所等配套机构51家。[1]

2. 品牌影响力扩大。在2018亚洲金融论坛暨2018穗港金融合作推介会、2018中国广州国际投资年会番禺推介会、2018年小谷围国际产业人才大会暨广州大学城创新创业成果交流会等重要活动上,广州市番禺区布展万博基金小镇展区、安排投资基金项目签约、"百家风投助创新"项目互选会等专场,万博基金小镇作为广州番禺特色名片进行宣传推介引起境内外媒体的热议,吸引了有实力、知名投资基金的合作。其中,广州国际投资年会番禺推介会成功签约投资基金项目10个,签约金额121亿元。[2]

3. 合规建设有力推动。万博基金小镇在投资基金注册设立、资金募集、项目投资及退出等环节建立相关金融风险预防和处置机制。(1)对申请落户万博基金小镇的投资基金,安排专人审查其股东背景、从业资质、过往业绩等,初审合格的予以推荐,在招商入口端做好风险防控。(2)对已经落户的投资基金,先后举办多场私募投资规范发展政策讲座,加强金融法律法规宣讲,引导其依法募资、规范投资,防范风险,并将落户企业名单及时报广州金融风险监测防控中心实施全方位监控;将广州市番禺区金融协会搬至万博

---

[1] 广州市地方金融监督管理局:《2019广州金融白皮书——金融发展形势与展望》,广州出版社2019年版,第156—157页。

[2] 广州市地方金融监督管理局:《2019广州金融白皮书——金融发展形势与展望》,广州出版社2019年版,第157页。

基金小镇办公,通过协会强化对投资基金的监管,加强行业自律;协调国内知名的律师事务所提供法律服务,督促投资基金尽快登记备案,取得合法的管理人资质;推荐区内金融机构为投资基金提供托管业务,及时掌握其募集资金的情况。(3)对长时间未登记备案的投资基金,协调区相关部门予以密切关注,做好风险研判。①

二 广州温泉财富小镇

(一)成立背景

为贯彻广州市"金融强市"战略,建设区域性金融中心,培育广州市从化区特色产业,在广州市人民政府和广州市金融工作局支持指导下,广州市从化区充分利用温泉生态环境、旅游产业、历史人文和生活服务等独特优势,按照"金融+基地"的模式,规划建设广州温泉财富小镇,引进非银行金融业、金融中介服务机构、金融后台服务机构,培育创新金融企业。构建包括大型峰会、论坛、沙龙、培训、项目推介、信息交流于一体的金融互动平台,集聚发展风险投资、创业投资、私募股权投资等金融业态和产业链,将从化区温泉镇打造成为金融业界精英办公生活、休闲、养生融合理想地。②

(二)发展历程

广州温泉财富小镇位于广州从化区温泉镇,地处广州市东北面,距广州市区60多千米(见图8.12)。广州从化区温泉镇是中国

---

① 广州市金融工作局:《2018广州金融白皮书——金融发展形势与展望》,广州出版社2018年版,第178页。

② 广州市金融工作局:《2017广州金融白皮书——金融发展形势与展望》,广州出版社2017年版,第196页。

绿色名镇、广东旅游特色镇、广东风景名胜区，也是驰名中外的传统风景区和疗养胜地，多位国家领导人曾在此疗养，其温泉与欧洲的瑞士温泉齐名。①

图 8.12　广州温泉财富小镇

资料来源：从化广播电视台：《小镇新蝶变金融集结地——广州温泉财富小镇扬帆起航！》，搜狐网——从化广播电视台，2017 年 8 月 11 日。

广州温泉财富小镇按照"一个启动区、一个核心区、一个拓展区、一带"的"四个一"规划功能布局。"一启动区"是指"明月山溪""望谷温泉""亿城泉说"三个金融社区组成的启动区，利用现有三个高端别墅区预留的约 6 万平方米建筑，先行启动金融社

---

① 广州市从化区人民政府：《广州温泉财富小镇》，广州市从化区人民政府官网，2021 年 9 月 7 日，http：//www.conghua.gov.cn/tzch/yqjs/content/post_8558775.html。

区。"一核"是指将温泉天湖约 280 亩建设用地作为财富小镇核心区，规划建设金融总部集聚区、高端金融培训学院和金融服务设施。"一拓展区"是指同步整合数千亩的温泉镇区既有空间资源和政府规划用地作为拓展区，把温泉镇打造成以金融和科技创新为主导的特色小镇，建设成规模档次的实体金融产业园。"一带"是指结合温泉镇镇区和流溪河景观改造，形成滨水活力休闲带，提升温泉镇生活环境和商务服务功能。[①]

2016 年 10 月 18 日，由广州市从化区人民政府主办的"广州温泉财富小镇授牌暨财富论坛活动"在从化区温泉镇举行，时任广州市常务副市长欧阳卫民等领导出席此次活动，并为广州温泉财富小镇授牌。此次授牌活动，标志着广州温泉财富小镇正式落户从化，"明月山溪""望谷温泉""亿城泉说"三个金融社区正式启动建设，广州市金融强市战略又迈出了实质性一步。[②]

2017 年 1 月 12 日，由广州市金融工作局、广州市从化区人民政府主办"首届粤商家族财富传承高峰论坛"在广州温泉财富小镇举行。此次活动结合广州市大力发展金融产业、建设区域金融中心的战略定位，突出打造广东地区家族财富管理特色产业，并提出此后每年第一季度都会在广州温泉财富小镇举办"粤商家族财富传承高峰论坛"组织广东乃至南粤地区高端人士、行业代表、专家学者进行讨论接洽，共同推动地区家族财富传承管理。会议当日，成功入驻小镇的企业 21 家，启动入驻注册企业 21 家，初步资产管理规

---

① 广州市从化区人民政府：《广州温泉财富小镇》，广州市从化区人民政府官网——招商项目，2018 年 5 月 26 日。
② 广州市人民政府：《广州温泉财富小镇落户从化》，广州市人民政府官网，2016 年 10 月 19 日，http：//www.gz.gov.cn/xw/gzyw/content/post_2845436.html。

模达到近 500 亿元，同时达成入驻投资意向的还有 19 家企业，在谈的企业 32 家。建成可用于招商入驻的建筑面积约 6 万平方米，包括约 100 套别墅，配套完善的商务办公区域和生活服务区域。①

2017 年 11 月 25 日，北京大学经济学院华南分院落户广州从化签约仪式暨"新思想引领新实践逐梦粤港澳大湾区"研讨会在广州温泉财富小镇举行，该分院定位打造全方位综合性的以学位教育为核心的教科研平台，开展硕士、博士、博士后教育，以及成人高端培训、名师讲堂等服务，规划占地面积约 150 亩。②

2018 年 4 月，广州温泉财富小镇已入驻取得工商营业执照的 127 家，包括广州赛富合银资产管理有限公司、广东六脉金服资产管理有限公司、广州方圆金控投资咨询有限公司、广州粤泰金控投资有限公司、合富辉煌（中国）房地产顾问有限公司、广东省商贸控股集团有限公司、广州南粤基金集团有限公司等企业，资产管理规模超 600 亿元，22 家机构已在中国证券基金业协会取得备案。此外，广州温泉小镇内 38 家金融企业纳税累计 700 万元。③

2020 年 10 月 16 日，"广州从化金企对接会暨温泉财富小镇四周年纪念活动"在广州温泉财富小镇举行。活动同步举办了融资对接企业以及财富小镇入驻企业集中签约仪式，共签约 6 个项目，签约金额达 4.69 亿元，涵盖生物医药、资产管理、自动化等行业。标志着从化区以"新金融"理念形成科技赋能金融、金融赋能社会的

---

① 广州市人民政府：《从化打造全国财富管理新高地 生态高地集聚财富管理要素》，广州市人民政府官网——工作动态，2017 年 1 月 13 日。
② 北京大学经济学院：《北京大学经济学院华南分院落户广州》，北京大学经济学院官网，2017 年 11 月 17 日，https://econ.pku.edu.cn/index.htm。
③ 广州市从化区人民政府：《广州温泉财富小镇情况进展》，2018 年。

良性循环已经取得阶段性成效。①

（三）建设成效

1. 扎实推进建设工作。（1）完成编制《广州市从化温泉风景名胜区总体规划（2015—2030 年）》，对自然保护区生态控制线进行调整，从规划层面理顺了保护与开发的关系，为广州温泉财富小镇控制性详细规划编制及产业项目引入打下基础。（2）为加快推进广州温泉小镇核心区规划及建设工作，小镇核心区单独以规划条件论证方式推进上报，并启动相关重点项目及配套设施建设。（3）开展广州温泉小镇拓展区 500 亩选址的意见征求工作，同时积极配合佳都新太科技股份有限公司国家级实验室落户小镇，邀请项目负责人多次到温泉镇进行选址考察。②

2. 金融机构集聚效应初显。截至 2018 年末，广州温泉财富小镇入驻企业 157 家，在谈企业 127 家；2018 年度总税收超 2000 万，其中直接税收 1062 万元，带动税收（总部经济）近 1000 万元；入驻企业实缴注册资本 55.8 亿元，资产管理规模 614 亿元；中国证券投资基金业协会已备案机构 28 家，发行基金 65 只，发行基金规模 263 亿元。③

3. 推出优惠政策吸引机构与人才。推出《广州市从化区创建温泉财富小镇实施方案》，着力对落户私募分别在办公用房、落户注

---

① 《签约额近五亿！各路大咖齐聚温泉财富小镇，搭建金企"对接桥梁"》，微社区 e 家通从化温泉镇，2020 年 10 月 16 日，https：//huacheng. gz – cmc. com/pages/2020/10/19/1c8ba32298e0494cbcd720b175b96fe2. html。

② 广州市从化区人民政府：《广州温泉财富小镇情况进展》，2018 年。

③ 广州市地方金融监督管理局：《目前从化财富温泉小镇建设情况》，广州市地方金融监督管理局官网，2019 年 3 月 15 日，http：//jrjgj. gz. gov. cn/rdzt/rdhy/content/post_2794080. html。

册、地方经济贡献、人才激励和上市融资五大方面提供优惠扶持政策。① 组织进驻企业宣讲政策兑现申报流程与细则，并整理印发含政策兑现流程、材料清单、审批表等一系列的政策汇编。2016年底已启动首批政策兑现，2017年第二季度完成首批政策兑现工作。

三 东莞松山湖基金小镇

（一）设立背景

为了集聚民间资本，推动民间投融资的发展，引导民间资本投向实体经济，促进实体经济发展，东莞搭建了以松山湖基金小镇为核心的民间投融资平台，作为各类股权投资基金、并购基金、产业基金、定增基金总部，开展基金培育计划，培育孵化成熟的基金管理人和资产管理公司，构建基金行业生态圈，整合产业资源，推动上市公司及其他成熟的大企业发展，做大做强龙头企业。在2017年1月东莞市两会期间，松山湖基金小镇被正式写入东莞市人民政府工作报告，随后，松山湖（生态园）管理委员会《关于建立基金小镇以及设立松山湖股权投资母基金的复函》中明确指出，同意广东佰顺资产经营管理有限公司独资设立松山湖基金小镇的管理运营公司——"东莞松山湖基金小镇发展有限公司"。因此，东莞松山湖基金小镇孕育而生。②

（二）发展历程

东莞松山湖基金小镇落户东莞市松山湖，首期选址东莞市松山

---

① 朱伟良：《广州成立首家市级农民专业合作社联合社》，南方+，2018年9月7日，http://static.nfapp.southcn.com/content/201809/07/c1470971.html。

② 东莞市金融工作局：《东莞松山湖基金小镇基本情况汇报材料》，2019年。

湖创新科技园，远期选址在东莞市松山湖北部 D 区（见图 8.13），通过打造"五大平台"高标准推动新兴金融产业集聚示范区的建设。其中，"五大平台"指基金集聚平台、金融科技产业对接平台、知识产权运营平台、金融创新平台、基金人才培育平台（基金学院）。东莞市通过统一规划、完善配套、集聚产业、聚焦政策、资金引导等措施，计划将松山湖基金小镇打造成为以"基金链、科技链、产业链、人才链、教育链"五链融合为特色的基金业生态圈。①

图 8.13　松山湖基金小镇

资料来源：《东莞松山湖基金小镇》，今牛财经网综合，2018 年 9 月 7 日。

2017 年 1 月 10 日，东莞市人民政府在 2017 年政府工作报告会

---

① 东莞市人民政府：《关于组建松山湖"基金小镇"，打造东莞金融"新名片"的提案》，东莞市人民政府官网，2018 年 3 月 28 日，http：//www.dg.gov.cn/zwgk/jcgk/jytabljg1/content/post_351698.html。

上提出："探索创建贸易金融创新示范基地，在松山湖等条件成熟的园区和镇街大力引进和发展基金业，促进股权投资基金、融资租赁、消费金融等新型经济金融组织集聚发展。力争私募投资基金突破250家"，[1]为松山湖基金小镇的创建探路。

2017年4月26日，松山湖基金小镇在东莞松山湖举行启动仪式。会上，有10家创投机构意向进驻，中国对外贸易信托有限公司等企业的8个项目战略合作完成协议签约，第一批4只母基金规模共计115亿元完成入驻签约。此外，还成立了由东莞市松山湖控股有限公司发起，东莞农村商业银行股份有限公司、东莞证券股份有限公司等8家金融单位联合共建的松山湖金融产业联盟。[2]

2017年11月28日，松山湖基金小镇首批基金入驻暨重大项目落户签约仪式工作会议在东莞理工学院举行，近300家银行、券商、基金、上市公司等金融投资机构的400余位机构代表出席此次会议。首批进驻松山湖基金小镇的基金机构将近30家，同时松山湖基金小镇还与渤海小村、复思资产管理（北京）有限公司、深圳赫美集团股份有限公司签订总金额超过110亿元的基金合作，与中国工商银行股份有限公司等4家机构签署了200亿元并购基金优先级额度授信合作。[3]

---

[1] 东莞市人民政府：《2018东莞市政府工作报告》，东莞市人民政府官网——政务公告，2018年2月11日，http://www.dg.gov.cn/zwgk/zfxxgkml/ztz/qt/zfgzbg/content/post_967152.html。

[2] 东莞市人民政府：《东莞市松山湖基金小镇正式启动》，东莞市人民政府官网——金融工作，2017年5月15日，http://www.dg.gov.cn/zwgk/zfxxgkml/szfbgs/jrgz/jrxx/content/post_591346.html。

[3] 黄少宏、陈启亮：《松山湖基金小镇交出靓丽成绩单》，东莞阳光网，2017年11月30日，https://news.sun0769.com/dg/headnews/201711/t20171130_7667977.shtml?from=groupmessage。

2018年1月18日,东莞市人民政府在2018年政府工作报告会上提出:"大力促进科技金融产业融合发展。抓好众创金融街、龙湾梧桐小镇、松山湖基金小镇、东城金融产业集聚区等建设,争取已备案私募基金突破400只。"[①] 东莞松山湖基金小镇再次被写入东莞市人民政府工作报告。

2018年3月19日,2018年海外金融科技创新投资峰会(中国·东莞)在东莞松山湖基金小镇举办。此次峰会由广东省商务厅、东莞市人民政府主办,10个国外创新项目进行现场路演。峰会期间,松山湖基金小镇搭建全国首个"云上基金小镇"对现场进行线上直播互动,通过"科技+金融"的创新,为海内外优质项目对接全球资本构建线上线下金融科技创新平台。[②] 线上的投资人通过该平台和现场连线,与现场的外方创新项目代表进行互动,线上观看路演的观众高达2838人次。[③]

2018年6月28日,东莞松山湖基金小镇列入广东省科学技术厅、广东省住房和城乡建设厅印发《广深科技创新走廊建设2018年重点工作任务》。7月3日,东莞松山湖基金小镇被东莞市科技局认定为2018年首批科技金融工作站。[④]

[①] 东莞市人民政府:《2019年东莞市政府工作报告》,东莞市人民政府官网,2019年3月6日,http://www.dg.gov.cn/gkmlpt/content/0/591/post_591742.html#694。

[②] 刘远忠:《东莞搭建线上路演平台 助力金融产业对接》,人民网,2018年3月19日,http://m.people.cn/n4/2018/0319/c3522-10696672.html?from=timeline。

[③] 东莞市金融工作局:《东莞松山湖基金小镇基本情况汇报材料》,2019年。

[④] 东莞市金融工作局:《东莞松山湖基金小镇基本情况汇报材料》,2019年。

2019年6月20日,东莞松山湖基金小镇发展有限公司正式加入中国科技金融联盟,并成为联盟轮值主席单位。松山湖基金小镇将积极履行联盟轮值主席单位的责任和担当,携手联盟各会员单位,共同谋划科技金融深度融合事业,打造良好的"科技金融生态圈",促进科技、产业创新。①

(三)建设成效

1. 金融机构与资金集聚效应增强。截至2018年末,松山湖基金小镇共入驻基金及机构114余家,其中81家已经取得营业执照,进入管理人或基金产品的备案阶段,注册资本规模达到99.66亿,入驻机构中通过中基协备案的共17家。在积极吸引机构入驻同时,松山湖基金小镇与全国知名的机构展开一系列的业务合作,包括中国对外经济贸易信托有限公司、渤海国际信托股份有限公司、华润资本管理有限公司、浙江信达资产管理有限公司、君联资本管理股份有限公司、上海小村资产管理有限公司、东方汇富创业投资管理有限公司、深圳市创东方红棉股权投资基金管理有限公司、复思资产管理(北京)有限公司等,也与广东省创业投资协会、深圳市投资基金同业公会、中国母基金联盟、中大金融协会建立深厚的战略合作关系,共引进资金总规模超过453亿元。②

2. 构建信息化风险控制系统。松山湖基金小镇对入驻基金机构的资金募集和投资者、资金投向等进行实时动态跟踪,从事前、事中、事后"募、投、管、退"各环节掌握投资信息情况,防范注册

---

① 《东莞经济与城市发展研究会"牵红线",东莞松山湖基金小镇正式加入中国科技金融联盟》,东莞经济网,2019年7月1日,https://www.sohu.com/a/324067213_100035629。

② 东莞市金融工作局:《东莞松山湖基金小镇基本情况汇报材料》,2019年。

不备案、非法集资、违法投资等容易引起社会动荡的群体性金融风险。此外，通过信息化管理，对相关统计数据进行大数据分析，精准引导投融资对接，为相关政策出台及调整、相关从业人员的继续教育培训等提供科学依据。①

3. 打造综合性科技金融平台。（1）搭建全国首创的"云上基金小镇"，通过线上精准路演快速高效地形成吸引和集聚，精准高效地为资金需求进行匹配，为资产端路演提供对接服务。（2）创建"私募梦工场"，从资金募集渠道、通道业务、交易费用、业务培训、团队建设、技术开发等整合资源对中小型机构进行集中培育、孵化。（3）通过科技金融工作站的建设，打造系列的产业协同投资计划路演活动，促进资金端与资产端无缝对接，推动实体经济的发展。②

四　广州创投小镇

（一）设立背景

为了加快广州市产业转型升级步伐，推动科技创新、金融创新持续发展，兴起创业投资和风险投资浪潮。经广州市人民政府批准，广州市海珠区人民政府在广州市海珠区洋湾岛设立广州海珠创投小镇，通过"政府推动、企业主动、协会联动"三管齐下，从曾经的传统专业批发市场向集聚创新创投生态资源的产业园区进行转型，遵循"产业为依托，科技助提升，资本做加速"的整体思路，以消费升级为主题，探索构建产业转型升级和创业投资相融合的全生态链。③

---

① 东莞市金融工作局：《东莞松山湖基金小镇概况》，2019年。
② 东莞市金融工作局：《东莞松山湖基金小镇概况》，2019年。
③ 汤凯锋等：《洋湾岛：探索产业创投的"广州模式"》，《南方日报》2017年10月13日第A14版。

(二) 发展历程

广州创投小镇位于广州新中轴线南段核心区，毗邻国家级湿地公园——广东广州海珠国家湿地公园。园区占地面积 12 万平方米，规划建设风投集聚区、科技及时尚产业集聚区、综合配套服务区三个功能区（见图 8.14）。① 先后获评为广东十大明星小镇（新业态类）、2017 广东年度经济风云榜"风云园区"、2017 年度中国最受欢迎特色小镇。②

图 8.14 广州创投小镇

资料来源：《洋湾岛用 20 年讲述创新故事 广州首个创投小镇重新出发》，金羊网——广州，2017 年 7 月 3 日。

2017 年 6 月 17 日，第十九届中国风险投资论坛专题活动"中

---

① 汤凯锋等：《洋湾岛：探索产业创投的"广州模式"》，《南方日报》2017 年 10 月 13 日第 A14 版。
② 广州市金融工作局：《2018 广州金融白皮书——金融发展形势与展望》，广州出版社 2018 年版，第 180 页。

国风险投资研究院创新资本研究院、广州创投小镇·海珠洋湾岛揭牌暨产业资本创新研讨会",在广州市海珠区洋湾岛举行。时任全国人民代表大会常委会副委员长、民建中央主席陈昌智,时任民建中央常务副主席郝明金等领导出席广州创投小镇揭牌仪式并为专题活动致辞。500余名投资界、企业界、政府部门代表、媒体代表共同探讨"产业+资本+科技"的产融结合新路径,并见证创新资本研究院、广州创投小镇揭牌,及首批战略合作项目、落户项目签约仪式。当日,广州创投小镇就已吸引IDG资本等一批风投机构和金融机构入驻,并预计3-5年内资金管理规模达300亿-500亿元左右,孵化创新型企业100-250家。[1]

2017年8月7日,为贯彻落实打造广州"中国风险投资之都"的工作部署,大力推进广州市风投大厦建设工作,由广州市科技创新委员会、广州市海珠区人民政府主办的"广州创投周"启动仪式在广州创投小镇举行。[2]"广州创投周"是全国首次以风投、创投为主题开展的活动周,为期七天,此次活动共有1500多家科技企业和500多家金融机构参加,183家企业获得15.537亿元贷款支持,58家企业获得机构投资12.1亿元。[3]

2018年6月21日,《促进广州创投小镇发展行动计划(2018—2020)》在2018年"广州金融"发布会上正式发布。《促进广州创

---

[1] 甘韵仪、张豪:《广州创投小镇·海珠洋湾岛挂牌 助力加快建设风险投资之都》,《羊城晚报》2017年6月19日A05专题。

[2] 广州市人民政府:《全国首个创投周在广州创投小镇隆重启动》,广州市人民政府官网,2017年8月9日,https://www.gz.gov.cn/zwfw/zxfw/kj-cy/content/post_2861128.html。

[3] 邹长森:《十天撮合千余科企与金融机构对接 第二届广州创投周启动》,广东科技网,2018年8月7日,http://www.gdtechnology.com.cn/investment/2018/08/07/1346.html。

投小镇发展行动计划（2018—2020）》是由广州市金融工作局、广州市科技创新委员会，按照贯彻落实广东省、广州市关于"打造国际风投创投中心""加快建设风险投资之都"的总体部署，以"国际化、高规格、高水平"的标准，加快推进广州创投小镇规划建设，助力广州打造全球金融资源配置中心而制定的。其目标为到 2020 年，争取吸引 100 家合规风险投资机构进驻，包括股权投资机构、创业投资机构及其管理机构，资金管理总体规模约 500 亿元，投资孵化创新型企业 250 家。[1]

（三）建设成效

1. 打造产业创投高端载体。2018 年末，风投集聚区已同步启动建设、招商，科技及时尚产业集聚区、综合配套服务区已建成并基本完成招商入驻，累计引进风投、高科技及时尚创意企业 200 余家，年纳税总额超过 2 亿元。[2] 其中，风投集聚区已吸引 IDG 资本投资顾问（北京）有限公司等一批风投机构和金融机构入驻；科技产业与时尚生活板块，已集聚了广东广晟研究开发院等近百家新材料、人工智能、大数据方面的新业态企业，以及各种引领消费升级的都市时尚设计产业；综合配套服务区，已引进中国风险投资研究院创新资本研究院、广东省创投协会天使投资联盟、广州股权交易中心科创板运营中心、广州市科技金融服务中心海珠分中心等专业化服务平台，为创业者提供专业的创投资本、高端的人才资源和创

---

[1] 周莹、董晓静：《风投集聚广州大道南 1601 号：广州创投小镇打造"产业创投"全生态链》，新浪网，2018 年 7 月 27 日，https：//finance.sina.com.cn/roll/2018－07－27/doc－ihfvkitx3983594.shtml。

[2] 广州市地方金融监督管理局：《目前创投小镇建设情况》，广州市地方金融监督管理局官网，2019 年 3 月 19 日，http：//jrjgj.gz.gov.cn/rdzt/rdhy/content/post_2794081.html。

新的金融服务。①

2. 打造创投服务生态链。(1) 建设 O2O 创新实验室品牌，引进与创新、创业、创投相关的研究机构、行业协会和服务平台，为广州创投小镇入驻机构提供产融对接及"募、投、管、退"全流程公共服务。(2) 全国首个创新资本研究院、斯坦福大学国际联合研究院已落户并启动组建工作，广东省创业投资协会已入驻，广州股权交易中心科创板运营中心、广州市科技金融综合服务中心海珠分中心及科创咖啡、科创茶馆已开业运营。(3) 截至 2018 年末，成功承办了广州创投周、36 氪鲸准全珠三角投资周、广州科技金融路演中心企业投融资路演创投小镇专场活动、"广东创新+海珠梦起航"创新创业大赛、"青创杯"广州青年创新创业大赛等 100 多场创投活动，超过 3000 家企业参与了各项的路演活动和双创大赛，累计促成股债联动科技信贷意向、股权投资意向近 20 亿元，实现创投资本与本地创新创业项目无缝对接。②

3. 打造创投服务实体经济新平台。借鉴北京、上海、深圳、香港、杭州、东莞、佛山等特色小镇的建设经验，明确以"产业创投"为主攻方向，建设"创新资本+创新平台+创新产业+创新人才"四位一体的创投生态圈。出台促进风险投资集聚区发展、科技型初创企业集中性投资后补助资金池等政策，落实促进新兴金融集聚发展、促进企业上市等政策，对入驻广州创投小镇且对广州市海珠区投融资环境有积极贡献的机构，予以最高 3300 万元补助，以

---

① 广州市金融工作局：《2018 广州金融白皮书——金融发展形势与展望》，广州出版社 2018 年版，第 180—181 页。

② 广州市金融工作局：《2018 广州金融白皮书——金融发展形势与展望》，广州出版社 2018 年版，第 181 页。

及装修补贴和最长36个月的租金补贴，对符合条件的创投机构投资的本地科技企业予以补助，对企业上市（挂牌）予以补助，营造良好投资环境。①

五 佛山千灯湖创投小镇

（一）设立背景

在"一带一路"倡议下，为抓住粤港澳大湾区发展机遇，打造国际风险投融资基地，建设珠江金融中心，促进装备智能制造中心的建设，需要在珠三角打造风险基金聚集区，吸引更多创业投资机构、创投人才的到来。在此背景下，千灯湖创投小镇依托广东金融高新区金融创新优势，加快形成投资人、创业团队、基金管理人规模集聚效应，助推佛山建设珠江西岸创投中心。②

（二）发展历程

千灯湖创投小镇位于广东金融高新区C区，东至华翠北路，西至桂澜路，南至佛平路，北至海五路，占地面积约1.8平方千米，主要定位为珠江西岸创投中心重要的物理载体（见图8.15）。其中，重点建设的创投小镇核心区，用地面积约7.8万平方米，总规划建筑面积约7.7万平方米，主要分为基金创投集聚区，创新金融及中介服务集聚区，综合服务展示区，孵化器、加速器集聚区，人才公寓、运动生活休闲配套区五大功能区。③

---

① 广州市金融工作局：《2018广州金融白皮书——金融发展形势与展望》，广州出版社2018年版，第181页。
② 佛山市南海区金融业发展服务办公室：《千灯湖创投小镇推介》，2018年。
③ 文倩、阳桦：《千灯湖创投小镇亮相 佛山打造珠西创投中心融资租赁中心》，佛山日报网——新闻，2017年7月6日。

图 8.15　千灯湖创投小镇

资料来源:《广东金融高新区去年引进 157 个新项目》,《珠江时报》2019 年 1 月 21 日第 A03 版。

2017 年 7 月 5 日,千灯湖创投小镇正式揭牌,并举行推介会推出系列产业集聚扶持政策,以吸引国内外创投、私募股权基金以及基金管理公司等落户。推介会上,佛山市南海区与中国风险投资研究院、广东省创业投资协会签署合作框架协议,广东省粤科金融集团有限公司、深圳市创新投资集团有限公司、IDG 资本投资顾问(北京)有限公司、深圳市达晨创业投资有限公司、上海亚商股权投资管理有限公司、上海观禾览正投资管理有限公司等一批项目签约落户。省政府原副秘书长李捍东被聘任为千灯湖创投小镇名誉镇长。①

2017 年 7 月,千灯湖创投小镇动迁补偿方案经佛山市南海区人

---

① 文倩、阳桦:《千灯湖创投小镇亮相 佛山打造珠西创投中心融资租赁中心》,佛山日报网——新闻,2017 年 7 月 6 日。

民政府常务会议审议通过,将投入拆迁补偿费用预算总额约7000万元,用于核心区现状部分建筑进行拆除、改造;新建商业办公楼、综合楼、长廊及配套用房;对原有建筑物外立面、室内装修、园区景观等进行提升改造。项目总用地面积约78453平方米,改造提升完成后总建筑面积约78280平方米。①

2017年8月28日,广东省发展和改革委员会公布了第一批省级特色小镇创建对象名单,千灯湖创投小镇成为其中唯一专注于创投类行业发展的特色小镇。在《佛山市打造珠江西岸创业投资中心工作方案》中提出,千灯湖创投小镇将作为佛山打造珠江西岸创投中心重要的物理载体,3年内力争本地注册的创业投资、股权投资基金总规模达到500亿元,5年内力争达到700亿元。②

2018年2月8日,为促进创投小镇的建设和推进产业集聚,南海区出台了《佛山市南海区促进千灯湖创投小镇产业集聚扶持措施》,对落户千灯湖创投小镇的私募股权基金、私募证券基金等各类基金机构在落户奖励、物业补贴、经营扶持、投资奖励、人才补贴、投资挂牌奖励等方面给予大力扶持。其中,落户奖励最高达2000万元。③

2018年6月,千灯湖创投小镇核心区运营服务商采购工作已基本完成。同年9月,浙江菜根信息科技有限公司正式与佛山市南海区人民政府签约成为千灯湖创投小镇的官方运营商,承担千灯湖创

---

① 佛山市南海区金融业发展服务办公室:《2017年千灯湖创投小镇工作总结报告》,2017年。
② 张闻:《佛山千灯湖创投小镇揭牌 将打造创投机构集聚之地》,金羊网,2017年7月6日,https://www.sohu.com/a/154900881_119778。
③ 李欣、赵进:《金融创新:"千灯湖"如何力撑三龙湾?》,《南方日报》2018年12月17日第A15版。

投小镇的运营工作,负责千灯湖创投小镇招商引资、运营管理、企业服务、品牌推广等工作。①

2018年11月17日,第二届"中国股权投资金牛奖"高峰论坛暨颁奖典礼在广东金融高新区千灯湖创投小镇内举行,集聚全国天使投资、创业投资、私募股权投资、券商股权投资机构、母基金代表等500名业内人士。同时,广东广晟创业投资管理有限公司等一批机构签约落户千灯湖创投小镇,广发银行股份有限公司、北京盈科律师事务所等成为首批战略合作机构。广东粤科风险投资管理有限公司、广东暴龙资产管理有限公司等10家机构签约成为第二批佛山市南海区创新创业投资引导基金合作子基金。②

2021年5月13日举办的广东金融高新区重点项目落地及战略合作签约仪式上,中科沃土基金管理有限公司(以下简称"中科沃土")正式揭牌落户,入驻千灯湖创投小镇,成了首家落户地级市的公募基金管理公司,也让佛山成为全国第一个拥有公募基金牌照的地级市。③

(三)建设成效

1. 规模发展迅速。2018年10月,千灯湖创投小镇招商落地基金类机构达62家,包括IDG资本投资顾问(北京)有限公司、广

---

① 蓝志凌:《佛山千灯湖创投小镇有了专业"管家",会带来什么新变化?》,南方网——南方快报,2018年9月11日,https://baijiahao.baidu.com/s?id=1611272713473437591&wfr=spider&for=pc。

② 林海咏:《今天,千灯湖创投小镇吸引全国目光!明年,将申报国家级特色小镇!》,搜狐网——广东金融高新区,2018年11月17日,https://www.sohu.com/a/276196931_683938。

③ 广州日报:《佛山千灯湖创投小镇两岁了,未来将向万亿级基金小镇全力迈进》,人民咨询,2021年8月28日,https://baijiahao.baidu.com/s?id=1709307728561999016&wfr=spider&for=pc。

东省粤科金融集团有限公司等重点项目，在小镇规划范围内注册登记的基金类机构已达到175家，募集资金总额超过171亿元。截至2018年末，在千灯湖创投小镇规划范围内注册成立的基金类机构已累计235家，募集资金总额超过224.581亿元。[①]而到2019年3月20日，在千灯湖创投小镇范围内完成设立的基金类机构达到296家，募集资金总额约262亿元。[②]

2. 齐全的小镇配套设施。千灯湖基金小镇在基金创投集聚区内打造独栋别墅庭院和低层办公楼，以大面积落地玻璃窗增加空间的通透性，营造良好办公环境。完善生活配套服务，加快建设人才公寓、特色餐饮、创业咖啡、国际连锁便利店等生活服务设备。此外，保留原社区超过50%的绿化面积，生态景观规划配合千灯湖中央公园，将"湖景"和"河景"融入办公区域和生活区域。[③]

3. 构建多个投融对接平台。千灯湖基金小镇依托广东金融高新区的平台和资源，汇聚一批深度融合行业资源、充分激发创投活力的重大活动，如"金融·科技·产业融合创新洽谈会"、广东金融高新区资本市场发展大会、中国并购高峰论坛和"岭投会"系列活动等推动上市的活动。其中，私募股权机构盛会"金洽会"已成为华南地区最有影响力的私募创投行业品牌活动。[④]

[①] 佛山市南海区金融业发展服务办公室：《2018年千灯湖创投小镇工作总结报告》，2018年。

[②] 佛山市自然资源局南海分局：《有实力者来！千灯湖创投小镇、金融高新区B区地块"抛橄榄"！》，搜狐网——广东金融高新区，2019年3月28日，https://www.sohu.com/a/304655393_683938。

[③] 佛山市南海区金融业发展服务办公室：《千灯湖创投小镇建设情况进展》，2018年。

[④] 佛山市南海区金融业发展服务办公室：《千灯湖创投小镇建设情况进展》，2018年。

第九章　广东金融交易平台建设

由于商业银行向供应链提供的融资渠道过于单一，仅能解决企业融资难的问题。而利用金融交易平台，各产业所提供的物质资料可以通过线上金融服务与需求端实现顺利对接，实现在线销售与回购，满足贸易需求。因此，金融交易平台不仅能提高商品流通效率，还有助于形成集中市场、权威价格，在实现各产业协同发展方面具有重要作用。改革开放以来，广东省经济各方面取得突飞猛进的发展，[①]金融成为促进广东省经济稳增长、调结构、促转型、惠民生的重要支撑力量，广东省金融交易平台自1999年起从无到有，交易业务及服务涉及各类产权、资产及大宗商品的交易与转让。各类交易平台相互依存、相互促进，把商品市场与金融市场有机联系起来，逐步打造出多层次交易体系。本章按照股权类交易平台、金融资产类交易平台、综合性要素交易平台、专业性要素交易平台四个大类及其他要素交易平台分别介绍广东省金融交易平台发展情况。

第一节　股权类交易平台

股权类交易平台是一些非上市交易的股权、债券进行交易的场

[①] 《广东省志》编纂委员会：《广东省志（1979—2000）·总述卷·大事记卷》，方志出版社2014年版，第46页。

所，包括国家有关部门、各地政府主管的股权交易中心、产权交易所等。其主要为各类企业，特别是中小微企业提供股权、债权和其他权益类产品的登记、托管、转让、投资、融资、结算、过户等服务；同时，股权类交易平台还组织股权、债权和其他权益类产品的交易活动，为企业融资提供专项培育服务，为企业转板上市提供专业服务。截至2019年12月31日，广东省的股权类交易平台有两家，分别是广东股权交易中心股份有限公司（以下简称"广东股交中心"）与深圳前海股权交易中心有限公司（以下简称"前海股交中心"）。

一 广东股权交易中心股份有限公司

2018年7月3日，为贯彻落实《国务院办公厅关于规范发展区域性股权市场的通知》《区域性股权市场监督管理试行办法》有关规定，根据广东省人民政府（以下简称"省政府"）要求，广州股权交易中心有限公司（以下简称"广州股交中心"）与广东金融高新区股权交易中心有限公司（以下简称"金融高新区股交中心"）合并成为广东股交中心且合并前的两个机构依法注销，全部业务由广东股交中心承接（见图9.1）。广东股交中心是广东省（不含深圳）唯一合法的区域性股权市场运营机构、广东省重大的地方金融基础设施平台和广东省重要的中小微企业综合金融服务平台，旨在拓宽中小微企业直接融资渠道，创新企业投融资方式，推动产业、科技与金融资本融合发展，增强金融服务实体经济和防控金融风险能力，健全多层次资本市场体系，打造全国领先、具有强大影响力和竞争力的区域性股权市场。①

---

① 广东股权交易中心：《广东股权交易中心》，广东股权交易中心官网——中心简介，2019年12月31日，http://www.gdotc.com.cn/about/gdotc.html。

图 9.1　广州股权交易中心成立纪念碑

2018 年，广东股交中心新增挂牌展示企业 1978 家（整合后新增 540 家），其中新增挂牌企业 373 家（整合后新增 79 家），新增展示企业 1605 家（整合后新增 461 家）；新增纯托管企业 20 家（整合后新增 17 家）；新增退市摘牌企业 85 家；新增会员机构 54 家；新增企业融资额约 25 亿元。[①]

2019 年，广东股权交易中心新增挂牌、展示企业 3822 家（挂牌企业 469 家、展示企业 3353 家），占全国区域性股权市场新增企业规模的 40% 左右，与此同时，挂牌企业的质量大幅提高，尤其是股份公司挂牌企业数量同比大幅增长 296.7%，为广东股权交易中心过往几年的总和，科技型企业占比也高达 60% 以上。2019 年，

---

① 广州市地方金融监督管理局：《2019 广州金融白皮书——金融发展形势与展望》，广州出版社 2019 年版，第 105—106 页。

广东股权交易中心新增会员机构89家,新增企业融资额58.77亿元(其中股权融资35.28亿元,占比60%),新增交易额41.94亿元,总融资交易额新增超100亿元,培育孵化1家企业成功登陆科创板。

截至2019年底,广东股权交易中心挂牌、展示企业17415家(挂牌企业3941家、展示企业13474家),企业数量总体规模位居全国第一,其中广州市挂牌、展示企业6975家(挂牌企业2170家、展示企业4805家)。截至2019年底,中心累计会员机构882家,累计实现融资1137.01亿元。通过"新三板路演平台""科技金融路演平台""粤融资本路演平台",持续为中小微企业开展常态化投融资对接。截至2019年底,以上路演平台累计服务中小微企业接近400家,累计融资总额超30亿元。[1]

由于广东股交中心成立时间较短,下面将分别介绍合并前的广州股交中心与金融高新区股交中心。

(一)广州股权交易中心有限公司

为加快OTC市场[2]建设,根据2012年广东省人民政府金融工作办公室(以下简称"省金融办")相关工作方案的安排,广州开发区金融控股集团有限公司(以下简称"广州开发区金控集团")、广东粤财投资控股有限公司、广州金融控股有限公司三大国有控股公司强强联手,在广东省和广州市人民政府的大力支持下,出资在全

---

[1] 广州市地方金融监督管理局:《2020广州金融白皮书——金融发展形势与展望》,广州出版社2020年版,第115页。

[2] OTC市场又称柜台交易市场或店头市场,没有固定的场所,没有规定的成员资格,没有严格可控的规则制度,没有规定的交易产品和限制,主要是交易对手通过私下协商进行的一对一的交易。场外交易主要在金融业,特别是银行等金融机构十分发达的国家。

国首批金融改革试点城市之一的广州市①设立了广州股权交易中心有限公司（以下简称"广州股交中心"）（见图9.2）。广州股权交易中心于2012年8月9日正式开业运营，其注册资本达1.8亿元，是一个区域性股权市场的运营机构，是为广东省内中小微企业证券非公开发行、转让及相关活动提供设施与服务的场所。② 成立以来，广州股交中心市场规模、服务能力、风险控制能力、盈利能力和市场影响力均有显著提升，已发展成为国内最具市场影响力的区域性股权市场之一。截至2017年12月31日，广州股交中心融资和流转交易总额达1932.918亿元，挂牌展示企业总计8098家。

图9.2　广东股权交易中心股份有限公司

---

① 《广东省志》编纂委员会：《广东省志（1979—2000）·总述卷·大事记卷》，方志出版社2014年版，第82页。

② 广东股权交易中心：《广东股权交易中心》，广东股权交易中心官网——中心简介，2019年12月31日，http：//www.gdotc.com.cn/about/gdotc.html。

2013年,广州股交中心荣获由南方日报社主办的2013年度"金榕奖"最佳中小企业金融服务商大奖。此外,广州股交中心还与茂名、阳江、梅州、韶关和清远5个地级市政府签署战略合作协议,省内15个地市共122家企业实现挂牌。在国内区域性市场中,广州股交中心首次上线知识产权交易板块,主要开展知识产权质押融资及知识产权入股为主的转让、许可等交易业务,形成"两权质押,投贷联动"的创新融资模式;而后在国内率先推出了"股融通"服务产品。同时,由其发起设立的广州金融资产交易中心有限公司(以下简称"广州金交中心")于6月获省政府批准筹建,首期由广州股交中心投资6000万元先行发起设立。[①]

2014年,广州股交中心推出股权质押与知识产权质押结合的"知融通"金融产品。此外,广州股交中心还与中国共产主义青年团广东省委员会共同发起设立国内首个"青创板",为青年创新创业项目和创业企业提供孵化培育、规范辅导、挂牌展示、投融资对接等综合金融服务,筑造助力青年创新创业的互联网非公开股权融资平台。[②]

2015年,广州股交中心通过多渠道推动企业挂牌,超额完成年度2000家挂牌企业目标。同时,广州股交中心还完成了中小微企业综合金融服务体系的搭建:服务体系包括基础服务、融资服务和财务顾问服务3大类共计22小类,为挂牌企业的成长发展提供全方位的孵化培育和融资服务。除了探索开发出包括固定收益率产品备案发行、企业挂牌路演服务、登记托管服务和融资对接服务等创新

---

① 广州股权交易中心2013年工作总结。
② 广州市金融工作局:《2015广州金融白皮书——金融发展形势与展望》,广州出版社2015年版,第123—124页。

服务产品，广州股交中心还与广东省粤科融资担保股份有限公司、广州凯得融资担保有限公司及有关银行等合作，推出"债信通"系列融资服务产品，为"精选板"企业提供股权质押、债权融资服务的专属融资产品，并且以"领投＋跟投"的模式推出互联网非公开股权融资产品，主要服务"青创板"企业和项目，全年为16个"青创板"项目募集资金4100万元。此外，广州股交中心在与广东省中小企业局建立战略合作关系，共建"广东省高成长中小企业板"之后，获得省级中小企业发展专项资金565万元支持高成长板建设。2015年，广州股交中心与中证机构间报价系统股份有限公司（以下简称"中证报价系统"）完成了对接业务规则的制定和信息技术系统的对接后，两个机构间的交易业务于2015年3月26日正式上线运行。广州股交中心在中证报价系统专门开辟的"广州板块"上挂牌展示的挂牌企业共计25家，5家挂牌企业可在中证报价系统进行报价交易，实现股权转让共计59笔，成交金额累计1.23亿元。2015年，广州股交中心还与各类会员通过常态化开展"瞪羚咖啡——青创板天天秀"等专场融资路演活动，组织项目对接超过100项，16个项目与投资机构成功签订融资协议，实现融资4100万元。2015年11月17日，在第十四届"挑战杯"全国大学生课外学术科技作品竞赛终审决赛开幕式上，省政府和中国共产主义青年团中央委员会共同签署了《共青团中央广东省人民政府共建"中国青年大学生创业综合金融服务平台"战略合作框架协议》，以省部共建模式建设"中国青年大学生创业板"，实施主体为广州股交中心。[①]

2016年，广州股交中心成功推动广东省金融、工商、经贸、科

[①] 广州市金融工作局：《2016广州金融白皮书——金融发展形势与展望》，广州出版社2016年版，第132—135页。

技和有关地市政府等部门出台各类支持中小微企业挂牌融资的激励政策，涵括挂牌费用补贴、交易费用补贴、股份制改造补贴、融资贴息等多项政策红利，最高超过100万元，布局了广东省内各地级市线下青创板服务集群点，包括佛山禅城、珠海横琴、深圳及河源等地市，共建立17个青创板项目落地示范区、运营服务中心、服务站等形式多样的线下服务实体，合作孵化器、科技园区、众创空间40余个。广州股交中心还创新打造了"粤启航"大讲堂系列培训服务，在全省范围为近1000家挂牌及拟挂牌企业开展了10场培训，该系列讲堂目前已成为广东省较有影响力的企业培育孵化品牌。在与合作银行共同开发设计推出"股权增值贷"创新融资产品的同时，广州股交中心还取得了试点开展LP[1]份额出质登记业务的资格，探索开展金融、类金融机构股权质押融资服务，为建立风险机构退出平台奠定了基础。此外，广州股交中心还推动优质企业以双挂牌模式登陆中证报价系统，探索采取有效模式与全国资本对接。[2]2016年5月16日，广州市人民政府与深圳证券交易所合作共建的"广州科技金融路演中心"落户广州股权交易中心。2016年11月7日，广州市金融工作局与深圳全景网共建的"广州新三板路演中心"也落户广州股交中心。

2017年，广州股交中心在2016年调研、协调的基础上，着重在银行、私募基金机构推广LP份额质押登记业务，在全国范围内

---

[1] 有限合伙人（Limited Partner，简称LP），指参与投资的企业或金融保险机构等机构投资人和个人投资人，或经其他合伙人一致同意依法转为有限合伙人的，被依法认定为无民事行为能力人或者限制民事行为能力人的合伙人。这些人只承担有限责任。

[2] 广州市金融工作局：《2017广州金融白皮书——金融发展形势与展望》，广州出版社2017年版，第144—147页。

为首创。是年，广州股交中心拓展非上市股份公司以及非上市股份制银行登记托管业务——2017年广州股交中心非上市公司登记托管累计2303家。此外，广州股交中心在海珠区洋湾创投小镇设立"科创板运营中心"，整合洋湾创投小镇的创新金融资源，为科创板挂牌企业提供科技与金融的专属服务；在文化方面，在广州市花都区建设广州文化创意企业板。值得注意的是，2017年，广州股交中心在信息化系统建设上取得了阶段性成果，"超级系统""智能运营"框架初步形成。[①] 在路演平台建设方面，2017年8月22日，广州科技金融路演中心以第16期路演现场作为示范平台，现场直播联网到科技部火炬中心，向国家领导人展示路演服务成效。

（二）广东金融高新区股权交易中心有限公司

根据广东省主要领导指示及《关于转发加快推进我省OTC市场建设的工作方案的函》的要求，由广东金融高新技术服务区管理委员会牵头，联合广发证券股份有限公司（以下简称"广发证券"）、招商证券股份有限公司、广东省交易控股集团、深圳证券信息有限公司、佛山市金融投资控股有限公司、佛山市南海金融高新区投资控股有限公司共同组建公司制区域股权交易市场——广东金融高新区股权交易中心有限公司（以下简称"金融高新区股交中心"）。

金融高新区股交中心于2013年7月11日挂牌成立。同年8月26日，金融高新区股交中心正式入驻佛山民间金融街（见图9.3）。随后，经省政府《关于广东金融高新区股权交易中心正式开业的复函》批准，金融高新区股交中心于2013年10月29日正式开业，注册资本为人民币1亿元，注册地在近代民族工业发源地

---

① 广州市金融工作局：《2018广州金融白皮书——金融发展形势与展望》，广州出版社2018年版，第144—147页。

之一的佛山市。① 总部位于广东省佛山市南海区桂城街道南平西路民间金融街 A2 栋，由省政府直属管理。金融高新区股交中心立足于佛山，辐射珠三角，采取"广东省市共建、券商主导、市场化运作"的运作模式，以广东省国家级和广东省级高新技术服务区内的中小微企业为重点服务对象，致力于为中小微企业融资提供服务，力促金融、科技、产业融合发展，打造广东省级股权、债权及知识产权综合融资平台。②

图 9.3 广东金融高新区股权交易中心发起人签约仪式

---

① 《广东省志》编纂委员会：《广东省志（1979—2000）·总述卷·大事记卷》，方志出版社 2014 年版，第 42 页。
② 广东金融高新区：《广东股权交易中心挂牌 企业融资活水来股权交易中心》，广东金融高新区网站——聚焦金融区——园区资讯，2021 年 01 月 26 日，http://jrb.nanhai.gov.cn/jjjrq/yqzx/content/post_2194103.html。

2014年1月17日，金融高新区股交中心江门运营中心正式启动，江门运营中心为江门市高新区中小企业提供了一个融资平台；2月24日，金融高新区股交中心举行"高新好商机，向你秀出来"之项目研讨会，三大高科技项目现场路演"牵手"金融资本，搭建起了产业资本"联姻"的新平台；4月21日，金融高新区股交中心正式成为中国证券业协会会员机构，并可申请加入私募产品机构间报价转让系统，提供企业融资信息跨市场展示，实现投融资双方的有效对接和资源共享；4月22日，金融高新区股交中心云浮分中心正式成立；4月26日，金融高新区股交中心与东莞市电子计算中心在东莞联合成立广东股交中心东莞运营中心；5月13日，金融高新区股交中心广东路演中心正式启动；6月11日，金融高新区股交中心与广州股交中心、广州金交中心三家交易中心同时与肇庆市人民政府签订战略框架协议，共同促进肇庆市企业特别是肇庆国家高新区科技型企业发展；6月13日，由金融高新区股交中心与粤桂合作特别试验区股权交易中心共建的"粤桂合作特别试验区股权交易中心"正式揭牌；8月4日，广东省青年创新创业试验区在广佛智城宣告成立。金融高新区股交中心与广东省青年创新创业试验区签订了"青创板战略合作协议"；10月23日，河南省中小企业发展服务中心与金融高新区股交中心签订战略合作协议；11月12日，"广东金融高新区股权交易中心茂名服务基地"揭牌仪式在广东省茂名市经济和信息化局的中小企业服务中心大厅举行，标志着金融高新区股交中心茂名服务基地正式入驻茂名市中小企业公共服务平台；12月18日，由广东省知识产权局主办的"2014中国（广东）知识产权投融资对接会暨企业挂牌仪式"在金融高新区股交中心顺利举行，金融高新区股交中心携手广东省大学生创新创业实践基地共同打造"创业项目交流对接平台"。

2015年,2月9日,金融高新区股交中心与广东省粤科金融集团有限公司、广东金融高新技术服务区、佛山高新技术产业开发区签订战略合作协议,共建"科技金融创新服务基地";3月25日,广东省惠州市惠阳太东小额贷款股份有限公司"太东1号——小贷资产收益权"在金融高新区股交中心转让成功,开启了金融高新区股交中心小贷资产收益权转让融资的新模式;4月3日,金融高新区股交中心与佛山市高明区人民政府签订战略合作协议,共建"高明企业上市孵化基地";5月21日,金融高新区股交中心与广东省科技金融综合服务中心江门高新区分中心在江门签署金融服务协议;7月21日,金融高新区股交中心新一期的"灯湖私募债"理财产品正式上线,首批上线的1500万元的认购额度,上线仅1分钟就被"秒抢";8月31日,广东地区科技企业投融资常态化路演(第一期)在广东金融高新技术服务区内的全景网(广东)路演中心举行,该活动由金融高新区股交中心、深圳证券信息有限公司主办,广东股交众创服务平台、中国高新区科技金融信息服务平台承办,力图打造成为广东地区常态化路演模式。

2016年,4月20日,金融高新区股交中心与佛山市三水区人民政府、广东佛山三水工业园区管理委员会签订战略合作协议,共建"三水企业上市孵化基地",同时金融高新区股交中心三水区运营分中心揭牌;7月27日,金融高新区股交中心"人才板"启动,这是全国证券场外市场首个专门为创新创业人才设立的特色板块;11月21日,在"信用为本跨界共享"广东金融高新技术服务区金融创新发展大会上,由金融高新区股交中心和广东省科技金融综合服务中心广东金融高新区分中心共同打造的佛山创新创业服务平台——

"创融汇"正式上线。

二 深圳前海股权交易中心有限公司

2011年12月1日,中国证券监督管理委员会(以下简称"中国证监会")主席郭树清在中小企业融资论坛上提出资本市场六大工作第一件中就提到"加快多层次资本市场体系建设,健全和完善市场体系结构,可以为不同规模、不同类型、不同成长阶段的企业提供差异化的金融服务,加快统一监管的场外市场建设步伐,认真研究柜台交易的可行性"。2012年4月17日,在湖北省资本市场建设工作会议上,郭树清表示,除了要加紧推出全国性的场外交易市场外,证监会还希望年内推出区域性股本转让市场,旨在为地方小微企业融资、转让、流转服务。2012年6月29日,在陆家嘴论坛上郭树清再次提出"必须加快发展多层次、多产品的资本市场体系。大力发展债券市场,积极推进统一监管的场外市场,规范发展区域性股权交易市场"。中国证券业协会也多次组织券商讨论《指导意见》,该《指导意见》为证券公司参与区域性股权市场建设指明了方向,以柜台交易方式运作的区域性股权交易市场将成为中国多层次资本市场建设的重要组成部分。

在此背景下,深圳前海深港现代服务业合作区设立了国有企业控股、市场化运作的区域性交易市场——深圳前海股权交易中心有限公司(以下简称"前海股交中心")。前海股交中心于2012年5月15日揭牌,2012年12月6日完成增资扩股。前海股交中心,是贯彻国务院赋予深圳在全国金融改革创新领域先行先试精神[1]和前

---

[1] 《广东省志》编纂委员会:《广东省志(1979—2000)·总述卷·大事记卷》,方志出版社2014年版,第84页。

海开发区政策,遵循中国证监会对多层次资本市场建设体系的统一要求,在深圳前海深港现代服务业合作区建设的立足深圳、辐射全国的股权交易所,也是全方位服务中小企业的新型市场化投融资平台,致力于打造独特的"新四板",[①] 引领场外资本市场发展新方向。

2013 年 5 月 30 日,前海股交中心正式开业,挂牌企业 1200 家。同年 6 月,"梧桐私募债-增倍 1 号"成功发行;7 月,见证、培训、咨询等系列产品先后落地;11 月,国内场外市场首个"非标投行"诞生;12 月 30 日,厦门两岸股权交易中心正式成立(前海公交管理输出模式启航)。

2014 年 3 月,首只短融产品"云浮 1 号"成功发行。5 月,股权投融资平台正式上线。

2015 年 5 月,"孵化板"正式推出,截至同年 5 月 27 日,其挂牌企业超过 6000 家。

2016 年 10 月 12 日,前海股交中心的"前海创投基金转让平台"启航。

2017 年 12 月 16 日,由 21 世纪经济报道主办,前海股交中心协办"2017 亚洲产业与资本峰会"在深圳隆重召开。

2018 年 6 月 30 日,前海股交中心与梧桐数据联合主办《中国新经济白皮书 2018》全球发布会。12 月 19 日,前海股交中心首创的中小微企业全生命周期场外培育服务体系——"梧桐九步上市法"荣膺"2018 年度前海优秀金融创新案例"。

---

① 新四板即"区域性股权交易市场",是为特定区域内的企业提供股权、债券转让和融资服务的私募市场,是公司规范治理、进入资本市场的孵化器,也为股份公司股权转让提供交易场所。

第二节 金融资产类交易平台

国内金融资产交易平台一般定位于区域性的银行间市场,是对全国性银行间市场的补充。在交易品种方面,国内金融资产交易市场上主要包括金融资产公开交易业务、金融产品非公开交易业务及其他创新产品服务。截至2019年12月31日,广东省金融资产类交易平台主要包括广州金融资产交易中心有限公司(以下简称"广州金交中心")、广东金融资产交易中心有限公司(以下简称"广东金交中心")、深圳市招银前海金融资产交易中心有限公司(以下简称"招银前海金交中心")、广东华侨金融资产交易中心股份有限公司(以下简称"广东华侨金交中心")、深圳前海金融资产交易所有限公司(以下简称"前海金交所")和其他金融资产交易所(中心)。

一 广州金融资产交易中心有限公司

为贯彻落实国务院批准实施的《珠江三角洲地区改革发展规划纲要(2008—2020年)》,充分调动与发挥各类金融机构、新型业态主体的积极性、能动性;引导各类型机构和组织结合自身特点充分发挥各自优势;降低金融资产交易成本;提升金融机构风险管理水平;引导金融资产规范流动;助力实体经济发展;丰富金融风险防范化解手段;完善我国金融市场体系;助力"一带一路"、粤港澳大湾区建设;加快幸福广东、金融强省广东省建设。省政府遵循国务院关于交易场所建设和运营的有关规定,于2013年12月批准设立国有综合性金融资产交易平台——广州金融资产交易中心有限公司（以下简称"广州金交中心"），① 广州金交中心自2014年4月18日起正式开业，落地广州市高新技术产业开发区（见图9.4）。② 依托广东的区位优势，广州金交中心充分利用中央及地方政府的支持政策，搭建了一套具有广东特色的普惠金融服务机制，审慎开展金融创新业务。

图9.4　广州金融资产交易中心

2015年，广州金交中心成功与上海招财宝金融信息服务有限公司（招财宝）、苏宁消费金融有限公司（苏宁金融）、京东数字科技控股有限公司（京东金融）、拉卡拉支付股份有限公司（拉卡拉）、

---

① 广州金融控股集团有限公司：《广州金融资产交易中心简介》，广州金控官网——参股企业，https://www.gzjrkg.com/company/856.html。

② 广州金融资产交易中心：《广州金融资产交易中心开业仪式暨珠江金融论坛（第13次）隆重举行》，珠江金融网，2014年4月18日，http://www.gfa.net.cn/cms/zjlt/847.do。

凤新科技（海口）集团有限公司（凤凰金融）、南京途牛科技有限公司（途牛金融）、浙江互联网金融资产交易中心股份有限公司（网金社）等10余家大型互联网平台签订合作协议，并与其中大部分完成系统对接。2015年9月底，广州金交中心在广州市金融工作局支持下开始开展资产管理业务，取得资产管理业务资质。是年，广州金交中心新增3个备案类交易产品。①

2016年，广州金交中心开发了更多针对中小微企业和双创主体的融资产品，如直接债务融资产品、微融工具等。同时，为了给服务小微企业和"三农"的小额贷款公司和典当公司创造更好的条件，他还创新开发了相关金融产品或服务。②

2017年，广州金交中心在清理整顿交易场所"回头看"和互联网金融专项整治中，按省金融办等相关监管部门的要求优化调整相关业务结构。已到期的所有产品均全部顺利兑付，存续期内的所有产品均具备较好的兑付保障措施，不存在兑付风险隐患。同年，广州金交中心还与广州农村商业银行股份有限公司（以下简称"广州农商银行"）、万联证券股份有限公司、珠江人寿保险股份有限公司、广州市广永国有资产经营有限公司的业务合作实现了具体项目落地，与广州开发区金控集团旗下的广州凯得融资担保有限公司实现了具体的业务落地。③

2018年，广州金交中心全年新增产品规模117.68亿元，年底

---

① 广州市金融工作局：《2016广州金融白皮书——金融发展形势与展望》，广州出版社2016年版，第153—154页。
② 广州市金融工作局：《2017广州金融白皮书——金融发展形势与展望》，广州出版社2017年版，第149—150页。
③ 广州市金融工作局：《2018广州金融白皮书——金融发展形势与展望》，广州出版社2018年版，第127—129页。

累计金融产品融资交易额达1876.08亿元，市场规模、服务能力继续在国内同类交易平台中保持领先。①

广州金交中心于2018年下半年顺利完成了股权重组，（原股东为广州股权交易中心，现委托广东股权交易中心经营），自2019年1月1日起正式独立运营。截至2019年底，广州金交中心累计交易额近2000亿元，市场规模、服务能力在国内同类交易场所中保持领先。②

二 广东金融资产交易中心有限公司

为激发金融资产高效合理流动，实现金融创新；引领金融资产流转支持实业发展；打造国内领先的金融资产交易平台；推动中国金融资产和金融资源合理配置，增强金融流动性管理。按照"市场在资源配置中起决定性作用"的精神，根据中共广东省委、省政府"全面建设金融强省广东省"的战略部署，在中共广东省委、省政府的关心和指导下，在省金融办、"一行三局"等相关监管部门的大力支持下，广东金交中心由广东省产权交易集团有限公司、珠海金融投资控股有限公司和珠海大横琴投资有限公司在中国首批建立经济特区的4个城市之一——中国内陆第二大口岸城市——广东省高新技术产业产地的珠海市③发起设立，落地国家级横琴新区，于2013年12月20日正式揭牌运营。

---

① 广州市地方金融监督管理局：《2019广州金融白皮书——金融发展形势与展望》，广州出版社2019年版，第109—110页。
② 广州市地方金融监督管理局：《2020广州金融白皮书——金融发展形势与展望》，广州出版社2020年版，第119页。
③ 《广东省志》编纂委员会：《广东省志（1979—2000）·总述卷·大事记卷》，方志出版社2014年版，第87页。

广东金交中心是极具公信力的独立第四方国有金融资产交易平台，是经省政府批准设立的金融资产交易平台。公司采取会员服务制度，在非标性、私募性金融资产交易方面独具创新优势和特点，主要业务范围涵盖金融股权、实物资产、金融不良资产、担保资产增信、定向债权投资工具、票据收益权、资产权益流转、投融资顾问服务、类资产证券化产品、跨境人民币业务等各类交易，为各类金融资产提供从注册、登记、托管、交易到结算的全程式服务。[①] 2018年，广东金交中心共达成交易项目1053笔，累计达8261笔；实现交易量14291亿元，累计交易量达36499亿元；实现营业收入2.7亿元，累计达9.38亿元；实现净利润1121.46万元，盈利创新高的同时将以前年度亏损全部弥补完毕。

2014年4月1日，省金融办批准同意广东金交中心开展投资收益权转让业务。同年，广东金交中心共开展投资收益权业务1期、小额贷款资产收益权3期。其中，在投资收益权业务方面，进一步研发了第二代产品"资产权益流转交易"产品。此外，广东金交中心还对跨境人民币资产交易境内资产和境外资金进行了初步摸排，并在此基础上和相关机构一并研究既符合市场需求，又具有中心特色，且风险可控的业务发展模式。目前已形成《广金中心跨境人民币资产交易方案》并筛选出具有代表性的项目，报送人民银行广州分行。除上述两项工作，广东金交中心还创新交易模式，开创性地与中央电视台联手打造国内首个鼓励国人以自己的发明创造创业的大型投融资类电视节目《发明梦工场》。为了给公司业务发展及营销工作提供智力支持，广东金交中心还广泛搜集国际国内金融市场

[①] 广东金融资产交易中心官网——关于我们——公司简介，2019年12月31日，https://www2.gdfae.com/info/detail/518.html。

信息，整理并刊发《广金瞭望》，2014年全年共刊发33期。在扩展业务合作方面，2014年6月21日，广东金交中心在第三届中国（广州）国际金融交易·博览会（以下简称"广州金交会"）上与广州农商银行签订战略合作协议。2014年6月30日，广东金交中心自主研发、首家推出的拥有自有知识产权的创新产品——担保资产增信交易（以下简称"保信易"）经过近一年的市场检验，与近百家银行总行或分行以及部分非银行金融机构达成合作关系。自2014年第四季度开始，保信易业务呈现快速增长趋势，创造营业收入913.42万元，占总营业收入的31.68%。值得一提的是，同年9月，广东金融资产交易中心入围广东省国资系统体制机制改革创新试点企业（全省50户）。

2015年，广东金交中心的"中达2—4期"小额贷款收益权产品和"穗银保理1—5期"应收账款收益权产品正式落地，定向债务融资工具落地并形成稳定业务流。在工信部联合中国中小企业协会、人民日报社人民网举办的"2015年全国中小企业服务体系创新典型案例"征集活动中，广东金交中心的创新产品"担保资产增信交易"脱颖而出，获第一名。

2016年，广东金交中心先后与中国农业银行股份有限公司广东省分行、广东南海农村商业银行股份有限公司、佛山农村商业银行股份有限公司、福建南平农村商业银行股份有限公司等机构就不良资产交易业务进行合作，累计交易量达5.66亿元，带来净收入55万元。此外，广东金交中心还完成了受托交易产品业务方案请示的工作，并获得省金融办备案，开启了作为受托人与银行、信托公司合作的新模式。2016年6月24日，在第五届广州金交会，广东金交中心被授予"广东国际金融资产交易中心"牌，这标志着其正式迈上国际化征程。2016年11月30日,广东金交中心的互联网金融资产交易系统正式投产上线,这意味着他成功做到了"线上交易+线下体验"的交易模式。

2017年,广东金交中心的业务结构顺利从保信易一类独大,调整为保信易、收益权类、特殊资产等"三驾马车"齐头并进的局面,收入来源也完成了结构性调整。

2018年5月,广东金交中心获得国家外汇管理局广东省分局批准开展银行不良资产跨境转让试点业务,成为目前国内首家获此资格的省级金融资产交易场所;同年9月,广东金交中心不良资产业务招商小程序成功上线,功能强大、数据海量、维度丰富,成为广东金交中心转型发展中的"网络助推手"。同年10月,广东金交中心以业务优先恢复为应急首要原则,完成异地数据灾备系统建设,成为全国首家上线异地灾备系统的金融资产交易中心,建成有公司特色、符合监管要求的异地灾备系统。

2020年4月23日,广东金交中心与小米数字科技达成战略合作。8月3日,中国光大银行广州分行通过广东金交中心平台成功拍出了该行在广东金交中心挂牌的首单债权资产项目。

2021年6月16日,东莞银行与广东金交中心合作挂牌的首笔债权资产包成功处置。

三 深圳市银通前海金融资产交易中心有限公司

深圳市招银前海金融资产交易中心有限公司(以下简称"招银前海金交中心")是2015年2月16日,经深圳市人民政府金融工作办公室批准,由招商局集团有限公司和招商银行股份有限公司(以下简称"招商银行")旗下公司共同出资,在深圳前海注册设立的金融资产交易场所公司借助前海政策优势，利用最新 Fintech① 技术，提供特殊资产交易、跨境金融、金融资产撮合交易、金融科技解决方案及其他创新业务的开放式金融资产交易平台。招银前海金交中心于 2015 年 4 月 27 日在广东省前海打响中国改革开放第一炮，开创企业自筹划金、成片开发、独立经营管理工业区的蛇口自贸区②揭牌启动仪式上被授牌为重点金融项目。③ 招银前海金融资产交易中心于 2021 年 8 月 13 日更名为银通前海金融资产交易中心。

银通前海金融工作优势如下：

1. 交易所"互联网+"优势。银通前海金融资产交易中心自主研发"不良资产开放式营销管理云平台"（NPAMP）系统，资产端对接银行、AMC 等机构，展示端对接阿里拍卖、京东拍卖、同业交易所等平台，实现转让方一次录入资产信息，多点触发、同步推介，最大范围扩大信息面，同时可实现远程网络竞价、线上交易，投资者可在全球范围内参与交易。

2. 独有的资质及政策优势。银通前海金融资产交易中心拥有拍卖业务资质，为交易模式提供多样化选择。同时，银通前海金融资产交易中心作为 2017 年国家外汇管理局深圳市分局开展跨境不良资产转让业务试点的 2 家机构之一，在境外资金出入境、税务申报等方面具备政策优势。

---

① 金融科技，由英文单词 Fintech 翻译而来，Fintech 则是由金融"Finance"与科技"Technology"两个词合成而来。金融科技，主要是指那些可用于撕裂传统金融服务方式的高新技术。

② 《广东省志》编纂委员会：《广东省志（1979—2000）·总述卷·大事记卷》，方志出版社 2014 年版，第 85 页。

③ 招银前海金融资产交易中心官网——关于我们——公司介绍，2019 年 12 月 31 日，https://www.ytfae.com/company.jhtml。

3. 产业链一站式生态服务优势。除前期与招商银行开展合作外，银通前海金融资产交易中心已与多家大型金融机构开展合作，资产招商规模超600亿元（不含招商银行资产）。在资产的处置过程中，银通前海金融资产交易中心通过专人实时跟踪服务，并可为相关方提供包括配资方、清算服务机构、律所、评估所等优质服务商，提高处置效率。

2015年2月16日，银通前海金融资产交易中心获批交易场所业务资质。此后，银通前海金融资产交易中心充分利用交易场所资质，聚焦于不良资产、小贷资产、融资租赁资产、保理资产等类型的金融资产交易，同时积极开展财务顾问、见证等平台撮合类业务。同年4月27日，银通前海金融资产交易中心在广东省前海蛇口自贸区揭牌启动仪式上被授牌为重点金融项目。

2016年4月19日，银通前海金融资产交易中心作为首批发起人单位参与亚洲首个区块链技术联盟ChinaLedger发起会议；同年8月25日，银通前海金融资产交易中心自建C端"招招理财"App开始试运营，银通前海金融资产交易中心以此为平台，搭建了以大类资产配置为基础的财富管理体系；同年12月31日，银通前海金融资产交易中心顺利完成1000亿人民币交易规模目标。

2017年4月19日，银通前海金融资产交易中心作为首批11家发起人单位，参加了中国区块链分布式总账基础协议联盟成立大会。在智能投顾方面，银通前海金融资产交易中心开展了基金评级体系建设、资产配置模型等工作，从用户的收益和风险偏好角度出发，为客户提供个性化资产配置方案。在大数据方面，银通前海金融资产交易中心完成了智能化财经资讯平台、精细化数据运营平台、客户画像分析等大数据应用，实现了对客户进行精准营销以及风险管理；同年6月，国家外汇管理局批复深圳市分局开展不良资产跨境转让试点，银通前海金融资产交易中心获批为指定的可受理跨境不良资产转让的资产交易平台机构，此后，银通前海金融资产交易中心积极拓展知名境外资金方，并与招商银行密切配合，共同探索跨境不良资产转让业务，为涉及跨境投融资提供产业链上全流程综合服务；截至2017年12月31日，银通前海金融资产交易中心累计交易额实现5225亿元人民币，管理规模实现1069亿元人民币，累计吸纳机构会员304家。

四 广东华侨金融资产交易中心股份有限公司

改革开放后，特别是中央对广东实行特殊政策以后，广东省抓紧落实各项华侨政策，做好侨务工作，在华侨中很得人心。根据广东的特点建立经济特区，广东省开放对外"窗口"，采取有力的政策措施，为做好引进资金和先进技术设备、经营管理经验的工作创造了良好的条件。许多侨乡根据自己的条件制定各种优惠措施，发挥了华侨在经济建设中的众多优势。[①] 鉴于中国存量金融资产流动性需求巨大，"两化"改革深入，直接融资、场外市场兴起，以及民间资金理财需求升级的背景。为了解决存量资产的流动性需求，优化金融资产配置，用好增量，盘活存量，不断推进金融深化改革，吸收华侨、侨眷的外汇资金，促进经济社会发展。经省政府批准，由大型央企中国青旅实业发展有限责任公司、华侨经济文化合作试验区国有独资公司汕头市东海岸投资建设有限公司，并联合海丝（深圳）金融控股有限公司、深圳前海新资本金融控股有限公司共同发起成立广

[①] 广东省地方史志编纂委员会：《广东省志·华侨志》，广东人民出版社1996年版，第319页。

东华侨金融资产交易中心股份有限公司（以下简称"广东华侨金交中心"），总部位于汕头市龙湖区，深圳办事处位于深圳市福田区。

广东华侨金交中心是设立于华侨经济文化试验区①的专业化金融资产交易机构，注册资本1亿元，是广东省多层次资本市场的重要组成部分，在省金融办的统一指导协调下开展各项业务。同时，广东华侨金交中心依托华侨经济文化合作试验区多重政策叠加优势，积极拓展海外服务基地，努力开拓一条具有华侨特色的金融创新道路，为海内外华侨企业提供金融管理服务，将自己打造成华侨企业投融资服务中心和21世纪海上丝绸之路的重要金融创新平台。其成立过程如下：2016年7月19日，汕头市人民政府发文省金融办请示设立广东华侨金交中心事项，2016年9月13日，省金融办批复同意在华侨经济文化合作试验区设立广东华侨金交中心；2017年1月18日，广东华侨金交中心完成工商注册登记；2017年2月21日，省金融办同意广东华侨金交中心正式开业运营；2017年8月7日，省金融办同意广东华侨金交中心开展资产收益权转让业务及定向债务融资工具业务试点。

五 深圳前海金融资产交易所有限公司

为了给广大机构、企业和其他投资者提供高效、安全的金融资产交易服务及投融资顾问服务，给个人提供财富增值机会，为企业提供投融资渠道，为金融机构创造资产流动性。2011年4月7日，

---

① 2014年9月15日，国务院批复同意在汕头经济特区设立华侨经济文化合作试验区，赋予21世纪海上丝绸之路重要门户的重大使命。华侨经济文化试验区是海湾区的核心区域、包括珠港新城、东海岸新城、南滨新城、汕头保税区、广澳港区和南澳岛全域。

一家专业的、国际化的投融资交易平台——深圳前海金融资产交易所有限公司（以下简称"前海金交所"）成立，落地深圳市福田区。2012年11月，前海金交所成为经国务院相关部委清理整顿验收合格的8家交易所之一。2015年9月，前海金交所被正式纳入中国平安保险（集团）股份有限公司（以下简称"平安集团"）旗下。截至2019年，前海金交所注册资本10亿元人民币，是中国资本实力最强、经营规范、业务特色突出的金融资产交易所之一。

前海金交所依托前海得天独厚的金融创新政策优势，借助平安集团金融科技，着力打造政府国企应收账款交易平台+跨境资产交易平台，通过完善平台交易系统、优化全面风险管控体系、丰富平台核心客户体系、为平台各方提供更加有效的信息耦合服务，促进更加高效的资产流转和资产配置。在国家更开放的政策背景下，助力"一带一路"及粤港澳大湾区建设，从而更好地服务实体经济。①

2016年，前海金交所推出集网站交易大厅、会员体系、登记托管为一体的B2B交易平台1.0，初步实现包括会员注册、产品中心、账户管理、交易审批、交易查询、登记托管等全流程线上化交易模式。1月，平安集团对前海金交所进行增资，注册资本10亿元，全部足额实缴。5月，前海金交所取得深圳市人民政府金融工作办公室批复同意开展资产管理业务。12月，经国家外汇管理局批准，前海金交所落地中国境内首单通过交易所挂摘牌的不良资产跨境交易业务。

2017年，前海金交所推出客户系统、网络竞价、挂摘牌、跨境

---

① 深圳前海金融资产交易所：《本所介绍》，深圳前海金融资产交易所官网——关于前交所，2019年12月31日。

通为一体的 B2B 交易平台 2.0，完善及改进现有 B2B 交易模式，实现交易全线上化，形成平台特色。5 月，前海金交所获得国家外汇管理局授权深圳市分局审批前海金交所试点开展不良资产跨境转让。6 月 20 日，前海金交所成为第一批通过深圳市交易场所监督管理联席会议办公室清理整顿"回头看"检查验收的 8 家交易场所之一。8 月 20 日，前海金交所上线全新的"在线开户平台 2.0"。新一代的在线开户平台实现了交易开户的全流程线上化运行，不仅将开户所需的资料缩减了 66%，也大幅简化了开户操作流程，开户时间缩短近 85%。在简化的同时，也支持了机构类个人客户、多交易账户、单人和多人分级操作，满足了不同客户对运营模式、内控要求和操作便利的多样化需求，进一步实现了开户过程中客户在操作权限设置、交易账户和资金账户匹配、境内外客户的识别等多方面的智能化。前海金交所定位于从事机构金融资产交易的信息服务平台，客户账户体系作为该平台的基础，本次上线迈出了平台建设的关键一步。[1] 12 月，前海金交所的全国首单不良资产跨境试点转让交易业务获"前海金融创新奖"，并选入 2017 年"前海金融创新案例"汇编。

2018 年 3 月，前海金交所获得中国人民银行（以下简称"人民银行"）关于保理资产、租赁资产等人民币资产跨境转让业务资格。完成全国首单商业保理[2]资产对外转让业务，交易金额 372 万元人

---

[1] 深圳前海金融资产交易所：《全新"在线开户平台 2.0"正式上线》，深圳前海金融资产交易所官网——本所新闻，2017 年 8 月 20 日。

[2] 商业保理是一整套基于保理商和供应商之间所签订的保理合同的金融方案，包括融资、信用风险管理、应收账款管理和催收服务。保理商根据保理合同受让供应商的应收账款并且代替采购商付款。如果采购商无法付款，保理商则付款给供应商。

民币，由国内保理商亚洲保理公司向境外投资机构转让该资产包项下4笔应收账款债权，期限为166天，境外投资款T+0到账。该业务创新点在于：第一，首次打通了境外资金投资境内保理资产的资金入境渠道，具有重要意义；第二，该业务以人民币计价且使用离岸人民币入境投资，是人民币国际化战略的具体落地；第三，该业务将有效缓解保理企业融资难、融资贵的问题，利用境外低成本资金服务国内中小微企业发展；第四，保理资产跨境交易是前交所"跨境通"交易平台的又一重大突破。[1] 同年4月17日，前海金交所完成全国首单租赁资产对外转让业务，交易金额500万元人民币，由国内融资租赁公司弘高融资租赁有限公司向境外投资机构转让该资产包项下83笔应收租金债权，期限为2年，境外投资款T+0到账。该业务创新点在于：第一，首次打通了境外资金投资境内融资租赁资产的资金入境渠道，具有重要意义；第二，该业务以人民币计价且使用离岸人民币入境投资，提高了离岸人民币的投资货币价值，是人民币国际化战略的具体落地；第三，该业务将有效缓解境内融资租赁企业融资难、融资贵的问题，从而有效利用境外低成本资金服务境内实体经济；第四，融资租赁资产跨境交易是前交所"跨境通"交易平台的又一重大突破，未来跨境平台将继续上线其他类别资产，为我国资本项目对外开放提供助力。[2] 同月，前海金交所还成为第一家成功接入人民银行深圳市中心支行"金融城域网"的非金融机构，取得人民币跨境债权转让业务备案的主体资

---

[1] 深圳前海金融资产交易所：《前交所成功落地全国首笔保理资产跨境交易业务》，深圳前海金融资产交易所官网——本所新闻，2018年3月12日。

[2] 深圳前海金融资产交易所：《前交所成功落地首笔租赁资产跨境交易业务》，深圳前海金融资产交易所官网——本所新闻，2018年4月17日。

格。同年5月，在历经8个月的开发、测试，前海金交所首款金融科技输出服务产品——"智能票款交割系统"成功上线。系统一上线，就被行业最具影响力的交易平台采购使用。这是前海金交所转型期提升平台综合实力、凸显特色服务优势、布局金融科技领域的重要里程碑。智能票款交割系统实现了票据与款项的安全同步交割，解决了传统模式下的行业痛点，全线上完成所有流程，有力地在保证交易安全、降低人力成本的基础上显著提高了资金交易效率。[①] 同年9月，前海金交所战略转型，提出围绕供应链资产、逾期债权打造"最具公信力的流动性资产交易服务平台"的全新战略，同时启动保理云服务平台建设：联合穆迪开发前交所独特的供应链资产信评体系。同年12月，前海金交所全国首创的人民币债权资产跨境交易平台获得"2018年度前海优秀金融创新奖"，同时荣获"2018年度深圳市金融创新奖一等奖"与"前海经济突出贡献奖"。

2019年5月29日，深圳平安金融中心与前交所发布"智能保理服务系统"，最新上线区块链认证和智能核保两大功能，并现场与众信汇金等首批试点合作保理机构签署服务协议。这是国内首个要素交易平台的区块链上链认证和智能核保的应用实践。6月20日，前交所受到了中国第一家全国性专业担保机构——中投保的认可，成功地引入了首家信用增进机构，为平台上供应链资产流转提供担保增信，提高平台资产流转效率，更好地服务包括保理机构在内的各类客户。9月17日，前交所推出市场首单N+N创新模式供应链ABS，成功获批100亿元额度。12月12日，前交所再获100

[①] 深圳前海金融资产交易所：《金融科技更懂你——前交所落笔首单金融科技输出业务》，深圳前海金融资产交易所官网——本所新闻，2018年5月21日。

亿元储架——推出首单基于区块链技术的N+N+N模式供应链金融ABS。

2020年5月29日，前交所联合天风证券、平安证券、中证信用、金杜律所、中诚信和五家保理公司（分别是华融保理、中合保理、中证保理、中诺保理、大智慧保理）发起的天风证券—华福—前交所集合保理区块链资产1号资产支持专项计划发行成功。本次发行为市场首单N+N+N的集合保理ABS，发行规模3.22亿元，优先级最终利率3.5%，创新直达实体经济的融资模式降低供应商融资成本。6月4日，前交所首创的两项行业创新案例"慧鉴witchain供应链资产评级体系"和"N+N+N模式集合保理资产ABS"，双双荣获由中国服务贸易协会商业保理专业委员会（简称"商业保理专委会"）颁发的"第五届中国商业保理行业创新案例"。

六 其他金融资产交易所（中心）——广东省融资再担保有限公司

为了发展普惠金融、服务中小微企业；助力广东经济发展；打造网络健全、产品丰富、服务优质的担保行业标杆企业；缓解中小微企业融资困难；完善广东省担保①体系；引导广东省担保行业健康发展，广东省融资再担保有限公司（以下简称"省融资再担保公司"）于2009年2月17日在广东省工商行政管理局登记成立，落地广州市越秀区（见图9.5）。截至2018年12月31日，累计担保发生额2594亿元，在保余额547亿元，累计服务中小微企业、"三农"超过3万户次。

---

① 担保是指当事人根据法律规定或者双方约定，为促使债务人履行债务实现债权人的权利的法律制度。担保通常由当事人双方订立担保合同。

图 9.5　广东省融资再担保有限公司所在的粤财大厦

省融资再担保公司注册资本为 60.6 亿元,资本市场主体长期信用等级为 AAA,是全国首家获 AAA 级主体评级的广东省级再担保机构、全国首家获得国内 8 大主流评级机构 AAA 主体长期信用等级的广东省级再担保机构、广东省首家获得融资性担保业务经营许可证的担保机构、广东省唯一的广东省级再担保机构,是国家融资担保基金首批签约合作的 8 家广东省级融资担保机构之一,也是中国融资担保业协会副会长单位和再担保专业委员会主任委员单位。

成立以来,省融资再担保公司锐意创新,积极开拓。在业务规模、产品创新、风险控制、团队建设方面的综合实力逐步得到政府、行业、市场认可,走出了一条具有广东特色的再担保发展之路。在规模、风控、团队、创新等各个方面均居全国再担保行业领先地位，致力于打造广东省地方金融控股龙头企业。①

2009年2月18日，省融资再担保公司举行成立挂牌暨战略签约仪式，与首批9家银行及8家担保机构签署了战略合作协议；5月30日，省融资再担保公司与中国建设银行股份有限公司广东省分行签订"速保通"产品合作协议——省融资再担保公司的第一个为银行、担保机构、中小企业带来"增信—增值"服务的新产品，标志着再担保业务正式在广东启航；7—10月，顺德伦教镇金融服务中心成立与中山科技风险准备金设立，标志着园区模式落地，与梅州市人民政府签订担保体系建设合作协议，标志着业务向泛珠三角地区拓展取得实质性突破；12月6日，省融资再担保公司与广东省肇庆市高新区管委会签订《建设融资服务体系合作协议》，肇庆高新区成为省融资再担保公司与全省产业园区建立金融服务合作体系的试点；12月8日，作为省融资再担保公司试点挂牌成立的第一个区级金融服务中心——顺德区中小企业金融服务中心成立暨试点合作签约仪式成功举办；12月22日，省融资再担保公司与广东省惠州市仲恺高新技术产业开发区管理委员会签订战略合作框架协议，仲恺高新区成为省融资再担保公司与全省产业园区建立金融服务合作体系的试点；12月14日，省融资再担保公司的"业务流程管理及统计分析系统"开发项目正式启动；12月29日，省融资再担保公司的"全面风险管理体系"建设咨询规划项目正式启动；12月21日，省融资再担保公司的"综合业务管理信息系统"建设咨询规划项目正式启动；12月31日，省融资再担保公司的机构再担保产品升级，担保规模突破80亿元。

---

① 广东省融资再担保有限公司（现用名：广东粤财融资担保集团有限公司）官网，http://www.utrustfrg.com/gsjs/index_26.html。

2010年1月22日，省融资再担保公司发布全省信用担保体系建设框架计划，并与阳江市人民政府签署共建金融服务中心的战略合作框架协议。4月26日，省融资再担保公司与8家借款企业成功举行"2010年第一期中小企业信托计划"签约仪式，标志着省融资再担保公司又一款服务于中小企业的担保产品完成研发并试点落地。4月29日，省融资再担保公司成功推出《"速保通"及类"速保通"项目分类评审管理办法（试行）》以及再担保业务前中台的调查、审查报告升级模板。6月10日，省融资再担保公司在河源市人民政府主办的2010年广东（河源）银担企融资洽谈会上与河源市人民政府及相关部门单位签订了系列战略合作协议，全面启动与河源市人民政府在中小企业金融服务领域的全方位、多层次战略合作关系。6月18日，省融资再担保公司与兴业银行股份有限公司广州分行（以下简称"兴业银行广州分行"）举行30亿元授信落地签约仪式，标志着省融资再担保公司与兴业银行广州分行合作业务的正式落地，兴业银行广州分行成为继省融资再担保公司与中国建设银行股份有限公司、交通银行股份有限公司、中国民生银行股份有限公司、中国银行股份有限公司开展机构再担保业务合作之后的第5家银行。9月17日，省融资再担保公司与华夏银行股份有限公司在东莞市中小企业融资服务活动启动仪式上联合推出服务中小企业的"集合信贷"产品，并与首批10家东莞市受惠中小企业客户签约。9月26—27日，省融资再担保公司在第十一届全国中小企业信用担保机构负责人联席会议暨2010担保业发展高峰论坛上荣获"2009全国中小企业融资担保创新奖"。11月5日，省融资再担保公司与韶关市人民政府签订《建设信用担保体系战略合作协议》。作为落实战略合作协议的重要举措之一，省融资再担保公司与韶关高新区管理委员会、韶关市鼎盛担保有限公司共建起韶关市高新技术产业开发区金融服务中心。12月2日,省融资再担保公司在2010投资广东·第三届成长企业型投融资峰会暨最具投资价值企业颁奖典礼上荣获"最受广东中小企业欢迎融资担保机构奖"。

2011年,省融资再担保公司与安徽省中小企业局、中国工商银行股份有限公司安徽省分行、广东中盈盛达融资担保投资股份有限公司在安徽省合肥市举行的粤皖经贸合作会议上签订《安徽省中小企业集合票据战略合作协议》,商定四方共同推动发行安徽省中小企业集合票据,合作额度不低于10亿元。1月12日,省融资再担保公司与肇庆高新技术产业开发区管理委员会共建的"肇庆高新区中小企业金融服务中心"正式挂牌成立。2月21日,省金融办、国家开发银行广东省分行和省融资再担保公司三方代表共同签署了《推进小额贷款公司融资发展战略合作协议》。本次推出的专门针对符合小额贷款公司特点的"小贷通"产品,可以充分发挥政府的组织优势、国家开发银行的资金优势和粤财控股信用担保工具的增信增值优势,开辟了一个具有广东特色的小额贷款公司融资模式。3月18日,广东省对外贸易经济合作厅、省融资再担保公司、中国出口信用保险公司广东分公司共同签署了广东省中小出口企业信用融资平台战略合作协议。6月15日,"国家知识产权投融资综合试验区"在佛山市南海区隆重揭牌,省融资再担保公司与国家知识产权投融资综合试验区签署战略合作协议,标志着双方将致力于建立和完善新型知识产权投融资工作机制,整合国家知识产权投融资综合试验区在政策引导以及信息、人才、资源等方面的综合优势和广东担保投融资服务的专业优势,为广大民营企业提供优质服务,促进知识产权、金融与产业融合发展。9月27日,由省融资再担保公司提供增信、广发证券承销的东莞发展控股有限公司公司债项目成功发行。该项目是国内由专业担保公司为公司债发行增信成功的第一单。10月，在第十二届全国中小企业信用担保机构负责人联席会议暨2011年担保业发展高峰论坛上荣获"2010年全国担保机构三十强"奖。10月21日、23日、28日，由省金融办牵头组织，东莞、湛江、汕头等地市金融工作部门承办，省融资再担保公司、国家开发银行协办的"小贷通"产品推介会分别在东莞、湛江和汕头举行，全省144家小额贷款公司参加会议。12月7日，由省融资再担保公司筹建的广东担保工程保函服务中心成功揭牌运营。该服务中心由省融资再担保公司与中国建设银行股份有限公司、中国农业银行股份有限公司、平安银行股份有限公司、华夏银行股份有限公司、湛江农村商业银行股份有限公司合作共建。

2012年2月9日，省融资再担保公司在佛山市信用担保行业协会举办的"加强政银担企合作，共促小微企业融资"交流活动会上，荣获"2011年度推动政银担企合作共赢感谢单位"殊荣，具有区域合作里程碑的重要意义。3月28日，由省融资再担保公司增信的佛山市顺德区供水有限公司2012年度中期票据（金额6亿元，期限5年）首期3亿元在全国银行间债券市场公开发行。本次中期票据的成功发行标志着省融资再担保公司直接融资担保产品线进一步扩充、银行间债券市场业务通道取得重大突破，也是落实粤财控股与顺德区政府展开全面战略合作的又一成功举措。也标志着全国银行间债券市场投资者对省融资再担保公司增信实力的进一步认可。5月29日，由广东省融资再担保有限公司增信的深圳市2012年度第一期中小企业集合票据在银行间债券市场公开发行，这是首只由省融资再担保公司增信的中小企业集合票据。6—7月，省融资再担保公司获省政府颁发的"2012年广东省金融创新奖"。此外，省融资再担保公司被广东省中小企业局认定为"广东省中小企业融资服务示范机构（2012）"。在首届广州金交会上被评为"2012最佳中小企业金融服务商"。12月11—12日，省融资再担保公司在第十三届全国中小企业信用担保再担保机构负责人联席会议上荣获"全国最具公信力中小企业信用担保机构"奖。

2013年6月23日，省融资再担保公司在第二届广州金交会上被评为"2013年度最佳中小企业金融服务商"。8月29—30日，省融资再担保公司成功举办第五届（2013年度）广东省合作担保机构联席会议。9月18日，省融资再担保公司通过了广东省财政厅就战略性新兴产业再担保资金首期4亿元（总资金为10亿元）的管理及使用情况的考核。9月24—25日，省融资再担保公司在第十四届全国中小企业信用担保机构负责人联席会议上荣获"2012年度全国中小企业信用担保机构三十强"奖。12月2日，省融资再担保公司与中国投融资担保有限公司签订了战略合作协议。

2014年6月6日，由省融资再担保公司提供担保的广东省首批小贷私募债——"灯湖私募债"系列之"14集成小贷债""14友诚小贷债"成功发行。小贷私募债的成功发行，是省融资再担保公司业务创新的又一成功案例，为小额贷款公司扩宽了融资渠道，进一步体现了省融资再担保公司的政策性功能。6月20日，省融资再担保公司在第三届广州金交会上被评为"2014年度最佳中小企业金融服务商"。8月19日，省融资再担保公司在首届广东省企业自主创新活动周开幕式暨企业创新成果发布会荣获"2014年广东省自主创新标杆企业"奖。8月26日，由省融资再担保公司提供担保的"灯湖私募债——汕头市澄海区兴信小额贷款股份有限公司2014年第一期/第二期私募债券"在广东金融高新区股权交易中心发行成功。10月8日，由省融资再担保公司发起组建的广州粤惠金融企业服务有限公司正式成立。10月29日，由省融资再担保公司承销和担保的"灯湖私募债——汕头市澄海区大元小额贷款有限公司2014年第一期私募债券"在广东金融高新区股交中心发行成功，募集资金4000万元。这是省融资再担保公司成为该交易中心推荐会员以来承销的第一笔私募债券。

2015年6月19日，省融资再担保公司互联网金融交易平台内测版上线，并完成了首笔1000万元产品销售。7月9日，广东粤财投资控股有限公司自筹资金20亿元增资省融资再担保公司，省融资再担保公司注册资本达到50.1亿元，注册资本跻身全国担保行业第四位。9月17日，省融资再担保公司以优良的经营业绩和资本实力，获得AAA主体信用评级，成为全国首家获得AAA主体信用等级的再担保机构，服务能力进一步提升。11月9日，广东粤财互联网金融股份有限公司在中国（广东）自由贸易区横琴新区片区注册成立，广东粤财互联网金融股份有限公司由省融资再担保公司、广东粤财资产管理有限公司联合恒生电子股份有限公司、易方达基金管理有限公司、广州赛富合银资产管理和深圳前海壹乾坤基金管理有限公司共同发起设立。

2016年，省融资再担保公司推进的政策担保体系建设工作具有显著成效，粤财普惠金融的版图稳步拓展，具体表现如下：一是6月30日，粤财普惠金融（湛江）融资担保股份有限公司注册成立；二是7月18日，粤财惠普金融（珠江）融资担保股份有限公司注册成立；三是7月22日，粤财惠普金融（清远）融资担保股份有限公司注册成立。各地市政策性担保机构相继注册成立，标志着省融资再担保公司体系建设工作的重心逐步转为运营管控。为确保政策性担保体系"建得起、控得住、管得好",省融资再担保公司在广东粤财投资控股有限公司的领导和支持下,研究制定参控股地级市担保公司起步阶段的管控运营工作方案,将以"六统一"(理念、形象、管理、规范、标准、文化)统领全局,建立地级市担保公司管理制度,搭建组织架构和人才团队,严格业务风险管理,通过产品化、信息化、大数据化等措施促进担保体系业务启动和发展,缓解中小微企业融资难、融资贵问题,更好地支持广东实体经济发展。除了推进政策担保体系建设,同年4月28日,省融资再担保公司、广东粤财互联网金融股份有限公司共同发起设立的广东粤财股权众筹股份有限公司也正式注册成立。同年,在信用评级方面,省融资再担保公司也取得不错成绩。一是8月1日,中诚信国际信用评级有限责任公司传来喜讯,省融资再担保公司再获AAA主体信用评级。加上2016年5月5日鹏元资信评估有限公司的AAA主体信用评级,这是省融资再担保公司继2015年9月成为全国首家主体信用评级为AAA的广东省级再担保公司之后,连续两次斩获AAA主体信用评级。二是12月1日,国内权威信用评级机构之一的大公国际资信评估有限公司发布评级通知,省融资再担保公司荣获AAA主体信用评级,评级展望为稳定。评级报告同时对省融资再担保公司在信用优势、行业领先地位、风险控制优势、代偿能力优势、品牌影响力、人才优势等方面都给予了充分肯定。

2017年2月20日,省融资再担保公司联合江门市建设集团有限公司共同发起设立的粤财普惠金融(江门)融资担保股份有限公司注册成立。3月,在广东省发展和改革委员会牵头推进下,省融资再担保公司深港两地上市企业——东江环保股份有限公司"广发恒进广晟东江环保虎门绿源 PPP[①] 证券化项目资产支持专项计划"正式成立。3 月 16 日，省融资再担保公司联合揭阳市城市投资开发有限公司、中德金属集团有限公司共同发起设立的粤财普惠金融（揭阳）融资担保股份有限公司注册成立。该项目发行规模 3.2 亿元，期限 15 年。省融资再担保公司为其中 3 亿元规模的优先级（评级 AAA）提供了增信服务，发行利率 4.15%。该项目是全国首批、深圳证券交易所首单、广东省首例 PPP 资产证券化项目，此次邀请省融资再担保公司为项目提供增信，充分说明了市场对省融资再担保公司的肯定。该项目最终获得高水平的优先级发行利率，充分展示了省融资再担保公司在资本市场的增信效果。值得注意的是，此次项目中，省融资再担保公司创新设计了附"担保选择权"的增信方案，获得评级机构和资本市场投资者的高度认可。广东省发展和改革委员会表示，广东首单 PPP 资产证券化项目的成功发行，具有三点重要的示范意义：第一，国有企业通过资产证券化实现退出，将项目经营收益让渡社会资本，得以盘活存量用于投资新项目、新领域；第二，社会资本投资方通过资产证券化实现退出，可以缩短投资周期，加快资金流转，形成新的投资，实现社会资本收益最大化；第三，闲散的社会资本通过购买资产证券化产品，可以参与投资规模大、期限长的基础设施项目，拓宽投资渠道。2017 年，省融资再担保公司在信用评级方面所作努力如下：5 月 9 日，

[①] PPP（Public-Private Partnership），又称 PPP 模式，即政府和社会资本合作。主要集中在纯公共领域、准公共领域。政府采取竞争性方式选择具有投资、运营管理能力的社会资本，双方按照平等协商原则订立合同，由社会资本提供公共服务，政府依据公共服务绩效评价结果向社会资本支付对价。PPP 不仅是一种融资手段，而且是一次体制机制变革，涉及行政体制改革、财政体制改革、投融资体制改革。

国内权威信用评级机构——联合资信评估有限公司授予省融资再担保公司AAA主体信用评级,评级展望为稳定。6月16日,从东方金诚国际信用评估有限公司传来喜讯,省融资再担保公司获得其评定的AAA主体长期信用等级。至此,省融资再担保公司成为全国首家获得全部6家主流评估机构(上海新世纪资信评估投资服务有限公司、鹏元资信评估有限公司、中诚信国际信用评级有限责任公司、大公国际资信评估有限公司、联合资信评估有限公司、东方金诚国际信用评估有限公司)给予AAA主体长期信用等级的广东省级再担保机构。值得一提的是,2017年5月10日,省融资再担保公司荣获2016年度"广东省最佳诚信企业"奖。

2018年2月28日,省融资再担保公司作为湛江市人民政府的授权执行单位——湛江市城投实业发展有限责任公司履行该工程投资费用支付义务向项目施工方出具了规模2.3亿元的工程履约保函,有效保障了湛江东海岛铁路湛江西站综合交通枢纽工程建设,为粤西第一条高铁——途经江门、阳江、茂名、湛江四市的江湛高铁开通运营发挥了重要作用。6月14日,省融资再担保公司荣获2017年度"广东省最佳诚信企业"和"广东省诚信示范企业"双份殊荣。7月2日,省融资再担保公司注册资本金增至60.1亿元。8月21日,省融资再担保公司荣获广东省融资担保业协会2017年度"行业贡献奖""最佳扶持小微奖""最佳风控奖"三大奖项。

第三节 综合性要素交易平台

一 广州交易所集团有限公司

广州交易所集团有限公司(以下简称"广州交易所集团")成

立于 2010 年 10 月，落地广州市越秀区，是国内首家从事权益和商品等各类要素交易平台投资运营的企业集团，见图 9.6。拥有广州产权交易所有限公司（以下简称"5 州产权交易所"）、广州碳排放权交易中心有限公司（以下简称"广州碳排放权交易所"）、广州农村产权交易所有限公司（以下简称"广州农村产权交易所"）、广州商品交易所有限公司（以下简称"广州商品交易所"）和广州物流交易所有限公司（以下简称"广州物流交易所"）等 5 家通过国家层面验收通过的专业化交易机构，全面覆盖各类国有资产交易，深入挖掘绿色产业、高新技术成果转化与普惠金融相结合的产融服务，广泛布局大宗商品现货、农业产业资源、互联网物流等现代服务业新业态，打造交易平台矩阵，助力实体经济发展，是经广州市人民政府（以下简称"广州市政府"）批准成立、国内首个依托产权交易所组建的专业化、市场化、集团化、国际化的综合性服务机构。①

图 9.6　广州交易所集团

---

① 广州交易所集团有限公司：广州交易所集团官网首页——集团概况，2019 年 12 月 31 日，http：//www.gzccex.com/aboutus/index.jhtml。

广州交易所集团致力打造"卖方进场公开卖,买方进场公平买,监管、交易和中介机构场内场外公正办事"的第三方公共交易服务平台。近年来,广州交易所集团无论是在交易量,还是市场化程度均处于全国前列。尤其是在为实体经济服务,推动流通领域商业模式创新,构建以交易所为引擎的现代服务业集聚园区方面的成效,深受社会各界关注。下面将对广州交易所集团旗下的"交易所舰队"中的广州农村产权交易所、广州物流交易所、广州商品交易所进行介绍。其中,同属广州交易所集团"舰队"的广州产权交易所与广州碳排放权交易所将单独进行介绍。

(一)广州农村产权交易所有限公司

广东省土地资源适宜性广,为广东发展多种农业类型及经济布局空间选择提供了有利条件。[①] 而广东省农村双层经营体制的完善,农业经济现代化的飞速发展,愈加迫切地需要出现一家能够开展办理各类农村产权交易,提供各类农村产权交易咨询、策划、培训和农村产权投融资项目相关配套服务等业务的农村产权机构。

在此背景下,由广州交易所集团投资,根据广州市委、市政府《关于加快形成城乡经济社会发展一体化新格局的实施意见》的要求设立的华南地区首家综合农村产权交易服务机构——广州农村产权交易所有限公司(以下简称"广州农村产权交易所")落地。广州农村产权交易所根据国家、广东省、广州市的有关法律、法规和政策,在政府有关部门的指导下,坚持以市场化为手段,推进农村产权制度改革,并依托广州交易所集团及广州产权交易共同市场的平台优势资源,发挥广州作为国家中心城市的区位优势,不断强化

---

① 广东省地方史志编纂委员会:《广东省志·经济综述》,广东人民出版社2004年版,第285页。

要素市场的集聚和辐射功能，努力把广州农村产权交易所打造成立足广东、辐射珠三角乃至华南地区具有广泛影响力的区域性农村产权交易平台。① 自 2012 年中央对广州农村产权交易所进行清理整顿后，根据《关于做好我省各类交易场所清理整顿善后处置工作完善各类交易场所监管制度的通知》，广州农村产权交易所通过了国务院联席会议的审查，成为广东唯——家被批准同意保留的以"交易所"命名的农村产权交易机构。作为全国首批挂牌成立的农村产权流转综合服务平台，广州农村产权交易所不断改革创新，以破解"三农"难题、促进城乡统筹为目标，具有人才、政策和金融等核心竞争优势，已成为华南地区领先的区域性农村产权交易所。

2010 年 8 月，广州产权交易所挂牌了广东省从化市的四笔农村产权，涉及良口镇黄龙带毛竹林地、温泉镇桃园中田村黄坭付果场、鳌头镇丁坑村杨梅岃林地、鳌头镇中塘村大石古经济社厂房等，将广东省的农村产权交易推上了一个小高潮。

2012 年，广州农村产权交易所与广州市农业局下属的广州市农业信息中心进行对接，积极推进"城乡信息一体化建设"，共同搭建华南农产品交易信息化公共平台，项目被纳入 2012 年度广州智慧乡村建设工程，广州农村产权交易所通过下属的经纪公司已基本与加多宝公司达成合作意向，为加多宝公司在广州地区寻找适合的药材种植基地作为加多宝公司的材料供应商；广州农村产权交易所拟推出"企业 + 合作社 + 农户"科学、创新的交易模式，实现企业、合作社、农户"三方共赢"。

2013 年，广州农村产权交易所随广州交易所集团有限公司成建

---

① 广州农村产权交易所官网——关于我们——农交所介绍，2019 年 12 月 31 日，http://www.gzaee.com.cn/about/st/8/tp/50.html。

制划入广州公共资源交易中心。6月27日，在广州农村产权交易所挂牌的《仙草种植合同》项目，通过订单农业的产业化模式，既为委托方实现了原材料基地的布点工作，又为农业基地找到了长期、稳定的买家，该项目成了订单农业模式创新的又一经典案例（见图9.7）。同日，广州农村产权交易所从化办事处揭牌。办事处设立后，广州农村产权交易所积极与当地农业经纪公司、农林投资公司合作，在广州市人民政府金融工作办公室、广州市农业局、广州市林业和园林局及从化市人民政府等部门的指导下，开展农村集体土地流转、林权资源流转[①]和订单农业，继续以市场为导向，搭建一个促进各类农林资源转化的综合服务平台，保障流转当事人的合法权益，促进农林生产要素的合理流动及有关资源的优化配置，适应市场经济发展的需要。

图9.7 《仙草种植合同》签署现场

---

① 林权资源流转即森林、林木、林地流转，包括林地承包经营权人的林地承包经营权、林木所有权流转和集体经济组织的林地经营权、林木所有权的流转。林权流转方式包括转包、出租、转让、互换、入股、抵押等。

2014年3月21日，为规范试验区范围内各项农村产权的依法流转，广州农村产权交易所与广东省社会主义新农村建设试验区（佛冈）管理委员会正式签署了《业务合作框架协议书》，共同确立战略合作关系。根据协议书约定，广州农村产权交易所将与试验区共同搭建佛冈试验区农村产权流转网络平台。11月4日，广州农村产权交易所与广东新供销农业小额贷款股份有限公司签订了《战略合作协议》。双方共同搭建涉农融资服务平台，开拓农村投融资服务新模式。平台为满足农民专业合作社及其他涉农企业在经营过程中对资金方面的需求提供金融产品和融资配套服务。通过平台运作，有7家农民专业合作社通过了供销小贷公司内部审查签订《授信额度协议》，更有1家成功取得了贷款。

2015年，广州农村产权交易所协助开展农村土地流转、农村物业出租、招商引资、林地采伐等各类农村产权流转项目挂牌处置48宗。此外，还采用互联网技术研究开发农村产权一体化综合系统，助推农村产权制度改革，完成农村土地确认权登记模块的开发和农村"三资"管理与交易模块的开发。3月，广州农村产权交易所与佳禾公司成立广州农村产权交易系统研发中心，共同开发农村产权一体化综合系统；同时，还以"订单农业"模式，创新农产品融资新渠道，成功帮助广州、佛山、清远等地农村经济组织实现了农产品生产基地升级改造和农民群众增收致富。5月，广州农村产权交易所与北京农村产权交易所签订合作协议，共建工作站。6月，广州农村产权交易所与中国人民财产保险股份有限公司广州市分公司联合推进食品安全责任保险试点工作和广州市政策性小额贷款保证保险试点工作。① 11月，广州农村产权交易所与齐鲁农村产权交易中心签订合作协议，共建工作站。

2016年，广州农村产权交易所在"订单+气象+保险+银行+企业"的融资业务模式下，引入保险公司与气象部门，逐步完善农险、责任险、信用险等配套服务。4月26日，广州农产品订单交易平台签约仪式在广州交易所集团有限公司大楼举行，广州农村产权交易所与广州鼎农农产品服务有限公司签订了合作协议，双方将共同建立一个立足广东省、面向全国的农产品订单交易平台，组织和开展订单农业和农产品现货交易，并为交易会员提供相关的种苗和肥料供应、种植技术、农业保险、物流运输、行业资讯、质量检测等交易配套服务，充分发挥市场优势，增强市场调节能力。8月，广州农村产权交易所与上海要素交易所签订合作协议，互设工作站。12月，广州农村产权交易所与中泽公司合作共建中国林业生态产业资源交易中心。

2017年，广州农村产权交易所与"三资"交易平台首度达成合作，并通过资源对接和技术指导、协助合作的形式推进农村集体资产的交易工作。此外，还与中国林产工业协会、中国城市商业网点建设管理联合会，建立全国林业生态产业商业资产评估与产权交易协作机制，启动林业生态产权交易平台建设。② 2月8日，广州农村产权交易所与广东地合网科技有限公司在广州交易所集团办公大楼举行了签约仪式。双方在土地信息、土地测量、评估、策划、融资

---

① 广州市金融工作局：《2016广州金融白皮书——金融发展形势与展望》，广州出版社2016年版，第129—130页。

② 广州市金融工作局：《2018广州金融白皮书——金融发展形势与展望》，广州出版社2018年版，第122页。

等领域结成战略合作关系。6月7日,广东省农业科学院农业经济与农村发展研究所与广州农村产权交易所合作签约仪式在广东省农业科学院办公大楼举行。广州农村产权交易所将以推动产学研融一体化线上交易为导向,以广东省农业科学院专属的"广东省农业科技成果转化公共服务平台"为核心,与广东省农业科学院共同打造一个专业、高效的农业科技成果转化交易平台,共同推动"广东省农业科技成果转化公共服务平台"建设和完善。

2018年,广州农村产权交易所致力于破局"农产品上行"困境,所开展工作如下:一是深挖全国销售渠道。将阳山县蔬菜销售到社员网覆盖的广东江南果品批发市场、广州市白云山农产品综合批发市场、荔塱农副产品综合批发市场等广东主要市场,再扩大销售半径,将其销售到北京新发地农产品批发市场、浙江金华农产品批发市场、山东寿光蔬菜批发市场等全国大型批发市场。二是建设信息平台。对农户发布消费者需求数据,根据消费者对农产品的消费偏好指导农户生产;提供生产资料信息,降低采购成本,打通"农产品上行、生产资料下行"双向通道。三是依托"互联网+平台+产业"的商业模式导入和规范制度体系设计,致力于打造信息公开、规则公平、结果公正的阳光市场,运用多层级、全方位风控体系保护交易主体合法权益,构建良性互动关系。①

2019年广州农村产权交易所与广州国家现代农业产业科创中心共建涉农类项目交易平台,成交约1800万元的丝苗米产品,开创全国水稻行业史上首次严格按照国家交易规范进行全链条流程的市场化交易。同时,协同广州技术产权交易中心将创新的流程环节、

---

① 广州市地方金融监督管理局:《2019广州金融白皮书——金融发展形势与展望》,广州出版社2019年版,第103页。

定价、交易与服务范式等应用于农业科技成果转化,实现水稻品种使用权项目增值60%。这是国家新政策出台后广州首次通过第三方国有交易平台实现高校科技成果公开竞价交易。①

(二) 广州物流交易所有限公司

为了发挥广州中心城市的聚集和辐射功能,打造广州高端物流服务业,并带动物流、金融、保险、商贸、投资融资等综合服务业态向规范化、市场化高效发展。广州交易所集团和广东林安物流发展有限公司共同发起成立了从事物流交易和产权交易的综合交易机构——广州物流交易所有限公司(以下简称"广州物流交易所")。

2015年,广州物流交易所全年发布物流交易信息100余万条,涉及金额近200万元。广州物流交易所在外拓营业网点建设上,除了江苏丹阳外,逐步完善包括清远、中山、珠海、江门、阳江、惠州等珠三角网点的建设,实现珠三角范围内系统的无缝对接。②

2016年,广州物流交易所与保险公司、P2P公司、银行等各类金融机构合作,拓展物流交易的金融服务功能:一是实现海外贸易保险的购买,同时与保险公司联合推出"车险分期"业务,有效为车辆较多的物流公司缓解资金压力;二是与P2P公司在业内首家推出针对物流细分市场的理财产品"物流通"。③

2017年,广州物流交易所与商业保理公司共同研发出"ETC融

---

① 广州市地方金融监督管理局:《2020广州金融白皮书——金融发展形势与展望》,广州出版社2020年版,第112页。
② 广州市金融工作局:《2016广州金融白皮书——金融发展形势与展望》,广州出版社2016年版,第130页。
③ 广州市金融工作局:《2017广州金融白皮书——金融发展形势与展望》,广州出版社2017年版,第141页。

资+融资租赁+应收保理"的物流金融模式。①

2018年,广州物流交易所与中国移动通信集团有限公司广东分公司探讨物联网技术的应用,通过手机终端实时监控货物信息,实现识别芯片进行运费、货款的支付,确保物流运输货物、资金的安全。②

(三)广州商品交易所有限公司

根据国家建设多层次大宗商品市场的总体要求,为实现对商品现货市场交易集中化、操作信息化、产业结构优化、资源配置智能化的现代化。③广州商品交易所有限公司(以下简称"广州商品交易所")于2010年6月17日注册成立。广州商品交易所是广州交易所集团投资经营,通过国务院部际联席会议审查验收,从事各类大宗商品现货交易及服务的第三方交易公共服务平台。④

2017年7月,为落实国家对各类交易场所的监督,加强广州商品交易所的金融风险防范措施,更好地保障广大投资者的权益,广州商品交易所与广州商品清算中心股份有限公司(以下简称"广州商品清算中心")签署了业务合作协议。双方就统一清算、交易信息登记服务、接入广东省地方金融风险监测防控平台等内容达成一致意见。广州商品交易所按照广东省和广州市政府的要求,成为广州市首批接入广东省地方金融风险监测防控平台的交易场所。

---

① 广州市金融工作局:《2018广州金融白皮书——金融发展形势与展望》,广州出版社2018年版,第121页。

② 广州市地方金融监督管理局:《2019广州金融白皮书——金融发展形势与展望》,广州出版社2019年版,第104页。

③ 《广东省志》编纂委员会:《广东省志(1979—2000)·总述卷·大事记卷》,方志出版社2014年版,第66页。

④ 广州商品交易所官网——关于交易所——交易所简介,2019年12月31日,http://www.gzcmex.com/news/intro/36。

2018年，广州商品交易所公布了金属业务升级方案，金属交易业务板块升级后，由多种交易模式组成，其中包含协商交易、现货点价、专场交易等。并配套完善安全的结算体系保驾护航，使各交易商能在资金和商品有保障的前提下进行交易。为满足交易商商品要素自由流转的需求，广州商品交易所向交易商提供跨域华北、华东以及华南三大区域的交收网络，根据仓储认证体系布局指定交收仓库。同时通过全国保兑电子仓单按需配货的方式实现仓单串换、移地买卖、异地交收，使交易商打破地域限制、根据平台交易仓单的升贴水情况进行自主配货，实现资源最优配置和客商利益最大化。除了公布金属业务升级方案，广州商品交易所还定位打造连通粤港澳大湾区内的商品流通渠道，配合大湾区建设具有区域特色的国际性金融中心、自由贸易港的战略规划，打造具有坚实产业基础的多层次商品市场，以现货交易作为突破点，以本地航运港口优势为抓手、以珠三角区域大宗商品产业背景为基础、以创新金融服务为关键，通过建立成熟完善的大宗商品交易服务体系吸引产业上下游各环节产业客户落户，形成全新的对大宗商品集中调配、产业链条完整、运营模式先进成熟、金融配套产品创新的产业集群。2018年，广州商品交易所储备的全国企业会员在2000户左右，市场情况和过往数据反映，这部分基础客群在广州商品交易所交易平台上线并顺利运营后可实现年交易额数千亿，运营五年左右预计企业会员和相关服务商可超万户，交易额突破万亿。

2019年5月27日，广州商品交易所带钢现货挂牌上市。9月29日，广州商品交易所获民生银行总行3亿仓单线上质押融资额度。

二 广州产权交易所有限公司

为了实现为社会服务与为实体经济服务的目标，打造"卖方进场公开卖，买方进场公平买，监管、交易和中介机构场内场外公正办事"的第三方交易公共服务平台，不断增强市场集聚和辐射、资讯和融资服务、提高商品流动效率等功能，1999年6月，广州产权交易所有限公司（以下简称"广州产权交易所"）成立。通过多年的创新开拓、经营运作，广州产权交易市场已成为国内少数几个市场化程度高、交投活跃的专业市场之一，2019年交易规模、软硬件设施和综合实力在国内位居前列，是中国企业国有产权交易行业协会广东省唯一"创始人"。[①] 截至2019年，广州产权交易所开展的企业国有资产交易项目涉及交易额近42亿元，业务量和成交宗数都居省首位。[②]

2005年，广州产权交易所被广东省人民政府国有资产监督管理委员会（以下简称"省国资委"）选为从事企业国有产权转让的产权交易机构。4月14日，北京产权交易所与广州产权交易所签署了合作协议书。10月18日，广州产权交易所开发区分所挂牌营业，分所由广州产权交易所和广州开发区建设发展集团合作开办，将为广州开发区乃至周边地区企业产权交易提供方便、快捷、优质的服务。

2006年9月7日，通过广州产权交易所的公开市场平台，莲香

[①] 广州产权交易所官网——关于我们，2019年12月31日，http://www.gemas.com.cn/article/gywm/jgjj/。

[②] 广州市地方金融监督管理局：《2020广州金融白皮书——金融发展形势与展望》，广州出版社2020年版，第139—141页。

楼、泮溪酒家两个老字号企业将各自99%的股权分别转让给广州市荔湾西关世家园林酒家和香港四洲集团所属四洲物业有限公司。

2008年8月1日，广州市泰康路111号"泰康城广场"项目竞价会在广州产权交易所第一交易大厅举行。该项目是受四川省国有资产投资管理有限责任公司委托，广州产权交易所与四川省国投产权交易中心联合组织实施的大型跨地域物权及权益交易项目。11月14日，由中国国际贸易促进委员会、广州市政府、中国进出口银行联合主办，中国国际贸易促进委员会广州市委员会、广州市人民政府金融工作办公室、广州产权交易所等机构联合承办的"首届中国国际金融服务贸易洽谈会"成功举行，这是广州地区首次举办以金融服务贸易为主题的国际性大会。

2009年，广州产权交易所被确定为第二批国家技术转移示范机构。4月3日，广州产权交易所设专门的股权质押融资服务平台，为银企股权质押提供相关服务，创新地推出了企业托管模式。

2011年，广州市属行政事业单位国有资产和公共资源正式进入广州产权交易所进行交易。

2012年，广州产权交易所被广州市中级人民法院确定为广州市涉诉资产统一交易场所，与此同时，还成了国内首家承接中小客车增量指标竞价业务的产权交易机构。

2013年，广州产权交易所被广东省高级人民法院确定为广东省法院涉诉资产统一交易场所。

2014年，广州产权交易所被国务院国有资产监督管理委员会确定为首批从事中央企业资产转让交易业务的机构。

2016年，广州产权交易所累计成交各类综合产权交易项目459.8亿元，企业产股权、涉诉资产等业务交易量均创新高。此外，广州产权交易所还推出"互联网+交易平台+金融机构"的融资新模式，大幅提高客户的延期支付能力，有效解决国有企业资产转让以及涉诉资产交易中"一次性付款"的难题；推出"交易平台与专业市场联动""竞价数据跨系统实时同步"的公车交易合作模式，实现会员注册、实名认证、项目报名、保证金缴纳、车辆竞价、成交价款结算全流程统一完成。[①] 其中，2016年8月26日，广州产权交易所举行广州市首场市直公务用车网络拍卖会，成交率达100%，增值率达75%，打造出公务车处置的"广州模式"。值得一提的是，2016年7月28日，广州产权交易所下的广州体育产业资源交易平台正式启动。

2017年，广州产权交易所进场服务范围在企业产权、实物资产后又拓展了企业增资扩股，将产权交易投入新一轮深化国企改革中。例如，成功通过增量发行为广州珠江艾茉森数码乐器股份有限公司引入战略投资者、管理层及核心员工等36个投资方，这标志着珠江钢琴在混改上迈出了实质性步伐。此外，广州产权交易所还推出"交易平台+金融机构"的融资新模式，成为业界房产交易融资服务的创新典范。另外，他还开设存量房交易网签服务点，延伸交易服务链条，方便市民办理网签，促进了二手房安全交易、便捷交易。同时，他还引进广州农商银行、广州银行股份有限公司等机构逾千宗不良资产进场交易，线上交易与线下服务协同，试点金融机构不良资产处置的产权交易模式。[②] 7月6日，由广州产权交易所发

[①] 广州市金融工作局：《2017广州金融白皮书——金融发展形势与展望》，广州出版社2017年版，第109页。

[②] 广州市金融工作局：《2018广州金融白皮书——金融发展形势与展望》，广州出版社2018年版，第117—121页。

起设立的旅游资源交易与综合配套服务平台正式启动。11月23日，广州空港经济区管理委员会召开了广州空港经济区第一批认定招商机构座谈会，广州产权交易所被认定为广州空港经济区首批认定招商机构。

2018年，广州产权交易所先后引入省属、区属国有、民营企业，以及南部战区军事法院等单位资源进场阳光交易。在传统的企业股权、不动产等品种基础上屡创新招，先后组织成交了飞机、名包、手表、首饰、工艺品等高价值资产，以及奶牛、种猪乳猪等生物资产。是年7月20日，由广东省体育场馆协会主办，广州产权交易所携手中国人民财产保险股份有限公司共同承办的"广东省体育场馆公益讲座"在广州交易所集团综合交易大楼隆重举办。意味着广州产权交易所开始联手广东省体育场馆协会探索场馆创新发展之路。11月22日，广州产权交易所创建独立IP"广州旅游大讲堂"及系列精品活动。选取当期国内外重点旅游课题、旅游热点，邀请政府主管领导、高校学者、业界大咖开展主题分享和头脑风暴，形成体系化的智慧共享传播生态，并逐步形成常态化的互动机制，被誉为"中国首个旅游创新智慧共享与传播品牌"，活动的全网传播最高达百万人次。12月28日，由广州市越秀区迎春花市指挥部主办，广州产权交易所承办的首次现场电子竞标——"2019年广州市越秀西湖迎春花市档位竞标会"在广州产权交易所综合交易大楼成功举办，广州产权交易所先后完成广马赛事合作方招选、天体篮球城赞助权益开发、从化"荔枝球"展馆招商、"广州车展"户外广告、珠江"红船"文化广告合作、西湖"百年花市"档位电子竞标、"亚洲潜水展（ADEX）国际海洋节"版权拓展等众多知名文体旅项目，在打响平台知名度的同时，为接下来引入更多、更大的项目组织及其实施积累了丰富的实践经验。①

2019年年初,广州产权交易所与南方航空合作开展的老旧飞机处置系列项目成为国内首宗通过产权交易平台实现贸易项下跨境资金结算的国有资产类交易项目。② 4月2日,广州产权交易所韶关分所正式启动。7月22日,广州产权交易所当选为越秀区产业投资促进协会第一届副会长协会。

下面分别介绍广州产权交易所的几个交易平台。

(一)旅游资源交易平台

广东南临南海,北屏五岭,山地、丘陵、平原交错,海岸线漫长,旅游资源丰富。③ 2017年7月,在广州市委、市人民政府统一部署与广州市旅游局的指导下,广州旅游资源交易平台成立。平台借助旅游项目多、投资需求广、市场消费规模大等优势,通过旅游要素市场平台促进旅游业产融结合,推动旅游产业链向高端发展,促进旅游产业从单纯依靠数量增长迈向优质旅游发展的模式升级。在针对广州各区及贵州广东省黔南州等地的市场调研与资本发动中,平台成功促进了多个重大合作事项。④

(二)广州公有物业出租平台

广州公有物业出租平台是由广州产权交易所打造的广州市行政事业单位、国有企业物业出租第三方公共服务平台,充分发挥了产

---

① 广州市地方金融监督管理局:《2019广州金融白皮书——金融发展形势与展望》,广州出版社2019年版,第99—100页。

② 广州市地方金融监督管理局:《2020广州金融白皮书——金融发展形势与展望》,广州出版社2020年版,第99—100页。

③ 广东省地方史志编纂委员会:《广东省志·总述》,广东人民出版社1996年版,第38页。

④ 广州市金融工作局:《2018广州金融白皮书——金融发展形势与展望》,广州出版社2018年版,第118页。

权交易平台在特色方案策划、广泛信息披露、规范流程控制、快速价格发现、高效产权流转、综合融资支撑等方面的优势，进一步推进公有物业出租的"阳光交易"，配合落实国有资产流转的"有效监管"。

广州公有物业出租平台坚持政府引导与市场运作相结合的原则，充分发挥企业物业存量资源优势和平台资源集聚整合功能，以公有物业交易为切入点，有效带动房地产市场供给侧结构性改革和建立购租并举住房体系。平台自2017年8月启动至2018年，累计挂牌出租项目2459宗，出租面积79万平方米，已完成交易流程并成功征集到承租方的项目涉及合同总租金8.5亿元，平均增值率27%，平均每个项目有4个意向方报名参与。物业招租的交易成本大幅降低。国有企业进场交易后的交易成本仅占项目增值金额的0.8%，占合同总金额的0.18%，单宗项目交易成本最低仅100元。平台的高效服务和增值能力得到了国资部门和国有企业的高度认可。例如广州电气装备集团有限公司委托出租物业实现年租金从924.3万元提升至6600万元，国资收益增加了6.14倍。[①]

2018年，平台累计挂牌出租项目约15000宗，出租面积约500万平方米，已完成交易流程并成功征集到承租方的项目涉及合同总租金约66亿元，平均增值率为43%，平均每个项目有5个意向方报名参与。[②]

2019年，广州公有物业出租平台累计发布公开招租项目信息超

---

① 广州市金融工作局：《2018广州金融白皮书——金融发展形势与展望》，广州出版社2018年版，第118页。

② 广州市地方金融监督管理局：《2019广州金融白皮书——金融发展形势与展望》，广州出版社2019年版，第99页。

2万宗，涉及招租面积超1100万平方米，成交涉及合同总租金106亿元。①

（三）体育产业资源交易平台

2016年7月，广州产权交易所牵头组建华南地区首家体育产业资源交易平台——广州体育产业资源交易平台，首创"体育品牌策划＋产业资源整合＋体育项目交易＋体育金融创新"四位一体的体育产业服务新模式。②

2017年，广州体育产业资源交易在国际化发展方面瞄准赛事IP③与资本国际化流转通道，成为中国首个国际体育市场的交易平台。分别与国际田径联合会、亚洲奥林匹克理事会、法国足球甲级联赛、西班牙足球甲级联赛、世界马拉松大满贯等国际体育组织、机构及联盟，建立了针对中国市场的长效合作沟通机制。在专业服务方面组建了中国首个体育资源交易专家智库体系。④

2018年，广州产权交易所整合文旅与体育产业资源，广州体育产业资源交易平台（文体旅平台）创建独立IP"广州旅游大讲堂"及系列精品活动。选取当期国内外重点旅游课题、旅游热点，邀请政府主管领导、高校学者、业界大咖开展主题分享和头脑风暴，形成体系化的智慧共享传播生态，并逐步形成常态化的互动机制，被

---

① 广州市地方金融监督管理局：《2020广州金融白皮书——金融发展形势与展望》，广州出版社2020年版，第110页。

② 广州市金融工作局：《2017广州金融白皮书——金融发展形势与展望》，广州出版社2017年版，第141页。

③ Internet Protocol（简称IP），是分配给用户上网使用的网际协议的设备的数字标签。常见的IP地址分为IPv4与IPv6两大类，但是也有其他不常用的小分类。

④ 广州市金融工作局：《2018广州金融白皮书——金融发展形势与展望》，广州出版社2018年版，第118页。

誉为"中国首个旅游创新智慧共享与传播品牌",活动的全网传播最高达百万人次。此外,平台以更加主动的市场姿态投入大型项目的交易环节。先后完成广马赛事合作方招选、天体篮球城赞助权益开发、从化"荔枝球"展馆招商、"广州车展"户外广告、珠江"红船"文化广告合作、西湖"百年花市"档位电子竞标、"亚洲潜水展(ADEX)国际海洋节"版权拓展等众多知名文体旅项目。[1]

2019年,延续上一年,整合文旅与体育产业资源后,广州体育产业资源交易平台打通市场、资本、项目三通道。先后为中国国际漫画节、广州白水寨景区等文旅领域的重大投资项目成功引资。构建了文旅投融资的立体化服务模式,为广州打造城市名片提供资讯发布、资源导入、资本对接、资信增强等专业化、市场化、集约化服务。平台以产业价值输出为重点,成功策划"广州文旅大讲堂"精品IP,聚焦冰雪旅游、非遗活化、粤剧文化等热点,孵化以"广州非遗"双创服务平台、"大湾区历史文化游体系"等为代表的子平台和项目,助力推动区域文旅市场"政、用、产、学、研"的协同发展。受到媒体和业界产业的持续聚焦,广州文旅大讲堂被誉为中国首个文旅创新智慧共享与传播品牌,并荣获全国优质服务大赛最高奖项。[2]

(四) 技术产权交易平台

2015年,技术产权交易平台拥有了自主知识产权的知识产权价值分析认定系统(该系统引入20世纪70年代发展起来的B-S期

---

[1] 广州市地方金融监督管理局:《2019广州金融白皮书——金融发展形势与展望》,广州出版社2019年版,第100页。

[2] 广州市地方金融监督管理局:《2020广州金融白皮书——金融发展形势与展望》,广州出版社2020年版,第100页。

权定价模型进行建模，使用中国资本市场所积累的历史数据，经大数据运算后作变量，利用系统工具分析认定知识产权或标的企业的内在价值）。此外，该平台还整合政府、银行、保险、担保、再保险、再担保、产权交易、资本市场资源，重点解决了知识产权质押融资的三大难题：知识产权价值认定、质押融资风险分担、出质资产处置通道。技术产权交易平台还承担了广东省四维技术与知识产权综合交易服务平台建设（整合技术、资本、人才、数据资源，围绕提高科技成果转化率、科技成果产业化率，促进科技与产业结合、科技与金融结合）。该项目建设期3年，已经被广东省科学技术厅、广东省财政厅立项实施，为申报成为全国技术市场广州分中心奠定了基础。值得注意的是，技术产权交易平台获批2015年广州市唯一一家国有知识产权运营培育试点机构。实施专利规划与挖掘、专利集成与嫁接、专利许可与转化、专利并购与重组，打造知识产权运营新体系，实现知识产权金融化、资本化、证券化。[①]

2016年，技术产权转让业务中的28项药品生产专有技术转让项目历经373轮报价，溢价率达到报价的近5倍，成为广州产权交易市场以药品生产专有技术为标的实现的最大金额技术产权交易项目，也是积极探索通过市场化手段实现知识产权价值最大化的又一宗范例。[②]

2017年，技术产权交易平台与广东省生产力促进中心、广州市

[①] 广州市金融工作局：《2016广州金融白皮书——金融发展形势与展望》，广州出版社2016年版，第129页。

[②] 广州市金融工作局：《2017广州金融白皮书——金融发展形势与展望》，广州出版社2017年版，第141页。

南沙区等多家单位共同发起设立广东省华南技术转移中心。对接技术转移、技术嫁接、成果转化等技术交易与服务业务，致力科技创新平台体系建设，吸引更多的人才、技术、成果等创新要素落户广东。①

2019年，技术产权交易平台立足科技成果商品化、项目化、产业化和知识产权金融化、资本化、证券化。依托拥有自主知识产权的价值分析认定系统和分类分级挖掘系统，打造形成独具特点的服务模块和服务模式。2019年累计签约7000余项专利委托运营项目，23项仿制药委托挂牌项目并承接启动近3000项分类分级、专利委托运营、技术推广、价值分析认定、展示公示、挂牌交易等服务项目；重点围绕高等院校、科研院所及优势企业的先进技术和创新资源，运用独立开发的分级挖掘系统和价值分析认定系统为科技成果对接需求、对接资本、转移转化，取得广泛认可和良好成效。②

三 广州公共资源交易中心

广州公共资源交易中心成立于2013年7月，落地广州市天河区（见图9.8）。整合了原广州建设工程交易中心、政府采购中心、信息工程招投标中心以及广州市房地产交易登记中心的土地使用权公开出让和矿业权出让职能，是广州市政府直属的副局级事业单位，内设26个部门。

---

① 广州市金融工作局：《2018广州金融白皮书——金融发展形势与展望》，广州出版社2018年版，第120—121页。
② 广州市地方金融监督管理局：《2020广州金融白皮书——金融发展形势与展望》，广州出版社2020年版，第111页。

图 9.8　广州公共资源交易中心

作为区域性的公共资源交易平台，广州公共资源交易中心坚持"立足广州、面向全广东省、辐射泛珠三角、服务全国"的功能定位，业务覆盖中央、省、区、市、镇、村六级，包含建设工程招投标、政府采购、土地使用权和矿业权出让、药品集团采购以及综合性产权交易等品类，是全国进场交易业务领域最广的公共资源交易平台之一，近年来，广州公共资源交易中心交易量创历史新高，始终保持在全国同类交易平台的领先地位。①

2013年5月28日，广州公共资源交易中心网上远程评标会议视频系统测试成功。

2014年3月28日，根据广州市政府《广州市公共资源交易体制改革实施方案》和广州市机构编制委员会《关于组建广州公共资

---

① 广州公共资源交易中心官网——关于我们——交易中心简介，http://www.gzggzy.cn/html/jyzxjj.html。

源交易中心的通知》精神，国有产权交易项目被纳入广州公共资源交易范围，统一服务规范，仍在原平台交易。4月8日，广州交易所集团城建制划归广州公共资源交易中心管理，广州市国有产权交易也被正式纳入广州公共资源交易序列。4月21日，广州市城实投资有限公司以61.5亿元取得天河区岐山路183号油制气厂地块的国有建设用地使用权，标志着广州公共资源交易中心第一宗土地使用权出让交易顺利完成。11月13日，广州公共资源交易中心番禺区办事处在番禺区钟村街成立。

2015年4月，广州公共资源交易中心率先对接国内大型电商和地方电商，搭建了政府采购电子商城，使广州成为国内最早实施政府采购电商平台的城市之一。

2016年12月，广州公共资源交易中心全国首创的公共资源交易信用指数体系建设正式完成。

2017年，广州公共资源交易中心共完成交易项目179832宗，交易金额达7936.46亿元。广州公共资源交易中心借助广州超算中心强大的云计算、大数据处理等技术资源优势，将电子商城和公共服务平台部署至超算云，并充分发挥博士后创新实践基地政用学研一体化作用，承担国家发展改革委员会的《创新公共资源交易组织方式》等课题研究，为公共资源交易顶层制度设计提供智力支持。此外，广州公共资源交易中心还通过"互联网＋政府采购＋金融"电商云采购平台，打通供需信息，实现"预算立项—采购交易—验收支付"全程网上完成。7月17日，广州公共资源交易中心组织实施的首个竞争性磋商项目"广州市食品药品监管局法律服务采购项目顺利完成采购。竞争性磋商是财政部依法创新的采购方式，采用的是"先明确采购需求、后竞争报价"的两阶段采购模式，倡导

"物有所值"的价值目标。在"竞争报价"阶段,竞争性磋商采用了类似公开招标的"综合评分法",区别于竞争性谈判的"最低价成交"。7月26日,广州公共资源交易中心与中国建设银行股份有限公司举行共建电商平台签约仪式,签署了《广州公共资源交易中心政府采购电子商城平台项目建设合作协议》。此次政府采购电商平台项目建设合作协议的签署是"政银合作"的一次有益探索,意义深远。12月22日,第二届中国公共资源交易跨区域合作联盟主任年会暨十佳机构及年度人物评选颁奖典礼在北京举行。会议由中国公共资源交易跨区域合作联盟与公共采购视讯传媒主办,《今日采购舆情》《今日公共资源交易》微信公众平台承办,邀请了国家部委集采机构、全国各地公共资源交易机构代表,以及行业专家等300余人参会。广州公共资源交易中心获评2017年度全国公共资源交易(地级市)十佳最具公信力机构。

2018年,广州公共资源交易中心共完成公共资源交易项目189587宗,交易金额7890.87亿元,实现资金节约144.6亿元,溢价或增值82.94亿元。

2020年,广州公共资源交易中心全年完成公共资源交易项目65.45万宗,同比增长65.64%;交易金额12208亿元,同比增长38.98%,成为全国首个年交易金额破万亿的公共资源交易平台。获得"全国十佳公共资源交易中心(省级)""2020公共资源交易区块链最具影响力单位"等荣誉。

四 广州商品清算中心股份有限公司

为促进广东省内交易场所的规范管理,突破交易场所发展困境,省政府指示由广州市政府牵头建设清算登记平台,先行先试,从根源上解决各类交易场所的风险。2014年底，广州市政府批准设立广州商品清算中心股份有限公司（以下简称"广州商品清算中心"）。2015年4月21日，广州商品清算中心作为中国（广东）自由贸易试验区广州南沙新区片区十大重点推介项目正式挂牌成立，办公地点位于广州市天河区珠江新城富力中心，是《广州市国民经济和社会发展第十三个五年规划纲要（2016—2020年）》和《关于印发广州市构建现代金融服务体系三年行动计划》的重点项目。

广州商品清算中心主要面对大宗商品市场，向市场各方提供交易清算、风险管理，为大宗商品市场建设信用体系服务。目前，主要业务集中在承接大宗商品交易场所清算职能上，同时也正在进行仓单登记、交易、融资体系的论证和开发。此外，还在与银行等相关金融机构探索如何在自贸区这个平台上进行跨境业务的开展，为未来人民币资本项下可兑换的开放做准备。广州商品清算中心创新性地承担了部分政府监管市场"执行者"与市场发展"把关者"的双重功能，将独立进行商品交易清算业务，实现交易、清算、结算环节的严格分离，有效把控交易风险，促进大宗商品产业链在自贸区内集聚，起到金融反哺实业的作用。广州商品清算中心积极配合中国人民银行广州分行及广东省金融消费权益保护联合会的要求参与金融消费纠纷化解工作，利用区块链+5G技术构建金融消费纠纷在线多元化解平台，并获得由广东省金融消费权益保护联合会授予的"2018—2019年度金融纠纷多元化解先进单位"荣誉称号。[1]

2015年6月26日，广州商品清算中心在琶洲国际会展中心第

---

[1] 广州市地方金融监督管理局：《2020广州金融白皮书——金融发展形势与展望》，广州出版社2020年版，第126页。

四届广州金交会上与"四大国有银行"① 共同举办了战略合作签约仪式。广州商品清算中心与"四大国有银行"共同开启了加强合作，共谋发展，实现双赢的新篇章。之后，广州商品清算中心与"四大国有银行"签订了战略合作框架协议，双方将共同推动广东省商品金融产品和交易模式的创新，拓宽金融市场的广度和深度，促进金融资本的高效流动和金融资源的合理配置，为中小微企业实现金融普惠。

2016年6月25日，广州商品清算中心业务启动仪式在第五届广州金交会上成功举办，标志着广州商品清算中心作为商品流通领域金融创新发展的重大基础设施正式进入业务运行阶段，将有效推动中国商品流通及交易市场的规范发展和信用体系建设。通过优化金融资源和实体资产对接，降低企业融资成本，提升融资便利度，增强金融支持实体经济的能力，助力金融供给侧改革。同时，广州商品清算中心还荣获第五届广州金交会"最佳金融服务奖"。

2017年4月26日，2017互联网金融行业协会发展高峰论坛在广州隆重举行，广州商品清算中心作为广东省、广州市两级政府防范互联网金融风险的重要基础设施和重要抓手，当选为新一届广东互联网金融协会监事单位。8月25日，广州市金融工作局考虑利用大数据技术，对金融风险实现穿透式、无缝隙、多维度检测。经多方比较，最终选定在广州商品清算中心试点建设"广东省地方金融风险监测防控平台"，广州商品清算中心于第六届广州金交会启动仪式上获得省政府领导正式授牌。11月23日，广州商品清算中心受邀参加南都金砖奖颁奖典礼。历经4个月的评选，广州商品清算

---

① "四大国有银行"，指中国工商银行股份有限公司、中国农业银行股份有限公司、中国银行股份有限公司、中国建设银行股份有限公司。

中心荣获2017年度"区域经济突出贡献金融机构"年度奖。截至2017年底,广州商品清算中心已实现4个商品价格指数的每日发布,并在每周及每月对价格指数的相关波动情况进行研究评论。2017年广州商品清算中心全年清算金额达1033亿元,业务规模位居全国前列。

2018年,广州商品清算中心建设和运营的广东省金融广告监测中心于3月15日由中国人民银行广州分行正式授牌成立。广东省金融广告监测中心全年累计排查全省金融广告宣传信息354924条,实现对全广东省25万多家企业进行风险监测。在原有清算业务基础上,探索出了地方金融风险监测防控创新新模式,并享誉国内。此外,广东省地方金融风险监测防控平台成功入选2018年广东省促进经济发展专项资金(金融服务)扶持项目。

2019年1月,广州商品清算中心股份有限公司在广州市地方金融监督管理局的指导下独资发起成立广州金融风险监测防控中心有限责任公司,注册资本1000万元(营业范围主要是为地方金融业态提供风险监测、数据分析、风险管理、金融风险处置服务,受国家金融监管部门委托开展金融风险监测分析及处置服务,受金融机构委托从事金融信息技术外包服务以及提供软件开发、软件服务、信息技术咨询服务、企业管理咨询服务等)。2019年,广州商品清算中心在辖内通过线上多元化渠道,线下"三进"活动、专题培训和论坛等形式开展防范非法金融活动专题培训和投资宣传教育工作,以"防控中心小课堂""投教小课堂"等自主品牌宣传载体,以及"广东金融大讲堂""广州金融大奖"等电视媒体专栏开展多层次、立体化、广覆盖的非法金融活动宣传教育,被评为广东省首届金融消费安全教育短视频大赛"年度金融消费安全教育优秀机构"。7月,获评"弘扬正能量 捍卫钱袋子——首届金融安全盾点赞榜 金盾团队"荣誉称号。此外,广清中心联合中山大学管理学院成立全国首个金融监管科技实验室——"金融监管科技联合实验室",以监管科技手段推动粤港澳大湾区金融监管创新。同时,广清中心在信息系统建设方面获得"基于云平台的实时任务调度方法""基于超资源融合的云计算体系的构造方法"2项发明专利证书、1项科学技术研究成果登记证书,并获评为2019年度广东省工程技术研究中心,大大提升了运营实力与服务效能。[①]

五 广东省交易控股集团有限公司

2017年,中国共产党第十九次全国代表大会明确指出,经济体制改革必须以完善产权制度和要素资源市场化配置为重点,实现产权有效激励、要素自由流动、价格反应灵活、公平竞争有序、企业优胜劣汰。这为广东推进现代市场体系建设、发展产权要素市场指明了方向。

2000年9月,深圳成立了广东第一家产权交易机构,广东产权市场不断壮大发展。到2005年,广东省内各地市累计建立了17家产权交易机构,但其中多数机构的交易量较小,加上地市之间交易规则不统一、监管不到位等问题,造成全广东省产权市场长期严重分割、无法实现资源的有效整合,广东省产权机构综合产权交易量及行业影响力长期排在北京、上海、天津、重庆等直辖市的产权交易机构之后。对此,省国资委于2005年10月正式提出组建全广东省统一的产权交易平台,为各类所有制企业提供服务,促进广东省

[①] 广州市地方金融监督管理局:《2020广州金融白皮书——金融发展形势与展望》,广州出版社2020年版,第126页。

内各类产权有序流转，实现整合全广东省产权市场的目标，最终形成泛珠三角区域产权交易共同市场。2005年12月，省政府转发省国资委《关于加快我省产权市场建设的意见》，为解决广东产权交易机构交易量小、交易规则不统一、监管不到位等问题，从建设非标准资本市场的高度，组建南方联合产权交易中心，作为当时整合与拓展广东省产权市场的产权交易平台，逐渐成长为全国产权市场的重要新生力量。2013年6月，在中共广东省委、省政府领导下，以"整合各类交易资源，形成相对统一的要素市场"为目标，在南方联合产权交易中心的基础上，经省政府（十二届5次省政府常务会议）批准，由省国资委全资设立了广东省产权交易集团有限公司（以下简称"广东省产权交易集团"）。广东省产权交易集团紧紧围绕打造全广东省统一要素市场，构建基础性、权益性、区域性的非标准化权益交易服务的资本市场的总目标，聚焦主业，开拓进取，不断规范发展产权市场，大力拓展要素市场平台，努力加大制度创新力度，在服务国企改革发展、推动国有资本流转、促进服务广东经济社会发展等方面发挥了积极作用。2018年9月，省国资委复函广东省产权交易集团：经省政府同意，批准公司名称由"广东省产权交易集团有限公司"更名为"广东省交易控股集团有限公司"（以下简称"广东省交易控股集团"）。[①]

2013年，广东省交易控股集团的药品电子交易平台正式上线运行。此外，广东省交易控股集团与珠海市横琴新区发起设立广东金交中心，与广发证券、招商证券股份有限公司和广东金融高新技术

---

① 广东省交易控股集团有限公司：广东省交易控股集团有限公司官网——关于我们，2022年4月15日，https：//www.gdaee.com.cn/news/00000004947.html。

服务区共建金融高新区股交中心，同时对已有的股权托管中心进行了改造升级。①

2014年，广东省交易控股集团成功获批第一批国家级水权交易试点，实现排污权交易收入"零"的突破，顺利获得英国驻广州总领事馆的中国繁荣战略基金，牵头成立了广东省低碳发展联盟。广东省交易控股集团还获国家知识产权局批准，成为第二批国家专利运营试点企业，广州知识产权交易中心有限公司（以下简称"广州知识产权交易中心"）成功落地。建设项目获得各级政府扶持配套资金估计超过3000万元。除以上两项之外，广东省交易控股集团还成功争取到广州钻石交易中心有限责任公司（以下简称"广州钻石交易中心"）相对控股权，并纳入珠宝玉石交易平台体系整体运作。2014年，广东省交易控股集团为"广东扶贫济困日"捐款108万元，为援藏、援疆工作承担慰问金、工作经费共30万元，慰问帮扶村所在县扶贫办、镇政府、村委12万元，在集团范围内组织开展爱心捐赠活动，共募集款项25685元。②

2015年，广东省交易控股集团药品交易平台的交易规模稳居全国第一位，"互联网+药品集中采购"模式领先全国。源自广东、影响全国的医药交易价格指数逐步形成，医用耗材交易系统正式上线。此外，广东省交易控股集团控股的深圳市前海广产控股股份有限公司于12月29日揭牌，成为全国首家跨境要素类金融平台的上市公司。同时，其控股的广州钻石交易中心、广东安达金融保安押运有限公司、广东省股权托管中心基金管理有限公司成立。③

---

① 广东省交易控股集团有限公司：广东省交易控股集团2013年工作总结。
② 广东省交易控股集团有限公司：广东省交易控股集团2014年工作总结。
③ 广东省交易控股集团有限公司：广东省交易控股集团2015年工作总结。

2016年，广东省交易控股集团的国有资产流转全领域、全口径、全链条进场交易基本实现：服务国有企业"瘦身健体"，推动产业重组和结构调整，完成广州国际金融交易广场、中山华信置业、广弘医药港、广晟海韵等重大项目交易。此外，广东省交易控股集团还打造了服务非公经济发展的融资并购平台，促成天夏智慧城市科技、星湖科技等上市公司进入民营股权及资产交易服务中心，并成功连接甜橙金融、京东金融、国美金融、百度金融、苏宁金融、乐视金融等互联网金融平台，与移动和包签署合作协议。同时，广东省交易控股集团的广东省环境权益交易所排污权试点建设取得新突破，以佛山市顺德区为试点开展了中国首批挥发性有机化合物（VOCs）排污权电子竞价交易。广东省交易控股集团的金融城项目以投行模式运作金融地产项目，成功运作了第一个地产项目——广州国际金融交易广场项目，成为省属国企"共享经济"典范。①

2017年，广东省交易控股集团与深圳市投资控股有限公司、广州交易所集团、珠海金融投资控股集团有限公司共同发起设立全省统一平台——广东联合产权交易中心有限公司。这意味着历时十年的广东产权交易市场整合实现历史性突破，构建非标资本市场统一的外部环境已初步形成，全国产权市场"北上广"三足鼎立格局已初步显现。此外，他在"互联网+要素交易+金融"服务模式下，会同多家金融机构推出了多个专属在线融资品种，实现无抵押、无担保、实惠快捷的在线融资服务。其中，"药贷"产品已在平安银行、兴业银行、交通银行等3家金融机构上线运行。②

---

① 广东省交易控股集团有限公司：广东省交易控股集团2016年工作总结。
② 广东省交易控股集团有限公司：广东省交易控股集团2017年工作总结。

2018年，广东省交易控股集团引入战略投资者，紧密对接招商局金融集团有限公司、中国银河金融控股有限责任公司（以下简称"中国银河金控"）、中国银河证券股份有限公司、银河源汇投资有限公司、中信投资控股有限公司等意向战略合作伙伴。此外，还依托金融与其他交易配套服务业，更名组建了广东省广交金服集团有限公司，提升金融服务实体经济的能力。广东省交易控股集团的广东金融资产交易中心在国内省级金融资产交易场所中，首个获批开展银行不良资产跨境转让试点业务，金融资产交易量位居全国前列。广东省交易控股集团还组建了广东广交数信服务有限公司，打造集信息共享、业务融合、资源汇集等功能于一体的产权交易资本市场统一信息平台，统一信息平台的上线运行，实现了"统一商城""统一信息发布"和"统一竞价"。广东广交数信服务有限公司已与广东省交易控股集团16个系统的产品信息对接，初步发挥了"聚资源、树品牌"作用，还完成了大数据交易平台系统的硬件部署和软件开发。值得注意的是，广东省交易控股集团还依托接收管理转企改制的《广东经济》杂志社，设立广东经济杂志社有限公司（广东要素市场研究院），主要承担广东经济领域、要素市场"内脑智库、智慧财富、智力引擎"重任，挖掘和编制各种要素交易价格指数和流动性指数，打造要素市场产学研创一体化、深度融合平台。[1] 2018年，广东省交易控股集团累计实现交易金额5.98万亿元、交易宗数732.59万宗，交易宗数稳居全国第一。

2019年1月24日，广东省交易控股集团"交e汇"正式上线运营。

---

[1] 广东省交易控股集团有限公司：广东省交易控股集团2018年工作总结。

第四节 专业性要素交易平台

一 中证机构间报价系统股份有限公司

中证机构间报价系统股份有限公司（以下简称"中证报价系统"）原名中证资本市场发展监测中心有限责任公司，2013年2月27日成立，2015年2月10日更名改制，是经中国证监会批准并由中国证券业协会按照市场化原则管理的金融机构。中证报价系统参与人来自中国证券业协会、中国期货业协会、中国证券投资基金业协会、中国上市公司协会或中国证券业协会认可的其他自律组织会员，包含证券公司、私募基金、公募基金、银行、信托、保险、支付公司、投资咨询公司、地方股权交易中心及其他机构。截至2015年12月4日，参与人数量达1402家，合格投资者2311462户，参与人净资产合计9.74万亿元，参与人管理资产规模35.93万亿元。自2014年8月18日中证报价系统首只产品正式上线发行以来，产品种类日益丰富，截至2019年已发行资管计划、收益凭证、私募基金、债券（证券公司短期债、次级债、可交换债券）、私募股权融资、资产支持证券等产品。发行规模增长迅速，日均发行量不断攀升，单日最大发行金额77.80亿元，总发行量突破1000亿元。中证报价系统已与全国148家证券公司、私募基金和证券投资咨询机构、区域市场实现互联互通。

作为中国证监会最重要的"两所""两系统"[①]之一，中证报价系统2017年正式在广州上线，结束了广州长期没有全国性金融交

[①] "两所"，指上海证券交易所、深圳证券交易所；"两系统"，指全国中小企业股份转让系统和中证机构间报价系统。

易平台的现状。中证报价系统的设立是为了支持私募债券、私募股权、资产证券化、大宗商品交易、场外衍生品等非公开业务发展，促进证券期货经营机构、银行、保险、信托等各类机构开展跨界业务。提供以非公开募集方式设立产品的报价、发行与转让服务。同时，提供证券公司柜台市场、区域性股权交易市场等私募市场的信息和交易联网服务，并开展相关业务合作。四大全国性证券交易平台之一的中证报价系统落户广州，使广州发达的私募股权市场燃起熊熊大火。

2017年3月15日，广州市政府与中国银河金控、中证报价系统在北京签署战略合作协议。中国银河金控、中证报价系统拟在广州国际金融城投资建设南方总部，提供资本市场服务，对完善广州现代金融服务体系，推进广州区域金融中心建设，提升广州国家重要中心城市辐射力和影响力具有重要意义。

二 广州碳排放权交易中心有限公司

为在发展经济的同时注重生态环境的保护协调与和谐，[①] 广东省支持广州交易所集团做大做强第三方公共交易服务平台，丰富交易品种，搭建"立足广东、服务全国、面向世界"的第三方公共交易服务平台，为企业进行碳排放权交易与排污权交易提供规范的、具有信用保证的服务。由省政府和广州市政府合作共建，广州交易所集团独资成立的广州碳排放权交易中心有限公司（以下简称"广州碳排放权交易所"）正式挂牌成立于2012年9月。广州碳排放权交易所是国家级碳交易试点交易所和广东省政府唯一指定的碳排放

---

① 广东省地方史志编纂委员会：《广东省志·总述》，广东人民出版社1996年版，第70页。

配额有偿发放及交易平台。其中,广州碳排放权交易所的前身是2009年6月30日正式挂牌运营的广州环境资源交易所。

2013年12月16日,广州碳排放权交易所成功举行广东省首次碳排放配额有偿发放,成为至今全国唯一一个采用碳排放配额有偿分配的试点。同月广东省碳排放权交易顺利启动,创下中国碳市场交易的五个第一,迅速引发全球关注。

2015年3月9日,广州碳排放权交易所完成国内第一单CCER线上交易,为碳排放配额履约构建多元化的补充机制。在省政府、广州市政府、广州市发展和改革委员会的管理及指导下,广州碳排放权交易所陆续推出碳排放权抵押融资、法人账户透支、配额回购、配额托管、远期交易等创新型碳金融业务,为企业碳资产管理提供灵活丰富的途径。同年,该机构还推出了碳排放配额回购交易业务,研究开发了碳排放配额托管业务和碳排放权远期交易业务,深化了配额在线抵押融资业务和法人账户透支业务,并着手搭建了汇集企业绿色投融资信息、提供多样化融资工具的绿色投融资服务平台。其中,2014年由广州大学城华电新能源公司申请开展的500万元抵押融资业务在2015年5月顺利完成解除抵押手续,这标志着国内首笔配额在线抵押融资业务圆满完成。此外,2015年广州碳排放权交易所还承担了广东省低碳专项基金课题《碳排放配额竞价机制研究》的研究工作,并于年底成功举办了"碳排放配额竞价机制专题研讨会"。同年,还承担了英国繁荣基金课题《广东碳交易市场监管体系建设研究》等。值得一提的是,2015年,广州碳排放权交易所开展了3种类型的培训:一是联合中国人力资源和社会保障部教育培训中心举办"碳交易师"培训班;二是承接广东省低碳宣传系列专项,举办"走进企业"系列培训活动,涉及钢铁、水泥、石化和电力行业，除覆盖广东大部分范围之外，还通过远程视频实时连接培训现场，覆盖到广西、福建、海南、云南等周边地区，实现了跨区域培训，成功向周边地区输出了碳交易的"粤式"经验；三是联合广东省内相关专业协会，深入广东省21地市举办控排企业免费培训，提升了社会各界对碳交易的理解和参与程度。3种培训模式相互补充，多层次的能力建设培训体系逐渐成形，大大提升了受训人员覆盖范围。①

2016年，广州碳排放权交易所先后推出托管、远期交易等碳金融创新业务。此外，是年4月，广州碳排放权交易所上线全国首个绿色金融平台"广碳绿金"，为绿色投融资提供公开、安全的绿色投融资交易平台，降低绿色投融资对接成本，有效整合了与绿色金融相关的信贷、债券、股权交易、基金、融资租赁和资产证券化等产品，打造出多层次绿色金融产品体系。并作为广东绿色发展基金合伙人的角色投身绿色产业发展。②

2017年6月23日，广州碳排放权交易所在第六届广州金交会绿色金融论坛上，正式发布了中国碳市场100指数。该指数以拟纳入全国碳市场管控的行业上市公司为样本，经本指数方法学挑选出的绿色表现良好的企业，可为投资者进行绿色投资提供参考，进而激励参与中国碳市场的企业更多地进行环境信息披露并提高绿色表现水平。③

---

① 广州市金融工作局：《2016广州金融白皮书——金融发展形势与展望》，广州出版社2016年版，第139—140页。
② 广州市金融工作局：《2017广州金融白皮书——金融发展形势与展望》，广州出版社2017年版，第140页。
③ 广州市金融工作局：《2018广州金融白皮书——金融发展形势与展望》，广州出版社2018年版，第119—120页。

2018年,广州碳排放权交易所联合中国电力科学研究院、中国水利水电建设工程咨询有限公司和中国新能源电力投融资联盟共同成立了中国新能源资产投融资与交易平台。平台储备新能源项目类型包含集中式光伏项目、分布式光伏项目、风电项目、农光互补和渔光互补项目等,形成行业内较具规模的新能源项目库。此外,广州碳排放权交易所还成立了广州绿色产业投资基金管理有限公司,此公司初定主要投资成长期及成熟期的项目,主要通过并购基金和Pre—IPO的业务发展模式,专注"产业绿色化"的投资主题,包括但不限于绿色节能、绿色环保、绿色能源、绿色交通及其他战略产业领域。广州碳排放权交易所还牵头举办以"粤港澳大湾区绿色金融合作"为主题的2019穗港绿色金融合作论坛,协助开展穗港澳金融合作与协同发展研究(绿色金融部分),探索在香港设立绿色金融服务平台的可行性和业务方案。同时,积极助力河源、肇庆等非试点地区绿色金融能力建设活动,联合中证金融研究院、CDP开展环境(碳)信息披露等专业培训和经验分享等。[1] 2018年广州碳排放权交易所累计碳总成交量突破1亿吨,总成交额超过20亿元。全力建设环境能源综合交易服务平台,绿色金融综合服务平台、碳普惠制平台等多个重要平台,为"加快转型升级、建设幸福广东"以及广州打造国家碳金融中心城市提供支撑与动力,为全面深化绿色发展和建设生态文明提供保障。[2]

广州碳排放权交易所2019年完成碳排放配额成交量4538万吨、成交金额8.5亿元,同比增长了60%、142%。CCER(国家核证自

---

[1] 广州市地方金融监督管理局:《2019广州金融白皮书——金融发展形势与展望》,广州出版社2019年版,第102—109页。

[2] 广州碳排放权交易所官网,https://www.cnemission.com/。

愿减排量）成交量906万吨，成交金额4659万元，同比增长了60%、242%，配额累计交易量及成交金额继续稳居全国首位。2019年广州碳排放权交易所全力推进绿色金融体系建设。一是研究课题取得好成绩，先后中标英国商务能源与产业战略部、中国财政部、世界自然基金会的研究课题与项目。其中，"绿色发展背景下的我国碳排放权交易会计准则"项目荣获"国际会计准则荣誉"奖项；二是新能投平台多途径拓宽渠道实现双突破。截至2019年底，新能投平台储备新能源项目共计210个，累计装机容量超过2.3GW，覆盖全国20个以上省、区、市。①

第五节　其他要素交易平台

一　广州钻石交易中心有限责任公司

为促进广州钻石产业转型发展和进一步提升国际影响力，加快推动中国乃至世界钻石行业的成长壮大。同时，也为了充分利用广东地区钻石产业基础为企业提供现代化专业交易服务，推动外贸转型升级并形成以品牌和服务为核心的竞争新优势。2015年7月10日，广州钻石交易中心有限责任公司（以下简称"广州钻石交易中心"）获省政府正式批准设立。2015年8月28日，广州钻石交易中心正式发起成立。2015年9月30日，广州钻石交易中心工商批准注册成立。2015年9月30日，广州市工商行政管理局向广州钻石交易中心核发营业执照。至此，广州钻石交易中心正式完成筹建工作。

---

① 广州市地方金融监督管理局：《2020广州金融白皮书——金融发展形势与展望》，广州出版社2020年版，第111页。

广州钻石交易中心是唯一经省政府批准设立的钻石交易平台，落户广州市番禺区沙湾珠宝产业园，功能定位和业务规划得到广东省、广州市政府的大力支持。广州钻石交易中心的建设按照政府主导、国有控股、民营参与、市场运作的原则，由广东省产权交易集团牵头，联合广东省黄金集团有限责任公司、广州产业投资基金管理有限公司等国有企业以及周大福珠宝集团有限公司、六福集团（国际）有限公司等行业知名企业组建。[①]

2015年，广州钻石交易中心结合筹备期间的调研和讨论，针对本地钻石产业格局和交易需要，结合国内其他交易平台的现状，从差异化竞争和协作发展的角度，充分利用平台政策优势、本地产业优势以及中国（广东）自由贸易试验区、广州白云机场综合保税区改革创新政策，确定功能定位为"国际化钻石交易平台和21世纪丝绸之路现代化行业综合服务枢组"，同时确定3个交易品种（毛坯钻石、成品钻石和钻石首饰）、4个交易类型（保税展示、一般贸易、国内交易以及跨境电商）和5个经营模式（行业交易平台、便利通关渠道、创新销售平台、产业金融服务、市场整合推广）。广州钻石交易中心还参考国际交易所运作实践，编写设计了《广州钻石交易中心章程》《广州钻石交易中心交易规则》及《广州钻石交易中心会员管理办法》等文稿，对公司组织架构、会员体系、交易规则等各项内容制定了相应规范。与此同时，广州钻石交易中心还联合广东省产权交易集团与阿里巴巴集团的淘宝网，开展了"双十一"和"双十二"两期淘宝网钻石拍卖活动，两次活动共计组织上线拍卖钻石货品总值2694.2万元人民币。此外，广州碳排放权

---

① 广州钻石交易中心：《中心简介》，广州钻石交易中心官网——中心介绍，2019年12月31日，https://www.cngzde.com/about/intro/。

交易所国际业务对接引起国际广泛关注：与比利时驻广州领事馆、法国驻广州领事馆等成功对接业务，与刚果（金）钻石出口管理部门、安哥拉国家钻石公司、安特卫普世界钻石中心、法国钻石交易网等机构或企业成功商谈业务合作，与南非国家钻石贸易公司、迪拜钻石交易所、印度宝石和珠宝出口促进会等单位对接联系。值得一提的是，2018年，广州钻石交易中心是省政府仅批出的2个要素类交易市场牌照之一。

2016年6月16日，广州钻石交易中心正式入驻沙湾珠宝产业园；8月，广州钻石交易中心受邀参加印度国际珠宝展，在展会上与印度宝石及珠宝出口促进会[1]签署了合作备忘录，推动双方在钻石贸易等领域加强合作；9月8日，广州钻石交易中心在南沙设立全资子公司广钻运营有限公司，承担钻石进出口等业务功能；12月，广州钻石交易中心与中山大学地球科学与工程学院[2]签署战略合作协议，就共建钻石行业专家智库、服务钻石产业的培训中心、钻石高端专业人才培育体系、钻石标准化和信息化平台、共推钻石文化博览与传播等领域达成合作意向。

2017年5月5日，广州钻石交易中心联合广宝中心倡议成立"粤港澳大湾区珠宝产业联盟"，区内二十多家行业商协会和机构组成首批共同发起单位；6月，广州钻石交易中心为印度宝石及珠宝出口促进会在广州举办印度国际珠宝展路演；12月，广州钻石交易

---

[1] 印度宝石及珠宝出口促进会（GJEPC）是印度宝石和珠宝行业的顶尖机构。

[2] 中山大学地球科学与工程学院是中国最早创办的重要地球科学教学和研究机构之一，"宝玉石与矿物材料工艺学"是其重点研究和发展领域。

中心与富力环球商品贸易港①签署战略合作协议,就供应链服务、商业地产、时尚首饰等领域合作结成深度战略合作伙伴关系。

2018年4月19—25日,广州钻石交易中心在广州市番禺区成功举办毛坯钻石国际交易会。毛坯钻石国际交易会采用对标迪拜、安特卫普等地的钻石交易模式,组织来自非洲原产国的超过23万克拉(46千克)毛坯钻石货物,吸引来自中国、比利时、阿联酋、印度和以色列等国近50家企业近200名专业买手参与竞价交易,所有标的货物顺利成交,成交率100%,成交金额近600万美元,实现进出口总额1100余万美元。本次活动通过创新毛坯钻石交易模式,实现了4个国内首次:首次基于自由贸易试验区政策创新进行国际竞价钻石交易;首次组织规模化、全系列、直接来自原产国的毛坯钻石原矿进行交易;首次基于互联网的方式进行全球同步竞价交易;首次实现我国在国际毛坯钻石价格体系的话语权。交易会实现了面向国内外企业的"全球买全球卖"国际钻石交易,标志着广州从此跻身全球钻石资源配置城市行列。7月,广州钻石交易中心与星河控股集团②签署战略合作协议,约定共建珠宝钻石供应链体系、合作组织行业论坛与交易会等活动、构建行业信息数据服务平台、提供产业链金融服务,同时以珠宝钻石产业＋产业地产模式合作开发地产项目,实现资源共享与共赢合作。9月,广州钻石交易中心荣获"2017—2018年度广州优秀企业"奖。10月,广州钻石交易中心组织专业买家团赴比利时参加毛坯钻石交易会,与比利时钻石行业开展交流。11月,广州钻石交易中心与安特

---

① 富力环球商品贸易港是富力地产集团打造的"互联网＋"商贸产业地产版块。

② 星河控股集团是国内大型综合性投资集团。

卫普世界钻石中心、① 比利时钻石高阶层议会（HRD Antwerp）、② Rapaport 集团③在广州珠宝钻石国际年会期间签署战略合作协议，以多样的项目合作推动文化与商贸交流。12月，广州钻石交易中心荣获"中国改革开放40周年珠宝行业先进企业奖"。

二 广州知识产权交易中心有限公司

为加快推进广东省知识产权质押融资工作，解决知识产权流转交易难和处置变现难的问题；促进科技与金融、产业的有效融合；推动科技成果转化。广东省交易控股集团、广东省粤科金融集团有限公司、国家知识产权局专利局专利审查协作广东中心、广州开发区金控集团和北京东方灵盾科技公司等发起设立广州知识产权交易中心。2014年12月3日，广州知识产权交易中心有限公司（以下简称"广州知识产权交易中心"）通过省政府审批，并于2014年12月31日完成工商注册，落户广州市萝岗区科学城。

广州知识产权交易中心是贯彻国家发展和改革委员会、科学技术部、知识产权局等六部委发布的《关于印发建立和完善知识产权交易市场指导意见的通知》文件精神，落实2012年12月26日省政府有关工作会议精神，在广东省、广州市及开发区政府，国家、广东省知识产权局与广州市科技创新委员会及相关部门的指导与支持下，重点建立和完善广东省统一的区域性知识产权交易中心。广州知

---

① 安特卫普是世界上最重要的钻石贸易中心，安特卫普世界钻石中心（AWDC）是比利时钻石行业的代表性机构。

② 比利时钻石高阶层议会（HRD Antwerp）隶属于安特卫普世界钻石中心（AWDC），是欧洲顶级的钻石认证机构。

③ Rapaport 集团以发布钻石报价表闻名全球钻石行业，同时运营着全球最大的钻石电子交易平台。

识产权交易中心确立了"知识产权+金融+产业"的指导原则，制定了"一体两翼、三项业务、八款产品"的工作思路来构建发展格局，即以广州知识产权交易中心为载体，在广州南沙和深圳前海分别建立华南地区知识产权运营中心和前海知识产权金融运营公司。

广州知识产权交易中心以"知识产权+金融+产业"为指导原则，制定"一体两翼、三项业务、八款产品"的发展策略，打造知识产权交易、知识产权运营和知识产权金融三大主业，开发出八款产品，包括：知识产权交易及见证——提供知识产权交易，以及为知识产权转让、许可等提供具有公信力的第三方交易平台的见证服务；知财通——为大型企业集团提供全球利润合理分配的方案；融知汇——为上市国有企业或拟上市企业提供资产价值发现和挖掘的知识产权运营方案；知信保——广大中小微及创新型企业提供知识产权融资服务；知托管——为产业核心专利权人提供多渠道、多选择的专业托管服务，包括专利、商标、版权等；专利评估——运用新型专利价值评估方法为企业提供更加合理、高效和低成本专利估值服务；知转化——为高校科技成果转化公示提供具有公信力的第三方平台；知融通——为各金融、资产、权益等要素交易平台提供跨平台的知识产权专业服务。[1]

2015年10月12日，广州知识产权交易中心与广东职业技术学院签署了战略合作协议，正式建立合作伙伴关系；12月30日，广州知识产权交易中心在广东省产权交易集团大厅分别举行专利技术入股交易见证签约仪式和知识产权战略合作签约仪式，广州知识产权交易

---

[1] 广州知识产权交易中心：《平台介绍》，广州知识产权交易中心官网——关于我们，2019年12月31日，https://www.gipx.com.cn/about/index-intro.html。

中心与台湾知识产权服务机构签署知识产权战略合作协议书。

2016年2月17日,广州市科技创新委员会同意广州知识产权交易中心设立广州市技术合同第18登记点,正式开展技术合同登记业务,加快技术合同认定流程。而后,广知中心和广州市开发区科技创新与知识产权局展开技术合同业务合并,争取整合开发区技术合同业务,使广州知识产权交易中心成为广州市开发区第一合同登记点。3月2日,省金融办同意对广州知识产权交易中心开展知识产权质押增信交易业务进行备案,广州知识产权交易中心正式开始知识产权质押增信交易业务。

2017年10月17日,广州知识产权交易中心完成全资子公司华南知识产权运营(广州)有限公司工商注册。12月27日,广州知识产权交易中心在广州天河区天河北路28号时代广场正式设立大客户服务中心。

2018年3月30日,广州大学与广州知识产权交易中心签署科技成果转化战略合作协议,成立"广大—广知"科技成果转化合作平台;11月,广州知识产权交易中心与香港知识产权交易所、广州凯得融资担保有限公司、中国光大银行股份有限公司广州分行签署合作协议;12月13日,广州美术学院与广州知识产权交易中心举行了知识产权战略合作签约暨"广美—广知科技成果转移转化合作平台"挂牌仪式;12月21日,广州知识产权交易中心越秀分中心在广州高新技术开发区黄花岗科技园挂牌成立。

2020年9月13日,广州知识产权交易中心编写的《2020年中国知识产权金融化指数报告》线上线下同步发售。9月24日,首批21家知产机构链上由广州知识产权交易中心运用区块链技术破解知识产权交易难题而搭建的"知交汇"IP联盟平台。